EXPLOSÃO FEMINISTA

A. BOTELHO ALETA VALENTE ALINE OLIVEIRA AMARA MOIRA
ADÉLIA SAMPAIO ADRIANA AZEVEDO ANITA GUERRA
ADELAIDE IVÁNOVA ANA FRANGO ELÉTRICO
ANA CAROLINA SOARES ANA PAULA LISBOA
ANDRÉA LOPES DA COSTA VIEIRA ANA FLÁVIA MAGALHÃES PINTO
ANDREA MORAES ANGELA FIGUEIREDO ANI HAO
ANITA ROCHA DA SILVEIRA ANTONIA PELLEGRINO ARIEL HANNAH
BÁRBARA ALVES BEATRIZ RESENDE BEATRIZ VIEIRAH
BILA SORJ
BIA PAGLIARINI BAGAGLI BRANCA MOREIRA ALVES BIANCA BOTOLON
BRUNA DE LARA BRUNNA NAPOLEÃO BRUNA CYPRIANO
CAMILA BACELLAR CAPULANAS CIA. DE ARTE NEGRA CARLA RODRIGUES
CAROLINA SANTOS BARROSO DE PINHO
CAROLINE FARHADI CAROLINA BIANCHI
CAROLINA TURBOLI CAROLINE RICA LEE CLARA AVERBUCK
CLARA BROWNE CLAUDIA FERREIRA CIDINHA DA SILVA
DANDARA VITAL
CRISTIANE COSTA CRISTINA FLORES DANIELA MATTOS
DJAMILA RIBEIRO DORA BUARQUE DIANA HERZOG
DUDA KUHNERT ELIANE POTIGUARA ELEONORA FABIÃO
ÉRICA SARMET FABIANA FALEIROS FABIO MALINI
EVELLYN TAVARES FABÍOLA OLIVEIRA
ELIZANDRA SOUZA FRANCI JUNIOR GABRIELA GAIA
FATIMA MUNIR KASSEM GABRIELA AKEMI SHIMABUKO
GABRIELA MUREB GABRIELA NOBRE GABRIELLE NUNES
GIOVANNA XAVIER GLÁUCIA TAVARES IVANILDE KEREXU
HELENA VIEIRA INDIANARA SIQUEIRA
ILANA STROZENBERG IRIS CHENG J. LO BORGES
INGRID SÁ LEE
JACQUELINE PITANGUY JACQUELINE VASCONCELLOS
JARID ARRAES
JANAINA BARROS JAQUELINE GOMES DE JESUS

JENYFFER NASCIMENTO   JUILY MANGHIRMALANI   JULIA DE CUNTO
JULIA LIMP   JULIA PASSOS   JULIANA BAPTISTA   JULIA KLIEN
JULIANA CESARIO ALVIM GOMES   JULIANA GONÇALVES
JULIANA PAMPLONA   JUREMA WERNECK
LARISSA SANTIAGO   LIV LAGERBLAD   LAURA CASTRO   LAÍS MIWA HIGA
LETÍCIA YAWANAWÁ   LELLÊZINHA   LAURA ERBER   LUNA VITROLINA
LÍGIA SANTIAGO   LILIA MORITZ SCHWARCZ   LÍLIA DIAS MARIANNO
LUIZA ROMÃO   LUANA DUYEN NGUYEN   LUANA HANSEN
LUCIANA BASEGGIO   LUELLEM DE CASTRO   LUCELIA SERGIO CONCEIÇÃO
LUISA RAMOS   MALU HEILBORN   MALU ANDRADE
MARCIA WAYNA KAMBEBA
MARIA BETÂNIA ÁVILA   MARIA BOGADO   MARIA APARECIDA DA SILVA SANTIAGO
MARIA IVANILDA DA SILVA RODRIGUES   MARIA NILDA
MARIANA NUNES   MARIE CARANGI
MARINA CAVALCANTI TEDESCO MAYRA OI   MONIQUE NIX
MARIZE VIEIRA DE OLIVEIRA   MICHELE MAGALHÃES
MULHERES DE BUÇO   MIRO SPINELLI   NELITA LECLERY
NEUSA DAS DORES PEREIRA   NATALIA MALLO   NEIDE VIEIRA
NANNI RIOS
NUMA CIRO   NEUSA KUNHÃ TAKUÁ   NINA RIZZI   NEUSA SANTOS SOUZA
ODJA BARROS   PANMELA CASTRO   PATRÍCIA SILVEIRA DE FARIAS
PAULA KIM   PERPÉTUA TSUNI KOKAMA   PÊ MOREIRA
PRISCILA REZENDE   PRISCILLA DOS REIS RIBEIRO
RAFAELA ALBERGARIA   RAFFAELLA FERNANDES   RAÍSSA ÉRIS GRIMM
RENATA ALVES   RENATA CARVALHO   SABRINA KIM
RITA HUNI KUIN   ROBERTA BARROS   SILVIA RAMOS
SCHUMA SCHUMAHER   ROBERTA ESTRELA D'ALVA
SOLEANE MANCHINERI   SOFIA SOTER   SIL BAHIA   SILVIA NOGUEIRA
STEPHANIE RIBEIRO   SUE VIEIRA NHAMANDU
SUELI CARNEIRO   VIRGINIA DE MEDEIROS   TATIANA ROQUE
TAINÁ MEDINA   VICTÓRIA RÉGIA DA SILVA   YASMIN THAYNÁ
ONE LINDGREN   YASMIN FERREIRA   YOHANAN BARROS

HELOISA
BUARQUE
DE HOLLANDA

EXPLOSÃO

FEMINISTA

ARTE, CULTURA, POLÍTICA E UNIVERSIDADE

2ª edição
revista

2ª reimpressão

COMPANHIA DAS LETRAS

Copyright © 2018 by Heloisa Buarque de Hollanda

Grafia atualizada segundo o Acordo Ortográfico da Língua Portuguesa de 1990, que entrou em vigor no Brasil em 2009.

Desta edição, excluiu-se voluntariamente o texto "Feminismo radical".

Capa e projeto gráfico
Tereza Bettinardi

Preparação
Julia Passos

Checagem
Luiza Miguez

Revisão
Angela das Neves
Adriana Moreira Pedro

Dados Internacionais de Catalogação na Publicação (CIP)
(Câmara Brasileira do Livro, SP, Brasil)

Explosão feminista : arte, cultura, política e universidade / Heloisa Buarque de Hollanda — 2ª ed. — São Paulo: Companhia das Letras, 2018.

Várias autoras.
ISBN 978-85-359-3179-2

1. Feminismo 2. Igualdade 3. Liderança em mulheres 4. Mulheres – Aspectos sociais 5. Mulheres – Direitos 6. Mulheres – Educação 7. Mulheres – História 8. Mulheres – Trabalho I. Hollanda, Heloisa Buarque de.

18-20428   CDD-305.42

Índice para catálogo sistemático:
1. Mulheres : Condições sociais : Sociologia 305.42

Iolanda Rodrigues Biode – Bibliotecária – CRB-8/10014

[2022]
Todos os direitos desta edição reservados à
EDITORA SCHWARCZ S.A.
Rua Bandeira Paulista, 702, cj. 32
04532-002 — São Paulo — SP
Telefone: (11) 3707-3500
www.companhiadasletras.com.br
www.blogdacompanhia.com.br
facebook.com/companhiadasletras
instagram.com/companhiadasletras
twitter.com/cialetras

Para Maria, Pê e duas Julias,
pela parceria e pelo afeto

Para Cata, Manu
e duas Ciças,
no momento certo

*Quando não indicada a fonte,
a citação faz parte de
depoimentos recolhidos
especialmente para este livro.*

SUMÁRIO

11   *Introdução: O grifo é meu*

PARTE 1: A NOVA GERAÇÃO POLÍTICA

23   Rua — *com Maria Bogado*

43   Rede — *com Cristiane Costa*

61   Política representativa — *com Antonia Pellegrino*

PARTE 2: PALAVRA FORTE

75   Nas artes — *com Duda Kuhnert*

105   Na poesia — *com Julia Klien*

138   No cinema — *com Érica Sarmet e Marina Cavalcanti Tedesco*

156   No teatro — *com Julia de Cunto*

179   Na música — *com Julia de Cunto e Maria Bogado*

205   Na academia — *com Andrea Moraes e Patrícia Silveira de Farias*

PARTE 3: OS FEMINISMOS DA DIFERENÇA

241   Falo eu, professora, 79 anos, mulher, branca e cisgênero — *por Heloisa Buarque de Hollanda*

252   Feminismo negro — *por Cidinha da Silva e Stephanie Ribeiro*

301   Feminismo indígena — *por Marize Vieira de Oliveira*

325   Feminismo asiático — *por Caroline Rica Lee, Gabriela Akemi Shimabuko e Laís Miwa Higa*

343   Transfeminismo — *por Helena Vieira e Bia Pagliarini Bagagli*

379	Feminismo lésbico — *por Érica Sarmet*
400	Feminismo protestante — *por Lília Dias Marianno*

PARTE 4: AS VETERANAS OU UM SINAL DE ALERTA SOBRE UMA MEMÓRIA NÃO ESCRITA

431	Bila Sorj
439	Sueli Carneiro
447	Jacqueline Pitanguy
466	Malu Heilborn
472	Schuma Schumaher
483	Maria Betânia Ávila
491	Branca Moreira Alves
501	*Notas*
517	*Créditos das imagens*

INTRODUÇÃO

O GRIFO É MEU

Grifar quer dizer sublinhar, ressaltar, chamar atenção para.

Sou uma feminista da terceira onda. Minha militância foi feita na academia, a partir de um desejo enorme de mudar a universidade, de descolonizar a universidade, de usar, ainda que de forma marginal, o enorme capital que a universidade tem.

Nunca me interessei por uma carreira acadêmica tradicional. Senti, desde muito cedo, como minha missão intelectual, pesquisar e abrir espaço para novas vozes, novos saberes e novas políticas. Meu trabalho com mulheres, especialmente na década de 1980, foi parte importante dessa tarefa.

Há pouquíssimo tempo, por volta de 2015, eu acreditava que a minha geração teria sido, talvez, a última empenhada na luta das mulheres. Até que um vozerio, marchas, protestos, campanhas na rede e meninas na rua se aglomeraram, gritando diante da ameaça de retrocesso que representava a aprovação do Projeto de Lei 5069/2013, que dificultaria o acesso de vítimas de estupro ao aborto legal. Levei um susto. Um susto alegre. Mais alegre ainda ao perceber que aqueles não seriam gritos passageiros. A novidade era tão repentina quanto forte. Pelo menos, ninguém menor de dezoito anos precisava disfarçar seu feminismo, como era a tônica das simpatizantes do movimento no meu tempo. Elas chegaram e falaram, quiseram, exigiram. O tom agora é de indignação. E, para meu maior espanto, suas demandas feministas estão sendo ouvidas como nunca.

Penso em Grace Passô, artista, dramaturga, que para mim é o ícone desta geração de jovens feministas. Grace, pura qualidade e agudeza, consegue ativar o sentimento, o desejo, a revolta, a garra e a criatividade deste momento como poucas. E é ela que assim expressa o diferencial das minas: "Historinhas eu tenho mil, poderia contar várias, mas não é isso que importa. Importa se ressoa, importa se te importa, se me exporta para ti, leitor, importa se me ouve, se me escuta, se move tuas batidas, se acelera, se retarda".[1]

Eu ouvi, me encantei e quis/quero registrar esse momento. Mas sou uma feminista da terceira onda. Meu jeito e minhas estratégias não são as que vejo em cena aberta. Como vou falar por, ou mesmo sobre, essa geração que me tomou de assalto? O feminismo hoje não é o mesmo da década de 1980. Se naquela época eu ainda estava descobrindo as diferenças entre as mulheres, a interseccionalidade, a multiplicidade de sua opressão, de suas demandas, agora os feminismos da diferença assumiram, vitoriosos, seus lugares de fala, como uma das mais legítimas disputas que têm pela frente. Por outro lado, vejo claramente a existência de uma nova geração política, na qual se incluem as feministas, com estratégias próprias, criando formas de organização desconhecidas para mim, autônomas, desprezando a mediação representativa, horizontal, sem lideranças e protagonismos, baseadas em narrativas de si, de experiências pessoais que ecoam coletivas, valorizando mais a ética do que a ideologia, mais a insurgência do que a revolução. Enfim, outra geração.

Fui me aproximando e ouvindo, ouvindo muito. Ficou logo claro para mim que este livro não seria escrito tranquilamente em primeira pessoa. Eu precisava de um formato editorial que enquadrasse, com um mínimo de justiça, o que eu percebia nas ruas, nas redes, nas artes.

Eu precisava trazer aquela potência coletiva e horizontal, suas vozes, para dentro deste projeto. Pensei, então, num livro-

-ocupação. Que venham as novas feministas e me atropelem, me falem, me contem. Mas o livro tinha que ser meu, disse Alice Sant'Anna, minha editora, poeta, feminista e também voz deste livro. Lembrei então de uma outra palavra corrente nessa geração digital: compartilhar. É isso. Neste livro, compartilho a pesquisa e a escrita de todos os textos com as novas feministas. Escrever *com* não é fácil, como ficou comprovado durante a realização deste trabalho. É uma outra experiência de escrita. Rica. Densa. Afetiva. Bastante conflitiva. Emprestei um pouco da minha experiência, das minhas leituras, das minhas lutas. Recebi muitos saberes, perspectivas, vivências. O resultado é um texto feito de grifos, alertas, discordâncias, identificações.

Quanto ao conteúdo, procurei produzir um panorama da quarta onda feminista, examinando o contexto dos novos ativismos nas ruas e na rede, dos vários feminismos da diferença, do feminismo na poesia, nas artes, na música, no cinema, no teatro e na academia. Percebi, ao longo da pesquisa, uma inexplicável lacuna de memória na história da terceira onda feminista no Brasil. Abri, então, uma última parte, que chamei de "As veteranas", com depoimentos de lideranças importantes daquele momento. A ideia da criação desse quase anexo, com apenas sete depoimentos, entre tantos ausentes, não pretendeu dar conta dessa história. Veio como um alerta para a urgência de um trabalho nesse sentido.

Explicado o livro, me explico como feminista, ou seja, de que lugar eu falo, como me encontrei com as feministas de hoje.

Como muitas mulheres da década de 1960 que participaram dos movimentos estudantis, da UNE, dos CPCs[2] e da cultura de oposição à ditadura, militei em várias frentes, mas, inicialmente, não me identifiquei diretamente com as lutas feministas, que surgiam na Europa e nos Estados Unidos levantando a bandeira "o pessoal é político" e defendendo o direito ao corpo, ao aborto, à liberdade sexual e ao fim das desigualdades

13

no trabalho e no contexto familiar. No Brasil, a coisa foi diferente. A maioria dessas bandeiras confrontavam, diretamente, vários dogmas da Igreja, uma das principais instituições progressistas na época. Assim mesmo, as iniciativas feministas conseguiam se articular com a Igreja ou com o Partido Comunista que, da mesma forma, era um parceiro importante na luta contra o regime militar, mas se tornava um complicador para o movimento de mulheres. A Igreja, por sua recusa ao aborto e à liberdade sexual, e o Partido Comunista, pela insistência numa luta mais ampla na qual não cabiam as demandas singularizadas das feministas.

O resultado foi uma fragilização inicial do nosso feminismo, que mostrava certo recuo em relação ao feminismo internacional, concentrando-se, prioritariamente, nas questões trabalhistas, na demanda por creches, no controle da violência doméstica e no enfrentamento das desigualdades sociais entre homens e mulheres ao longo da década de 1970.

Nesse momento, e ainda sob a pressão da ditadura, eu trabalhava com a cultura de resistência, ou marginal, e não me sentia particularmente suscetível às lutas das mulheres. Em 1982, antes dos movimentos por eleições diretas, fui fazer um pós-doutorado sobre as relações entre política e cultura na Universidade de Columbia, nos Estados Unidos. Não se passaram três meses e a ficha caiu. Me descobri feminista a 7666 quilômetros do Brasil. Meu caso não foi único. Estudos[3] mostram que a maioria das feministas da chamada terceira onda passou um período fora do país, seja por exílio, por estudos ou por circunstâncias desfavoráveis de trabalho e criação no Brasil dos anos de chumbo. O que haveria na cultura das diferenças no Brasil que não se mostrava solo firme para as ideias feministas ou raciais? Essa pergunta fica em aberto.

Por outro lado, na época da transição democrática, que cobre as décadas de 1980 e 1990, o feminismo nos surpreendeu ao construir fortes articulações com instituições políticas e organizações não governamentais. Esse movimento procurava, sobretudo, o uso de ferramentas institucionais para pressionar a criação e a aprovação de políticas públicas que favorecessem as mulheres.

No final deste livro, vemos, nos depoimentos das veteranas, a atuação feminista que, já em 1985, se mostrava viva e atuante na campanha pelas Diretas Já, na formação do Conselho Nacional dos Direitos da Mulher e pelas Delegacias Especializadas no Atendimento à Mulher. Nas eleições de 1985, a maioria dos partidos apresentou propostas encaminhadas por grupos feministas. Em 1988, o Lobby do Batom, no contexto das decisões da Assembleia Constituinte, se desdobrou em mobilizações por todo o país e alcançou grandes conquistas. Na academia, lutou-se pela institucionalização dos estudos feministas e de gênero. Foi nesse espaço que coloquei meu desejo e meu ativismo.

De volta ao Brasil após meu período na Universidade de Columbia, cheia de entusiasmo e pilhas de cópias de livros e artigos da produção acadêmica das mulheres daquele momento, desenhei o projeto de um núcleo de pesquisa de gênero na Escola de Comunicação da Universidade Federal do Rio de Janeiro (UFRJ). Em vão. Levado ao Conselho da Escola, o projeto foi recusado por uma razão interessante: a área de Comunicação não seria adequada para o desenvolvimento dos estudos de gênero. Em vão, também, a maior parte do material contido nas minhas tantas cópias. Pelo menos no campo dos estudos literários, a crítica feminista anglo-saxã parecia não "encaixar", não oferecer os instrumentos analíticos ideais para o estudo das relações de poder entre homens e mulheres no Brasil. Esse aparente empecilho transformou-se numa paixão interpretativa, e então mergulhei nas figuras matriarcais nordestinas, na pesquisa sobre as amas de leite, nas leituras regionalistas de Norte a Sul do país e suas especificidades riquíssimas. Deixei a academia americana para trás, seus modelos institucionais e analíticos, e iniciei um momento muito feliz de trabalho no CIEC. O CIEC era o Centro Interdisciplinar de Estudos Culturais, um guarda-chuva dissimulado para a pesquisa de gênero, raça, classe, imigração e tudo mais que não cabia, segundo o Conselho mencionado, na enigmática área de Comunicação.

Foi no CIEC que organizei a Coleção Quase Catálogo, mapeamento de mulheres em áreas como cinema, cinema mudo e artes visuais. Foi ainda no CIEC que, com Lena Lavinas e o comitê da Fundação Carlos Chagas, criamos, em 1992, a *Revista de Estudos Feministas*, atualmente sediada no Centro de Filosofia e Ciências Humanas da Universidade Federal de Santa Catarina (CFH/UFSC). Foi lá que organizei o seminário "¿Y nosotras Latinoamericanas?", um encontro em busca das particularidades e horizontes de nosso feminismo. Estudava e dava cursos sobre relações de gênero, um termo novo naquele momento. Tempo bom. Conselhos nacionais e estaduais avançavam na defesa de direitos, ONGs e apoio a mulheres proliferavam, os estudos de gênero se ampliavam (ou se infiltravam?) nas universidades. Jean Franco, minha orientadora, feminista e professora na Universidade de Columbia, defendia com unhas e dentes o "direito de interpretar".

No quadro no qual se desenvolviam os estudos feministas, os discursos sobre identidade foram progressivamente conquistando posições mais flexíveis, passando agora a se assumir como estudos de gênero. Essa mudança se dá por volta de 1975, quando a antropologia começava a questionar as narrativas de Marx, Engels, Freud e Lacan. Foi nesse impulso que Gayle Rubin enfrenta Lévi-Strauss e usa, pela primeira vez, o termo gênero, afirmando a existência de um sistema de sexo-gênero associado à própria passagem da natureza para a cultura. Gayle oferecia ali elementos para a futura elaboração do conceito de gênero e, mais perturbador ainda, já enfrentava o pressuposto da heteronormatividade. Não é por acaso que Judith Butler demonstra frequentemente sua admiração e mesmo compromisso com o trabalho de Gayle Rubin. Mas o texto da autora que mais me marcou foi o artigo "Pensando sexo: Notas para uma teoria radical da política da sexualidade", publicado em 1984, no qual a autora afirmava a necessidade da separação analítica entre gênero e sexualidade, propondo que o sexo, enquanto vetor de opressão, atravessa todos os modos de desigualdade social, como classe, raça, etnicidade ou gênero. É fácil perceber o efeito inaugural e provocador dos textos de Gayle Rubin para o feminismo histórico, hoje percebido como branco ou universal.

Viver aquele momento foi um privilégio. Lembro-me de meus modelos teóricos se reformulando a cada leitura, da minha perplexidade com a abertura de caminhos a partir do encontro com novas teorias, novos enfrentamentos, novos compromissos.

Mas nada se compara com o choque produzido pela chegada do livro *This Bridge Called my Back: Writings by Radical Women of Color*, organizado por Cherríe Moraga e Gloria Anzaldúa, em 1981. Era um livro muito diferente dos textos acadêmicos e ativistas que começavam a surgir com uma frequência inesperada. Era um livro de escrita acessível, íntima, de fala localizada, quase uma roda de conversa na qual as relações entre mulheres ganhavam uma inédita visibilidade. Um formato editorial absolutamente novo, que misturava poemas, textos de análise, crítica, desenhos, testemunhos, depoimentos, entrevistas; enfim, um livro pensado para acolher todas as camadas da experiência e do pensamento das mulheres de "cor" — no caso, negras, latinas, chicanas, judias, asiáticas, terceiro-mundistas. Um livro solidário, um corpo que se estende como ponte para suas companheiras, como diz o título. Um xeque-mate no ideal utópico da sororidade feminista. Percebi que eu não sabia nada sobre mulheres.

Daí em diante, se acelerou a discussão das matrizes e paradigmas do próprio feminismo. Algumas figuras foram decisivas para mim. Em 1983, Gayatri Spivak colocou a pergunta que se tornou ícone: "Pode um subalterno falar?", abrindo um enorme campo de debates sobre posicionalidades dos sujeitos em quadros de dominação colonial e racial.

Pouco depois, em 1985, Donna Haraway publica o ensaio "Manifesto ciborgue: Ciência, tecnologia e feminismo-socialista no final do século xx". Promovendo um avanço radical nos debates feministas, o manifesto se vale da estranha figura do ciborgue, entre o animal e a máquina, e desafia frontalmente as políticas de identidade em curso no ativismo feminista. Implacavelmente contra qualquer essencialismo, o manifesto apresenta uma criatura pós-gênero que apaga todos os marcadores binários das definições identitárias, liberando espaço para novas formas híbridas de sexualidade. Na sequência, em 1987, Teresa de Lauretis traz a noção de tecnologias de gênero, que imprimem nos discursos sociais a ideia do que é ser homem ou mulher, que adequam os corpos aos limites dos gêneros, domesticam o desejo e impõem normas a serem seguidas. Teresa é a primeira feminista a usar o termo *queer* como atravessamento das barreiras do gênero.

Essa onda teórico-feminista, bem maior do que imaginávamos, fecha um ciclo, em 1990, com a publicação de *Problemas de gênero*, de Judith Butler, considerado "o ponto de virada do gênero". Judith Butler, de certa forma, sistematizou o pensamento mais radical da década de 1980 e avançou com a noção de *devir gênero*, de que ecoa de longe a ideia de *devir mulher*, de Simone de Beauvoir. O devir gênero implica necessariamente em outra noção, a de *performatividade de gênero*, que permite o estudo da proliferação das configurações culturais de sexo e gênero e põe em cena definitivamente o feminismo queer. Para Judith, não é possível falar em teoria queer sem pensarmos na categoria de "gênero" como sendo algo fluido, socialmente construído, performado e sistêmico. Chegávamos, afinal, num ponto em que se tornava impossível falar em gênero sem falar no aparato de produção mediante o qual os próprios sexos são estabelecidos.

O boom teórico da terceira onda feminista foi, sem dúvida, um momento de fortes emoções epistemológicas. Foi nesse momento que me aproximei e me comprometi de forma mais efetiva com o feminismo. Pensando hoje, o que é mais surpreendente é que essa virada de eixo do pensamento feminista já com mais de trinta anos, só hoje entra com mais conforto no espaço público do ativismo feminista e na experiência social de feministas LGBTQIS.

Quando falo dessas teóricas e de seus feitos, estou falando, na verdade, de caminhos pessoais, de como vivi meus encontros teóricos e, sobretudo, minhas afinidades eletivas enquanto feminista e acadêmica. Muito provavelmente, a trajetória do pensamento feminista não se deu nessa "linha evolutiva" que trago aqui. Mas foi essa a minha experiência intelectual nos anos 1980 e que orientou decisivamente meu trabalho e minhas ações (e recuos) político-institucionais no campo dos estudos de gênero. De tudo isso, se eu for avaliar, diria que fiquei com a lição de Anzaldúa: "É somente através de existirmos no modo da tradução, constante tradução, que teremos alguma chance de produzir um entendimento das mulheres ou, de fato, da sociedade".

Foi mais ou menos por aí que se deu o meu encontro e este meu trabalho com as novas feministas.

Rio de Janeiro, agosto de 2018

1

A NOVA GERAÇÃO POLÍTICA

RUA

COM MARIA BOGADO

Eu vejo muita gente hoje negligenciando a importância das jornadas de junho de 2013. Acho que todas essas pessoas que foram pra rua, de todos os posicionamentos políticos, descobriram uma força incrível que antes não conheciam. Para os movimentos das minorias isso é muito importante. O feminismo teve um boom depois de 2013, o movimento negro também. Eu vejo que a nossa juventude está caminhando no sentido de incluir a política nas nossas relações, no dia a dia. Então por isso é que sofremos essa guinada conservadora, ela é uma resposta a esse processo de conscientização pelo qual estamos passando.

Isabella Dias, estudante secundarista[1]

O ano de 2013 já vinha sendo perpassado por pequenas manifestações relacionadas ao aumento do preço do transporte público. Em março, protestos em Manaus e em Porto Alegre criticaram o aumento das tarifas. No dia 16 de maio, um ato em Goiânia reuniu mil pessoas. Já em São Paulo, no dia 19 de maio, o Movimento Passe Livre (MPL) promoveu ações na Virada Cultural e seguiu militando ao longo do mês. No dia 6 de junho, um protesto também em São Paulo reuniu mais 5 mil estudantes, número considerado expressivo até então.

Vídeos, fotos e relatos em tempo real tomaram conta das redes sociais. No dia 17 de junho, o Twitter foi dominado, por volta das seis horas da tarde, por quase 20 mil compartilhamentos com as hashtags #WhiteMonday, #VemPraRua e #VemPraJanela. Era uma segunda-feira, e o Brasil se surpreendeu com pelo menos 270 mil pessoas saindo às ruas em trinta cidades do país. Na terça-feira, o impacto continuava: cerca de 110 mil pessoas ocuparam mais de quarenta cidades. O embalo seguiu na quarta-feira, quando mais de 140 mil pessoas inundaram trinta cidades. Até que, quando não se esperava mais que a explosão pudesse aumentar, cerca de 1,4 milhão de pessoas ocuparam 130 cidades do país na quinta-feira, dia 20 de junho.

As redes sociais difundiam o mapa colaborativo da chamada Revolta do Vinagre, ou Jornadas de Junho, e informavam locais de concentração dos protestos, pontos de conflito, rotas livres e se havia feridos. A frase "Desculpem o transtorno, estamos mudando o país" era um dos achados do momento.

O clima de otimismo era latente: em uma pesquisa realizada pelo Ibope, a pergunta "Você acha que essas manifestações vão conseguir promover as mudanças que você reivindica?" obteve 94% de respostas positivas.[2] As marchas permitiram novas formas políticas de afeto, no sentido de afetar e ser afetado pela multidão.

Como percebe Ivana Bentes, os contornos dessa nova geração política já se delineavam a partir de múltiplas frentes, incluindo demandas contra a especulação imobiliária e direitos dos povos indígenas:

> Destaco a emergência de novas linguagens nesses movimentos urbanos: as mulheres da Marcha das Vadias exibindo seus seios e corpos pintados, reivindicando direitos e liberdade, ou as bicicletadas com os manifestantes pedalando nus pelas avenidas e ruas de São Paulo e enfatizando a relação do corpo com seu transporte e fazendo do corpo outdoors contra as

mortes dos ciclistas numa cultura dominada por automóveis. Ou ainda os corpos em risco e o confronto dos black blocs.

Ou seja, falamos de uma reinserção do corpo e dos corpos nas manifestações. Estamos nesse momento intenso de potencialização política e da emergência de novos discursos e atores que usam as redes sociais e se organizam conectando as redes digitais com os territórios e os corpos. Olhando para as imagens produzidas, cartazes, memes na internet, hashtags, vídeos e fotografias, encontramos uma transversalidade e complementaridade desses movimentos e discursos.

Nesse quadro, Ivana destaca, no texto "Hackear, narrar: As novas linguagens do ativismo", a atuação dos midiativistas, eficazes ao promover novas narrativas políticas. A Mídia Ninja teve um papel fundamental na reconfiguração midiática:

> Os Ninjas, inspirados na ética hacker e na cultura digital, tomaram como prática o "hackeamento" das narrativas, o que significa dizer que, além de produzirem um contradiscurso em torno do sentido das manifestações, também pautaram a mídia corporativa e os telejornais em alguns episódios, notadamente o que revelou policiais infiltrados à paisana jogando coquetéis molotov na multidão, entre outras práticas arbitrárias (implantação de "provas", abusos policiais etc.).[3]

Voltando ao caso específico dos protestos de junho de 2013, como a coletividade se sobrepunha à ação individual, o que inquietava a grande mídia e a polícia era a tentativa frustrada de localizar lideranças dentro dos movimentos. Os manifestantes, porém, se mantinham anônimos e não mostravam uma estrutura hierárquica. A um jornalista que perguntou seu nome, uma manifestante do Movimento Passe Livre respondeu: "Anota aí, eu sou ninguém".[4] A força da multidão tinha sido descoberta por jovens que se deixavam atrair pelo magnetismo de um pertencimento provisório e precário. Testemunhávamos a emergência de uma nova linguagem tecnopolítica que superava o "clickativismo", mas que claramente nasceu nas redes sociais.

É importante, nesse sentido, mencionar a análise da professora Tatiana Roque, que desvia estrategicamente das conexões produzidas na rede e enfoca nos laços formados entre movimentos, organizados em torno de interesses diversos. Tatiana demonstra, sobretudo, como os grandes momentos das marchas são aqueles em que as diferenças produziram circuitos imprevisíveis. Em busca de parâmetros analíticos para as novas insurreições, ela se pergunta: Quais modos de existência elas propõem? Qual o potencial de conexão entre os questionamentos que levantam e suas reivindicações? Para isso, Tatiana procura trabalhar com a heterogeneidade de posições que entram em cena.

Enquanto muitos insistiam em perguntar "o que" os manifestantes queriam, Luiz Eduardo Soares estava mais atento ao "como" se expressavam e a uma possível nova linguagem política que se revelava nas manifestações:

> Sendo pequenos os cartazes e pequenas as letras em que as palavras estavam escritas, quem os podia ler? Para quem foram feitos? Para o outro com O minúsculo, o próximo, o vizinho da caminhada, o parceiro ou a parceira de travessia, quem estivesse ao lado e se dispusesse a olhar, ler e mostrar ao interlocutor o seu próprio cartaz, acrescentando comentários, talvez. O espaço do pequeno cartaz individualizado e expressivo é o do diálogo. Diálogo do tipo eu-tu, que só se sustenta se os sujeitos se supõem iguais, enquanto interlocutores, partícipes de um conjunto mais abrangente que os compreende, os inclui.[5]

A dinâmica particular dos múltiplos embates e negociações com O outro, com "o" minúsculo, era perceptível. É importante sublinhar um sintoma novo e relevante. Quando o MPL reivindicou a diminuição do preço das passagens — e mesmo a sua gratuidade — e os black blocs pediram o fim da Polícia Militar e a melhoria nos serviços públicos, eles mostraram que podiam ter voz sem a mediação de representantes políticos. Ampliaram o espaço da ação política e se valeram da possibilidade de pressionar as instituições do lado de fora. Revelaram, na verdade, um traço importante que caracterizou diversas manifestações similares ao redor do mundo, como o 15M espanhol, ou as manifestações turcas que também eclodiram em 2013, após a ocupação do parque Taksim Gezi. Não se ouviam apenas referências a representantes políticos, ideologias ou questionamentos a partidos e governos. Ao contrário, o que estava ali era uma visível *autonomia* dos participantes, que não dependiam exclusivamente do sistema político e operavam também por meio das *ações diretas* e dos debates e laços criados na ocupação coletiva dos espaços públicos. Anônimos do Comitê Invisível explicitam bem a potência em gestação nesse tipo de movimento:

> O que aqui se constrói não é nem a "sociedade nova" em seu estado embrionário nem a organização que finalmente derrubará o poder para constituir um novo, é antes a potência coletiva que, por via da sua consistência e da sua inteligência, condena o poder à impotência, frustrando, uma a uma, todas as suas manobras. [...] Há, nas insurreições contemporâneas, algo que os desconcerta de modo particular: elas não partem mais de ideologias políticas, mas de *verdades éticas*.[6]

Assim, conexões improváveis e surpreendentes podem acontecer. Como lembra Tatiana Roque, as manifestações de 2013 desencadearam alianças que não poderiam ser programadas:

no Rio de Janeiro, por exemplo, professores sindicalizados se uniram a grupos de tendência anarquista como os black blocs; garis se juntaram a midiativistas e, durante a greve de fevereiro de 2014, encontraram o apoio de foliões do Carnaval.

As redes sociais, nesse momento, não eram vividas apenas como veículo eficaz para a propagação de informações, mas lançaram também as bases desejadas para um novo tipo de organização política: uma democracia conectada, participativa, transparente.

São fascinantes as novidades trazidas pelas linguagens e estratégias da nova geração política. O pesquisador Rodrigo Nunes aponta de forma certeira algumas questões bastante bem-vindas no artigo "Anônimo, vanguarda, imperceptível", publicado no número 24 da revista *serrote*.

Nunes repensa os limites dos fatores binários de certas leituras, que opõem expressividade/ representação, anonimato/ identificação, horizontalidade/ verticalidade, além de trazer uma perspectiva genealógica das inovações introduzidas pelo levante do Exército Zapatista de Libertação Nacional (EZLN), no México. As estratégias zapatistas de uso das redes e de "não ter rosto" mostram-se como traços recorrentes e distintivos nos movimentos atuais. Passados cerca de 35 anos, a crise aguda da democracia e a desconfiança radical em qualquer tipo de representação, somadas ao desenvolvimento exponencial das mídias sociais, retomam a rede e a recusa a lideranças como eixo central da linguagem da nova geração política. No entanto, como aponta Rodrigo Nunes, se o anonimato e a ausência de representação são fatores férteis enquanto catalisadores de protestos, esse desejo de abertura costuma esbarrar a longo prazo em certos limites nas organizações. Em lutas continuadas, o que se vê é uma tendência à criação de lideranças ou símbolos que as representem.

As ruas não mantiveram a temperatura de junho, mas o entusiasmo dos manifestantes que acreditavam nessas transformações definitivamente não se perdeu. Pelo contrário, desdobrou-se em outras marchas, outras demandas, outros movimentos, estratégias e linguagens políticas, visceralmente ligadas ao éthos de junho.

Foi nesse quadro que o feminismo ganhou terreno e se tornou o maior representante da continuidade da nova geração política. Na sequência das grandes marchas, as mulheres conquistaram o primeiro plano e roubaram a cena da resistência ao cenário conservador que ameaça o país.

DEPOIS DE JUNHO VEM A PRIMAVERA

Em 2015, as mulheres protagonizaram com rapidez impressionante uma reação diante do retrocesso que significou a aprovação do projeto de lei (PL) 5069/2013, apresentado por Eduardo Cunha, cujo objetivo era dificultar o acesso de vítimas de estupro a cuidados médicos essenciais. Por todo o Brasil, eclodiram mobilizações semanais com fortes protestos que culminaram em um ato nacional pelo "Fora, Cunha!", no dia 13 de novembro. Nas ruas, vozes femininas ressoavam palavras de ordem como: "O Cunha sai, a pílula fica", "Meu útero não é da Suíça para ser da sua conta", "As puta, as bi, as trava, as sapatão, tá tudo organizada pra fazer revolução" e "O Estado é laico, não pode ser machista, o corpo é nosso, não da bancada moralista". A ativista Manoela Miklos se impressionou com as ruas ocupadas: "Eu nunca tinha parado para pensar em quão natural é que a voz do coletivo seja sempre masculina. E naquele dia, o som das mulheres gritando juntas foi muito marcante".[7]

A força dessas vozes demonstra como, em 2015, a luta feminista já alcançava patamares inéditos e levava milhares de manifestantes às ruas das grandes cidades do país. No dia 10 de novembro de 2015, a jornalista Luciana Araújo explicava os motivos da revolta:

Agora, Eduardo Cunha e sua tropa querem derrubar a tipificação legal de que qualquer prática sexual não consentida é estupro. Além de dificultar o acesso à pílula do dia seguinte e ao aborto em casos de estupro, o texto do PL 5069/2013 aprovado na Comissão de Constituição e Justiça no último dia 21 retrocede ao Código Penal de 1940. Se aprovado, serão reconhecidas como violência sexual apenas as práticas "que resultam danos físicos e psicológicos". Agressões sexuais que não deixarem lesões físicas além das marcas psicológicas indeléveis não serão crime. Será o paraíso dos estupradores. E o inferno para milhares de mulheres, dentre as quais nós negras também somos maioria.[8]

Claudia Ferreira, ativista e fotógrafa, que registra marchas feministas há mais de duas décadas, chama a atenção para a presença de mães e filhos nas manifestações:

No Rio de Janeiro, um grupo de jovens mães se destacava nas ruas. Mobilizadas pelas hashtags #MãesECriasContraCunha e #MãesECriasNaLuta, elas abriam as passeatas com suas "crias" presas a seus corpos por *slings*, transformando-os em corpos políticos que acrescentavam às reivindicações o direito de serem mães, de amamentarem e estarem com seus filhos em todos os lugares, incluindo uma nova pauta aos protestos por direitos civis.

Poucos dias após o grande ato unificado pedindo "Fora, Cunha", organizou-se, em Brasília, a Primeira Marcha das Mulheres Negras, com 50 mil ativistas vindas de todas as regiões do país. Juliana Gonçalves, representante do Centro de Estudos das Relações de Trabalho e Desigualdade (CEERT), afirmou dois dias antes da realização do evento:

Somos jovens, quilombolas, cotistas, feministas, cristãs, lésbicas, militantes partidárias, mulheres trans, anarquistas, bissexuais, idosas, representantes de povos tradicionais de matriz africana, trabalhadoras domésticas, sem-terra, periféricas, imigrantes e refugiadas, rurais, mães, autônomas...

A marcha criou, a partir de sua mobilização, oportunidade de diálogo real entre mulheres negras, com o fortalecimento mútuo das pautas. Ou seja, permitiu uma construção a partir do que nos une, não do que nos separa.[9]

Analba Brazão, ex-coordenadora da Articulação de Mulheres Brasileiras (AMB) e uma das organizadoras do evento, também destaca essa relação entre a marcha e a formação de coletivos de mulheres negras: "A partir do processo preparatório estão surgindo coletivos de mulheres negras em todos os recantos do país. Cresce a luta feminista antirracista".[10] Analba ressalta ainda a emoção da convivência proporcionada pela marcha:

Ficar no estádio à noite, vendo a chegada das delegações por toda a madrugada, a recepção de todas que estavam já acampadas, o acender e apagar das luzes no estádio, as filas de madrugada para o banho, a energia e resistência das pretas, a emoção de estar juntas — AS PRETAS — em um só lugar, dormindo todas juntas... ou não dormindo! [...] A empolgação era tanta que cansaço não se tinha.

A quinta marcha das trabalhadoras do campo, chamada Marcha das Margaridas, em agosto de 2015, reuniu 70 mil mulheres em Brasília. O nome da marcha é uma homenagem a Margarida Alves, figura fundamental nas lutas das mulheres rurais, assassinada em 1983 ao reivindicar direitos das trabalhadoras do campo na Paraíba. A marcha, que tem como símbolo um chapéu de palha decorado com flores, aconteceu pela primeira vez em 2000 e teve novas edições em 2003, 2007 e 2011. O movimento nasceu durante as primeiras articulações da Marcha Mundial das Mulheres (MMM), autodefinida como "feminista e anticapitalista", em 2000, numa campanha contra a pobreza e a violência sexista. Com raízes na década de 1990 e nas discussões internacionais sobre a interseção de temas de mulheres nas questões econômicas, formou-se um movimento que conta com organizações locais e internacionais, tendo atualmente comitês em pelo menos 45 países. Segundo as organizadoras da MMM, a importância da marcha é a autonomia das mulheres em relação às instituições: "Sua estratégia foi a de construir uma dinâmica resposta para a ofensiva conservadora em curso em torno de ações concretas das mulheres nas ruas, para além dos espaços institucionalizados".[11]

O primeiro contato da MMM com o Brasil se deu na construção da primeira ação internacional do movimento, em 2000, quando a MMM chegou ao país através da Central Única dos Trabalhadores (CUT).

Há pelo menos dois pontos a serem destacados acerca dos modos de organização dos ativismos contemporâneos que eclodiram em junho de 2013 e são a marca do feminismo atual. Por um lado, a busca pela horizontalidade, a recusa da formação de lideranças e a priorização total do coletivo. Por outro, uma linguagem política que passa pela performance e pelo uso do corpo como a principal plataforma de expressão. Esses são os elementos que se notam à primeira vista nas novas manifestações feministas.

Sobre a questão da horizontalidade, o que se vê é uma proliferação de microlideranças pontuais, que agem como pequenos vetores de força ou agência mobilizadora, além de uma série de ações marcadas pelo anonimato ou assinadas por nomes que recusam o individual em prol do movimento coletivo.

Entre grandes divergências e duras fricções, são várias as correntes de pensamento feminista difundidas nas grandes redes de debate e de produção crítica, e seus efeitos nas ruas são diversos. A grande questão que une todas as tendências do novo feminismo, traduzida numa infinidade de perspectivas, desdobramentos, nuances e percepções, é a da violência contra a mulher.

Embora só em 2015 a quarta onda feminista tenha alcançado maior amplitude, capaz de atingir diferentes setores da sociedade, desde o início da década de 2010 ela já vinha mostrando sua força em manifestações públicas. Um exemplo é a Marcha das Vadias, criada em 2011, em Toronto, no Canadá, que se tornou um marco desse processo. Quando, após uma série de estupros ocorridos na Universidade de York, um policial afirmou que as mulheres haviam sido agredidas por se vestirem como "vadias", uma onda de protestos correu o mundo. A marcha chegou ao Brasil no mesmo ano e já está em sua sétima edição, organizada por coletivos em pelo menos quarenta cidades do país. A mensagem é clara: a mulher tem autonomia sobre o seu próprio corpo.

É fundamental pensar na experimentação de novas maneiras de organizar a coletividade e compartilhar ideias e afetos. Nesse sentido, a Marcha das Vadias é um exemplo-chave da experiência do protesto, que comporta suas próprias formas de expressão e tem no corpo um elemento central. Bila Sorj e Carla Gomes apontam:

> O corpo tem um importante e duplo papel na marcha: é objeto de reivindicação (autonomia das mulheres sobre seus corpos) e é também o principal instrumento de protesto, suporte de comunicação. É um corpo-bandeira. [...] Palavras de ordem são escritas em seus corpos, como "meu corpo, minhas regras", "meu corpo não é um convite", "puta livre", "útero laico", "sem padrão". Pelo artifício da provocação, o corpo é usado para

questionar as normas de gênero, em especial as regras de apresentação do corpo feminino no espaço público. Ao mesmo tempo, o corpo é um artefato no qual cada participante procura expressar alguma mensagem que o particulariza.[12]

Para Camile Vergara, as performances têm uma função especial nas disputas de poder internas das mobilizações dos protestos. Com base na sua experiência das manifestações de junho de 2013, ela afirma: "As performances são o meio de empoderamento daqueles que não ocupam posições de 'excelência' no exercício de poder e criticam as posições de privilégio, construindo um espaço de desestruturação das relações de poder". Tendo em vista esse cenário, Camile destaca a importância do coletivo Coiote, cujo uso de máscaras remete claramente à estética black bloc: "Os agentes não se identificam enquanto artistas e entendem suas performances enquanto ação direta e possibilidade de desconstrução e descolonização de seus corpos".[14] Ao expor seus corpos violentados, buscam catalisar uma revolta.

Mais do que reivindicar demandas que devem ser atendidas por autoridades, o que está em jogo nas marchas é a possibilidade de uma vivência pública coletiva e afetiva que não se enquadre nos padrões normativos. Os corpos fogem tanto ao padrão estético do feminino, apresentando, por exemplo, a nudez das gordas e das não depiladas, como ao padrão comportamental, afirmando publicamente o desejo por mais liberdade em suas práticas sexuais. É o que afirmam Bija Sorj e Carla Gomes:

> Ter autonomia sobre o corpo extrapola o tema do controle da reprodução e da saúde e da articulação de políticas públicas correspondentes, e passa a se referir principalmente a um modo de experimentação do corpo que é vivenciado como subjetivo. Assim, nas marchas, a sensualidade dos corpos é celebrada, os padrões de beleza feminina são questionados

por corpos que reivindicam pelos e diferentes padrões, a menstruação é positivamente assumida. A nudez, importante instrumento de impacto nas marchas, parece condensar a um só tempo a capacidade de criticar as normas de gênero e de expressar este modo subjetivo de "libertação" do corpo.[15]

A MATERIALIZAÇÃO DAS CAMPANHAS VIRAIS: A HASHTAG GANHA VOZ

Segundo o Comitê Invisível, "organizar[-se] nunca quis dizer se filiar a uma mesma organização. Se organizar é agir segundo uma percepção comum, em qualquer nível que seja".[16] O modo de expressividade é fundamental para que haja contágio. Vale lembrar aqui do fenômeno dos microfones-humanos, um método de propagação da voz que tem o corpo humano como tecnologia. São como jograis, funcionam com a multidão repetindo o que diz uma só pessoa, de modo que torne sua fala audível à distância. O coro de vozes em ressonância tem, em si, uma enorme força expressiva. Desde os Occupy, que também chegaram às capitais brasileiras, passando pelas manifestações de junho de 2013, esse modo de propagar a fala tem sido cada vez mais utilizado. O feminismo, porém, ao se apropriar dessa ferramenta, apresenta uma variação crucial.

O microfone-humano vinha sendo usado para decidir as pautas do movimento ou para emitir comunicados breves como as decisões de trajeto de um protesto ou de organização prática de grupos de trabalho. Contudo, no uso do microfone-humano apropriado pelas recentes manifestações feministas no Brasil, as singularidades pessoais emergem com mais ênfase. Assim, as ruas passam a reverberar claramente a experiência em primeira pessoa, em discursos propagados por campanhas nas redes sociais, como aconteceu com a hashtag #PrimeiroAssédio.

Em maio de 2016, as ruas do Rio de Janeiro e de outras cidades do Brasil foram tomadas por milhares de mulheres indignadas com o inaceitável estupro de 33 homens contra uma adolescente na zona oeste da cidade. "Mexeu com uma, mexeu com todas", gritavam. No final do protesto, a multidão de "todas" se reuniu na escadaria da câmara municipal do Rio, na Cinelândia, e compartilharam suas vivências. O microfone-humano deu lugar a longas narrativas pronunciadas por uma mulher e repetidas pela multidão.

Trata-se de uma dinâmica peculiar de fala e escuta com consequências visíveis. Uma delas é simplesmente a experiência de ter aquilo que era tabu, secreto ou mesmo motivo de culpa ou vergonha exposto para todos. Enquanto na Marcha das Vadias os corpos ganharam destaque, agora são as vozes que expõem publicamente as vivências mais íntimas. O corpo ganha palavra e a palavra, corpo.

Configurava-se, além disso, uma sensação de identificação que vem da repetição e do anonimato. O curioso dessa construção é que expõe uma empatia que não se dá através de laços estreitos e íntimos, preestabelecidos por relações de proximidade e convívio anteriores ao evento da manifestação, mas por uma paradoxal pessoalidade impessoal. Aqui, é importantíssimo sublinhar que essa experiência desafia diretamente um limite conhecido das ações coletivas tradicionais, que sempre esbarravam na dificuldade de identificação subjetiva entre os participantes dos protestos.

No caso das manifestações feministas, se, por um lado, a narrativa provém de um "eu", por outro ela se dissolve na repetição do grupo que circunda esse "eu". A narrativa, sem se tornar impessoal, passa a integrar a experiência do grupo, que assume coletivamente a voz individual: "Mexeu com uma, mexeu com todas".

A segunda consequência sensível desse uso específico do microfone-humano é a performance de uma horizontalidade. Se as narrativas pessoais são marcadas pela posição social em que cada eu se insere, a repetição pela multidão provoca a sensação de que poderia ter acontecido com qualquer uma, ou pelo menos de que o que aconteceu deveria concernir a qualquer uma. Está em jogo a percepção de um problema comum. Em vez de apagar a diferença entre as histórias de vida que ali se apresentam, a repetição por todas serve como fator de sensibilização com essas diferenças, como fator de aproximação e criação de laços.

No primeiro protesto realizado após o estupro coletivo, policiais em uma viatura estacionada na Cinelândia assistiram a todos os depoimentos. Tiveram que ouvir o grito "Para de caô, nessa polícia tem estuprador!". Quando a manifestação já se dispersava, um policial puxou uma menina pelo braço e passou uma cantada. Uma multidão de meninas voou em cima do policial, que precisou entrar no carro e fugir. As meninas deixaram o recado: não se pode mexer com nenhuma, não vão abaixar a cabeça. Algumas mascaradas picharam nos arredores do Palácio Capanema: "Fim do patriarcado" e "Fim da cultura do estupro".

MAIS UMA PRIMAVERA

Em 2015, estudantes do estado de São Paulo ocuparam mais de duzentas escolas estaduais e conseguiram impedir uma reforma proposta pelo governo do PSDB, que pretendia fechar 92 escolas e transferir mais de 300 mil alunos da rede pública, promovendo a superlotação das salas de aula. O movimento surpreendeu o país pela organização estratégica e pela velocidade com que se espalhou, sem que a mídia conseguisse difamar sua imagem e sem que a justiça e a polícia condenassem e reprimissem efetivamente as ocupações. No final de 2016, estudantes voltaram a ocupar as escolas, consolidando o protagonismo dos secundaristas nas mobilizações políticas atuais.

Dessa vez, cerca de mil escolas foram ocupadas em mais de sete estados para protestar contra a Reforma do Ensino Médio e contra a Proposta de Emenda à Constituição (PEC) 241/2016, que propõe limitar os gastos do Estado por vinte anos, conhecida entre ativistas como "PEC do Fim do Mundo".

Nas manifestações, novas formas de organizar o comum são percebidas. A experiência de habitar um mesmo espaço, dividindo todas as tarefas 24 horas por dia, radicaliza ainda mais as possibilidades do potencial da colaboração e das trocas afetivas.

Esse movimento, que ficou conhecido como Primavera dos Secundaristas, não deixaria de ecoar a Primavera Feminista. O convívio nas ocupações permitiu que as meninas se articulassem com mais força e levantassem outras pautas. Uma delas foi o questionamento do controle das vestimentas femininas e masculinas. Meninas de um colégio de Porto Alegre lançaram uma campanha na internet com a hashtag #VaiTerShortinho-Sim, acompanhada do seguinte manifesto:

> Nós, alunas do ensino fundamental e médio do Colégio Anchieta de Porto Alegre, fazemos uma exigência urgente à direção. Exigimos que a instituição deixe no passado o machismo, a objetificação e a sexualização dos corpos das alunas; exigimos que deixe no passado a mentalidade de que cabe às mulheres a prevenção de assédios, abusos e estupros; exigimos que, em vez de ditar o que as meninas podem vestir, ditem o respeito.[17]

Ivana Bentes, ao analisar o gesto das meninas, observa as grandes inflexões que se davam no campo do imaginário político:

> O abaixo-assinado e a hashtag #VaiTerShortinhoSim viralizaram nas redes e nas escolas e um manifesto circulou com milhares de assinaturas, [...] [trazendo] o debate do machismo, das questões de gênero e da cultura do estupro para as escolas,

a partir de uma questão para muitos considerada desimportante, como a proibição naturalizada de meninas usarem shorts e mostrarem as pernas na escola.[18]

No filme *Lute como uma menina!*, lançado em 2016, as garotas afirmam que, nas ocupações, os meninos se colocavam naturalmente em funções de liderança e se recusavam a realizar trabalhos historicamente relegados às mulheres, como cozinhar e fazer a limpeza. As meninas impediram que essa divisão acontecesse e determinaram que em todas as funções deveria haver participação igual de ambos os gêneros. Em uma escola de Niterói, meninas criaram o "Mural dos machistas", no qual reproduziam falas escutadas em corredores, salas de aula e redes sociais, sem revelar o nome dos autores, dando visibilidade ao sexismo estrutural que permeia as relações escolares. Já as meninas do Colégio Pedro II, no Realengo, no Rio, demonstraram como a aprendizagem e a tomada de consciência feminista no ambiente escolar poderiam ser trazidas para suas casas, ensinando mães e avós.

ENFIM, O VERÃO

O verão de 2017 terminou com novas perspectivas para o feminismo. O Brasil e o mundo tiveram um Oito de Março celebrado por multidões, que ocuparam as ruas e promoveram uma grande greve internacional. O movimento foi impulsionado pela Marcha das Mulheres em Washington, que atraiu entre 3,2 e 5,2 milhões de pessoas em 653 cidades do território norte-americano em 21 de janeiro de 2018, dia seguinte à posse de Donald Trump, e se tornou o maior protesto de um único dia da história dos Estados Unidos. Outras 261 marchas foram organizadas ao redor do mundo,[19] não só pelos direitos das mulheres e dos LGBTQIs, mas também pelas lutas racial, trabalhista, ambiental e dos imigrantes. Os protestos demonstraram o desejo e a capacidade de o feminismo se articular com outras lutas e se tornar o mais inclusivo possível.

Na Marcha das Mulheres em Washington, feministas históricas, como Angela Davis, Cinzia Arruzza, Keeanga-Yamahtta Taylor, Linda Martín Alcoff, Nancy Fraser, Tithi Bhattacharya e Rasmea Yousef Odeh, leram um manifesto que convocava uma greve mundial no Dia das Mulheres, nascida da necessidade de articular os diferentes focos de atuação feminista.

Seguiam, dessa forma, no embalo de outras insurgências feministas em todo o mundo. Em outubro de 2016, mulheres argentinas organizaram uma greve de uma hora contra o feminicídio da adolescente Lucía Pérez. Em poucos dias, o assassinato da jovem gerou como resposta o grito *"Ni una a menos"*, que ecoou em grandes protestos por toda a América Latina. No mesmo mês de outubro, milhares de polonesas realizaram um dia de greve para barrar uma lei que dificultava a interrupção da gravidez. Com o intuito de formar alianças, as polonesas entraram em contato com grupos feministas de outros países, como Coreia do Sul, Rússia e Argentina, dando início à gestação de uma greve internacional de mulheres, consolidada mais tarde com a convocação realizada pela Marcha das Mulheres em Washington.

A opção pela greve deixa clara a inflexão para questões estruturais que oprimem a mulher, como as que tangenciam o Estado e o mercado de trabalho, e só podem ser resolvidas a partir de mobilizações coletivas. O trecho a seguir, do manifesto proferido em Washington, explica essa tomada de posição:

> Juntemo-nos em 8 de março para fazer greves, atos, marchas e protestos. Usemos a ocasião deste dia internacional de ação para acertar as contas com o feminismo do "faça acontecer" e construir em seu lugar um feminismo para os 99%,

um feminismo de base, anticapitalista; um feminismo solidário com as trabalhadoras, suas famílias e aliados em todo o mundo.[20]

O rótulo "Feminismo para os 99%", presente no manifesto, remete a uma simbologia nascida dos protestos de Occupy Wall Street. Nas praças ocupadas, os manifestantes se diziam contra o 1% de indivíduos que detêm a riqueza global.

A Greve Internacional de Mulheres foi convocada em mais de cinquenta países no dia 8 de março. No Brasil, mobilizações ocorreram em mais de sessenta cidades, entre elas, 22 capitais. Na página do Facebook das articulações do "8M Brasil", as organizadoras discutiam a dificuldade de aderência diante da realidade socioeconômica do país e enfatizavam as diferentes possibilidades de participação: "Parar por um dia as atividades de cuidado é uma forma de ressignificar o conceito de greve, que ao longo da história esteve vinculado somente ao trabalho produtivo. Queremos visibilizar também o trabalho reprodutivo e não remunerado que nós mulheres desempenhamos".[21]

Apesar das dificuldades, as mulheres lotaram avenidas com a cor lilás, símbolo do movimento feminista. De acordo com Analba Teixeira, ativista da Parada Brasileira de Mulheres e do Instituto Feminista para a Democracia, "quem está parando o mundo é o feminismo, não vemos outros movimentos com a mesma força. Estamos articuladas com mulheres do mundo todo, e esse fortalecimento do movimento feminista mundial é muito importante".[22]

Mulheres de diferentes grupos e bandeiras se uniram no Oito de Março brasileiro, dando o tom da pluralidade do protesto, como é perceptível no depoimento de Mbo'yjagua'i, representante do Conselho das Mulheres do Mato Grosso do Sul, no Facebook: "Nossa luta é divulgar principalmente a violência contra as mulheres indígenas, o genocídio que está proliferando no Mato Grosso do Sul. Estão exterminando os povos indígenas. Então, a minha vinda para cá é para demonstrar a discriminação que sofremos e, mais do que isso, que estamos na lista de extermínio".[23]

Até aqui, temos o panorama de uma insurreição relativamente recente, mas ainda é arriscado pensar essas manifestações e dicções como fundamentalmente novas, mesmo que a estrutura e o potencial comunicativo das redes tragam uma variável importante em suas possibilidades de abrangência e inovação dos discursos políticos.

Nesse sentido, é interessante revisitar o trabalho de Charles Tilly e Sidney Tarrow sobre a trajetória do confronto político, que, de forma recorrente, se revela como um reaprendizado social de ações de protesto. Uma leitura dessa trajetória vai mostrar uma visível transmissão de saberes nas formas de inventar a política. Os black blocs, por exemplo, vistos muitas vezes como um fenômeno político novo, trazem forte marca zapatista em seus formatos e processos performáticos.

Ainda que os protestos de 2013 tenham, sem dúvida, nos surpreendido, para uma avaliação mais criteriosa dessas manifestações é fundamental que se examine mais atentamente a história dos movimentos coletivos e sua dinâmica de inovações políticas e sociais. Esta, sim, sempre surpreendente e fascinante.

Maria Bogado é doutoranda em tecnologias da comunicação e estéticas pela Escola de Comunicação da UFRJ, mesma instituição na qual se formou em audiovisual. Tem mestrado em literatura, cultura e contemporaneidade. Coeditou a *Revista Beira* entre 2015 e 2017. Teve poemas publicados nas revistas *modo de usar & co.* e *Mallarmargens*, na coletânea *Cadernos do CEP* e na antologia *Alto-mar*, organizada por Katia Maciel.

REDE

COM CRISTIANE COSTA

Ainda que a força das ruas não possa ser atribuída integralmente às redes sociais, a web sem dúvida foi um fator estratégico e central das marchas feministas. Nunca as táticas e a militância das mulheres foram tão potencializadas e produziram reações e alianças na escala que se vê hoje.

O fato é que as redes sociais, desde sua popularização na década de 2010, são o mecanismo mais importante de mobilização política. O Twitter, por exemplo, foi criado explicitamente para a militância. Teve início com o programa TXTMob, criado nos Estados Unidos para, através do celular, organizar manifestações contra a convenção nacional do Partido Republicano de 2004. Seu desdobramento, o Twitter tal como o conhecemos, foi lançado dois anos mais tarde e manteve esse DNA ativista, tendo sido o principal instrumento das manifestações iranianas de 2009 e nas inglesas de 2011. Um pouco mais tarde, os "indignados" espanhóis proclamaram sua fé na utopia da cidadania conectada. Surgiu a categoria *smart people*, definida pelo Comitê Invisível como "receptores e geradores de ideia, serviços e soluções".[1]

As atividades políticas na rede são múltiplas e não necessariamente voltadas apenas para ações diretas. Muitas vezes são pensadas como mecanismo de pressão diante de instituições estabelecidas. A plataforma de mobilização Avaaz, por exemplo, propõe uma relação direta com a política representacional. Criada em

2007, ela duplicou o número de membros no Brasil logo após junho de 2013. Em 2016, contabilizava 8 milhões de membros no país. A plataforma colhe assinaturas para pressionar autoridades, de forma que, além do resultado imediato de trazer visibilidade a uma causa e levantar debate sobre ela, ainda mantém um foco nos efeitos da esfera política representativa.

O mais comum, entretanto, não é o uso das redes para a pressão democrática, como o modelo Avaaz. O recurso mais utilizado pelos novos ativismos insurgentes é claramente aquele que privilegia a autonomia e a ação direta entre pares. Este sim é o grande poder das redes. Em seu livro *Redes de indignação e esperança: Movimentos sociais na era da internet*, Manuel Castells afirma, de forma categórica, que "a construção autônoma das redes sociais controladas e guiadas por seus usuários é a grande transformação social no século XXI".[2]

Ainda segundo Castells, a conexão entre a internet e os movimentos sociais em rede é profunda, na medida em que seus atores comungam uma cultura específica, a cultura da autonomia, matriz cultural básica das sociedades contemporâneas. Neste sentido, os novos movimentos são claramente distintos dos movimentos de protesto. São essencialmente movimentos culturais, que permitem a um ator social tornar-se sujeito ao definir sua ação segundo seus próprios valores e interesses, independentemente das instituições.

O grau de autonomia da descentralização das redes abriu um vasto campo de estratégias inesperadas de mobilização e comunicação políticas. Entre elas, estão as perspectivas capazes de mobilizar a expressão individual, assim como a erosão parcial entre o público e o privado, que podem ser vistos como o cerne da criação de modulações mobilizadoras estimuladas pela estrutura das redes. A internet fornece ainda um modelo de plataforma de comunicação que permite a criação de um novo padrão organizacional articulado através da polinização cruzada, da consulta mútua e da retroalimentação. É importante observar que este padrão de comunicação teve um efeito particularmente positivo para indivíduos com baixa renda, nos movimentos de "minorias", e para a ação política em países em desenvolvimento.

Nosso feminismo jovem confirma essa regra. Em outubro de 2015, no calor dos protestos feministas, o Facebook atingiu o número de 74,8 milhões de usuários no país, conectando três de cada quatro internautas brasileiros. Verificamos em janeiro de 2016, na esteira do boom de 2015, a enorme quantidade de páginas que tratam do feminismo com diferentes linguagens e abordagens. Os números de curtidas já se mostravam surpreendentes: Feminismo Sem Demagogia (884 075), Lugar de Mulher (75 202), Feminismo Radical (54 451), Feminismo de ¾ (45 971), Feminismo na Rede (20 215), Preciso do Feminismo Porque (17 384), entre outras.

Nesse cenário, o feminismo negro já se destacava em 2016 com diversas páginas de alta visibilidade, como o Geledés Instituto da Mulher Negra (348 680) — hoje, são mais de 600 mil seguidores. Existem centenas de páginas com números menores de curtidas, mas ainda consideravelmente expressivas e que vêm crescendo desde então. Esses números denunciam, de imediato, dois fatores: a demanda reprimida das vozes femininas no espaço público e seu alcance político.

Apesar de ter se constituído antes da popularização da internet, o Geledés ganhou escala e maior repercussão a partir de sua entrada na rede. Criado em 1988, com a missão de combater o racismo, o sexismo, a violência contra a mulher e a homofobia, o Geledés percebeu rapidamente a força das mídias e criou um dos mais influentes portais do movimento feminista. Acompanhado por homens e mulheres, negros e brancos, o portal divulga desde publicações próprias, como o "Guia do enfrentamento do racismo institucional", até reportagens e artigos selecionados da grande imprensa e do campo teórico feminista. O espaço de articulação das questões de gênero e raciais no Brasil, que tem Sueli Carneiro como uma das fundadoras, anuncia: "A comunicação é um direito humano e, a partir dessa perspectiva, o Programa de Comunicação do Geledés compreende o tema como uma questão vital para os movimentos sociais em geral e para as mulheres negras em particular, pois, além de instrumento de visibilidade, a Comunicação é tratada como um nexo de empoderamento".[3]

A LINGUAGEM DAS REDES

As linguagens que o feminismo explora na rede têm características próprias. Em primeiro lugar, está o investimento pesado nas perspectivas abertas para as muitas experimentações possíveis entre o pessoal e o público, como já mencionado. É um território complexo, no qual as interdições e violências vividas pelas mulheres são atualizadas.

Na sequência, vem a exploração meticulosa da força mobilizadora dos relatos pessoais, um dos principais instrumentos políticos do feminismo em rede. É descoberta, aqui, uma chave importante. As experiências em primeira pessoa, tornadas públicas na rede, passam a afetar o outro.

Uma das criadoras da revista on-line *Capitolina*, Clara Browne fez a seguinte observação via e-mail sobre as trocas afetivas nas redes:

> Parte do segredo do alcance das campanhas on-line se deve ao fato de que os debates estão comumente relacionados a narrativas pessoais, recuperando com força a ideia de que o pessoal é político. No entanto, é também manifesto que experiências diferentes podem vir de opressões diferentes, atentando para a interseccionalidade das opressões. Assim,

surge a necessidade de empatia, o movimento de se colocar no lugar do outro [...]. A ideia é, então, entender a igualdade pela diferença e, dessa maneira, criar uma nova forma de se compreender o conceito e a prática de uma união que inclui e reconhece sua heterogeneidade.

No caso da diversidade de feminismos que se desdobram e se anunciam a cada dia, as redes se mostraram ainda uma base suficientemente flexível para articular as múltiplas posições identitárias feministas dentro das lógicas interseccionais indispensáveis para a expressão dos novos ativismos das mulheres. Talvez somente agora, a partir de modos de fala e uso de vozes individuais em rede, o feminismo tenha conseguido encontrar um modelo de comunicação efetivamente contagioso.

Respondendo ao recrudescimento de um forte conservadorismo que ameaça, inclusive, direitos já conquistados, os feminismos em rede se empenham no uso e na forma de novos instrumentos em suas lutas. Mais do que defender racionalmente ideologias, os grupos produzem laços que tecem uma expressiva percepção comum.

AS HASHTAGS

Os movimentos feministas descobriram o poder das hashtags em 2014. O uso inicial da hashtag estava associado à publicidade, que percebeu imediatamente seu potencial de organização e distribuição de conteúdo. Não é à toa que a hashtag, tão afeita às campanhas publicitárias, foi eleita como principal ferramenta política do feminismo. A própria noção de campanha traduz novas formas de ação política. Nascidas por geração espontânea e amplamente disseminadas, as manifestações organizadas a partir de hashtags muitas vezes acontecem sem formar coletivos, criar blogs ou sites, nem mesmo montar um perfil próprio nas redes sociais. Ao marcar uma diferença com movimentos políticos tradicionais, são flexíveis tanto do ponto de vista organizacional quanto político, pois atuam numa esfera muito particular da sociedade civil, uma esfera na qual o consenso não é necessário.

O potencial mobilizador do uso tático das hashtags feministas mostrou sua força a partir de uma série de movimentos. Em geral, poucas pessoas sabem quem são as *lideranças* ou as *representantes*. Nesse corpo textual formado por uma imbricação de vozes, alcança-se uma horizontalidade momentânea em que já não é central *quem* disse, mas *o quê* e *como* disse. Vamos analisar aqui mais detidamente algumas destas campanhas.

Criada pelo Think Olga em outubro de 2015, a #PrimeiroAssédio teve enorme repercussão na rede e gerou propostas similares em outros países, como a #FirstHarassment na Inglaterra e nos Estados Unidos. A hashtag surgiu como resposta ao assédio sofrido por Valentina Schulz, na época com doze anos, que participou do programa MasterChef Júnior e foi alvo de comentários de teor pedófilo e machista nas redes sociais. Diante desse caso público, a campanha motivou mulheres a relatar suas primeiras experiências com assédio sexual, muitas delas nunca antes reveladas nem para os pais.

A campanha gerou uma comoção surpreendente. Depois de comentários como "Se tiver consentimento é pedofilia?" e "A culpa da pedofilia é dessa mulecada gostosa" se espalharem pelo Twitter, o Think Olga comprou a briga. A #PrimeiroAssédio foi usada 2,5 mil vezes no primeiro dia e, em três dias, foi replicada 82 mil vezes.[4] Em um levantamento feito pelo próprio Think Olga, descobriu-se, ao analisar um conjunto de 3111 menções da hashtag no Twitter, que a idade média em que mulheres sofrem o primeiro assédio seria 9,7 anos.[5]

No Brasil, o grande impacto da #PrimeiroAssédio impulsionou uma onda de novas campanhas e abriu decididamente as vias da web para as demandas feministas. Nas semanas seguintes, surgiu #MulheresContraCunha, cujo foco era a mobilização de mulheres contra o PL 5069, que visava dificultar o acesso de vítimas de estupro ao aborto legal e seria colocado em votação logo em seguida. As mulheres inundaram as ruas de todo o país, invadiram as redes sociais e ainda partiram para a ocupação de jornais contra Eduardo Cunha e seus aliados. Foi nesse ímpeto que veio a #AgoraÉQueSãoElas, com 5 mil compartilhamentos no Twitter e grande repercussão no Facebook, questionando a fraca presença feminina nos espaços de opinião da mídia convencional. A campanha foi vitoriosa: várias colunas assinadas por homens em jornais de grande circulação foram cedidas, por um dia, às mulheres. Antonia Pellegrino, uma das propositoras dessa campanha, afirmou em entrevista para este livro: "O #AgoraÉQueSãoElas foi uma articulação a partir de uma ideia de Manoela Miklos para sermos ouvidas onde esses caras não estão acostumados a nos ouvir, nos jornais. Foi uma invasão".

O movimento, depois de disparado, não cessou. Ainda em novembro surgia a #MeuAmigoSecreto, mencionada 170 mil vezes no Twitter.[6] A ideia era tornar públicos os relatos de assédios realizados por homens próximos, sem identificá-los. Ficou claro que a necessidade de falar não vinha de um desejo de constranger determinada pessoa, e sim de divulgar comportamentos abusivos.

Entre as muitas campanhas feministas que têm surgido desde então — e que justamente pelo caráter espontâneo e efêmero são de difícil mapeamento —, cabe elencar algumas que mantiveram o som das vozes feministas ecoando nas redes.

Começamos pela campanha #NãoMereçoSerEstuprada, que surge como uma reação aos resultados da pesquisa "Tolerância social à violência contra as mulheres", divulgada pelo Instituto de Pesquisa Econômica Aplicada (Ipea). A porcentagem de brasileiros que concordavam, total ou parcialmente, com a afirmação "Mulheres que usam roupas que mostram o corpo merecem ser atacadas", segundo o Ipea, era de 65% de 4 mil entrevistados.[7] Em uma semana, a hashtag gerou um movimento coletivo, com 592 postagens e quase 3 mil comentários. Pouco depois, o próprio Ipea divulgou em uma nota a alteração dos dados da pesquisa. Apontava, então, um percentual de apenas 26% de indivíduos que concordavam com a afirmação e atribuía o erro a uma confusão entre gráficos.[8]

Nana Queiroz, uma das responsáveis pelo sucesso da campanha, postou uma foto com os seios cobertos pelos braços, nos quais se lia: "Não mereço ser estuprada". Ela ficou surpresa diante do apoio rapidamente alcançado: "Quando entrei em contato com as 200 mil pessoas que participaram do protesto e as não sei quantas milhões que acompanharam os debates na televisão, o #NãoMereçoSerEstuprada provou para mim que as brasileiras estavam muito mais preparadas para a discussão de gênero do que eu imaginava".

Na sequência, novamente em torno da questão do estupro, que se revelou mais central e mais recorrente do que poderíamos imaginar, surgiu a campanha #EstuproNuncaMais, provocada pela notícia do estupro de uma menina de dezesseis anos por 33 homens no Rio de Janeiro. Na mesma época, no Piauí, foi noticiado o estupro coletivo de outra menina de quinze anos. Delineava-se uma caixa-preta do comportamento sexual brasileiro: a cultura do estupro, bem mais ampla e consolidada do que a sociedade se dava conta. As hashtags #EstuproNuncaMais e #PeloFimDaCulturaDoEstupro viralizaram nas redes sociais. No dia 26 de maio de 2016, a campanha chegou, em menos de uma hora, ao primeiro lugar entre as mais citadas no Twitter Brasil e ao terceiro lugar mundial.

Ainda vinculada à cultura do assédio, a revista *Nova* lançou a hashtag #NãoÉNão, em outubro de 2016, preparando-se para o Carnaval de 2017. No mesmo ano, o site Catraca Livre criou a #CarnavalSemAssédio, esclarecendo que puxar pelo braço, beijar à força e tentar qualquer tipo de abordagem sem consentimento configuram assédio. Promovida em parceria com a revista *AzMina* e os coletivos Agora é que são Elas; Nós, Mulheres da Periferia e Vamos Juntas?, a campanha foi preventiva e ao mesmo tempo didática.

Uma pesquisa feita pouco antes do Carnaval de 2017 mostrava que 54% dos homens entrevistados afirmavam que mulheres em um bloco carnavalesco, com roupas que revelam partes de seu corpo, bebendo, "estão a fim de ser agarradas".[9] A partir da politização do comportamento masculino, as campanhas por um "Carnaval sem assédio" foram inesperadamente muito bem-sucedidas: o número de assédios caiu efetivamente em 2017, franqueando maior liberdade para as mulheres participarem da festa em espaços públicos.

Em 2016, nasceu a campanha #EuEmpregadaDoméstica, criada por Joyce Fernandes, também conhecida como Preta-Rara, apenas com relatos de abusos sofridos por empregadas domésticas no ambiente de trabalho. Em um post, ela reproduziu algo que escutou em 2009, em seu último trabalho como empregada doméstica: "Joyce, você foi contratada para cozinhar para a minha família, e não para você. Por favor, traga marmita e um par de talheres e, se possível, coma antes de nós na mesa da cozinha; não é por nada; só para a gente manter a ordem da casa".[10] Assim nasceu a página do Facebook Eu Empregada Doméstica, que em uma semana já tinha 100 mil seguidores e colecionava 5 mil relatos.

Já que as mulheres participantes da campanha corriam o risco de sofrer retaliações nos seus ambientes de trabalho ou mesmo perder o emprego, muitas enviavam o relato para outras mulheres, que o publicavam em primeira pessoa. Esse intercâmbio estratégico de autoria assinala o caráter *performa-*

tivo desses relatos. O que importa é menos buscar culpados ou resolver uma situação individual, e mais trazer à tona testemunhos pessoais, numa performance narrativa pública.

Não é por acaso que muitas dessas campanhas trazem no nome a primeira pessoa do singular. Refuta-se, assim, a objetividade jornalística de modo a dar ênfase à singularidade pessoal de um relato. Aqui cabe ressaltar que, apesar de essas novas estratégias de fala conseguirem desafiar o regime de visibilidade predominante e pautar temas até então reprimidos, seria ingênuo não perceber a força das relações de poder inscritas e consolidadas.

A campanha #EuEmpregadaDoméstica, por exemplo, por ser voltada a um grupo de mulheres duplamente vulneráveis (classe e gênero), demonstra essa limitação. A campanha não alcançou nem de longe a mesma exposição daquelas em que a classe média estava ativamente envolvida. Foi, contudo, uma intercessão bem-vinda e necessária para dar visibilidade a problemas de gênero e de classe cujos desdobramentos devem ser observados com atenção. Trata-se de um setor notoriamente feminino (92% dos empregados domésticos no Brasil são mulheres), que abarca 14% das brasileiras em atividade profissional no país, totalizando 5,9 milhões de mulheres com média salarial de setecentos reais (valor abaixo do salário mínimo) e das quais mais de 70% não têm carteira assinada.[11]

Esse exemplo relativiza a aparente horizontalidade das redes, que não são uma tábula rasa independente das relações de poder off-line. O impacto gerado pela ação em rede, ainda assim, é reconhecido como marca dessa nova onda.

Vale atentar, entretanto, como nos conta Clara Browne, para as dificuldades intrínsecas ao meio digital:

É importante ter em vista também que o próprio funcionamento das redes sociais ajuda essa falta de completa horizontalidade. [...] Os critérios que as redes sociais utilizam para selecionar quais postagens apresentar para cada perfil on-line não são claros e geram microbolhas de discurso difícílimas de sair.

As maneiras mais comuns de "furar" essas microbolhas [...] são por meio de influenciadores, ou seja, de pessoas que têm alto alcance on-line, como jornalistas, ativistas ou artistas. Mas, mesmo nesses casos, cada um tem também suas microbolhas, de maneira que só chega ao grande público o que entra na curadoria, evidenciando novamente os cortes de classe, como no caso da campanha #EuEmpregadaDoméstica.

PARA ALÉM DAS HASHTAGS

As campanhas com hashtags foram o grande momento e a maior novidade do ativismo feminista jovem. A quarta onda chegou mesmo a ser batizada ironicamente como ativismo de sofá, minimizando a importância que a rede teve nessa mobilização insurgente.

A rede foi tomada por ações de coletivos feministas, com a produção de veículos de comunicação próprios. A revista *Capitolina*, um caso dos mais interessantes e pioneiros de publicações on-line voltadas para o feminismo jovem, é exemplar nesse sentido. O modelo da revista e o seu modo de produção compartilhada seriam impensáveis sem as redes, já que o projeto nasceu do encontro entre desconhecidas que participavam de um grupo de discussão on-line sobre o feminismo. Inicialmente dedicada ao público jovem, a *Capitolina* é mantida por mais de cem colaboradoras voluntárias entre dezesseis e trinta anos e se destaca pela busca de horizontalidade em sua organização. Clara Browne, uma das fundadoras, explica o processo de produção compartilhada: "Tinha texto todo dia. Queríamos que fosse uma coisa que as meninas pudessem chegar da escola, abrir e ler. Votávamos um tema — o tema mais votado era o que faríamos para o mês seguinte. Todo mundo sugeria pauta. [...] Tentávamos ao máximo fazer um esquema em que todo mundo pudesse participar e opinar".

Clara e mais algumas das fundadoras deixaram a revista quando o coletivo tomou novos rumos editoriais, mais distantes do público jovem, porém altamente engajados no feminismo. Essa transferência de liderança demonstra a real abertura das fundadoras ao exercício de autonomia das demais colaboradoras. No entanto, apesar da facilidade de encontros proporcionada pelas redes, Clara ressalta a dificuldade de criar uma revista que realmente contemple uma representatividade ampla: "A gente não tinha muitas meninas trans e essa era uma coisa de que sentíamos falta. Então, procuramos pessoas para falar disso. Mais meninas negras também. Já tinha no começo, mas podia ter mais. Fomos procurando sempre outras camadas de representatividade que a gente sabia que faltavam na revista".

Em pouco mais de três anos de existência, a *Capitolina* não apenas conquistou mais de 48 mil seguidores no Facebook e de 27 800[12] no Twitter, como publicou dois livros pela Seguinte, selo jovem da editora Companhia das Letras.

Sofia Soter, outra fundadora da revista, comenta o papel das publicações independentes frente às revistas voltadas para as adolescentes:

O meio digital nos permitiu escapar das restrições das revistas impressas clássicas para o público adolescente. As criadoras e colaboradoras da revista tinham, desde o começo, a característica em comum de sentir que a mídia tradicional não bastava: não representava a variedade e a amplitude das experiências *reais* adolescentes, e sim um molde branco-hétero-cis-rico-urbano-magro que parecia ser o único possível, como se fosse reservado às que se encaixavam nesse molde o direito à adolescência. Por isso, a *Capitolina*, desde seu início, buscou tratar de temas variados escritos por colaboradoras variadas, que traziam seus conhecimentos e experiências para construir um conteúdo honesto, falando de igual para igual.

Recentemente, as mídias tradicionais têm abarcado com mais frequência temas minoritários, como diversidade e injustiças relacionadas a gênero, sexualidade e padrões de beleza. Essa virada certamente é fruto da pressão das redes. Prova disso é a passagem de blogs, revistas on-line, youtubers e afins para o circuito editorial. A transposição das redes para o papel é uma tendência entre os expoentes de maior destaque do feminismo virtual. Em 2016, foram lançados livros assinados por *Capitolina*, Não Me Kahlo, *AzMina*, Jout Jout — youtuber que conquistou 3,1 milhões de visualizações em vídeo que trata de relacionamentos abusivos — e Babi Souza — criadora do movimento Vamos Juntas?, que ajuda mulheres a se organizar para não andar sozinhas em locais perigosos.

Com sete livros publicados, Clara Averbuck é uma das figuras pioneiras e mais importantes nessa empreitada. Ela explica a importância da troca de experiências e da escuta construída no espaço virtual: "O processo de compreensão e aceitação foi mais longo, é claro; ninguém acorda feminista. [...] A internet teve um papel fundamental nisso, pois foi ouvindo as experiências de outras mulheres que consegui identificar as minhas próprias".

A maternidade é outro tema que aos poucos vem ganhando visibilidade no YouTube. Todas as quintas-feiras, a cineasta Helen Ramos, mais conhecida como Hel Mother, fala a um público de mais de 90 mil inscritos sobre os desafios da maternidade sob um ponto de vista feminista. A amamentação, o puerpério, a criação dos filhos e a vida social, profissional, romântica e sexual das mães solo — e não solteiras, porque "mãe não se define pelo estado civil"[13] — são alguns dos temas trazidos pelo canal.

Essa troca de experiências em circuitos auto-organizados impulsiona a maior articulação de grupos historicamente excluídos. Os coletivos lésbicos são a prova do potencial das redes para a criação de circuitos que permitam a afirmação de identidades, outrora sem espaços possíveis de expressão livre e em grande escala. Nesse cenário, podemos destacar a página do coletivo lésbico OVRJ (sigla de Only Velcro Rio de Janeiro), que em 2018 conta com 1500 integrantes. Nos sites lésbicos, ganha evidência a questão da heterossexualidade compulsória. Entretanto, o tema mais instigante discutido no movimento diz respeito ao silenciamento político das lésbicas dentro e fora do movimento LGBTQI. Em 2017, no mês de agosto, dedicado à visibilidade lésbica, o site Blogueiras Feministas destacou seis grupos e ativistas lésbicas, que, além de escrever, atuam como youtubers: Sapatomica, Colher de Ideias, Luisa Tasca, Marias do Brejo, Louie Ponto e Jessica Tauane. No caso das lésbicas, fica claro o potencial das redes de gerar outros espaços de encontro. Nos últimos anos, foram organizadas grandes festas e reuniões dedicadas a esse público, anteriormente relegado à participação em eventos geridos majoritariamente por homens gays.

Essa mesma lógica vale para o movimento trans, cuja visibilidade aumentou de modo exponencial e irrevogável nos últimos anos. São exemplos a página do Facebook Transfeminismo, com mais de 20 mil seguidores, e o perfil Travesti Reflexiva, da estudante de psicologia Sofia Favero, com mais de 190 mil. Em texto publicado em sua página e reproduzido no Blogueiras Feministas, Sofia faz um apelo pela união: "A elaboração de alianças se dá coletivamente e é plural, a partir de uma série de vozes, objetivos e apoios. A minha disposição, ao militar pelo reconhecimento de humanidade das travestis e pessoas trans, é também fazer as pessoas cis se colocarem no meu lugar, através de uma certa empatia". As diversas identidades trans ocupam cada vez mais o YouTube, com canais populares como Transviado, Mandy Candy, Guilherme Góes, Renata Peron Cult, Bibi Sttar, Voz Trans e Camila em Flor.[14]

Ativistas trans têm compartilhado depoimentos sobre o processo de transição de gênero a partir da hashtag internacional #MomentsInTransition [Momentos na transição]. Além de compartilharem informações práticas sobre seus corpos, ajudam a debater formas de resistência ao preconceito.

Outras, como Indianara Siqueira e Helena Vieira, ampliaram seu alcance para além das redes sociais. Indianara passou das redes às urnas, conquistando 6166 votos como vereadora na cidade do Rio de Janeiro. Não foi o suficiente para se eleger, mas se tornou suplente do PSOL e fortaleceu sua candidatura para os próximos anos. Já Helena Vieira propõe um trânsito entre o debate acadêmico, em pesquisa realizada no Núcleo de Políticas de Gênero da Universidade da Integração Internacional da Lusofonia Afro-Brasileira, no Nordeste, e as postagens de cunho pessoal, nas redes.

No caso das mulheres negras não foi diferente. As possibilidades de articulação na internet foram fundamentais para o aumento de poder político dentro e fora dos circuitos feministas. Só no Rio de Janeiro, temos as campanhas para o cargo de vereador nas eleições de 2016 de Marielle Franco, brutalmente assassinada em 2018, e Talíria Petrone, do PSOL. Com escassos recursos financeiros, elas conseguiram resultados inesperados: Marielle foi a quinta candidatura mais votada do Rio de Janeiro, com 46 502 votos, e Talíria se elegeu em primeiro lugar em Niterói. Segundo o site do Tribunal Superior Eleitoral (TSE), ao todo foram 329 vereadoras negras eleitas no Brasil em 2016.[15] O debate encaminhado pelas feministas negras na política representativa trouxe para o campo das demandas feministas a interseção com o racismo.

No site Blogueiras Negras, vemos um importante movimento de recuperação das bases da história do feminismo negro. O portal traz à cena atual figuras fundamentais como Lélia Gonzalez, pesquisadora, ativista e uma das precurssoras na criação de coletivos feministas negros, como o pioneiro Grupo Nzinga, além de nomes que se tornaram referência a partir das redes, como Stephanie Ribeiro. A pesquisadora Sil Bahia, que estuda a relação entre tecnologia, gênero e raça, identifica um crescimento exponencial de páginas de coletivos feministas negros entre 2012 e 2014, que compartilham referências sobre temas como ancestralidade e dicas para lidar com o cabelo afro. "Há um gargalo na formação dessas mulheres, especialmente no que diz respeito à tecnologia. Por isso, é importante criar oficinas para ensinar linguagem de programação e fomentar a inovação tecnológica", explica. Movimentos e coletivos como RodAda Hacker, PretaLab, MariaLab, Minas Programam e PrograMaria buscam diminuir essa defasagem.

O feminismo negro também encontrou canais próprios para difundir vídeos, como o Afros e Afins, da estudante de ciências sociais Nátaly Neri. Conhecida como uma das principais influenciadoras digitais do país, a vlogueira conquistou mais de 80 mil seguidores em apenas um ano.[16] No ano seguinte, a atriz, escritora e roteirista Kenia Maria, integrante do coletivo Tá Bom Pra Você?, foi designada pela ONU Mulheres Brasil como defensora dos direitos das mulheres negras graças à sua estratégia política de abordar questões raciais através da recriação cômica de peças publicitárias.

Perfis pessoais no Facebook também abordam pautas das mulheres negras, como é o caso da filósofa Djamila Ribeiro, seguida por mais de 100 mil pessoas, que atua também como colunista on-line da *CartaCapital*, escreve no Blogueiras Negras e na revista *AzMina* e publicou dois livros: *O que é lugar de fala* (Letramento, 2017) e *Quem tem medo do feminismo negro?* (Companhia das Letras, 2018). A própria Djamila destacou outras influenciadoras fundamentais para acompanhar o feminismo negro nas redes, como Elizandra Souza, Carla Akotirene Santos, Sueli Carneiro, Tracie e Tasha Okereke, Joice Berth, Maria Clara Araújo e Giovana Xavier. Segundo ela, essas autoras são "mulheres negras, sujeitos de sua história e mulheres de ação que nos ajudam a repensar a sociedade". Para a filósofa, "muitas vezes, condicionados que estamos, aprendemos a só legitimar uma voz, uma história. Desestabilizar verdades estabelecidas é um caminho importante para a construção de coexistências".[17]

As redes trazem ainda a possibilidade de articulações improváveis, como o tema da gordofobia, que acaba perpassando os grupos aqui já mencionados. Destacam-se os vídeos de Jéssica Tauane, do canal Gorda de Boa, e Luiza Junqueira, do canal Tá Querida. Depois do poético filme *Espelho torcido*, em que Luiza explora imagens do seu corpo nu, ela convocou a comunidade gorda para ajudá-la a financiar um projeto em gestação. Em menos de uma semana, a página do projeto do seu novo filme *GORDA* alcançou mais de mil curtidas, e o formulário de inscrição para participações obteve mais de 550 inscrições.

ATAQUES E CONTRA-ATAQUES

Sem as mídias sociais, sem dúvida os novos feminismos não teriam alcançado a amplitude que tiveram. Por outro lado, *backslashes*, ou contra-ataques virtuais, se fazem sentir. Pregadores de ódio, misóginos e conservadores reagem com radicalidade ao que chamam de "perigo das ideologias de gênero". Muitos deles se utilizam de perfis falsos e patrulham diariamente as redes sociais em busca de ideias contrárias às que procuram disseminar, espalhando discurso de ódio. Seu objetivo, muitas vezes, é desviar a atenção de um determinado tema, modificando o rumo do debate nas redes.

Já não estamos mais tão otimistas assim como na época em que Castells celebrou as manifestações. No momento, as mídias sociais estão sob observação. O sonho de uma web descentralizada e democratizante pode não ter se esgotado, porém exige atenção redobrada. Mas vale insistir: se algum movimento se beneficiou da lógica descentralizada das redes, sem dúvida esse movimento foi a insurreição feminista.

A multiplicação de vozes ativas proporcionada pelas redes permitiu um ganho significativo de visibilidade de correntes do feminismo até então pouco amplificadas, como o feminismo negro, trans ou lésbico. As questões mais recorrentes nas redes não diferem muito das pautas das ondas feministas anteriores: violência, assédio, sexualidade, aborto, trabalho, sexismo, padrões compulsórios de beleza e de comportamento. A grande diferença hoje não está apenas na pauta do feminismo jovem, mas no encaminhamento dessas questões através da capacidade multiplicadora e articuladora da internet. Outro dado importante é que a rede potencializou uma estratégia feminista histórica, que se baseia na força agregadora do privado e das narrativas pessoais.

Cristiane Costa é professora de jornalismo da Escola de Comunicação da UFRJ, onde criou o coletivo Se Toca. É pesquisadora de pós-doutorado do Pacc-UFRJ e integra o Laboratório de Humanidades Digitais do Instituto Brasileiro de Ciência em Informação e Tecnologia.

COLABORADORAS

Anita Guerra	Fabio Malini
Bianca Botolon	Luisa Ramos
Bruna de Lara	Vitória Régia da Silva

POLÍTICA REPRESENTATIVA

COM ANTONIA PELLEGRINO

Na data já emblemática de outubro de 2015, na porta das assembleias legislativas, as mulheres combatiam a tentativa do então deputado Eduardo Cunha de retirar os poucos direitos reprodutivos que lhes são garantidos. Nas assembleias virtuais, desenterravam histórias dos assédios que tinham sofrido, mostrando para muitos homens aquilo que todas sabiam, mas poucas imaginavam ser tão comum.

O Brasil tem hoje o menor índice de representação parlamentar feminina da América do Sul. Em pleno 2018, são apenas 55 mulheres entre os 513 parlamentares federais, totalizando 10,7% das cadeiras. O Brasil ocupa a 115ª posição em representatividade feminina, de um total de 138 países. Estão em melhor colocação que o Brasil países de maioria muçulmana, como o Afeganistão e o Iraque, ambos em guerra há mais de uma década, e até a Arábia Saudita, que só aprovou uma lei para coibir a violência doméstica em 2013.

De acordo com o Tribunal Superior Eleitoral (TSE), nas eleições municipais de 2016, em pleno calor das manifestações, as mulheres representaram 31,74% do total de candidaturas. É a cota mínima de 30% estabelecido pela Lei Eleitoral de 1995 (nº 9100). Das 5509 cidades com eleição definida no primeiro turno, apenas 639 tiveram prefeitas a partir de 2017, um índice de 11,6%. Nas câmaras municipais, os homens representaram 86,5% dos eleitos, enquanto as mulheres, 13,5%. Em outras esferas, também não há muito o que comemorar. Dos senadores, 14% são mulheres. Nos governos estaduais, apenas 3,7% são governadoras. O fundo do poço foi a posse do presidente interino Michel Temer, em que não havia nem uma mulher nos 23 cargos de ministro. Como estar satisfeita com uma democracia representativa que não representa 51,4% de sua população? Se as mulheres são tão sub-representadas, como houve avanços até aqui?

No texto "Como as mulheres se representam na política?: Os casos de Argentina e Brasil",[1] as cientistas políticas Lúcia Avelar e Patrícia Rangel atribuem os avanços às organizações sem fins lucrativos, aos ativismos feministas diversos e à crescente especialização dos movimentos de mulheres no trato com as diversas instâncias da política institucional, como é o caso das representações extraparlamentares.

No âmbito do poder executivo, esse tipo de representação se efetiva através de secretarias de governo, de comissões de mulheres ou de órgãos como a Secretaria de Política para Mulheres. Criado em 2003 com status de ministério, este órgão foi extinto em maio de 2016 pelo presidente Michel Temer. Foi nessa secretaria, sob a liderança da então ministra Nilcea Freire, que, em 2006, a Lei Maria da Penha foi sancionada.

Nas casas legislativas, a representação extraparlamentar acontece através do monitoramento de projetos de lei, tanto para impulsioná-los quanto para barrá-los. Ou por *advocacy*, ou seja, ação coletiva, pública e política que busca incluir direitos específicos de determinados grupos na Constituição.

Já o judiciário pode ser provocado por entidades organizadas da sociedade civil em parceria com partidos ou outras instâncias habilitadas em ações específicas. Um exemplo de ação bem-sucedida foi a legalização do aborto em caso de feto anencéfalo (que não possui cérebro), proposta pelo Instituto de Bioética Anis e julgada pelo Supremo Tribunal Federal (STF) em 2012.

Finalmente, a quarta forma de representação extraparlamentar são os instrumentos de democracia direta, ou seja, de ações participativas mobilizadas em rede pela sociedade.

Se houve avanços, sem que as mulheres tenham eleito representantes de suas agendas, isso indica uma especialização em fazer política fora da política. De acordo com a filósofa Marcia Tiburi,

> Muitas pessoas se perguntam por que há tão poucas mulheres ocupando cargos nos espaços de poder em geral. No mundo da iniciativa privada os números não são diferentes. Mulheres trabalham demais, são maioria em algumas profissões, mas ocupam pouquíssimos cargos de poder. Como se fosse um direito natural, o poder é reservado aos homens em todos os níveis enquanto as mulheres sofrem sob estereótipos e idealizações também naturalizados.
>
> O ato de naturalizar corresponde a um procedimento moral e cognitivo que se torna hábito. Por meio dele, passamos a acreditar que as coisas são como são e não poderiam ser de outro modo. Nem poderiam ser questionadas.[2]

Para as mulheres, as coisas "são como são" desde a Grécia Antiga. Na *Política* de Aristóteles, ele define: o espaço da pólis, isto é, a cidade, o espaço público, pertence aos homens. Às mulheres, escravos e animais cabe a *oikós*, o espaço doméstico e familiar. Séculos depois, na aurora do Iluminismo, Rousseau corrobora a tese ao publicar *Emílio*, livro que narra como o personagem-título deve se portar socialmente nos novos tempos. O capítulo final do calhamaço é dedicado a Sophie, mulher de Emílio. A primeira regra para seu bom trânsito social é ficar em casa.

"Ocupar os espaços públicos enfrentando o significado da invisibilidade do espaço privado parece ser um ponto nevrálgico das lutas emancipacionistas. [...] Compreender que estamos saindo do 'quadrado' destinado a nós ao sermos mulheres no espaço público é fundamental".[3] Foi o que fez a deputada Manuela D'Ávila, ao levar sua filha recém-nascida nas reuniões da Câmara e demonstrar a dificuldade de o espaço acolher a maternidade:

> Voltei a trabalhar exatamente no dia em que Laura fez quatro meses. Era uma da madrugada quando decidi que [meu companheiro] não a tiraria mais de casa, que não era justo ela ser amamentada no carro ou no banheiro ou na gritaria dos corredores. Foi ali também que percebi que há doze anos eu era submetida a processos de votação noturnos — e que isso era sexismo. Meus colegas, homens, não têm majoritariamente nenhuma responsabilidade no ambiente privado, familiar, doméstico. [...]
>
> Depois disso, passei a ouvir conselhos para que não amamentasse na Assembleia, para que deixasse Laura numa creche [...]. Toda a política é feita para a inexistência de mulheres em espaços de tomada de decisão e, principalmente, mulheres com filhos. Toda ida com Laura a uma agenda, a uma sessão, a um compromisso virou, sem que eu percebesse, um gesto de resistência. Um gesto de ousadia.[4]

A professora de filosofia Carla Rodrigues disse uma frase lapidar: "A plasticidade do machismo faz com que ele mude para não mudar". Sem enfrentar as muitas dificuldades estruturais que limitam as possibilidades de uma mulher na política, em 1995 foi criada uma lei de cotas para mulheres nas eleições. A política afirmativa é um avanço, sem dúvida. Mas, na prática, as condições para que o sistema de cotas funcionasse plenamente não foram dadas. Como resultado, muitas dessas candidaturas são de "laranjas" que não recebem nenhum voto e assim a lei de cotas é cumprida pelos partidos que, sem exceção, reproduzem a lógica patriarcal da sociedade. Outras tantas candidaturas, legítimas, acabam recebendo menos recursos que as dos homens, embora uma lei posterior garanta a reserva de percentual do fundo partidário e do tempo de propaganda às candidaturas femininas. Embora as mulheres representem 44,6% das filiações partidárias, são poucas aquelas que desejam enfrentar os desafios de se candidatar. Novamente, cabe perguntar: por quê? No texto que escreveu para o blog #AgoraÉQueSãoElas, a então candidata a vereadora Marielle Franco — eleita em 2017 como a quinta mais votada do Rio —, que seria brutalmente assassinada em 14 de março de 2018, explica:

> A disputa da política é um grande desafio, principalmente para nós mulheres. A lógica machista nos persegue a todo tempo e a sentimos com intensidade, principalmente quando decidimos ocupar um espaço na institucionalidade política. E os reflexos disso são corriqueiros no cotidiano das nossas campanhas eleitorais, sejam feministas ou não. Imprimir a imagem do nosso rosto em um panfleto é quase um convite ao assédio, que vai desde pedidos de casamento até propostas da troca do voto por um beijo. Tudo com muito humor e sorrisos escancarados, como boa parte da estética do machismo que, na maioria das vezes, acaba em violência, psicológica ou física contra a mulher, e alimenta a cultura do estupro.[5]

Há algo de profundamente inquietante, por ser perverso, na equação entre poder e violência. Ou na ausência de poder das mulheres e no excesso de violência dos homens sobre as mulheres. Ou no fato de os homens ocuparem o topo da pirâmide do poder, enquanto as mulheres, sobretudo as negras, ficam na base da pirâmide da violência — como mostra o estudo elaborado pela Secretaria de Políticas para as Mulheres, baseado nos dez anos do Ligue 180. Na pesquisa, este grupo foi maioria entre as vítimas que utilizaram o serviço (58,55%) em 2015, por exemplo.

> Na ausência de questionamento, o machismo aparece como culto da ignorância útil na manutenção da dominação que depende do confinamento das mulheres na esfera da vida doméstica para que se mantenham longe do poder. O machismo se mostra como o que há de mais arcaico em termos de ética e política. O machismo é uma forma de autoritarismo que volta à cena em nossa época. Enquanto isso, a violência doméstica simplesmente cresce e as mulheres continuam afastadas do poder. Mas por quanto tempo?[6]
>
> [Marcia Tiburi]

Quando o debate sobre eleições municipais de 2016 começou, a primavera feminista chegou à política. A crise de representatividade de 2013 e o gosto pela ocupação das ruas reais e virtuais deram combustível para mulheres representantes das agendas feministas se lançarem na disputa por cargos eleitorais e serem bem votadas. Não que em outros momentos não houvesse feministas nos pleitos, mas a grande mobilização de novas agentes políticas articuladas através de iniciativas ativistas para a renovação dos quadros da política — como a plataforma #MeRepresenta; a Bancada Ativista, em São Paulo; o Muitas, em Belo Horizonte; e a #PartidA, no Rio de Janeiro — deu a cara de um movimento em que uma sobe e puxa a outra. A força da coletividade era o que aparecia estampado nos materiais de campanha do Muitas, nos quais um rosto inteiro é fruto da metade de dois rostos de diferentes candidatas, ou no slogan de Marielle Franco, "Eu sou porque nós somos":

> O que nos anima nesse processo de construção política é identificar a força da empatia e do afeto. São dezenas de jovens

mulheres, nas mais variadas ações de rua, que colocam sua disposição a serviço dessa luta coletiva. Antes mesmo do resultado eleitoral, já há uma vitória de vida política, que floresce como rosas que rompem o asfalto.

Nesse sentido, reafirmamos: nossa luta é pela vida das mulheres. Apostamos que, contra a cultura do estupro, do machismo, do sexismo, só uma cultura de direitos. Por isso, estar na política é tão urgente. Somos nós que temos que legislar sobre nossos corpos, desejos e destinos. A luta política institucional, em casas legislativas tão misóginas e racistas, precisa ser ocupada para representar de fato todos os nossos anseios. Pra fazer valer a vida, eu sou candidata porque nós somos necessárias. Eu sou porque nós somos![7]

Apesar do entusiasmo das campanhas, em relação aos dados de 2012 as mulheres comparativamente perderam representatividade política nas instâncias municipais. Foram 7782 vereadoras eleitas, 1,3% a menos em relação a 2012. A queda não é suficiente para se jogar fora o bebê com a água suja. O processo de disputa no campo progressista, aquele no qual as candidaturas feministas encontram acolhida para suas reivindicações, foi sensivelmente mais vibrante e potente. A soma dos inúmeros eventos públicos realizados pela militância aos vários comícios domésticos organizados por agentes até então desarticuladas politicamente resultou em um salto de qualificação do eleitorado no debate da vereança. Feministas como Luciana Boiteux, Cristal Lopez, Bella Gonçalves, Marina Helou, Nilcea Freire, Vivi Salles e Avelin Buniacá colocaram seus corpos políticos e suas lutas na disputa eleitoral e, embora não tenham sido eleitas, saíram maiores do pleito. Entre as vencedoras, três jovens e negras se destacaram: Talíria Petrone, a vereadora mais votada de Niterói, com 5121 votos; Áurea Carolina, a mais votada de Belo Horizonte, com 17 420 votos; e Marielle Franco, que no Rio de Janeiro obteve expressivos 46502 votos. Cida Falabella emplacou em Belo Horizonte. Em São Paulo, Sâmia Bomfim foi eleita e Juliana Cardoso, reeleita. Fernanda Melchionna teve garantido seu terceiro mandato, em Porto Alegre.

Deu para sentir como seria a vida na Câmara logo na primeira reunião com os outros vinte vereadores, todos homens. Com um vestido vermelho e um turbante colorido na cabeça, de cara me vi em absoluto contraste com aquele ambiente cinza e masculino. Se minha imagem e identidade pareciam estranhas àquele espaço, imagine as ideias com as quais nosso mandato foi eleito o mais votado da cidade (risos). A primeira coisa que escutei foi: "Vamos parar de falar disso, agora temos aqui uma donzela". [...]

Estamos em julho, seis meses depois. Às vezes me pergunto como fui parar na Câmara Municipal como a única mulher em exercício entre os 21 vereadores. Única mulher, negra e com um mandato com as nossas (muito nossas!) bandeiras, apresentadas de forma bastante pedagógica, mas também tão radical. Lutamos do lado do povo da favela, mulheres, LGBTS, dos negros, enfim, das pessoas que têm sistematicamente os seus direitos negados. A maioria na Câmara representa os interesses dos donos do poder e da grana e seu projeto de cidade excludente e opressor. É por isso que a nossa atuação parlamentar incomoda tanto. E esse incômodo carregado de preconceito produz um bocado de violência. [...] A nossa capacidade de dialogar sobre temas tão difíceis e polêmicos, a nossa existência na política, tudo isso desesperou a direita mais conservadora (e suas ideias machistas, racistas e, por que não dizer, fascistas) da cidade. E se iniciaram os ataques. As redes sociais têm sido, desde o início, palco para as mais absurdas violências.[8]

O depoimento acima da vereadora Talíria Petrone deixa claro que a resposta, ao mesmo tempo comum e anacrônica, às feministas que têm a "ousadia" de ocupar os espaços de poder é a violência. Comum porque nenhum dos relatos aqui compilados indica se tratar de exceção. Por amostragem, parece ser a regra.

Tomei posse no 8 de março e, tão logo empossada, já se iniciaram os comentários. "Vamos votar em plenário para que você vire titular" ou "Que olhos lindos". Nitidamente eu não era um deles, era carne nova no pedaço. Eu era uma gracinha — esse diminutivo que existe para traçar limites, nos mostrar quem devemos ser. Esse comportamento não é generalizado, com muitos vereadores a relação foi de respeito. Porém era evidente que a minha presença incomodava em um espaço tão conservador.

Na primeira sessão de plenário em que participei, afirmei que a Câmara é um espaço que está longe de expressar as vontades populares. Por expressar minha opinião, provei da reação de alguém que não admite a presença de mulheres na política, muito menos de mulheres que falam o que pensam. "Estou na política desde antes de você nascer", disse um deles.

As palavras que eu disse ecoaram e durante todo o dia seguinte e recebi alguns recados, em especial dos próprios trabalhadores da câmara, me parabenizando pela coragem. Mas também senti de longe o olhar raivoso que questionava: "Quem essa menina pensa que é?". Mais tarde, como já denunciado, fui agredida por um vereador, que não é merecedor de citação nominal aqui. Ele, vermelho, trêmulo, cuspindo de raiva, de dedo em riste, xingou e ameaçou.[9]

[Isa Penna]

É preciso compreender com dados e estudos mais aprofundados o tamanho do papel que a violência contra mulheres na política desempenhou para que estas tenham se tornado especialistas em representação extraparlamentar. Medir o quanto de atraso foi fruto da instrumentalização da violência nesses espaços, com o objetivo de manter a situação de desigualdade. Por dia, cinco mulheres são vítimas de mortalidade materna de causa direta e quatro mulheres morrem por complicação de aborto, 89% das vítimas de violência sexual no Brasil são mulheres, sendo que 70% dos estupros são cometidos por parentes, conhecidos e namorados, 50,3% dos assassinatos de mulheres registrados em 2013 foram cometidos por familiares. Cerca de 30% dos homens acham que uma mulher que sai de roupa curta está pedindo para ser assediada ou abrindo brecha para violência. De acordo com o Fórum Brasileiro de Segurança Pública, dois terços dos brasileiros foram testemunhas de um episódio de violência física ou simbólica contra mulher em 2016. O Brasil é o país que mais mata travestis e transexuais no mundo e está entre os dez destinos mais perigosos para uma mulher viajar sozinha.[10]

É preciso ter a noção clara do tamanho da misoginia enfrentada por mulheres que desafiam os donos do poder ao batalhar por uma representatividade mais igualitária, para fortalecer todas as outras mulheres dentro destes espaços, porque é ali que reside a maior das disputas: a que pode tornar a jovem democracia brasileira uma democracia de fato. O caminho pode ser por meio de uma reforma política mais justa com as minorias — debate inexistente na última reforma política —, ou por meio de resistências microfísicas, como a experiência da gabinetona, um mandato coletivo que floresce das ocupações da praça da Estação e tem nas vereadoras Áurea Carolina e Cida Falabella, de Belo Horizonte, sua face institucional.

Com a proposta de ocupar as eleições com cidadania e ousadia, integrantes de movimentos, coletivos, partidos e ativistas independentes reuniram-se em torno de uma construção coletiva, horizontal e colaborativa, em sintonia com as lutas da cidade. [...] Aos poucos, nossos princípios foram sendo delineados: uma política de amor, feminista e antirracista, a confluência máxima entre forças do campo progressista [...].

Debatíamos a composição do mandato que, desde sempre, entendemos que seria um só, compartilhado, com uma equipe comum, trabalhando em conjunto, em um espaço físico sem divisórias. Nascia, assim, a gabinetona [...]. O mosaico de corpos e de lutas que atualmente forma a gabinetona é construído por 41 pessoas, sendo 25 mulheres, 24 negras, uma indígena, quinze LGBTQIs e quatro moradoras de ocupações urbanas. Outra experiência inédita no país é a covereança com Bella Gonçalves, ativista do direito à cidade e da luta pela moradia [...].

Ousamos refazer o sentido da política com a experimentação de práticas a serviço das lutas por justiça e democracia.[11]

É preciso ousar cada vez mais. Para que nomes como Alzira Soriano, a primeira prefeita do Brasil; Bertha Lutz, a primeira suplente empossada; Carlota Pereira de Queirós, a primeira deputada federal; Antonieta de Barros, a primeira negra deputada estadual; Iolanda Fleming, a primeira governadora de um estado; Dilma Rousseff, a primeira presidenta, deixem de ser exceções à regra. Ousar cada vez mais e agora na construção de um mundo próximo aos cálculos da ONG PMI, para a qual o Brasil deverá alcançar a igualdade de gênero no Parlamento Federal apenas em 2080. Frente às inúmeras tentativas de retirada de direitos das mulheres, aprofundadas com virulência ao longo de 2017, o ano em que a Secretaria de Política para Mulheres — que já perdera o status de ministério no início do governo Michel Temer ao ser absorvida pelo Ministério da Justiça — foi encerrada, não se pode descansar. Aos interessados em manter o poder tal como é, parece desejável que a conta certa seja mesmo a das Nações Unidas, que diz: "se o ritmo de aumento da representatividade feminina for mantido como está, em quatrocentos anos haverá paridade de gênero nas assembleias legislativas". Só cabe a nós conquistar o verbo, a voz, os espaços públicos e representativos e desafiar o prognóstico, esperamos que inexato, das Nações Unidas.

Antonia Pellegrino, escritora e roteirista, foi coautora de séries e novelas produzidas pela Rede Globo, pela HBO e pelo Multishow, entre outros, além de filmes de destaque do cinema nacional. Foi articuladora de importantes campanhas nas redes sociais e é curadora do blog #AgoraÉQueSãoElas, da *Folha de S.Paulo.*

2

PALAVRA FORTE

NAS ARTES

COM DUDA KUHNERT

PERFORMERS SÃO, ANTES DE TUDO, COMPLICADORES CULTURAIS

Sempre achei que o fato de as mulheres não quererem ou não se sentirem confortáveis autonomeando-se feministas — quase a norma nas décadas de 1980 e 1990 — fosse sintoma de nossa ambiguidade no trato das questões raciais e sexuais, bem como do *backlash* machista dos herdeiros do patriarcado brasileiro. Entretanto, vê-se até hoje, em meio às representantes desta quarta e explosiva onda feminista jovem, alguma hesitação nesse sentido.

Pelas entrevistas, conversas e encontros com as jovens ativistas e/ou artistas, notamos que se autonomear feminista ficou confortável apenas no início da década de 2010, especialmente a partir de 2015, quando o ativismo feminista ganhou grande visibilidade e a palavra das mulheres se impôs estrategicamente no campo das artes e das letras.

Nesse novo contexto, algumas linguagens e procedimentos recorrentes podem ser identificados na produção artística das mulheres. A primeira é a presença flagrante da performance, da autoexposição e do uso do corpo como principais plataformas de expressão. Há uma vasta literatura sobre o uso do corpo na performance como uma alternativa à ordem simbólica do discurso, identificada como impermeável para a autorrepresentação feminina. Tendo em vista o contexto mais recente, porém, talvez devamos pensar o corpo da mulher como plataforma de expressão — eficaz também pela maneira como exibe agressivamente os muitos sentidos que ganhou enquanto principal objeto de submissão e abuso masculinos.

Outro dado significativo é a urgência de dizer de forma visível e audível, de passar uma mensagem, talvez até algumas advertências, sobre a realidade social anacrônica das mulheres em pleno século XXI. As questões que se multiplicam nas ruas, nas redes e nas hashtags inscrevem-se esteticamente nos corpos femininos de maneiras afetivas, ácidas, críticas, extremas. Arte se torna interpelação. Política se torna estética. A presença abrangente da performance e os usos múltiplos do corpo não só nas artes visuais, mas também na poesia, no teatro, na música e, sobretudo, no comportamento, denunciam a necessidade imperativa de uma expressão que se vê como inadiável.

Não só na arte as mulheres falam. Espaços públicos tiveram que se render às mulheres. Um bom exemplo é a ocupação da Galeria A Gentil Carioca, no centro do Rio de Janeiro. {|} XANADONA {|} — É A GRANDE XANA, A DONA DE SI — foi uma experiência que encerrou um mês de residência das artistas Caroline Valansi, Anitta Boa Vida e Aleta Valente no mesmo espaço. Essa ocupação foi importante tanto no quesito criação quanto no ativismo. Citaremos apenas duas ações para mostrar aqui o tom e a proposta de Xanadona.

A primeira foi a EDITADONA, cuja proposição pode ser lida no verbete da Wikipédia criado pelas participantes:

O resultado foi a criação de doze verbetes imprescindíveis: Stela do Patrocínio, Amélia de Freitas Beviláqua, Letícia Parente, Elida Tessler, Wanda Pimentel, Graciela Speranza, Nice Firmeza, Lenora de Barros, Ana Miguel, Berna Reale, Maria Augusta Meira de Vasconcelos Freire e Raquel Rolnik. As mulheres presentes ainda traduziram para o português os verbetes de Belkis Ayón, Ana Mendieta e Doris Salcedo.

A segunda ação foi a "Sobre Violação", que se infiltrou na zona do Saara, conhecido reduto comercial carioca, com a colagem de cartazes. Foi uma chamada ao diálogo para quem estivesse passando pelas ruas da região. O tema da convocação era a violência física e psicológica contra mulheres, que continua apresentando estatísticas injustificáveis. Segundo as organizadoras, "nas encruzilhadas do exotismo da violência exigimos respeito e saídas para as mulheres que passam por pressão física e psicológica". Essa técnica de colagem, conhecida como lambe-lambe, é uma estratégia comum entre grupos de ativismo para difundir imagens, ideias, informações ou palavras de ordem pela cidade.

A definição arriscada

Quando se suprime a conjunção entre arte *e* feminismo, o que mais se perde com essa exclusão? Seria feminista uma categoria conceitual e estética significativamente relevante quando aplicada a uma obra de arte? E se adjetivada a uma artista — artista feminista? De modo geral, se engessou o entendimento de que arte feminista estaria restrita a um tipo de estratégia muito característica das artistas norte-americanas, em sua maioria do início da década de 1970, quando o ativismo transborda para o campo da arte. Um marco muito importante foi quando as artistas Judy Chicago e Miriam Shapiro se associaram para criar um programa de arte feminista na Califórnia, com a presença apenas de mulheres e recortado pela preocupação em pensar a misoginia do campo da arte. Programas como esses e seus conceitos radicais moldaram a percepção do senso comum sobre o que seria uma arte feminista. De minha parte, para evitar esse tipo de distorção, proponho restaurar a conjunção entre as palavras arte e feminismo.

[Roberta Barros, artista e pesquisadora de artes visuais]

Mesmo entendendo que, para muitas pesquisadoras, exista algo como uma "arte feminista", tal expressão me parece equivocada. Prefiro pensar que entre arte e ativismo existem relações de mão dupla que há muito tempo já são experimentadas entre o campo da performance e de algumas teorias feministas. Amelia Jones sugere que não dá para se estabelecer uma relação de causa e efeito entre o surgimento e o boom da performance de mulheres e os movimentos de estudos feministas. E eu me pauto um pouco por ela, porque a ideia de causa e efeito nesses casos é muito taxativa. Quem tem o poder de dizer que uma obra de arte é feminista? É sempre a crítica.

[Camila Bacellar, artista e pesquisadora de artes cênicas]

São infinitas as nuances entre arte e feminismo. Devemos, portanto, tentar enfrentar a questão, quase histórica, da criação estética compromissada com causas políticas — neste caso, a causa dos direitos das mulheres — e a variedade de combinações possíveis entre arte e ativismo. Camila Bacellar se autodefine numa posição especialmente interessante que ultrapassava esse possível impasse ao criar a figura da "atuadora". Essa posição restabelece o sentido de *artvismo* dos coletivos dos anos 1980.

Gostaria de enfatizar que não me considero uma "artista". Principalmente pela aura privilegiada embutida na ideia de "artista". Prefiro me pensar como uma "atuadora", pois esse termo, cunhado pelo grupo de teatro de rua Ói Nóis Aqui Traveiz, busca articular quatro elementos importantes para sua própria prática artística: ativismo, organizar-se em grupo, autogestão e mescla entre arte e vida. E eu tenho guiado minhas práticas com arte nesse mesmo sentido.

[Camila Bacellar]

Há seis anos estou bem próxima do ativismo. Por isso, considero uma postura política dizer que a arte que eu faço é uma arte feminista, apesar de isso acabar me colocando em determinados guetos. Minha obra tem tratamento estético, então poderia entrar em contextos muito variados, mas, em geral, me contratam apenas para eventos ligados ao universo feminista. [...] Isso mostra que a arte feminista é relegada a um lugar específico, a um público específico. Dessa forma, ela acaba sendo vista como menor dentro do contexto mais amplo da arte. Então, não é que me incomode o fato de estar nos lugares onde eu estive, me incomoda o fato de esses lugares serem vistos como lugares menores.

[Jacqueline Vasconcellos, artista e gestora cultural]

Definir-se somente como feminista é ainda mais complexo no caso das mulheres negras. É interessante como, no depoimentos das artistas negras, elas hesitam em se dizer feministas e pautam imediatamente a questão racial. No campo da performance, ainda que não apareça da mesma forma marcante do ativismo feminista negro, isso não deixa de afirmar a novidade e o avanço desse feminismo interseccional não identificado com o feminismo branco tradicional, que não as representa.

Meu trabalho sempre aborda a questão do corpo negro feminino. Minha performance, *Bombril*, é totalmente orientada para as questões raciais e pelo fato de eu ser mulher e negra. Em *Bombril*, além da questão de lavar as panelas com o meu cabelo crespo, uso também uma roupa que lembra a roupa de escrava, de uma mulher escravizada, porque a performance fala não só da segregação que a mulher sofre por não ter esse cabelo liso, mas também do fato de não estar dentro do padrão estético que promove a subalternização da mulher negra. A partir daí, praticamente todas as minhas obras têm relação com o corpo da mulher negra.

[Priscila Rezende, artista]

O que sempre me interessava era pensar a ideia de representatividade e de como me identificar no mundo. Quando falamos de feminismo, em olhar interseccional, penso na importância da questão racial: o quanto é necessário nos reler, refazer a própria ideia de como você se entende uma pessoa negra e de observar em que momento você se define, politicamente, negra.

[Janaina Barros, artista e pesquisadora de artes visuais]

Já a artista Virginia de Medeiros traz a questão de uma arte feminista incorporando um dos objetivos mais radicais do atual feminismo, o trabalho de crítica e desconstrução das tecnologias de produção das sexualidades e das subjetividades. Identificar-se como feminista significa se desidentificar com antigas definições do feminino. Aqui, Virginia destaca um fator crucial para a subjetivação neste século marcado pela alta circulação de fotografias pessoais nas redes: as possibilidades femininas de construção de imagens de si no quadro da alta proliferação midiática de estereótipos.

O meu álbum de retratos de alguma forma me construía a partir de estereótipos do feminino. Então desenvolvi uma estratégia simbólica para destruir esse mito de feminilidade que via nas minhas fotos. Construí um chão de concreto pré-moldado e transferi as imagens, num processo de *transfer* por toner, tanto do meu álbum de família, quanto de mulheres da revista *Caras*. A partir dessas imagens, fiz uma espécie de quebra-cabeça com corpos e fragmentos de corpos, porque as mulheres pareciam ter sempre a mesma pose, a mesma cara. Montei esse trabalho no Santander em Porto Alegre, num piso com um quebra-cabeça de quinhentas peças. Como esse piso não estava grudado ao chão, enquanto as pessoas iam andando, iam apagando e borrando as imagens e o piso ia sendo destruído. À medida que o trabalho era destruído, rachado, quebrado, o sentido da obra se construía. Expor e entender isso me levou a perceber a arte como ferramenta política, como lugar de autoconhecimento, um lugar em que você pode construir novas subjetividades, e compartilhá-las.

Daniela Mattos também encontra potência no embate com signos tradicionalmente associados ao feminino:

Engraçado, essa coisa de pensar no feminino, em coisas ligadas à mulher, essa não era uma preocupação para mim em primeira instância. Desde 2003, faço uma série chamada *Diálogos*, com crochê. Amarro no meu corpo os fios e faço flores de crochê nas suas pontas. Uma das ações dessa performance é circular com os fios no corpo e entregar as flores para quem passa por mim. Como a estrutura de flores não é arrematada e eu as entrego e continuo andando, a flor vai se desfazendo na mão de cada um que a recebe. O fio continua ligado a mim e mantenho o percurso até todas as flores se desfazerem. Esse trabalho sempre foi identificado como um trabalho sobre o feminino, o que me irritava, porque eu sabia que não era só isso. Foi o feminismo que me fez perceber a potência e a força da fragilidade quando usada politicamente.

Daniela chama a atenção para o modo como a estratégia crítica feminista está programada para ser percebida como uma obra feminina, ligada a atividades que geralmente ocorrem no espaço doméstico, que são praticadas com o uso da delicadeza, do fazer manual, das imagens de fios e flores. O trabalho com os estereótipos da feminilidade foi bastante frequente nas críticas ácidas expressas nas obras de artistas da geração imediatamente anterior a esta, como Ana Miguel e seus pequenos e cruéis objetos adornados e mecanizados, Rosana Palazyan com suas representações da violência em pequenas impressões e bordados com detalhes sutis e mesmo infantis, e Cristina Salgado em seu trabalho com fetiches, fantasias, nus femininos delicadamente agressivos.

Nessa geração que surge com visibilidade nos anos 1990, a autodenominação feminista e mesmo o compromisso com as causas das mulheres foram rejeitados enfaticamente em entrevistas e depoimentos e são, mesmo à revelia, um claro exemplo de como o olhar crítico do feminismo afeta a criação da maioria de nossas artistas contemporâneas. Já hoje, no calor do movimento, afetar-se pelo contexto feminista se torna quase impossível de ser dissimulado publicamente.

Panmela Castro radicaliza ao levar a problemática da reapropriação dos signos do feminino a partir do olhar do feminismo para o espaço público:

As performances criadas por mim surgiram a partir das experiências na produção de grafites pela urbe. Comecei a pensar como obra não apenas a imagem abandonada nas paredes da cidade, mas também o processo, em essência a problematização da relação do meu corpo feminino em diálogo com a paisagem urbana e as questões de alteridade. [...] Daniela Labra propôs um mural, que depois de algumas pesquisas foi decidido que seria pintado no Palacete Scarpa, antigo prédio tombado pelo patrimônio histórico municipal [de Sorocaba] e atual sede da Secretaria de Cultura e Turismo da cidade.

Escolhi para a parede cega do prédio a imagem de duas mulheres unidas por um terceiro olho adornado pelo que chamo de Flor. [...] Pela primeira vez, essa criação sofreu, ao meu entender, ataques violentos de misoginia: criou-se uma polêmica na mídia, internet, ruas e universidades sobre o fato de haver uma "genitália feminina tamanho gigante pintada em um prédio público tombado", palavras usadas pelo vereador Pastor Luis Santos (PROS) em sua fala contra o grafite na câmara dos vereadores.

[...] Quando a mulher propõe características que não são consideradas próprias delas, há um estranhamento, rejeição e, em muitos casos, a violência, como no linchamento virtual do grafite do Palacete Scarpa. Enquanto desde pequenos os meninos são encorajados a exibir o pinto mijando na rua ou mostrando o quanto cresceu para suas tias, percebendo-o como sua ferramenta de orgulho e poder, nós, meninas, somos alvos de críticas, obrigando-nos a nos esconder fechando as pernas, deixando de nos tocar e nos fazendo sentir envergonhadas de nossa parte que sequer pode ser falada: a buceta. [...]

Acredito que o grafite *Femme Maison* de Sorocaba acabou por cumprir o seu papel, fazendo toda uma cidade refletir acerca da mulher em nossa sociedade, dando visibilidade às dificuldades que enfrentamos em nosso dia a dia e que ficam veladas, de difícil conversa, ridicularizadas e desqualificadas, mas que aqui pulsou pela arte.

Nos corpos

Eleonora Fabião mostra uma sensibilidade rara ao explicar as possibilidades de intervenção através da arte. Ao escrever sobre poéticas e políticas na cena contemporânea, mostra que a força da performance é "turbinar o cidadão com a pólis; o agente histórico com seu contexto. É desabituar, desmecanizar. É disseminar dissonâncias em vários campos".

A performance, então, deve ser vista como uma ativação do corpo como potência relacional, como uma tomada de consciência ativa que cria uma situação política.

Meu primeiro trabalho de arte foi com cabelo e se chama *Peluquería Carangi*. Comecei a experimentar o gesto de cortar cabelos publicamente em lugares e virou uma performance-serviço, promovendo realmente uma relação entre um cliente e uma oferta de um serviço. É colocar a pessoa dentro de uma situação inusitada, contratando algo não comum. Estranhei porque as pessoas me procuravam dizendo: "Quero cortar o cabelo na praça tal". Depois isso foi se expandindo e comecei a perceber mais como as pessoas viam os significados da transformação causados pelo poder sobre a própria identidade. Criei então a ação chamada *guilhotina gráfica*, que era cortar cabelos numa guilhotina gráfica industrial, uma máquina pesadona, de aparência medieval, o que deu uma forte dramaticidade à situação do corte, ou do medo de ser decapitado... Há uma mesa, acoplada à guilhotina, na qual as pessoas se deitam, o que dá o tom de show de mágico de rua. Como a guilhotina funciona com um golpe só, é fácil transformar aquilo numa linha de montagem ou, como imaginei, de desmontagem. À medida que o cabelo é cortado, ele é transformado e colocado numa posição de alinhamento na prateleira.

[Marie Carangi, artista]

A *body art* e a performance se consolidam e traduzem a transposição do "pessoal é político" para o mundo da arte. No meu caso específico, quanto mais vou me aproximando dos instrumentos teóricos e das demandas feministas, meu processo de sair do armário, de assumir o feminismo explícito, me leva em direção à performance. Para mim, a performance é um campo muito rico de proposição do que seria um corpo feminista, que é um corpo diferente do corpo biológico, social e feminino. Um corpo feminista como um corpo que não se substancia, como uma fronteira que não se positiva, algo que não se fixa numa identidade previamente construída para o lugar do feminino numa sociedade patriarcal. A busca por esse corpo feminista é uma experimentação de desraizamento como deslizamento, desencontros com o próprio corpo biológico. A performance permite que o corpo deslize por identidades, representações e estereótipos distintos.

[Roberta Barros]

Do ponto de vista estritamente teórico, o momento clássico em que se pensa sobre a performance na construção das identidades de gênero nos remete ao estudo seminal de Judith Butler, *Problemas de gênero*, que promoveu uma guinada ao desestabilizar definitivamente a categoria "gênero" tal como era trabalhada. Relendo com radicalidade a histórica declaração de Simone de Beauvoir "Não se nasce mulher, torna-se mulher", Judith Butler afirma que o gênero não é um atributo social ou cultural, como vinha sendo pensado até então, mas uma categoria construída por meio de performances normativas inscritas e reforçadas pela cultura heterocapitalista.

O lançamento de *Problemas de gênero* é um divisor de águas nos estudos feministas. O estudo é apropriado, mesmo que de modo indireto, pelas artes e pelas letras, que se descobrem como um campo quase infinito para as representações e performances de gênero, sobretudo enquanto meios potentes para a interpelação à heteronormatividade como matriz de comportamentos.

Do ponto de vista histórico, não é de hoje que as mulheres usam seus corpos como estratégia de expressão. Contudo, as indagações às construções performativas de gênero, recorrentes nas artistas contemporâneas, demoraram a entrar em pauta.

Em 1968, em meio a levantes estudantis e ações feministas, destaca-se o coletivo W.I.T.C.H [*Women's International Terrorist Conspiracy from Hell*]. Vestidas como bruxas, as W.I.T.C.H. fizeram a primeira manifestação em Wall Street, em Nova York. Nos meses seguintes, diversos atos e movimentos similares eclodiram em todo o mundo, questionando concursos de beleza e a instituição do casamento. Mais tarde, em 1985, já em pleno boom das teorias feministas, é a vez das Guerrilla Girls, grupo de mulheres que invadiu o mundo da arte usando máscaras de gorilas, com pseudônimos, impedindo sua identificação e mantendo o foco em questões coletivas. Ao portar cartazes contra o racismo e o sexismo, promoviam apresentações públicas para expor a discriminação no meio da arte. No final dos anos 1980, já era claro o interesse entre artistas e pensadoras feministas em questionar e evidenciar construções de papéis de gênero e encenações corporais, tanto no palco como na vida cotidiana.

Entretanto, é importante fazer uma distinção entre performances que tendem mais ao ativismo, como W.I.T.C.H. e Guerrilla Girls, e as performances de mulheres no campo das artes. Retomemos Eleonora Fabião: a performance é o resultado de "histórias concebidas e performadas por artistas interessados em relacionar corpos, estética e política através de ações".[1] Essas ações não se encadeiam por jogos improvisados, mas por *programas*, que podem ser compreendidos aqui como "motor de experimentação". Programas criam corpos que afetam e são afetados pela performance e ajudam a construí-los como sistemas relacionais abertos, altamente suscetíveis e cambiantes. Como veremos a seguir, a biopolítica dos programas performativos visa a gerar corpos que ultrapassem em muito a pele da artista.

A performance *Cuerpo de mujer, peligro de muerte* [foi] inspirada num ditado mexicano. O trabalho foi realizado com fotos de vítimas de feminicídio e relatos em áudio sobre assédio e violência contra as mulheres. À medida que as histórias de violência eram relatadas, eu ia falando frases do senso comum, como: "Isso é mentira, você acha que uma criança de nove anos ia se lembrar do que aconteceu com ela?", "Foi estuprada porque estava usando roupa provocativa" ou "É a mãe inventando isso para afastar o filho do pai. O pai jamais seria capaz de estuprar o filho". Tiro essas frases de comentários no Facebook. [...] Eu trabalho com o procedimento de espelho, [...] ou [o público] vai se ver como o violentador ou ele vai se ver como aquele que é contra a violência.

[Jaqueline Vasconcelos]

Uma performance que acho importante no meu trabalho é a que se chama *Barganha*, que fiz num mercado em Belo Horizonte, num ambiente totalmente masculino. Nesse mercado, eu ia sendo puxada com uma corda por outra performer, com os braços e pulsos amarrados, exibindo vários preços que iam sendo colados em mim, falando: "Quanto vale esta negra?", e prosseguia batendo no meu corpo e gritando: "Quanto vale esta coxa? Quanto vale esta neguinha?", enquanto colava os preços.

[Priscila Rezende]

Além do diferencial que as artistas negras trazem através de uma linguagem contundente, como vimos no trabalho de Priscila Rezende, outro ponto muito importante é a visão dos novos feminismos no corpo como um lugar de construção, de intervenção de tecnologias e próteses. Assim, como veremos a seguir com Virginia de Medeiros, uma das artistas mais importantes dessa geração, o uso experimental da testosterona tem um sentido político ao permitir que o corpo feminino passe por sensações masculinas:

No início, meu trabalho era com pintura, mas já trazia o corpo, sempre o corpo. [...] Foi quando me apaixonei por uma mulher, era um corpo igual ao meu e senti prazer naquilo. Isso mudou meu jeito de estar no mundo, me veio como uma força, não como uma questão, e fui desconstruindo essas imagens do feminino e percebendo que eu podia usar isso no meu trabalho de arte. Comecei a ver que o meu corpo era um corpo afetado pelo mundo e que isso era algo potente para o trabalho de criação, era um corpo que mediava histórias, que gostava de experimentar as conexões e desconexões que cada experiência vai provocar em você, de transpor seus limites.

Hoje, estou com um implante de testosterona no corpo. Quando coloquei a testosterona, eu estava muito influenciada pela Paul Beatriz Preciado, que usou a testosterona para escrever seu livro. Ela dizia que era a cocaína do sexo. De qualquer forma, isso nunca vai me aproximar do que é um trans homem, porque para mim entra num lugar muito subjetivo. Eu procuro muito mais a força da mulher com a testosterona. É uma ação próxima ao feminismo, de buscar sua autonomia, experimentar sua sexualidade com mais liberdade, longe dessas questões do lugar da mulher, do lugar do sexo, do lugar da família.

Ao pesquisar sobre o trabalho performático *Gordura trans*, duas assinaturas chamaram a atenção: Tamíris Spinelli e Miro Spinelli. Conversamos com Spinelli, hoje Miro, sobre como achava que o nome afetaria a recepção do trabalho. Como resposta, Miro afirmou que:

> Faz mais ou menos dois anos que passei a usar o nome social e artístico Miro Spinelli, em consonância com meus processos de subjetivação e trânsito de gênero. Você deve ter se deparado com o nome Tamíris, pois para mim não há desejo de apagar esse outro nome, uma vez que entendo que os dois fazem parte da minha trajetória. Acho que o nome é algo muito forte, tanto no sentido prático na vida de pessoas trans, quanto no subjetivo. [...] Suponho que deixo de ser percebido como uma artista mulher para ser percebido como um artista "homem",

ou, mais de perto, como um transmasculino. Cada uma dessas categorias traz as suas próprias problemáticas políticas.

Gordura trans pensa a pessoa gorda na sociedade atual. No texto assinado por Tamíris Spinelli, em parceria com Ricardo Nolasco, lia-se:

> O corpo gordo é, para todos os efeitos, um corpo indesejável. Está categoricamente instituído que desejar um corpo gordo para si ou desejar eroticamente o corpo gordo de outro é uma espécie de fetiche patológico. A não ser que uma mulher esteja gorda porque está grávida, ou que as tetas caídas estejam produzindo o doce e gorduroso leite para o filho do rei. Os reis aqui são todos os pais que esperam um prêmio por desejar as esposas gordas diante do místico dever da procriação. Todos os outros gordos estão proibidos e condenados como tudo o que é excessivo, protuberante e irregular ou que ultrapassa os limites do útil e do necessário. Assim, o corpo está submetido a uma funcionalidade e eficiência na qual qualquer desvio desses paradigmas deve ao menos se cobrir para não ferir os olhos do cidadão de bem comendo suas saladas de alface.
>
> Nós resolvemos não mais nos cobrir, nós escolhemos desejar. Partimos dos nossos corpos e retornamos sempre a eles. Nesta performance, usamos catalisadores simples para fazer brotar nossos desejos e pisotear junto com a gordura vegetal, que escorreu a culpa que carregamos junto com o peso da nossa massa corporal.

Spinelli ressalta a influência dos feminismos tanto na realização quanto na recepção do seu trabalho:

> Comecei a fazer performance ao mesmo tempo que comecei a me envolver com as teorias e os ativismos feministas, e

desde então eles seguem sendo uma das bases principais da ética e da política que busco praticar. O debate sobre os feminismos nas redes é, sem dúvida, um aspecto muito importante, tanto na sua popularização, quanto na forma como eles são veiculados. Na questão da recepção, acredito que essa popularização interfere, sim, no modo como o trabalho é recebido. Ele levanta questões referentes ao corpo e à relação do corpo com a política, que já chegam em alguns contextos com a discussão iniciada. Tanto pela via positiva, quando pela negativa. Quando, por exemplo, as fotos da performance [...] viralizaram, vi concomitantemente uma rede de pessoas se manifestarem em meu apoio, que claramente já tinham um posicionamento político prévio ao episódio, e um outro número enorme de pessoas vinculando discursos de ódio não só ao trabalho referente aos feminismos, mas à esquerda como um todo e ao que chamam de "ideologia de gênero". Nesse sentido, quando essas pessoas entram em contato com o trabalho, elas o posicionam em um dos lados de um debate muito maior, que é feito em torno de muitos outros acontecimentos, sejam eles cotidianos ou artísticos.

Para fechar esta parte dedicada à performance e ao corpo, deixamos propositalmente o trabalho de Elton Parnamby, talvez a artista mais radical dos novos feminismos na arte. Sua tese de doutorado coloca como estratégia central a questão de uma epistemologia decolonial ainda pouco discutida pelos artistas e intelectuais brasileiros:

Fragmentos de um corte

Cindir a corte
O corte
SÓ NA CARNE A LINGUAGEM SE FAZ LÍNGUA

Para evocar o réptil através da língua bisturi através da língua construção de um corpo de passado um corpo passado um corpo passado um corpo passado jogos jogos jogos
Largato
Dizendo adeus a essa língua para abrir caminho para o largato passar. [...]

Não só a língua, mas o corpo inteiro parece cindir dividindo os meridianos. Inspirar respirar e transpirar. Cirurgia não autorizada. [...]

Pela língua, pela boca, coloca-se em prática um dos procedimentos fundamentais da estrutura colonial. A imposição de um idioma imperial às línguas nativas é ponto-chave para o extermínio cultural. Mata-se a língua para matar um povo inteiro: "Falar é estar em condições de empregar uma certa sintaxe, possuir a morfologia de tal ou qual língua, mas é sobretudo assumir uma cultura, suportar o peso de uma civilização".[2]

Bifurcar a língua e cortar o freio: dobrar a língua e perder o freio. A língua conexão com o réptil reptílico complexo límbico. De lá que lambe. A língua é obscena. [...]

Menos humana, muito menos humana. Monstra, bicha, bicho. Afasto-me gradativamente da humanidade, afastar todo traço de humanidade restante em mim.

O trauma

Há um tema indispensável para abordar aqui, por sua alta incidência nos relatos de artistas mulheres, lésbicas, gays ou trans. Trata-se da referência recorrente à arte como prática para a elaboração de um trauma — como assédios, cantadas, bullying. Esse tema parece ser constituinte das novas subjetividades e suas linguagens na produção artística no campo dos feminismos. Segundo Guido Arosa, amigo e militante homossexual, os sentidos do trauma ampliaram-se, bem como a percepção de quem sofre o trauma.

Para Freud, o trauma é o efeito de uma ofensa moral seguida de uma negação. O sujeito tenta acreditar que a ofensa não aconteceu. Assim, a materialidade do sintoma traumático é uma memória que o sujeito tenta silenciar. Apenas entre os anos 1960 e 1980, o direito de minorias de exprimir sua dor foi relativamente conquistado. A ascensão dos movimentos minoritários, como dos negros, das mulheres, da comunidade LGBTQI e, mais recentemente, de moradores das periferias urbanas, começou a conquistar o direito de contarem suas histórias e de serem vistos como vítimas passíveis de luto. Os feminismos, hoje plurais, conseguem mostrar como as mulheres brancas e negras são transpassadas pelo trauma e que ser mulher é sinônimo de vulnerabilidade social, de violências simbólicas e físicas que podem gerar respostas traumáticas.

Os atos de narrar, contar, se expressar artística ou literariamente, nesses casos, ganham efeito político. Essas artistas estão criando, ao trabalhar artisticamente o trauma, as formas sensíveis que dão voz à dor. Comunicam o intolerável. Não seria justo verificar nesse processo a construção de identidades calcadas no vitimismo. Pelo contrário, esses trabalhos criam laços de coletividade para construir novas condições de vida. Essa arte ecoa as vozes de milhares de pessoas que expõem seus relatos traumáticos nas redes e têm tomado as ruas por mais direitos. São como um complemento fundamental para as palavras de ordem que não abarcam as camadas do sensível aqui exploradas.

Eu experimentei desde cedo o machismo, não apenas fora de casa, mas principalmente dentro de casa. Quando parei de ir à igreja, meu pai começou a vir para cima de mim. No começo era somente violência verbal, mas foi partindo para situações cada vez mais agressivas. Existe um código silencioso sobre a agressão doméstica de pai para filha, não existe uma condenação social. Mas hoje vejo que as agressões do meu pai eram muito mais por machismo do que, por exemplo, pela questão de eu não querer ir mais à igreja. Aos dezenove anos, fiz uma denúncia na delegacia das mulheres, uma semana depois que ele tinha me agredido, e abri um processo. Nessa experiência percebi que não é só o homem que violenta a mulher, mas o sistema também. [...]

No meu primeiro trabalho com a *Performance laços*, as questões raciais não são tão evidentes, mas ele parte diretamente de minha experiência familiar. Em *Laços*, fico nua e uma body piercer faz catorze perfurações no meu corpo e coloca piercings por onde passam algumas fitas vermelhas, que são presas nas paredes com pregos. [...] A performance fala da dor, da relação com o entorno e da criação de laços, e do rompimento com os laços também. No final, eu arrancava uma das pontas da fita de dentro das joias e saía só com as joias no corpo, deixando as fitas no espaço expositivo. Eu não tinha noção de que ia doer tanto quando eu colocasse todas aquelas joias durante a performance, mas fazia parte do trabalho lidar com a dor. Então, a cada trabalho, a cada momento que falo das situações que vivi, é um momento de externalizar essas experiências que são opressoras.

[Priscila Rezende]

A ação da performance *6 minutos*[3] trata da criminalização do aborto. Instaura um estado sensorial interessado em tensionar os limites impostos pela conjuntura global sobre os direitos sexuais e os direitos reprodutivos de corpos que possuem útero. Ao longo da vida, vivenciei em meu corpo dois abortos clandestinos. [...] O processo de criação de *6 minutos* começou no fim de outubro de 2015, estimulado pela urgência e pela raiva [...] que eu e milhares de mulheres sentíamos pela votação e pela aprovação do PL 5069 pela Comissão de Constituição e de Justiça e de Cidadania, em 21 de outubro de 2015.

Realizo a performance no chão frio e pegajoso de banheiros masculinos. Ali, estendo um tecido de algodão cru, onde um mapa-múndi é projetado. Estou nua. Quando o público entra, explico que essa é uma ação que eu não posso realizar sozinha, que preciso de ajuda. Peço que alguém contabilize o tempo de seis minutos e que nos avise. Agachada, entro no mapa com um recipiente de vidro e um conta-gotas. Então, convoco cada pessoa a ler em voz alta, e na ordem numerada, o nome de dois países que figuram numa lista de 74 que irá passar de mão em mão. Para cada país nomeado, pingo uma gota de sangue menstrual no território ao qual este corresponde no mapa. O cheiro do sangue menstrual armazenado toma de assalto o espaço cênico. Quando a ação é interrompida pela passagem dos seis minutos, peço a lista de volta e aciono um áudio. O áudio preenche o banheiro com um tutorial para condenação à morte por crime de útero fértil. Sigo sangrando o mapa até terminar de marcar todos os países que violam o direito ao aborto. Ao terminar, me levanto e fico no mesmo plano que o público. Passo então a pingar o sangue em minhas mãos enquanto sustento a mirada de quem ainda se propuser a permanecer ali.

Considero a materialidade política, plástica e mnemônica de cada elemento dessa ação. O mapa-múndi me interessa por ser a projeção da geopolítica colonial e possibilitar a visualização das nações que criminalizam o aborto. Minha voz em *off* enuncia o tutorial para condenação à morte por crime de útero fértil endereçando cruelmente as amarras jurídicas e punitivas que violam nosso poder de decisão e impõem a maternidade como compulsória. O texto aponta também para o enrijecimento das leis de criminalização do aborto no Brasil. A escolha do banheiro masculino visa à levantar a questão do aborto em um território supostamente masculino pois, se de forma geral os homens se abstêm da luta pela descriminalização, também são eles os que usam suas posições de poder na política para obstaculizar ainda mais o acesso ao aborto. A nudez evoca a fragilidade do corpo que será aberto, como ocorre em procedimentos cirúrgicos, mas também evoca a particularidade de meu corpo. Para realizar essa ação, tenho que coletar e armazenar meu sangue menstrual a cada mês. Este traz consigo muitas camadas: a cor vermelha; o fato de ser meu e de ser um material cujo acesso só ocorrerá se eu não estiver grávida; o fato de ser o mesmo material que escorre quando mulheres são vítimas da clandestinidade do aborto; o fato de ter um cheiro muito específico e ser uma marca olfativa que aciona memórias e afetos das mais distintas ordens, seja no meu corpo ou nos distintos corpos presentes.

[Camila Bacellar]

Adriana Azevedo, em sua tese de doutorado *Reconstruções queers: Por uma utopia do lar*, de 2016, recupera uma dimensão histórica das violências contra as minorias sexuais e de gênero. A partir de pesquisa em arquivos, a artista retoma fotografias de anônimos e dá visibilidade a inscrições de gestos e modos de vida que seriam apagados pela escrita da memória dos lares heteropatriarcais:

Encontrei fotografias nas quais estão registradas vivências não heteronormativas do período pré-rebelião de Stonewall, o grande marco das lutas identitárias das minoriais sexuais, que ocorreu em Nova York, em 1969. Em sua maioria, as fotografias são anônimas e sem data.

Surgiu então o desejo de preenchê-las de significações, atravessando-as com gestos que vêm do meu corpo, com o intuito de reinscrevê-las nessa contra-história. Uma história da qual o meu corpo também faz parte.

O atravessamento é produzido pelo bordado, técnica tradicionalmente doméstica e um dos dispositivos da construção sociocultural do "feminino" — o qual eu sigo no intento, também, de ressignificar. [...] O principal objetivo desse projeto é fazer justiça às vidas que foram escondidas pelas famílias dentro de baús, ou que precisaram se esconder por conta de represálias e perseguições sociais, mas que existiram e resistiram.

Pós-pornografia

Outro ponto crítico da arte feminista hoje é o debate caloroso sobre os usos da pornografia na arte e na performance. A pornografia, na maior parte das vezes, é reivindicada através de uma atuação resistente, de uma apropriação crítica e libertária dos mesmos instrumentos usados na exploração e no uso abusivo dos corpos femininos.

Essa discussão, como as anteriores, também vem de longe, de épocas culminantes do movimento feminista, quando surge a denominação "pós-pornografia". Em 1967, na segunda onda feminista, Susan Sontag diagnosticava, precocemente, a imaginação pornográfica como uma das formas mais instigantes da criatividade artística feminista, que estaria, inclusive, possibilitando o acesso à verdade sobre o sexo, a sensibilidade e o indivíduo.[4]

Segundo a pesquisadora e cineasta lésbica Érica Sarmet, o termo "pós-pornô" foi cunhado, da forma como é utilizado hoje, nos anos 1980,

> por Annie Sprinkle, Veronica Vera e outras mulheres que integraram o Club 90, um coletivo feminista de atrizes pornográficas que circulavam em Nova York nos espaços de arte e

inclusive apresentavam uma performance juntas. Elas se juntaram com outros artistas e escreveram o manifesto pós-pornô modernista. Isso é importante porque aponta como a crítica à pornografia comercial hegemônica não partiu de quem está de fora, mas exatamente de mulheres que estavam no mais baixo escalão hierárquico desse meio profissional, e que tomaram as rédeas para si e foram atrás de subverter o sistema no qual estavam inseridas.

Por volta dos anos 1980, começou a se configurar uma massa crítica teórica feminista e surgiram as *porn wars*, como foram conhecidos os embates entre feministas pró-sexo e as antipornografia. As feministas antipornografia propunham leis que restringissem o consumo e a produção de material pornográfico, com o argumento de que a pornografia representava a máxima instância do poder masculino e fazia com que os homens internalizassem a misoginia.

As feministas pró-sexo defendiam uma produção que confrontasse o imaginário pornográfico e sexual vigente. Tratava-se, para essas feministas, de uma estratégia que pretendia redefinir os imaginários sexopolíticos e promover o desmantelamento de estéticas e linguagens da indústria pornográfica tradicional. Assim, a performance pós-pornô é experimentada pelas artistas feministas como uma crítica incisiva e transformadora, não simplesmente a reprodução deslocada dos códigos pornográficos.

Outro lado da adesão feminista pós-pornô é reagir estrategicamente à indústria da pornografia, acrescentando o que lhe falta: uma pornografia voltada para as minorias sexuais e de gênero, patologizadas e objetivadas pelo pornô tradicional.

Um clássico pós-pornô é *Virgin Machine*, de Monika Treut, de 1988. O filme mostra a passagem da cultura normativa à subcultura lésbica dos anos 1990, do amor romântico ao sexo, e propõe uma pornografia no sentido mais amplo do termo. É um marco no cinema da pornografia feito por mulheres e para mulheres. Em 2000, Virginie Despentes fez *Baise-moi*, colocando em cena elementos de seu próprio estupro e dirigindo-se à crítica radical do "esquerdo-macho" e do feminismo antissexo, antiputa e antipornô. Virginie defende o trabalho com o estupro como o limite absoluto do pós-pornô.

Paralelamente, o pós-pornô é visto como uma reação à razão pornográfica moderna e à censura que a fez prosperar, sendo hoje indissociável da desnaturalização do pornô moderno, da crítica à divisão rígida e heterocentrada entre sexo e gênero, e da recusa da cartografia corporal e genital fixada por essa divisão. Nessa briga, temos uma figura importante, Diana Junyent Torres, artista e ativista conhecida como Diana Pornoterrorista, que insiste na importância do tema uma vez que a pornografia tradicional é um forte fator pedagógico e disciplinador dos corpos e das práticas sexuais normativas.

É importante lembrar que, no Brasil, tivemos o Movimento de Arte Pornô criado pelo Coletivo Gang, que atuou entre 1980 e 1982. O Movimento, liderado por Cairo Trindade, se apresentava com leituras de poesia e performances provocativas em espaços públicos e mobilizava um grande número de passantes, artistas e poetas, ainda que um pouco distante das questões contemporâneas de gênero ou transexualidade.

Hoje, as artistas visuais, a partir de diferentes suportes e linguagens, dialogam com a pós-pornografia de forma mais contundente e visceral.

As redes sociais servem para compartilhar intimidade e o que eu fiz foi talvez oferecer mais intimidade do que se esperava. Enquanto está todo mundo pedindo "nude", quando eu jogo uma foto da minha vulva menstruada, o que eu quero é inserir mesmo essa imagem que não necessariamente é sobre sexo, é sobre natureza humana. Nosso corpo físico é representado do avesso, mas quando se mostra em sua natureza é comparado à imundice, à insanidade. Isso fala muito sobre a realidade que a gente vive. Meu trabalho me trouxe a compreensão de que ser mulher não é sobre feminilidade. A feminilidade é só o ritual de subjugação da mulher. [...] O corpo de mulher vende pneu, vende pano para piscina, vende tudo, mas se você bota a sua bunda em primeira pessoa no Instagram, você é piranha, você é vadia. É porque ali a sua sexualidade não está a serviço de nada, é só você falando da sua sexualidade, do prazer com seu próprio corpo. E acaba virando uma militância.

[Aleta Valente, artista]

Junto com a imagem de sua vulva menstruada, Aleta escreveu *"L'Origine du nouveau monde"* [A origem do novo mundo], em referência ao quadro *A origem do mundo*, de 1866, de Gustave Courbet. Ao divulgar a imagem via redes sociais, a artista encontra no uso da internet um espaço estratégico, fazendo o seu trabalho circular para além do público especializado. Ao se deparar com reações diversas, dentre as quais muitas de ódio, Aleta não se retrai.

Suas publicações foram feitas no perfil do Instagram Ex-Miss Febem, criado em 2015 e retirado do ar em 2017 pelo excesso de denúncias contra a exposição da nudez feminina. A artista descrevia, em seu perfil, a Ex-Miss Febem como um personagem: "Meu nome é Aleta Valente, sou artista visual, *instagrammer*, mãe solteira, feminista, suburbana. Ex-Miss Febem é um personagem, *performer*, performance, dividimos o mesmo corpo".

Para Ivana Bentes, a importância de Aleta se dá ao inserir os deslocamentos do pornográfico no circuito amplo das redes:

Ex-Miss Febem faz do nu feminino a exposição do sangue, dos fluxos, do corpo, nas suas formas mais cruas. Um erotismo deslocado e paródico, ao performar cada cena com caras, bocas e poses de uma sensualidade standard e reproduzida aos milhões com o advento das selfies, um processo de autorrepresentação, narração de si, que atingiu um estágio massivo. Trata-se nitidamente de um deslocamento do discurso pornográfico, mas também do discurso feminista essencialista. Nossa hipótese aqui é que esse deslocamento dos discursos seria impossível sem as redes tecnológicas, plataformas, interfaces que conectam esse corpo polissexual com uma multidão de outros corpos, tecnologias e dispositivos. O uso das redes sociais, da autoetnografia visual, da incorporação de plataformas como Instagram e Facebook faz parte dessa outra ecologia discursiva.

Fabiana Faleiros, ou Lady Incentivo, outra importante artista da cena pós-pornô, diz:

> Meu trabalho partiu do desejo de inventar uma sexualidade própria como instrumento para conhecer meu próprio corpo. Foi daí que o *Masturbar* nasceu. Fui testando o *Masturbar* primeiro num bar, em 2015, e em seguida na Galeria do Colby Maia, em São Paulo. O formato era de aula-show mesclada com um trabalho de música. Sue Nhamandu colaborou com a oficina de ejaculação. *Masturbar* virou um livro, e fiz lançamentos Brasil afora. Um deles foi em Porto Alegre, com as Putinhas Aborteiras, um grupo de funk. Na performance, eu pegava o microfone e colocava na buceta e, a partir disso, fazia sons e improvisos ao vivo. Uma mana das Putinhas Aborteiras me masturbava e, ao mesmo tempo, ficávamos conversando e, quando acontecia o gozo, era um gozo público. A ideia é fazer o gozo sair do confinamento do espaço privado, da relação amorosa. Acho terrível o feminismo antissexo porque ele não se permite lidar com a questão fundamental da objetificação do corpo da mulher. [...] O interessante

é que, no *Masturbar*, o grau de interação é totalmente variável. Numa galeria é pequeno, num bar já é um pouco maior, mas quando você está num meio de mulheres feministas, com as Putinhas Aborteiras anarco-punk, nossa (!) o mundo gira. Essa performance é uma construção, uma reflexão.

A artista e professora Sue Vieira Nhamandu comenta sua performance de masturbação em público:

Dei um curso de ejaculação que começou com aulas sobre o "Cuidado de si". Na aula, eu usava a leitura do Giovanni Reale que abre espaço para pensarmos o sexo como máquina de guerra. O curso desenvolvia a reflexão sobre a ideia de amor, funcionando como uma iconoclastia da ideia daquilo que é considerado pornográfico. [...] Uma masturbação em público é uma performance pós-pornográfica. Começo com a escrita de sonhos. Essa escrita é trocada e memorizada por quem recebeu o texto. Os textos com os sonhos são queimados e não existe mais o sonho de ninguém, só existe o sonho na memória de alguém. Ao mesmo tempo, coloco áudios eróticos e áudios teóricos sobre o tema. Na sequência, as pessoas são vendadas e o objetivo é que as pessoas se masturbem e tenham uma ejaculação falando em voz alta o sonho de outra pessoa. A aula é aberta para todos, homens, mulheres, gays, cis, trans... [...]
Uma vez fiz uma aula-show com a Lady Incentivo. Nesse dia, mais de trinta pessoas botaram a mão na minha vagina, uma fila de praticamente o bar inteiro. A pornoclastia já é como se fosse uma iconoclastia referente a tudo aquilo que confirma a ideia de que existe um corpo genital, como o corpo masculino e o corpo feminino. A pornoclastia mostra, por exemplo, que a vagina é apenas uma parte do corpo, como o braço, que é possível existir corpos que não são nem masculinos nem femininos. [...]

Comecei também a estudar a vida secreta das plantas, que é como as plantas conseguem perceber emoções humanas, como elas têm um sistema neural singular, e como elas leem a energia erótica dentro das energias humanas. Produzi, baseada nisso, um trabalho de masturbação. Coloco um microfone de contato na vagina e outro nas pregas vocais, para pegar a respiração e a contração vaginal, e meu corpo fica ligado nessa caixa de som de onde sai o ruído do espectrômetro e do galvanômetro ligado nas plantas. É incrível, porque a seiva das plantas se altera quando recebe a energia erótica, tanto da minha masturbação quanto do tesão da plateia.

A performer Jaqueline Vasconcellos relata sua experiência de interação com o público:

Criei a série *Mais um pornô*, uma performance para o festival Mais um Pornô para Ambientes Intimistas. Era um ambiente onde eu fazia um sushi, servido no meu corpo nu, e o público tinha um minuto e meio para me tocar, fazer o que quisesse, pegar sushis, enfiar a mão em buracos, me alisar, me beijar. Atrás de mim, coloquei um vídeo dizendo "Toque e não toque". O vídeo durava três minutos e contava casos de mulheres que tinham sido abusadas sexualmente. Esses relatos vieram de uma convocatória na internet pedindo casos de abusos sexuais e como essas mulheres se sentiram. Esse projeto virou página de Facebook, com dados sobre a violência contra as mulheres.

No início de 2014, mostrando o projeto na Argentina, uma senhorinha de 63 anos me chamou e falou: "Eu quero te contar a minha história". [...] Ela me contou a incrível trajetória de violência doméstica que ela sofreu a vida inteira: abuso do tio, violência do marido, relatos fortíssimos. A partir desse relato, decidi abandonar os casos encontrados na internet e trabalhar diretamente com depoimentos. Eu queria a voz das mulheres que me procuraram no final da performance para contar seus casos. Hoje, são esses testemunhos que constroem as performances da série *Mais um pornô*.

Esses trabalhos, especialmente os de nudez e de masturbação, mostram como uma performance pode expor o espectador masculino a uma ameaçadora proximidade com seu próprio olhar. Assim, é o espectador que se torna a questão estruturante da performance. Através do trabalho com o voyeurismo, e forçando os homens a serem passivos, a mulher se autodessacraliza enquanto objeto de desejo.

Paul B. Preciado afirma que o pós-pornô surge como uma das formas mais radicais da crítica queer, pós-colonial e pós-identitária. É notória sua pesquisa microscópica sobre a *Playboy*, revista fundamental no estudo da pornografia comercial. Ele demonstra como um simples projeto de entretenimento se torna a ponta de lança do que chama de regime farmacopornográfico, a que todos estaríamos submetidos. Preciado, a partir da noção de pornotopia, cria a área de estudos pós-pornográficos dedicada à reflexão crítica das linguagens que constituem a pornografia, e como essas tecnologias produzem modelos de feminilidade e masculinidade. Vemos, na posição de Preciado, uma clara chamada para que os feminismos coloquem urgentemente, em sua agenda, a luta contra a biopolítica e a atenção sobre as tecnologias de contribuição normativa da pornografia. É disso que a arte pós-pornô contemporânea parece estar falando.

Nossas artistas da quarta onda feminista definitivamente deslocam a reflexão sobre identidade, gênero, diferença e desigualdade para uma nova plataforma: o corpo, agora visto como um espaço possível para a construção de novos sentidos. A evidência é que a palavra feminista ocupou todas as formas artísticas e culturais nos últimos anos. Entretanto, talvez nenhuma tenha ido tão radicalmente no âmago das novas pautas que o feminismo deve enfrentar no século XXI como a performance.

Duda Kuhnert, formada em comunicação social pela Universidade Federal do Rio de Janeiro (UFRJ), com habilitação em jornalismo e intercâmbio acadêmico na Universidade de Artes de Berlim, é mestranda no Programa de Pós-Graduação em Artes na Universidade do Estado do Rio de Janeiro (UERJ) e coeditora e cofundadora da revista *Beira*.

COLABORADORES

Aleta Valente
Camila Bacellar
Daniela Mattos
Eleonora Fabião
Fabiana Faleiros
Jacqueline Vasconcellos
Janaina Barros
Marie Carangi
Miro Spinelli
Panmela Castro
Priscila Rezende
Roberta Barros
Sue Vieira Nhamandu
Virginia de Medeiros

NA POESIA

COM JULIA KLIEN

De 2010 para cá, intimamente ligada às recentes manifestações feministas, uma nova poesia escrita por mulheres, lésbicas e trans ganha força inesperada e se amplifica com rapidez. É uma poesia diferente, que surpreende, que interpela, irrita, fala o que quer, fala o que sente, o que dói, e se faz ouvir em saraus, na web, nas ruas, enfim, onde sua palavra chega mais alto. As poetas imprimem esse timbre em zinis, miniantologias, criam coletivos, pactuam com pequenas (grandes) editoras.

Tudo isso foi muito rápido. Estávamos celebrando e mesmo ainda descobrindo a poesia de mulheres que surgia na virada do milênio, uma poesia que ecoa o impacto gerado pelo lançamento de *A teus pés*, de Ana Cristina Cesar, no início da década de 1980. Ana C. foi a poeta ícone da geração marginal, que, em plena era do improviso e da oralidade, mostrou o sobressalto e o desejo de experimentar uma voz feminina sofisticada, trabalhada, atuada, bem longe do que se conhecia até então como "poesia de mulher".

Já é quase senso comum dizer que a obra de Ana C. foi o solo da poética das principais poetas contemporâneas do país: Alice Sant'Anna, Marilia Garcia, Ana Martins Marques, Bruna Beber, Angélica Freitas e Annita Costa Malufe. Essas poetas me parecem ser as herdeiras mais imediatas do "efeito Ana C." e trabalham — ou são lidas — nesse diapasão.

Mais desligadas do "efeito Ana C.", mas não menos importantes no conjunto dessa produção, temos excelentes poetas como Micheliny Verunschk, Laura Liuzzi, Laura Eber, Ana Salek, Sofia Mariutti, Ana Guadalupe, Maria Rezende, Laura Assis, Bianca Lafroy, Maria Cecilia Brandi, e certamente muitas outras não citadas aqui.

Podemos dizer, sem nenhuma hesitação, que essa geração foi a responsável por trazer, de uma vez por todas, para a cena literária brasileira, a visibilidade da poesia feita por mulheres em busca de dicção própria e liberdade de expressão.

É neste terreno já meio conquistado que as novíssimas poetas do feminismo surgem. Sua maior referência é Angélica Freitas, com o livro *Um útero é do tamanho de um punho* (lançado em 2012 pela Cosac Naify e reeditado em 2017 pela Companhia das Letras). São poetas do feminismo, e não necessariamente poetas feministas, porque essa denominação é mais complexa do que aparenta, como veremos a seguir.

A POESIA INSURGENTE

Declarar-se feminista e expandir abertamente o trabalho poético sobre o corpo, hoje, já não surpreende. O impacto das novas formas do ativismo feminista e seu desdobramento nas redes sociais sobre as jovens poetas é inquestionável. Mesmo quando o feminismo não aparece tematizado ou refletido numa dicção mais ousada, infalivelmente ecoa como uma espécie de fecundação subterrânea do poema, ainda que isso não seja muito visível no texto. Um dos diferenciais comuns no trabalho dessas jovens poetas, por exemplo, é a insistência em reiterar um ponto de vista próprio, intransferível, fortemente marcado pela óptica das relações de gênero. A nova experiência com a linguagem poética é consequência imediata dessa perspectiva.

Nesse quadro, é interessante notar as várias formas como o feminismo se expressa e se organiza. Ainda que algumas poetas não reconheçam seu trabalho como poesia explicitamente feminista, a presença da perspectiva de gênero, do corpo e dos vários formatos de erotismo são estruturais em praticamente todos os textos da poesia pós-2013.

Na poesia de Catarina Lins, por exemplo, há uma certa flexibilidade formal que parece espelhar a impossibilidade de conter, organizar ou domesticar suas experiências. No trecho a seguir, do seu poema-livro *O teatro do mundo* (7 Letras, 2017), intitulado "Me fode pra sempre?", vê-se que não é tanto o conteúdo do texto que o afasta da geração imediatamente anterior, mas o que dele respinga na dicção, agora explícita, escancarada:

> *sempre —*
>
> *mesmo menstruada?*
>
> *sempre —*
>
> *mesmo num táxi*
> *em movimento?*
>
> *sempre —*
> *mesmo no período fértil?*
>
> *sempre —*
>
> *mesmo se um de nós estiver*
> *morrendo?*
>
> *sempre —*
>
> *mesmo*

no chalé

do vovô?

Na novíssima geração de poetas confrontam-se, aproximam-se e distanciam-se os reflexos de um feminismo não dito e de um feminismo ativista. A nova onda abarca ainda, pela primeira vez, diferentes padrões poéticos. Convivem agora o poema escrito, mais "literário", com o poema falado, mais abertamente ativista. Essa poesia oral, é importante notar, não vem apenas do impacto do rap, como se poderia presumir, mas também de pesquisas de oralidades regionais. Uma produção poética que não se circunscreve às técnicas de leitura de saraus, abrangendo agora linguagens corporais, performáticas, sonoras.

Por mais que parte da nova poesia de mulheres trabalhe explicitamente com temas ou causas feministas, é possível ainda assim defini-la apenas como poesia feminista? Talvez não. O bom trabalho poético fatalmente extrapola e vai muito além da comunicação direta, veículo político por excelência. A classificação de uma poesia como feminista produz, de forma inevitável, um reducionismo perigoso. Esse debate é um dos centros das discussões entre artistas e poetas com experiência no ativismo e se reflete tanto na posição assumida nas entrevistas com as poetas quanto em seus próprios textos. Talvez seja mais interessante pensar na potência da experiência feminista como um fator decisivo na produção de subjetividades não normativas, expressas numa linguagem poética perpassada — mas não limitada — pela linguagem ou pela temática ativistas.

Nesta década de 2010, a produção poética de mulheres já marca sua presença em escala nacional. Sendo impossível desenhar um panorama dessa poesia, cuja circulação é precária e localizada, sinalizamos apenas seus traços mais evidentes através de alguns exemplos, com a consciência de que essa amostragem está longe de ser representativa da poesia jovem escrita ou falada por mulheres hoje.

Uma primeira distinção salta aos olhos no conjunto dessa poesia. Conquistado um ponto de vista próprio, as poetas atuam não apenas a partir de novos eixos temáticos, mas sobretudo de uma evidente interpelação formal e semântica das regras daquilo que é reconhecido como boa literatura. Nesse contexto, o corpo e sua fala ganham terreno progressivamente. Muitas vezes, o corpo se expande, chegando a tornar-se ele próprio o suporte da memória. Outras vezes, a fala do corpo não se torna explícita, mas causa ruído, contaminando o que seria próprio de um discurso amoroso. No caso, por exemplo, do poema "Planos de fuga e outros assuntos", de Yasmin Nigri, vemos como o texto é construído a partir de uma dicção que horizontaliza pensamento, sexo, praia e telemarketing:

> *Você me lembrou que os tatuís sumiram da praia de Copacabana*
> *enquanto eu cavava a areia com os dedos*
>
> *"me bota pra pensar*
> *me bota de quatro*
> *me bota as calças e adeus*
> *que é chegada a hora do lobo"*
> [...]
>
> Vamos viver de agricultura orgânica em Lumiar!
> *Também quero que o moço do telemarketing vá*
>
> *um rapaz de 21 anos me saudou com*
> *"alô você"*
> *eu ri*

ainda assim quero ir embora daqui
ainda assim quero ir embora daqui

em plena terça-feira ele veio
me comeu e ainda pagou pelas pizzas
e refri que eu não tomei
[...]

como os pedaços de pizza
que sobraram
no café da manhã
enquanto leio Pedro Lage
[...]

É importante ressaltar que as estratégias políticas da poesia feita por mulheres hoje não está confinada no âmbito da produção individual, mas é potencializada em iniciativas coletivas. Nesse sentido, vale lembrar o trabalho do Disk Musa — grupo que Yasmin integra —, em que as participantes exploram modos "não masculinos" de experimentação. O nome Disk Musa é uma brincadeira com o estereótipo da imagem da mulher na poesia e tematiza a passagem do lugar de inspiração para o da criação.

Segundo Carolina Turboli, também do coletivo, em geral as oficinas de poesia costumam perpetuar, ou ao menos não problematizar, o olhar masculino. Os padrões e as técnicas, reconhecidos e consensuais nesses ambientes, não comportam as singularidades criativas das mulheres, que tendem a recusar padrões universais, em favor da força inovadora da expressão de outras realidades e experiências:

Eu não sou uma poeta do tipo que os "oficineiros" aceitam. Sinto que as poetas acolhidas têm uma produção unissex. Mas, quando uma produção é muito mulher, já é considerada panfletária. "Você não acha que você está sendo muito radical?" É o que eu ouço muito.

Na contramão dessa norma, o Disk Musa funciona como uma espécie de laboratório, que investe no acolhimento e na multiplicação de trabalhos com linguagens e estilos que partem diretamente da experiência vivida. Para Carolina, a liberdade de lidar poeticamente com os padrões do próprio corpo é um alívio: "É como construir a própria máquina". Em "Gaslighting" — termo que define ironicamente o modo de os homens tentarem convencer as mulheres de que enlouqueceram ou que são emocionalmente incapazes —, a poeta ressoa o conceito gerador do grupo Disk Musa, em versos criados a partir de frases ouvidas de um homem com quem se relacionou:

> não me venha com suas palavras
> se acalme mulher você devia
> rever seus traumas quando eu
> estiver à vontade
> eu lhe procuro
> enquanto isso escreva muito
> teça e desteça mas não use
> minhas bolas nem adjetivos meus
> meu falo é no Imperativo
> na realidade eu estava bêbado
> quando lhe disse a verdade
> eu não sei onde estarei amanhã
> estou investigando o umbigo
> pós-contemporâneo
> você é muito intensa
> [...]
> escreve mas não atira
> não é isso que é morrer de amor

Para Liv Lagerblad, que também já integrou o Disk Musa, poesia e feminismo se interpenetram na medida em que, segundo ela, "Ser mulher e optar por pensar e manifestar seus pensamentos já é em si uma resistência, já é em si feminismo, e é fodamente empoderador". O título de seu último livro, *O crise* (Urutau, 2016), subverte a marcação de gênero esperada do artigo definido que precede a palavra "crise". A seguir, um poema do livro intitulado "Today":

> *cada um que passa pela rua é um soco no estômago*
> *demasiado strong*
> *to my sensitive stomach: they say smack they say boa noite e*
> *cachaça*
> *they say num lasco da tua carne eu passo a faca*
> *mai lirou bitxe letis renguin aut togeder*
> *and i'm saindo pela culatra e dizendo no no no*
> *let's fuck until we die in the moment of the orgasm*
> *diz no meu ouvido*
>
> *i'm*
> *always*
> *like*
> *no*
> *no*
> *tanks*

Há, nessa nova onda de poetas mulheres, algumas muito jovens que já se destacam. É o caso de Ana Fainguelernt, que, além de poeta, é integrante da banda Almoço Nu e compositora — com o nome Ana Frango Elétrico. Seus poemas anárquicos e formalmente insubordinados radicalizam uma posição antilírica e se afastam do que se poderia esperar de uma poética "feminina", como se pode ver em "CÓLICA":

A TORNEIRA PINGA

O SANGUE DESCE

MEU HAMSTER INTERNO CORRE

E ME ACORDA

COM O BARULHO DO EXERCÍCIO

DO COOPER NA RODINHA

NO TIC TAC DO RELÓGIO

A AVENIDA PARA

EM MARCHA RÉ

TODOS BUZINAM,

AO MESMO TEMPO,

PRO MEU BUMBUM

(TRÂNSITO AMANTEIGADO)

[...]

Como Ana Fainguelernt e outras colegas de geração, Regina Azevedo também revolve a textura da escrita de mulher, o que não significa abdicar de uma eventual sentimentalidade. No entanto, ao habitar outra dicção, ressignifica-a, como no poema "Tomar Catuaba com você", paródia do antológico "Having a Coke with you", de Frank O'Hara:

Tomar Catuaba com você
é ainda mais tesudo
que ir a Hellcife, Natal, Fortaleza
ou ficar sequelado de 51 na Lapa

em parte por dançar forró com um mendigo suado
em parte por você ser o boy com o quadril mais eficiente do
[mundo

em parte por causa do meu amor por você
em parte por causa do seu amor por maconha
em parte por causa dos ipês albinos na estrada de Brasília

Maria Bogado, poeta e colaboradora deste livro, experimenta com mais intensidade o caminho da performance poético-sonora:

extraiu com delicadeza todos os fios do estômago. ela não deveria mais se esconder da gula. babava. grandes gotas de baba. talvez sua boca nunca mais se fechasse. era árida a baba que escorria. eram fios vermelhos. talvez um grito ainda escoasse em paredes distantes. mas por aqui só silêncio e baba. por aqui a duração de uma pausa. o infinito entre zero e um é maior que o infinito dos números inteiros. [...]

Retomando a atuação coletiva de mulheres hoje, é necessário mencionar iniciativas como o Leia Mulheres, atualmente espalhado por diversos locais no Brasil. Inspirado no modelo inglês #readwomen2014, proposto pela escritora Joanna Walsh, o projeto visa divulgar e amplificar a leitura de autoras mulheres. Na mesma direção, há muitas outras iniciativas: em outubro de 2017, por exemplo, aconteceu em João Pessoa o Mulherio das Letras, organizado pela escritora Maria Valéria Rezende. O evento foi idealizado com o intuito de reunir mulheres de todo o país que estejam ligadas à literatura para pensar pautas caras à agenda feminista no âmbito literário.

Proliferam também iniciativas pontuais, com alcance doméstico mas de voltagem inequívoca, como o trabalho de Nanni Rios na sua Livraria Baleia, no centro cultural Aldeia, em Porto Alegre:

Na minha livraria, tenho toda uma seção dedicada à literatura de autoria feminina e estou sempre atrás de obras de autoria lésbica. Promovemos cursos com viés feminino, sobre construção de personagens mulheres (que geralmente são mais rasas do que os personagens masculinos na literatura), criação literária para mulheres e encontros de leitura onde se prioriza a autoria feminina. As vivências lésbicas, em geral, atravessam esses momentos com naturalidade. Procuro sempre trabalhar com fornecedoras e prestadoras de serviço mulheres. Acho que prestar atenção nesses "detalhes" (que não são detalhes, são ferramentas da mudança) é a minha militância diária.

Nesse sentido, irrompem diversas antologias cujo crivo principal é político. É o caso de *Pretextos de mulheres negras* (2013), realização do Coletivo Mjiba com o apoio do Programa VAI (Valorização de Iniciativas Culturais, de São Paulo). Organizada por Carmen Faustino e Elizandra Souza — uma das pioneiras da poesia de saraus —, o livro reúne várias poetas brasileiras e estrangeiras. Abaixo, o trecho de um poema de Carmen Faustino:

> *Ela merece uma coroa*
> *Por ser filha da luta, dignidade na conduta*
> *Pela cabeça erguida, mesmo vista nua*
> *Por doar aos deuses, busca amor ancestral*
> *Pelas dores que viu banhada de sal*
> [...]

É necessário sublinhar, também, a *Antologia trans* (Invisíveis Produções, 2017), com trinta poetas trans, travestis e não binários. Abaixo, o poema "Surta", de Íka Eloah:

> *Do que se move com luz*
> *movimenta-se escuridão*
> *entre frestas quadriculadas:*

o sol.
Bem puta e cigarro.
O sol.
Pelas frestas particulares
passeia no tecido epitelial.

Bem curta e cigarro.
O movimento no escuro.
E surta um cigarro.

Há, ainda, por exemplo, o blog Mulheres que Escrevem,[1] editado por Taís Bravo, Natasha Silva e Estela Rosa, que publicam e divulgam periodicamente diversas autoras, sobretudo as menos conhecidas do grande público. Também passaram a organizar encontros na Blooks Livraria, no Rio de Janeiro, com o intuito de dar visibilidade ao trabalho de mulheres: "Mulheres que traduzem", "Mulheres que editam", "Mulheres que pesquisam" e "Queridas poetas lésbicas" foram alguns deles.

Natasha Felix, com uma produção poética marcante, integra a lista de autoras publicadas no blog. É dela o poema sem título a seguir:

meus peitos nos teus peitos
laura assumidamente
esparramada em mim
essa visão
da tribo inteira queimando
panos e as espinhas dos peixes
as crianças e cumbucas —
&
o fogo é o fogo.

No mesmo Mulheres que Escrevem, podemos encontrar muitas outras poetas, mas aqui ficamos com apenas duas. A primeira é Bruna Mitrano:

> lembra quando eu subi na janela
> fiquei de pé e chovia
> eu quis que você tivesse medo
> e me pegasse por trás como fazem os policiais com os suicidas
> > [da golden gate
> mas você fez o santo de rabo de olho
> a boca caiu o cabelo cobriu a testa
> eu não entendo eu quis entender
> o pau duro na minha bunda criança o que era aquilo
> os pelos grossos e o hálito pesado do trabalho sujo
> agora é a fila do mercado e o celular despertando
> a parte que escapa
> à rotina:
> café com leite arroz tipo 1 sexo com o vizinho
> segredos cimentados nas calçadas dos subúrbios —
> o homem ainda estava com o rosto deitado nas minhas pernas
> feto de pele velha ossos largos pelos brancos
> quando eu disse eu não mais darei nomes aos meus filhos
> e eles não mais serão escravos.

A segunda é Ana Carolina Assis, e seu poema "Olho de boi":

> meu cheiro ocre aponta
> a espessura da carne
> maior que a tua
> se não tomasse o nome do meu olho a planta
> teu feitiço não funcionaria
> tua corda prende a primeira hora
> e retira da carne minha

o trato das tuas crianças
se não tomasse o nome do meu olho a planta
teu feitiço não funcionaria
trato tua terra com patas largas
que me dão caroços
e fruto à tua burocracia
se não tomasse o nome do meu olho a planta
teu feitiço não funcionaria

Outra publicação virtual importante é o *Escamandro*.[2] Ainda que não publique exclusivamente mulheres, o site é crucial na divulgação de poesia contemporânea, sobretudo por sua preocupação com o papel político da poesia. Uma das editoras é a poeta Nina Rizzi, cuja relação com a poesia é marcada pela politização dos usos e dos recursos da própria linguagem. Um bom exemplo são suas oficinas literárias para mulheres do Movimento dos Trabalhadores Rurais Sem Terra (MST). Ela explica:

Fiz oficinas com grupos de mulheres do MST. Quando vim para o Ceará, não havia nenhum coletivo de gênero no MST. E essa falta era muito gritante, porque, como no rap, travava-se uma luta contra várias opressões, mas, ao mesmo tempo, oprimiam-se as mulheres. No MST era muito evidente isso. O que parece muito louco, porque a luta coletiva é tão urgente, e rouba tanta energia, que não se cuida do individual, do pessoal. Então, foi incrível, porque as mulheres precisavam muito dizer e falar, e nosso trabalho fortaleceu e liberou a voz e a força delas.

No que tange ao que chamamos de politização da linguagem, seu livro mais recente é emblemático e toca em muitas das questões que permeiam a reflexão sobre a poesia de mulheres hoje. Em *Quando vieres ver um banzo cor de fogo* (Patuá,

2017), Nina opera algumas torções sintáticas e uma insistente subversão na marcação de gênero no artigo definido que antecede a palavra "poema": *o* poema se torna *a* poema, procedimento também usado — no sentido inverso — no livro *O crise*, de Liv Lagerblad. Vejamos em Nina:

vou esperar um sábado pra nadar com ela.
um sábado com cara de domingo ou sexta à tarde.
e eu posso esperar ainda a vida inteira
sem pressa [...]

tenho uma urgência de lentidão.

talvez consiga construir uma casa no mar,
na floresta. se pudesse viver comigo era
um riso e era dentes. era bom o pelo espesso
e os tijolos da patagônia ou a glória ou o capim ma-

cio. macio. eu quero a poema e a nossa língua.

Jarid Arraes, escritora e cordelista, desempenha um papel importante na conjugação do ativismo e da criação poética. Quinze de seus cordéis foram reunidos recentemente em um livro intitulado *Heroínas negras brasileiras* (Pólen, 2017), composto pela história de figuras importantes, porém, na maior parte, silenciadas, como Carolina Maria de Jesus, Dandara dos Palmares e Maria Firmina dos Reis. O objetivo da publicação é o reconhecimento do papel histórico de mulheres negras fundamentais para o feminismo interseccional.

Foi o feminismo que me fez começar a publicar o que eu escrevia, textos de opinião, e, a partir daí, consegui desenvolver minha escrita. Eu sempre escrevi, sempre li muito. Meu pai e meu avô são cordelistas. Então, eu cresci lendo cordéis e os livros do meu pai. Minha influência literária foi predominantemente masculina, homens brancos, a maioria do Sudeste. [...] Mas faltavam, para mim, referências de mulheres e, sobretudo, de mulheres negras. Então, já adulta, tive que conhecer o feminismo, o feminismo negro, as escritoras negras, e assim me permiti descobrir que sou negra. Isso fez com que eu percebesse que eu também podia escrever e mostrar meu trabalho publicamente. [...] Eu queria trazer um olhar novo para o cordel. Cresci lendo cordéis em que mulheres, pessoas negras, gays, travestis sempre eram representados de uma forma muito debochada. [...] Dentro do cordel, existe a categoria "cordel engajado", e decidi fazer cordéis que pudessem ajudar as pessoas a refletir sobre questões políticas e feministas.

A importância política da publicação desses cordéis, sobretudo no formato de livro, é incalculável. Histórias como a de Esperança Garcia são facilmente esquecidas. Como nos conta Jarid, Esperança foi uma escrava alfabetizada ilegalmente por padres jesuítas no final do século XVIII:

> Era crime muito grave
> Ensinar escravo a ler
> Pela lei que existia
> Era o jeito de viver
> E seria muito preso
> Quem fosse contradizer.
> [...]

Mas Jarid vai além dos cordéis: tem poemas publicados, por exemplo, no já mencionado site Mulheres que Escrevem e na terceira edição do fanzine *Mais pornô, por favor!* (criado por Adelaide Ivánova). A seguir, um fragmento do poema "Sideral":

a gravidade
do teu sorriso
pesando contra meu corpo
escorregando
minha calcinha

caí
no melado entre tuas coxas
de cara, de língua

Esse número do fanzine *Mais pornô, por favor!* foi um especial de poesia lésbica lançado em 2017 e editado por Adelaide Ivánova em conjunto com Carol Almeida, Carol Morais e Priscilla Campos. Além de Jarid e outras poetas brasileiras como Nayane Nayse, Gabriela Pozzoli, Katia Borges e Simone Brantes, há traduções de poemas de Audre Lorde, Cheryl Clarke, Sóror Juana Inés de la Cruz, Pat Parker, Gabriela Mistral e Merle Woo e uma divertida "tradução do brasileiro pro brasileiro lésbico" feita por Adelaide e Amanda Guimarães a partir do hit sertanejo "10%", da dupla Maiara e Maraisa:

A terceira música nem acabou
E eu lamentando que a gente não fez amor
Celular na mão, mas ele não tá vibrando
Se fosses sapatão nós colaria o velcro tanto

(COLARIA O QUÊ?)

Garçom troca o DVD
Que essa racha me faz sofrer
E o coração não 'guenta
Desse jeito você me desmonta
Cada dose cai na conta e os 10% aumenta

Adelaide defende a necessidade dessa edição especial lésbica em função da percepção de que as duas edições anteriores, embora não fossem heterocêntricas, eram "paucêntricas". A fala a seguir comprova a histórica invisibilidade da poesia lésbica:

A organização desse zine foi mais do que um aprendizado. Foi editado não só com lésbicas, mas ainda pensando em interseccionalidade. A luta do movimento LGBTQI até hoje é muito pautada pela luta do homem gay branco, reproduzindo assim as estruturas sociais e as hegemonias conhecidas. Quando começamos a fazer a pesquisa, as meninas [Carol Almeida, Carol Morais e Priscilla Campos] ficaram impressionadas, porque eu, hétero, super "paucêntrica", não me orgulhava da minha ignorância sobre a literatura lésbica, tipo assim: "O.k., eu já começo a pesquisa desse zine ciente e com vergonha da minha ignorância sobre o assunto — sobretudo, ciente". Aí as meninas disseram: "A gente também não conhece poesia de sapatão". Só conhecíamos as clássicas, tipo Ana Cristina Cesar, Audre Lorde...

Aqui vale um parêntese para lembrar, muito a propósito, um texto fundamental escrito por Tatiana Pequeno para a revista *Cult* em novembro de 2016, "Poesia lésbica escrita por mulheres: Dupla marca de subjetividade contra o rochedo da existência",[3] do qual podemos ler o trecho a seguir:

O caráter de silenciamento que acompanha a voz feminina é duplicado pela marca da lesbiandade. E se é difícil vislumbrar uma longa, múltipla e distante história da lírica feminina, mais difícil ainda se torna encontrar vozes femininas que (se) autorizem e sejam autorizadas a dizer o desejo e/ou o amor por outras mulheres, no feminino.

Evocamos, portanto, um poema paradigmático de Cecília Floresta, "Amazonas das sete lanças" — ressonância lésbica do "Poema de sete faces", de Drummond —, mencionado no texto de Tatiana:

> naquela noite
> Mariana atravessou a mesa
> me beijou e disse:
> vai, Cecília! ser
> fancha na vida.
>
> a sociedade coíbe mulheres
> que amam outras mulheres.
> aquela noite talvez fosse tarde,
> não houvesse tantas cervejas.
>
> minha cabeça vertiginosa cheia de imagens:
> meninas verdes púrpuras vermelhas.
>
> pra que tantas lesbianas, minha Deusa?
> resmunga meu coração.
> embora as minhas vontades
> sejam bastantes & famintas.
> [...]
>
> comprida rua Augusta,
> se eu soltasse um "no me gusta"
> seria uma rima, e não sapatão.
> comprida rua Augusta
> da Paulista até o centro
> foste muitas vezes
> minha única consolação.

eu não devia dizer nada
mas aquela mulher
mas esse tesão
botam a gente chuvosa
como Angela Rô Rô nos ouvidos
[...]

Ainda sobre poesia lésbica, vale destacar a poeta Maria Isabel Iorio. Além de ter publicado no site Mulheres que Escrevem, ela participou do evento Queridas Poetas Lésbicas em novembro de 2017. Abaixo, a série de pequenos poemas "Estudo da tração na sutileza da diferença":

uma mulher molhada
sobre uma mulher molhada
é audível, sólido

uma mulher sobre outra mulher
não é preliminar é pré
histórico

uma mulher
para amar uma mulher
é preciso comer com as mãos

uma mulher
para amar uma mulher
é preciso cortar as unhas

colar a trajetória no epicentro:
uma mulher que ama uma mulher aprende a lamber as
> *[coisas por dentro*

Voltando à Adelaide Ivánova: a indissociabilidade dos seus posicionamentos políticos e da sua linguagem poética é um caso emblemático na poesia brasileira recente, a exemplo da sua performance na série "Fruto estranho",[4] na Flip de 2017. Na performance, Adelaide, engatilhada pelo livro *Diante da dor dos outros*, de Susan Sontag, lê um texto sobre vítimas de feminicídio entremeado por poemas seus.

Essa relação com o tema da violência contra a mulher também marcou seu último livro de poemas, *O martelo* (Edições Garupa, 2017): trata-se do relato de um estupro, um dos carros-chefe da pauta feminista. Entre a experiência pessoal que deflagrou o processo de escrita do livro e a escrita em si, Adelaide conta que se passaram oito anos:

> Eu não demorei oito anos para escrever, demorei oito anos para resolver escrever. [...] Nesse meio tempo, veio a primavera feminista de 2013, que acho que deu coragem a todo mundo, depois veio a hashtag #PrimeiroAssédio e abriu-se uma caixa de Pandora. E aí eu fui pensando: "Isso precisa sair de dentro de mim [...]". Em 2014, Erica Zingano, uma poeta cearense, se mudou para Berlim e, numa das primeiras conversas que a gente teve, contei para ela que eu dormia com um martelo embaixo do travesseiro. [...] E ela falou: "Pelo amor de Deus, é preciso escrever sobre isso". Ela meio que me intimou. E aí, quando cheguei em casa nesse mesmo dia, escrevi o poema do martelo, que é um poema superdistanciado, mas, na verdade, era a primeira vez que eu assumi para mim mesma que era vítima de violência.

A seguir, o poema de que Adelaide fala, "O martelo", que abre o livro homônimo:

durmo com um martelo
embaixo do travesseiro
caso alguém entre de novo
e sorrateiro
no meu quarto não bastasse
ser um saco ter um ferro
me cutucando a cabeça
há ainda outro inconveniente:
Humboldt nunca pode chegar
de surpresa corre o risco
de ser martelado e assim
morrer ou viver
(a quantidade de energia
liberada pelo golpe de
um martelo
é equivalente à metade de
sua massa vezes a velocidade
ao quadrado na hora do impacto).

No poema "O urubu", Adelaide narra de forma seca o exame de corpo de delito, durante o qual a intensidade das emoções é brutalmente contrastada com a naturalização da violência e do descaso por parte dos médicos. Como em praticamente todos os poemas de *O martelo*, a discussão da violência se traduz na objetividade de sua poética:

deitada numa maca com
quatro médicos ao meu redor
conversando ao mesmo tempo
sobre mucosas a greve
a falta de copos descartáveis
e decidindo diante de minhas pernas
abertas se depois do
expediente iam todos pro bar

Simultaneamente, *O martelo* é também a expressão da vivência explosiva da própria sexualidade, do próprio corpo, da própria libido, enquanto fator de resistência. A segunda parte do livro é dedicada à reconstrução de sua vida sexual e afetiva pós-estupro. Mesmo quando seus poemas não narram experiências extremas, parece haver um aumento expressivo de ação contida nos poemas de Adelaide se comparados à poesia jovem pré-2013.

O LEVANTE DA VOZ

Paramos neste ponto para introduzir um fenômeno antigo, que já aparece referido até no romance do século xix *A moreninha*, de Joaquim Manuel de Macedo, mas que, ao longo dos anos e a partir de diferentes contextos, vem ganhando vida e sentidos próprios. Trata-se do sarau, com destaque para os saraus das periferias tal como surgem, por volta de 2001. Os saraus despontam ligados à expansão da literatura marginal ou periférica, que despertou interesse nos últimos anos como uma literatura com sotaque e ritmos próprios. Entretanto, não é exagero afirmar que a grande inovação da literatura marginal nas periferias se deu através das ações desenvolvidas a partir de seus saraus.

Segundo Sérgio Vaz, criador do Cooperifa, criado em 2001 e considerado o mais emblemático das periferias de São Paulo, o sarau é mais do que um encontro, é um movimento em torno da poesia e da cultura, é o criador do poeta-cidadão, aquele que assume a responsabilidade de formar leitores e novos poetas. Para o poeta-cidadão, "o sagrado não é mais a literatura, o sagrado é quem lê", ele diz.

O poema escrito é tradicionalmente o território do estranhamento da linguagem, do esgarçar da significação, em que a voltagem poética é frequentemente perseguida às custas da comunicabilidade. Mas a poesia oral, como lembra Luna Vitrolira,

127

poeta de Recife, é uma "poesia de mensagem", ou seja, uma poesia na qual a comunicabilidade aparece como objetivo principal, sobrepondo-se aos procedimentos linguísticos de desarranjo sintático, investigação lexical etc. É assim que os saraus e *slams* tornam-se instrumentos poderosos para as poetas feministas.

Elizandra Souza foi uma das pioneiras quando se fala na disseminação dos saraus feministas no Brasil.

> 2004 foi o ano em que eu conheci o sarau da Cooperifa. Foi o ano também em que participei de uma oficina experimental de jornalismo numa ONG chamada Papel Jornal, e nesse mesmo ano criei o Mjiba em Ação. "Mjiba" é uma palavra africana que significa jovem mulher revolucionária. No evento, só mulheres negras subiam ao palco. [...] Esse evento tinha a ideia do protagonismo da mulher negra justamente por sentir essa ausência dentro do hip-hop, de onde eu vim. Dentro do hip-hop eu sempre fui público, mas um público bem crítico. Tipo: "Está faltando mulher". E aí, com isso, nós três criamos esse evento: eu, a minha irmã e uma amiga dela que cantava rap, a Taís, do grupo Ramatan.

Em "Palavra de preta", Elizandra fala da falta de espaço para as mulheres negras em nossa sociedade:

> *Palavra de mulher preta*
> *Mulher preta de palavra*
> *Preta de palavra*
> *Palavra de preta*
>
> *Lava alma preta*
> *Palavra sagrada de mulher*
> *Se a minha alma é preta*
> *E a minha sociedade não me aceita*

Minha palavra sagrada sangra
[...]

Muitos jovens saídos das manifestações de junho de 2013 intensificaram a prática dos saraus de poesia. As Sarauzeiras Oníricas, por exemplo, surgiram dentro da Festa Literária Internacional das Periferias (Flupp), no Rio de Janeiro, do encontro de Mery Onírica, Lindacy, ambas moradoras da Rocinha, e Yolanda, do Engenho da Rainha. Elas se conheceram na Flupp em 2012 e criaram um grupo que se apresenta em saraus, como um sarau itinerante, dirigidas por Marcio Januario, ativista do Vidigal, saído do grupo do Nós do Morro.

Monique Nix, do sarau Mulheres de Pedra, é referência imediata quando se fala na cena dos saraus no Rio de Janeiro.

Essa onda é importante por todos os motivos: porque a arte é um instrumento político, de denúncia, em que você pode falar o que for que os outros vão respeitar, de alguma maneira. Para mim, a poesia é a melhor forma de expor uma visão que vá além do padrão, do conhecido. É também a melhor forma de comunicação com um espectador/leitor com pouco acesso à poesia escrita. O sarau é democrático, é público, é gratuito, qualquer pessoa pode ir e pode se transformar a partir de nossas experiências e mensagens. Falar, por exemplo, sobre a violência contra a mulher é muito importante para todas nós.

Monique dramatiza com garra na voz e no corpo o poema a seguir:

Ele pegou-me
Enforcou-me
Bateu-me

Cortou-me
Feriu-me

Ele sempre faz isso.
[...]

Luna Vitrolira fala desse novo momento da poesia:

Especificamente agora, eu percebo uma poesia mais influenciada pelo rap, com temas sociais e que funcionam como crônicas discursivas ou mesmo discurso, e se afastam um pouco da ideia-padrão do que é o poema. É o pessoal da rima. Os poetas e as poetas não dizem que vão dizer um poema, dizem que vão mandar uma rima. E aí, pela musicalidade dos versos, pela força da mensagem, cai muito bem aos ouvidos do público. Essa poesia mais discursiva, esse poema de mensagem é objetivo, direto, sem muito trabalho de linguagem, não é o tipo de poesia que você precisa de esforço para alcançar significações e metáforas porque o papo na verdade é reto. [...] Ela está na rua, vai para todo lugar, para toda gente; ela não escolhe leitor nem ouvinte, ela quer ser ouvida por todos; e ela dilui os conceitos que definem quem é poeta e o que é um poema. Eu, por exemplo, quando escrevo um poema pensando na declamação, eu sei o que quero causar nas pessoas, sei o que quero dizer.

A performance de Luna no palco, quase sempre movida por uma sensualidade vital e transgressora, é uma das que com mais destreza domina a plateia. O poema que se segue pode dar uma ideia de sua presença em cena:

Eu imagino você acordando descabelada
com aquela calcinha branca

cheia de tartarugas verdes e sem sutiã
lembro que você disse que prefere
dormir assim
livre sem amarras
e que gosta de sentir
a cama o lençol os travesseiros
invadindo a tua pele
toda manhã
eu imagino
você preguiçando na cama
já atrasada
sem saber se faz ou não o café
e decide sair sem comer
pra deitar mais 15 minutos
e nesses 15 minutos
eu imagino
meus dedos te fazendo algazarras
o nosso atrito
num dia de chuva
em que se quer apenas
uma língua maliciosa
adentrando pelas coxas
onde tudo se encaixa
mas aqui do outro lado da cidade
sozinha na cama
qual animal de quatro patas
sou eu que me devoro e te imagino
acordando toda molhada

Alguns artifícios que caracterizam o texto poético, notadamente de sonoridade, parecem ebulir na poesia para ser falada: trata-se de um poema dispendioso, que satura todos os seus recursos com o objetivo de potencializar a mensagem. No poema "Brasil com P de puta", de Jenyffer Nascimento, o conteúdo político e a musicalidade pulsada — obtida por uma aliteração excessiva e necessária — não existem paralelamente, mas num regime de significação mútua, uma espécie de codependência. Abaixo, um trecho do poema:

> *Plebeia,*
> *Pornograficamente pernambucana*
> *Prevê programas*
> *Possíveis pares poderosos*
> *Pensava: presidentes, prefeitos*
> *Publicidade, propaganda.*
> *Passeios, presentes, países.*
> *Prevaricações.*
>
> *Promíscua,*
> *Praticava por poucas pratas*
> *Popularmente Puta*
> *Profissão: prostituta*
> *Pelos puteiros*

Se os saraus colocam o corpo como um significante poético patente em primeiro plano, talvez seja no *slam* que isso se radicaliza, porque põe o corpo em combate: trata-se de uma modalidade de poesia falada em disputa, uma batalha. Luiza Romão descreve e explica o *slam* no texto a seguir:

> Objetivamente, poderíamos definir o *slam* como um jogo, uma batalha, um esporte da palavra em que cada poeta deve apresentar três textos autorais de até três minutos, sem acompanhamento musical, figurino ou objeto; ou seja, delimita-se o espaço da apresentação, focando-o no poeta e no seu dizer (sua métrica, recursos linguísticos, contundência)

e tornando a corporeidade da fala tão importante quanto o conteúdo emitido. [...] Enxerguemos o texto, no *slam*, como um material de múltiplas camadas, como uma rocha milenar de arenito: teríamos como primeira faixa o tema abordado; em sequência, a forma desenvolvida; depois, a atualidade das questões, o engajamento político e a relação com os eventos/fatos recentes; em acréscimo, o carisma e a empatia do poeta; e, para coroar, a performance no dia. Esse conjunto de delimitadores mostra como a estética do *slam* se distancia de uma abordagem convencional da literatura: para analisar fielmente a trajetória e o desenvolvimento do *spoken word*, talvez precisássemos nos aproximar dos gregos e da origem da poesia ocidental (como Homero, Sófocles e outros). [...]

Por isso, a proposta do *slam* (e dos saraus, em outro viés) se mostra tão transgressora: ela retoma o caráter coletivo da literatura. Não só nos conteúdos engajados dos textos, mas principalmente na sua forma de apresentação: disposição espacial em arena, uso do espaço público (saídas de metrô, terminais de ônibus, praças), com participação ativa da plateia. [...] O que está em disputa é a cidade e o acesso a ela; em outras palavras, o poeta se torna um pensador crítico e ativo do meio em que está inserido, um indivíduo em pleno exercício de sua cidadania (e isso se dá em troca constante e real com os espectadores).

Ademais, como consequência dessa nova estética, percebemos que o livro deixa de ser o único (ou, até mesmo, o melhor) aparato para divulgação dos textos, pois a palavra performada tem tanta (ou mais) importância que a palavra escrita. [...] Não à toa, quando lemos um de nossos contemporâneos ouvimos seu murmurar vibrante e inconfundível por entre as linhas.

O primeiro evento de *poetry slam* do Brasil foi o ZAP! (Zona Autônoma da Palavra), em 2008, em São Paulo, uma iniciativa do Núcleo Bartolomeu de Depoimentos, coletivo fundado por Claudia Schapira, Eugênio Lima, Luaa Gabanini e Roberta Estrela D'Alva. Apesar de o ZAP ainda não ser exclusivamente feminino, a forte presença de Roberta Estrela D'Alva marca a performance feminista no *slam*.

Segundo Estrela D'Alva, autora de *Teatro Hip-hop: A performance poética do autor-MC* (Perspectiva, 2014), o *slam* exige o encontro presencial, a performance como momento em que se cria uma memória comum. Pressupõe a função do corpo do autor e do "leitor", que na verdade não é nem leitor nem espectador, mas parte integrante do poema, que interage com ele e também se deixa modificar:

> O [Paul] Zumthor dizia "a escrita é fixa, a palavra é nômade". Acho que existe essa coisa dos corpos que interagem, da voz viva do autor ainda que o poema já esteja escrito. [...]
>
> No Brasil, o *slam* vem como um desdobramento do sarau. [...] O poder de interpelação e adesão vem não só pelo caráter competitivo, mas pelo caráter lúdico do jogo. O jogo, a brincadeira, as notas, os jurados, a torcida para o seu candidato favorito, tudo isso ajuda a focar a atenção das pessoas no que importa, que é a poesia, como diria Marc Smith, o cara que inventou a parada toda.

Hoje já começam a se espalhar pelo Brasil versões do Slam das Minas, primeiro evento de *slam* exclusivo para mulheres, criado em Brasília, em 2015. Em São Paulo, surgiu em 2016; no Rio e em Recife, em 2017.

Mel Duarte foi uma das fundadoras do Slam das Minas SP, ao lado de Luz Ribeiro, Carolina Peixoto, Renata Armelin, Pam Araújo e Juliana Vicentis. No depoimento a seguir, Mel reflete sobre a necessidade de agressividade no *slam*:

Hoje percebo que quando queremos trazer para a poesia as nossas pautas, não dá para ser muito delicada. Temos que vir com os dois pés na porta para as pessoas conseguirem entender que discutir as pautas das mulheres é uma urgência. Mas, entre o sarau e o *slam*, existem diferenças: o poema que você leva para um sarau, você fala do jeito que você quiser; a partir do momento em que você quer participar de um *slam* — que é um torneio de poesia falada, que tem regras, que é um jogo —, aí você tem que trabalhar melhor seu texto. [...] Tem poemas que eu tenho que eu sei que não posso levar para um *slam* porque, a depender do tema, da métrica, do ritmo que tem, comparando com os de outras pessoas com quem vou batalhar, não vão ser tão fortes. Eu tenho que estudar o que levo para uma batalha, e como levo esses poemas. É aí que entra a diferença da poesia falada para o *slam*. Mas todo poema que cabe num *slam* cabe num sarau.

É de Mel o poema "Verdade seja dita":

Verdade seja dita:
Você que não mova sua pica para impor respeito a mim.
Seu discurso machista machuca
E a cada palavra falha
Corta minhas iguais como navalha
NINGUÉM MERECE SER ESTUPRADA!
Violada, violentada
Seja pelo abuso da farda
Ou por trás de uma muralha.
Minha vagina não é lixão
Pra dispensar as tuas tralhas

Canalha!
[...]

Luz Ribeiro, além de cofundadora do Slam das Minas SP, foi a primeira mulher campeã do SLAM BR (Campeonato Brasileiro de Poesia Falada), em 2016, o que a classificou para a Copa do Mundo de Slam, na França, em 2017. Em entrevista para o site Blogueiras Negras,[5] Luz narra a sua trajetória. O trecho a seguir é indispensável para entender o alcance político do sucesso da poeta e performer:

> eu tenho que retribuir, no sentido de que eu já fiquei tanto tempo quieta quando puxavam meu cabelo na escola; fiquei tanto tempo quieta porque fizeram uso do meu corpo sem meu consentimento; já fiquei tanto tempo quieta quando as pessoas tinham cara de nojo pra mim. então eu faço tudo isso só por mim mesma. então tá, chega, já sofri o suficiente. eu li uma poesia outro dia que dizia "eu já sofri o suficiente". aí um colega meu disse "nossa, que pessoa exagerada, ninguém nunca sofreu o suficiente". e eu fiquei muito assim: pensando nisso. falei "não, eu acho que se chegasse pra mim nos meus doze anos de idade, pra mim já tava de boa tudo que eu tinha vivenciado". a vida continua sendo cruel com a gente. você desce uma escada rolante e a pessoa fica olhando pro seu cabelo. a vida não cansa de ser cruel, eu penso assim: que a vida é cruel diariamente nas minuciosidades, fazendo um carinho em você, ela tá ali... embora eu ache que, do mesmo jeito que a vida age ainda com certa crueldade, ela também retribui (a vida também é boa! não dá pra ficar só... bichinha, a vida, pôr ela numa cruz e ficar crucificando ela).

A importância da voz e do corpo no sarau e no *slam*, atividades bastante recentes no feminismo, ainda tem muito a ser pesquisado e analisado. Perguntamos à Roberta Estrela D'Alva, pioneira da poesia falada, como anda a poesia escrita, falada e performada das feministas, e ela deu a seguinte resposta:

Muito interessante. Muito aprofundada. Muito rasa. Muito gritada. Muito chata. Muito potente. Muito inteligente. Muito fechada. E, sobretudo, muito nem aí para o que acham dela. Não tem "a poesia" das feministas porque na verdade não tem "as feministas". O que tem hoje são tantas maneiras de enxergar e viver o feminismo que eu não conseguiria resumir. Uma coisa é fato: ela nunca esteve tão presente.

Touché: a poesia que hoje reverbera a quarta onda feminista é tudo isso ao mesmo tempo. Assim como o feminismo hoje é uma experiência muito pessoal, muito política, muito intensa e, certamente, muito poética.

Julia Klien, formada em letras pela puc-Rio e mestranda no Programa de Pós--Graduação em Literatura, Cultura e Contemporaneidade da mesma instituição, é coeditora dos *Cadernos do CEP*, publicação independente mensal de poesia vinculada ao evento CEP 20.000.

COLABORADORAS

Adelaide Ivánova
Carolina Turboli
Elizandra Souza
Jarid Arraes
Liv Lagerblad
Luna Vitrolina
Luiza Romão
Monique Nix
Nanni Rios
Nina Rizzi
Roberta Estrela D'Alva

NO CINEMA

**COM ÉRICA SARMET E
MARINA CAVALCANTI TEDESCO**

No cinema e no audiovisual brasileiros, a insurgência feminista se manifestou em 2015 com uma série de iniciativas dedicadas a reivindicar os direitos das mulheres e discutir o machismo no mercado de trabalho, além das discussões sobre discriminações de raça, classe, orientação sexual e identidade de gênero. Esses debates foram impulsionados por um conjunto de forças que vão desde o contexto internacional, sobretudo Hollywood, até as hashtags feministas que se popularizaram nas redes.

Em fevereiro de 2015, a 87ª cerimônia de entrega do Oscar reuniu diversas situações que influenciaram a mobilização das mulheres do cinema e do audiovisual no mundo, como as hashtags #OscarsSoWhite [Oscar muito branco] — desde 1998 não se via uma lista de candidatos tão predominantemente branca — e #AskHerMore [Pergunte mais a ela], que pressionava entrevistadores a fazerem perguntas mais relevantes para as mulheres no tapete vermelho. No palco, Patricia Arquette, vencedora do Oscar de melhor atriz coadjuvante por *Boyhood*, fez um discurso em que pedia igualdade salarial e direitos para as mulheres americanas.

Alguns meses mais tarde, Viola Davis se tornaria a primeira mulher negra a ganhar o Emmy de melhor atriz na categoria série dramática, após disputar o prêmio com outra mulher negra, Taraji P. Henson, de *Empire*. Mais duas atrizes negras foram premiadas naquela noite: Regina King, como melhor atriz coadjuvante em minissérie, por *American Crime*, e Uzo Aduba, melhor atriz coadjuvante em série dramática, por *Orange is the New Black*. Viola Davis, em discurso emocionado, lembrou outras tantas que já deveriam ter recebido a premiação e foi direto ao ponto: "A única coisa que separa as mulheres negras de qualquer outra pessoa é a oportunidade. Você não pode ganhar um Emmy por papéis que simplesmente não estão lá".[1]

O cinema europeu também entrou fundo nas discussões de gênero. Durante o Festival de Cinema de Sarajevo, em agosto, representantes de ministérios da cultura e fundos cinematográficos de diferentes países da Europa assinaram um documento pedindo políticas para corrigir a desigualdade de gênero no cinema e na televisão. No mesmo mês veio o estopim para que, no Brasil, com os debates sobre o lançamento do filme *Que horas ela volta?*, a questão da mulher no cinema fosse discutida.

Escrito e dirigido por Anna Muylaert, o filme conta a história da empregada doméstica Val (Regina Casé) e sua relação com a filha Jéssica (Camila Márdila), que se recusa a aceitar calada as opressões decorrentes de sua classe social. *Que horas ela volta?* foi um grande sucesso de público e de crítica, com mais de 490 mil espectadores e uma bilheteria que ultrapassou os 6,8 milhões de reais,[2] números bastante expressivos para um filme que tenta conciliar o cinema autoral com o público mais amplo. Além de ser dirigido e protagonizado por mulheres, a questão de gênero se tornou ponto de conflito no lançamento do filme em Recife, quando dois conhecidos realizadores recifenses e amigos de Muylaert, Cláudio Assis e Lírio Ferreira, entraram na sala supostamente bêbados e interromperam o debate diversas vezes, além de tecerem comentários machistas para o público. O episódio teve grande repercussão nas redes sociais e, posteriormente, na imprensa, colocando em pauta a desigualdade de gênero no audiovisual e levando mulheres do setor a uma mobilização mais efetiva.

No debate de pré-estreia do filme *Mãe só há uma*, no Cineclube Quase Catálogo, em julho de 2016, Anna Muylaert disse:

> Quando aconteceu aquela história do Cláudio Assis e do Lírio lá em Pernambuco, [...] quando chegou na imprensa, eles me ligavam. Eu não tinha vontade de falar do Cláudio, como nunca falei, mas eu comecei a falar isso, eu tive que falar, porque eu estava sofrendo muita pressão: "Um homem tem dificuldade de ver uma mulher no papel de protagonista". E isso foi uma pequena frase que se tornou uma bomba, porque na verdade isso acontece em todos os setores da sociedade, em todos os lugares. [...] Foi uma espécie de chance que o destino me deu de, já que eu estava em evidência, acabar falando disso, que era algo que eu estava sofrendo muito.[3]

A própria diretora reconhece que, apesar de ter feito um filme protagonizado por mulheres e que concede à mulher proletária um protagonismo historicamente negado, até então não havia se confrontado com essas questões:

> O *Que horas ela volta?* eu nunca pensei que seria um filme feminista, nunca passou pela minha cabeça isso. Apesar de a fotógrafa ser mulher, eu, as principais atrizes e tudo mais, era natural para a gente. Aí depois esse assunto veio. Eu comecei a sofrer ataques machistas, e aí as pessoas começaram a falar que o filme era feminista, e eu: "Oba, é sim, é sim, vamos falar disso".

Com a repercussão do filme e dos ataques machistas, Anna Muylaert começou a dedicar maior atenção às pautas feministas ligadas ao audiovisual:

Aí eu acabei, por conta de tudo isso, entrando em contato com várias ONGs feministas e com o Instituto Geena Davis. Esse instituto mede a presença feminina na tela, não nas equipes, mas na tela. Eu fui num seminário deles muito interessante e [...] tinha aquela história da Patricia Arquette reclamar da equiparação salarial no Oscar do ano passado. Aí eu fui olhar os protagonistas vencedores do Oscar num período, 56 anos. Fiquei impressionada quando fui olhar a lista. Nesses 56 anos, o [protagonista do filme] vencedor do Oscar foi 45 vezes homens e quatro vezes mulheres. Para começar, um filme para ganhar o Oscar, a primeira coisa: protagonista homem. Então você vê toda essa construção mental e a gente nem percebe. [...] São coisas que eu mesma estou percebendo agora, e estou estudando, pesquisando, debatendo para trazer um pouco de luz nisso, porque o machismo é algo invisível, assim como é o racismo, assim como é a homofobia.

Tanto o Oscar de 2015 quanto o episódio de machismo vivido por Anna Muylaert motivaram Malu Andrade, à época coordenadora da área de inovação da SPCine, a organizar uma reunião com mulheres do setor. Desse encontro nasceu o grupo de Facebook Mulheres do Audiovisual Brasil, que conta com mais de 18 mil membros em agosto de 2018. Malu diz:

Eu procurei chamar profissionais mais experientes com profissionais mais novas, profissionais que fossem de cinema, de TV, executivas, roteiristas que trabalhassem com publicidade também, que trabalhassem com *games*, para fazer uma reunião para entender se elas sentiam que o mercado tinha problemas. Primeiro, a ideia surgiu quando teve o Oscar e a *Folha* [*de S.Paulo*] logo em seguida fez uma matéria sobre a participação de mulheres no mercado hollywoodiano. Eu fiquei com a pulga atrás da orelha, só que a SPCine estava começando, acabei deixando um pouco de lado. Quando teve o problema da Anna Muylaert lá no Nordeste, quando foi apresentar o filme, eu falei "Não, acho que está na hora". Aí eu chamei essa reunião, criei o grupo no Facebook para a gente se comunicar. No mesmo dia a SPCine lançou nas redes sociais que a gente tinha tido esse encontro e várias mulheres começaram a entrar em contato querendo saber mais. Eu lembro que abri [o grupo] na sexta, na segunda a gente já tinha 350 mulheres. Logo em seguida, eu acho que é um pouco do inconsciente coletivo, tiveram todas as campanhas também, a #PrimeiroAssédio, #MeuAmigoSecreto.

Segundo Malu Andrade, o grupo funciona como um catalisador, no qual surgiram várias outras iniciativas, e as profissionais podem se reunir para discutir assuntos e temas pertinentes em nível nacional. É um espaço que concentra as notícias sobre a mulher no cinema e no audiovisual brasileiros.

No final de 2015, a estreia do curta-metragem *Kbela*, de Yasmin Thayná, levantou novas discussões de gênero e de raça no Brasil. *Kbela* é um filme experimental, feminista e antirracista, que busca colocar em foco as mulheres negras e suas narrativas historicamente invisíveis no cinema brasileiro. A obra nasceu do conto "MC Kbela", escrito pela diretora e publicado em 2012 no livro *Flupp pensa: 43 novos autores*,[4] e narra o processo de uma menina de periferia em se descobrir negra e assumir os cabelos crespos.

Protagonizado por mulheres negras e com uma equipe majoritariamente negra, *Kbela* teve uma trajetória diferente do circuito curta-metragista tradicional: sua estreia não se deu em um festival, mas em uma sessão lotada no Cine Odeon, no Rio de Janeiro, sala com capacidade para mais de quinhentas pessoas. O curta passou por cineclubes, assentamentos, escolas públicas e praças antes de chegar aos festivais de cinema nacionais, quando o filme já tinha alcançado grande repercussão na internet, na mídia e em festivais internacionais.

A jovem diretora, com 23 anos na época do lançamento, propôs discutir o racismo nas curadorias dos festivais brasileiros. Em 2015, *Kbela* foi rejeitado pela 7ª Semana dos Realizadores, mas Thayná foi convidada para participar de uma mesa intitulada "Construção e desconstrução do feminino/masculino no cinema brasileiro contemporâneo", uma tentativa de acompanhar a crescente mobilização feminista. Das seis mulheres presentes no debate, apenas uma era negra, Isabel Martins Zua, atriz e bailarina portuguesa, que, além de atuar em *Kbela*, foi diretora de movimento do filme. Impossibilitada de estar presente, Thayná enviou uma carta ao festival em que questionava a ausência de realizadoras negras entre os selecionados e convocava os presentes a pensar o que poderia ser feito para mudar esse cenário:

> É de nossa responsabilidade, nós que fazemos cinema, nos perguntarmos quantos negros e negras compõem os nossos sets de filmagem. Quantos cineastas negros e negras conhecemos e sabemos referenciar numa roda de conversa. Não adianta vocês falarem dez nomes de realizadores que se encaixam nesse perfil se somos 54% da população brasileira, sendo a maioria composta por mulheres negras. [...] O "Brasil de todas as telas"[5] não pode ser só branco. Proponho: o que vamos fazer para que o "Brasil de todas as telas" seja de todas as telas mesmo?[6]

Em 2016, *Kbela* foi exibido na 8ª Semana dos Realizadores ao lado de *Amor maldito* (1984), de Adélia Sampaio, primeira diretora negra a dirigir um longa-metragem no Brasil. As duas cineastas e a pesquisadora e curadora Janaína Oliveira formaram a mesa "Por um cinema negro no feminino", um esforço de construir espaço no qual essas questões pudessem finalmente ser colocadas.

Quando eu comecei a fazer o *Kbela* eu não tinha ideia de onde ele poderia chegar, ou o que ele se tornaria, mas eu tinha um pouco de consciência do que estava sendo feito, e eu tive essa consciência a partir do contato com as mulheres negras que quiseram fazer parte desse filme. Foi [...] um espaço de cura mesmo entre mulheres negras, um espaço de descobrimento, um espaço de transição.

[Yasmin Thayná]

Sobre a questão da diversidade no cinema brasileiro, uma pesquisa desenvolvida pelo Grupo de Estudos Multidisciplinares da Ação Afirmativa (Gemaa), da Universidade do Estado do Rio de Janeiro (UERJ), analisou a produção nacional entre 2002 e 2012 e concluiu que as mulheres dirigiram apenas 13,7% dos filmes de maior bilheteria, enquanto pessoas negras e pardas somente 2%, sendo que nenhuma das 218 produções analisadas havia sido dirigida por uma cineasta negra.[7]

Em outubro de 2015, outro fato significativo. Anita Rocha da Silveira ganhou o prêmio de melhor direção no 17º Festival do Rio com seu primeiro longa-metragem, *Mate-me por favor*, um drama que flerta com o cinema de horror ao apresentar uma onda de assassinatos de meninas adolescentes na Barra da Tijuca e como as mortes impactam a subjetividade de Bia, de quinze anos. Com um elenco majoritariamente composto por mulheres, o filme traz à tona questões de gênero pouco vistas no cinema nacional, como o desejo feminino, a amizade entre mulheres, o feminicídio e o estupro. Apesar de ser o primeiro longa-metragem de Anita Rocha da Silveira, ela já possuía um histórico de personagens femininas protagonistas em seus curtas.

No meu primeiro curta, *O vampiro do meio-dia* (2008), o protagonista era um homem. Depois que eu comecei a passar o filme, fiquei me questionando por que esse protagonista era um homem. E aí eu me dei conta de que eu tinha já essa noção engendrada em mim de que o homem é mais universal, e depois eu vi como isso é equivocado. Eu li uma entrevista com a diretora do *Mustang* [Deniz Gamze Ergüvene] e ela falava isso, justamente. Tem essa concepção de que, quando é um homem protagonista, está se falando de algo universal. A gente vê um homem lá e todo mundo pode se espelhar naquele homem branco. [...] E fazer um filme com uma mulher é meio que entrar numa floresta deserta, com uma trilha que você não sabe onde vai dar. As pessoas têm dificuldade de se espelhar em uma protagonista mulher. Para tratar de questões "universais", o ideal é um homem. E aí caiu essa ficha em mim. Eu sou mulher, eu entendo mais de mulher do que homem, por que eu fiz um filme sobre homem? Aí depois eu fiz *Handebol*, que é um curta com um elenco quase 100% feminino.

[Anita Rocha da Silveira]

Sobre a mobilização das mulheres no audiovisual, Anita acredita que é um processo que já vinha acontecendo, mas sem a atual visibilidade:

Muitas vezes eu era a única mulher nos festivais, e eu tentava falar: "Por que eu sou a única mulher?", e as pessoas quase riam de mim, sabe? Às vezes era eu e mais uma. E a gente falava: "Não, tem um certo machismo nessa decisão, é um bando de homem selecionando um bando de homem". Eu tentava expressar certas coisas que me deixavam angustiada e eu era ridicularizada, e agora é muito bom poder falar em voz alta. Muitas mulheres já sentiam, só que a gente tinha medo de falar. E agora chegou um certo ponto em que a gente pode gritar: "Sim, eu sofri assédio e não é legal; sim, esse ambiente é machista". Eu acho que tem muita coisa a ser trabalhada, mas agora a gente pode se expressar sem ser taxada como maluca, ou radical, ou ser excluída, pelo menos agora um diálogo foi aberto e eu acho que isso foi o mais importante desses movimentos.

A diretora conta que, após assistir ao seu primeiro curta, a produtora Vania Catani, da Bananeira Filmes, procurou-a interessada em produzir um longa-metragem. Quando se sentiu pronta, Anita Rocha da Silveira entrou em contato com a produtora e as duas estabeleceram uma parceria que segue firme desde então. Em um ambiente predominantemente dominado por homens, muitas mulheres têm dificuldade de encontrar produtores interessados em investir em seus filmes. É o que destaca Anna Muylaert:

> No mercado, quanto mais dinheiro tem, mais se acredita nos homens e menos se acredita nas mulheres. Isso você pode ver: mulher é tipo 15% a 20% das diretoras no âmbito geral. Agora, se você vai ver o orçamento, quanto mais sobe o orçamento, menos mulher [envolvida]. Tá cheio de mulher no curta, no documentário, aí vai subindo... orçamento de 10 milhões não tem uma mulher, e isso é a mesma coisa nos Estados Unidos, igual. Então, o mercado ainda acredita mais no homem.

Em 2016, os questionamentos sobre gênero e raça se intensificaram. Sem abertura para participar como realizadoras, juradas e curadoras, as mulheres partiram para um duplo movimento. Por um lado, o exercício sistemático de uma crítica contundente ao que já existia; por outro, a construção de ambientes onde pudessem assistir e debater sua produção.

Nesse sentido, a experiência do Cineclube Quase Catálogo[8] é emblemática. Gestado em 2014, durante o I Colóquio Brasileiro Cinema de Autoria Feminina, teve sua primeira sessão em 12 de maio de 2016 no Cine Arte UFF, em Niterói, no Rio de Janeiro, tornando-se o primeiro cineclube feminista feito por mulheres do audiovisual a exibir exclusivamente filmes de diretoras brasileiras.[9] Segundo Marina Cavalcanti Tedesco, coorganizadora do cineclube:

> Nós somos feministas e trazemos isso para o audiovisual há vários anos, nos nossos filmes, nas nossas produções acadêmicas. Então, o desejo de mais espaços para ver filmes de mulheres, ou para poder exibir os filmes de mulheres que pesquisávamos, já existia. [...] Com essa nova ebulição feminista em diversos segmentos da sociedade e do audiovisual, e felizmente no audiovisual, porque alguns anos atrás falar que era feminista, que tinha sido assediada, perguntar por que não tinha mais mulheres na equipe pegava mal em vários sets [...]. Aí a gente viu que não dava mais para adiar, que era urgente.

Considerando o papel formador do cineclube, a preocupação era programar filmes de diretoras fundamentais, mas ainda invisibilizadas dentro da história do cinema brasileiro — embora hoje um pouco menos —, como Helena Solberg, Adélia Sampaio e Teresa Trautman; realizadoras já com uma carreira consolidada, algumas conhecidas pelo grande público e outras não tanto, como Anna Muylaert, Lina Chamie, Lilian Solá Santiago e Beth Formaggini; além de cineastas de gerações mais novas, como Sabrina Fidalgo, Leandra Leal, Cristiana Oliveira, Yasmin Thayná, Ana Carolina Soares, Clarisse Campolina, Fernanda Chicolet, Isabel Penoni e Valentina Homem.

O feminismo, enfim, também chegou com força à área que menos emprega mulheres: a direção de fotografia.[10] Para mencionarmos alguns dados mais recentes, em 2015, das 1344 obras constituintes de espaço qualificado que tiraram Certificado de Produto Brasileiro (CPB) na Ancine, apenas 12% tiveram diretoras de fotografia, sendo que em 4% a cabeça da equipe foi dividida entre mulheres e homens.[11] E, em 2016, apesar de ter havido um aumento no número de títulos com CPB, que passou para 1655, a participação das mulheres se manteve a mesma.

Não obstante, foi necessário ainda a junção de dois fatores para o surgimento do Coletivo das Diretoras de Fotografia do Brasil (DAFB):

> Surgimos em reação a uma publicação no site de uma grande produtora de cinema brasileira. A matéria que apontava os "novos talentos da cinematografia brasileira" trazia o perfil de dezenove homens brancos, a maioria do eixo Rio-São Paulo. Nenhuma mulher, nenhum negro! A publicação provocou revolta e burburinho na internet, principalmente por conta da resposta inicial da produtora às críticas, na qual afirmou ter pesquisado, mas não ter encontrado, jovens mulheres atuantes na profissão. A partir daí, as diretoras de fotografia participantes do grupo Mulheres do Audiovisual Brasil começaram a se falar e decidimos criar o coletivo.
>
> [Integrantes do DAFB]

O coletivo começou com aproximadamente vinte fotógrafas atuando em quatro cidades, e hoje já conta com 96 membros formais no site, 525 membros no grupo fechado do Facebook e conseguiu chegar a dezenove cidades.

Outro ponto importante foi o ingresso no DAFB de mulheres que não eram diretoras de fotografia, como operadoras de câmera, primeiras e segundas assistentes de câmera, eletricistas, coloristas, entre outras funções relacionadas à equipe de fotografia. Luciana Baseggio, uma das idealizadoras do DAFB, explica:

> Um dado que assusta bastante é que a gente vê que tem muitas estudantes de direção de fotografia mulheres, mas em

algum momento no começo da carreira elas desistem. O set de cinema é um lugar muito opressor e machista e é muito difícil seguir nessa carreira. Primeiro, por causa da convivência com alguns homens no set, que nem sempre é fácil. E, segundo, porque parece muita luta para pouco resultado, porque a gente olha para esses números de porcentagem de mulheres que fotografaram filmes no Brasil e é deprimente. Então você pensa: "Por que é que eu vou passar por tudo isso para nem conseguir?".

Por fim, outro grande passo foi a abertura do coletivo de mulheres cis e trans, para a inclusão também de homens transgêneros. Como fica evidente no relato de Bia Marques, outra fotógrafa que participa desde o começo do processo, a percepção do machismo e de como ele impede que as mulheres atuem não é óbvia:

Foi preciso sair da faculdade para me dar conta de que lá [no curso de cinema da Universidade Federal Fluminense] vivíamos numa bolha em que era natural ter mulheres lidando com câmeras e refletores. Hoje, percebo que inconscientemente adquiri posturas masculinas, seja no trato pessoal, seja na maneira de me vestir. E percebo que várias outras mulheres igualmente comentam terem assumido a mesma postura masculina, como estratégia para lidar com os colegas, seja nas equipes internas de câmera, elétrica ou maquinária, como no set em geral.[12]

De acordo com Luciana Baseggio, é preciso explicitar para um número maior de pessoas a brutal desigualdade de gênero que existe na direção de fotografia cinematográfica e audiovisual, além de cobrar resultados do DAFB:

Eu lembro há uns dois anos, quando eu falava sobre isso, ninguém tinha parado para pensar. Ninguém: homens, óbvio. E algumas mulheres também, na verdade. [...] Eu acho que o que muda bastante é que as pessoas começaram a perceber que existe esse problema. E isso já é o primeiro passo para a mudança. Então, acho que o DAFB tem que continuar tentando mudar a mentalidade das pessoas, que a mudança tem que vir de todos. O problema da desigualdade de gênero é um problema de todos, não é só das mulheres.

Pensando no quanto avançamos até agora, vale mencionar o filme-fenômeno *Estado itinerante*, curta-metragem dirigido pela mineira Ana Carolina Soares e lançado no segundo semestre de 2016. Realizado com recursos da Lei Municipal de Incentivo à Cultura de Belo Horizonte, o filme narra a história de Vivi, mulher que começa a trabalhar como cobradora de ônibus e, no contato cotidiano com suas colegas de profissão, encontra apoio para enfrentar as opressões que sofria.

Um dos maiores destaques de 2016 e 2017, o filme recebeu mais de vinte prêmios, reconhecimento justo considerando a longa pesquisa que a cineasta fez no universo das cobradoras; pela coragem de migrar do documentário para a ficção e apostar na sutileza, no implícito e no extracampo; pela urgência de levar a temática da violência doméstica às telas; e por construir uma relação de apoio e não de competição entre mulheres. Podemos nos questionar se a produção teria acontecido em outro momento, sem a organização e a pressão femininas. Sobre a produção de *Estado itinerante*, Ana Carolina Soares afirma:

Acho que diz muito o tempo que o *Estado* [*itinerante*] custou para conseguir recursos, e eu o colocava em diversos [editais] [...]. Por não acreditar no trabalho de uma mulher, por não acreditar no contexto, no que o filme está pretendendo dizer. Não acreditar que aquilo dá cinema, que aquele tema dá cinema.

E ela continua:

Eu acho que o que veio influenciando foram os discursos, a expansão do discurso e da forma feministas. [...] A história que eu filmei em 2015 foi retratada de forma muito mais ampla. Já não era mais a história de uma cobradora [...]. Era muito mais, foi sendo expandida pela questão das cobradoras. A questão do trabalho da mulher. [...] Eu digo que eu estou solo, mas estou vendo tudo, e absorvendo as coisas, e entendendo esse feminismo na forma como ele está sendo construído em mim, também na minha personalidade.

RUMOS INTERSECCIONAIS PARA O FUTURO DO CINEMA BRASILEIRO

Seria precipitado fazer análises profundas do contexto atual, mas gostaríamos de apontar alguns acontecimentos que demonstram perspectivas interseccionais para o feminismo no cinema e no audiovisual brasileiros.

A 50ª edição do Festival de Cinema de Brasília, em setembro de 2017, foi palco de debates acalorados sobre a criação e representação das pessoas negras no cinema. Pela primeira vez em cinquenta anos de festival, mulheres negras concorreram nas mostras de curtas e de longas-metragens: Jéssica Queiroz, com *Peripatético*, e Glenda Nicácio, com *Café com canela*, codirigido por Ary Rosa. Sobre esse fato, Viviane Ferreira, presidente da Associação dxs Profissionais do Audiovisual Negro (APAN), questiona: "Por que a presença de pessoas negras na 50ª edição do Festival de Brasília tem causado mais incômodo do que nossa ausência histórica do circuito de distribuição de recursos, prestígios e status no audiovisual?".[13]

Outra pauta que está crescendo, ainda que de forma mais tímida, é a da representatividade lésbica no cinema. Como exemplos, podemos citar o aumento na produção de curtas de temática lésbica dirigidos por cineastas assumidamente parte da comunidade LGBTQI; a realização da Mostra Barbara Hammer — Um cinema lésbico experimental, na Caixa Cultural do Rio de Janeiro; e as diversas sessões de cineclubes voltados para a discussão da representatividade lésbica em todo o país.

Pela primeira vez, profissionais têm vindo a público falar sobre lesbianidade em debates ou apresentações de filmes no circuito nacional de festivais. Três dos filmes mais comentados de 2017 foram dirigidos e/ou produzidos por mulheres lésbicas: *Baronesa*, de Juliana Antunes, vencedor de melhor filme na Mostra de Cinema de Tiradentes; *As boas maneiras*, de Juliana Rojas e Marco Dutra, vencedor de melhor longa de ficção no Festival do Rio; e *Café com canela*, de Glenda Nicácio e Ary Rosa, vencedor de melhor longa-metragem pelo Júri Popular no Festival de Brasília. No debate sobre *Baronesa*, ocorrido na 20ª Mostra de Cinema de Tiradentes, a mineira Juliana Antunes deixou sua marca ao afirmar como sua experiência enquanto mulher lésbica foi importante para a realização do filme. A respeito do plano de abertura, em que uma personagem aparece dançando, ela diz: "Filmei porque acho uma delícia e reafirmo isso. Eu tenho um posicionamento enquanto mulher gay que eu tenho desejo por esse corpo. [...] Uma mulher pode e deve filmar corpos de mulheres e homens com desejo".

Ao receber o Prêmio Félix de Melhor Longa LGBTQ por *As boas maneiras*, no Festival do Rio de 2017, a produtora Sara Silveira fez uma fala emocionante, em que exaltou a "sapataria" e firmou seu posicionamento frente ao conservadorismo que, cada vez mais, faz ataques diretos à arte de temática LGBTQI, como no emblemático caso da exposição Queermuseu.[14] Na profissão há 35 anos, foi somente agora que ela, pela primeira vez, falou publicamente sobre sua sexualidade: "Viva a Sapataria Brasil! Viva a nossa sapataria! Viva as mulheres! Viva a homossexualidade! Fora de nossos museus, que a direita esqueça os nossos museus! Obrigada, sapatas queridas!".

Esse tipo de posicionamento é reflexo do impacto do feminismo contemporâneo no cinema e no audiovisual, que começou com as gerações mais jovens e tem reconfigurado a forma de atuar de muitas mulheres, independentemente da idade. A experiente e premiada cineasta Laís Bodanzky é outra mulher que tem revisto toda a sua carreira — e levado isso para o cinema, como fica evidente em *Como nossos pais* — à luz de tais discussões:

Somos poucas [as mulheres na direção e no roteiro], e esse é o espaço do discurso, no qual a gente coloca nossas ideias. Essa consciência é muito nova na minha vida, mas é uma reflexão necessária. Será que nós, mulheres, não queremos dirigir nem roteirizar? Somos apenas 15% na indústria do audiovisual. Por quê? É importante refletir, porque não é que a gente não queira contar nossas histórias, mas há um filtro. É preciso romper com isso e conquistar o espaço do discurso.[15]

Por fim, é impossível deixar de mencionar a volta de Adélia Sampaio aos sets de filmagem. Aposentada há mais de uma década, a pioneira concluiu em 2017 *Olhar de dentro*, curta-metragem de dez minutos que leva para as telas os conflitos, os medos e as dores da geração dos anos 1960, da qual a cineasta faz parte:

Para mim, trabalhar em digital é veloz e muito simples, até porque tenho câmera e equipamento próprio. Estou feliz com o resultado, levamos três dias para gravar e finalizar. Sou uma negra que faz cinema e meu cinema estará sempre atado às angústias e dores humanas, de todas as cores. Somos dois negros no comando, eu e Paulão [Paulo César Mauro, diretor de fotografia]. Fiz um ajuntamento de jovens que se encantaram ao nosso lado.

Uma das jovens que participou desse "ajuntamento", termo que Adélia prefere no lugar de "coletivo", é Beatriz Vieirah, uma jovem cineasta negra. Ao ser questionada sobre o que significou ser diretora de produção do novo filme de Adélia Sampaio, ela respondeu:

Adélia Sampaio é nossa primeira cineasta negra, uma fonte viva e rica de conhecimento sobre cinema e sobre a vida. [...] Poder viver um pouco da experiência de Adélia em seu set de filmagem é vivenciar sua experiência e encruzilhada com o passado, presente, e poder sonhar um futuro fazendo cinema.

Um futuro com a presença efetiva de mulheres de todas as gerações, classes, raças e orientações sexuais é um sonho feminista para o nosso cinema que, felizmente, começa a se tornar realidade.

Érica Sarmet é roteirista e pesquisadora de cinema e audiovisual. É mestre em comunicação pela Universidade Federal Fluminense (UFF), onde defendeu a dissertação *Sin porno no hay posporno: Corpo, excesso e ambivalência na América Latina* (2015). Unindo a produção cultural ao ativismo lesbofeminista, foi uma das fundadoras do Isoporzinho das Sapatão e das festas Velcro e Ferro's, no Rio de Janeiro. É também organizadora e curadora do Cineclube Quase Catálogo, dedicado a mulheres na direção cinematográfica. Em 2017, lançou seu primeiro filme como diretora, o curta-metragem *Latifúndio*.

Marina Cavalcanti Tedesco é professora do Departamento de Cinema e Vídeo e do Programa de Pós-graduação em Cinema e Audiovisual da UFF. Foi coorganizadora dos livros *Corpos em projeção: Gênero e sexualidade no cinema latino--americano* (2013) e *Feminino e plural: Mulheres no cinema brasileiro* (2017). Também é organizadora e curadora do Cineclube Quase Catálogo. Atua como roteirista, realizadora e diretora de fotografia.

COLABORADORAS

Adélia Sampaio
Ana Carolina Soares
Anita Rocha da Silveira
Beatriz Vieirah
Luciana Baseggio
Malu Andrade
Yasmin Thayná

NO TEATRO

COM JULIA DE CUNTO

O feminismo no teatro é um corpo político. A crítica e pesquisadora teatral Daniele Avila Small, em seu artigo "O lugar da mulher" para a revista *Questão de Crítica*, afirma que cenas que mexem na estrutura masculina heteronormativa ainda não ocupam suficientemente os palcos do Brasil:

> A mulher só entra na dramaturgia como personagem. Ela é objeto epistemológico, ou seja, é um dos temas do cenário cultural apresentado. Mas nunca sujeito epistemológico. A mulher tem nome, tem corpo; em determinado momento parece ser o mais puro objeto do amor. Mas voz mesmo, isso não tem. Representatividade também não.[1]

Sua peça *Há mais futuro do que passado* procura jogar luz sobre a vida e a obra de importantes artistas latino-americanas. Coincidência ou não, o nome define o atual estágio do feminismo no teatro: mais um prenúncio do que uma situação histórica concreta. Foram citadas na peça artistas como Lygia Clark, a cubana Zilia Sánchez e a colombiana Feliza Bursztyn.

A partir de 2013, parece que o termo "feminismo" desentalou das gargantas da quarta geração de mulheres que defendem a igualdade de gênero. Julia Limp, que é hoje o retrato dessa geração na cena teatral, afirma que o feminismo para ela saiu das coxias em resposta às suas angústias:

156

Foi na escola que fui apresentada à palavra "feminismo". Foi uma palavra que abriu meu vocabulário para lidar com tantas inquietações e tantos problemas que eu ainda não sabia nomear. A linguagem, a palavra, é muito importante. Por isso, acho que é fundamental você se declarar feminista e se posicionar nessa perspectiva. Uma posição de linguagem. Isso dá vocabulário para você enfrentar o mundo. Foi isso que marcou minha descoberta como feminista.

A partir das artistas-quarta-onda, o feminismo toma os palcos de maneira inequívoca.

Acredito que o teatro feminista é o teatro que sacode a inocência do espectador em relação à violência de gênero, ao abuso de gênero, às questões de gênero. Então, é contextual. É uma negociação e é presente.

[Juliana Pamplona, dramaturga e pesquisadora do teatro queer]

Acho que podemos chamar o nosso teatro de acordo com as nossas escolhas políticas: feminista e negro. Na arte, toda escolha é política antes de ser estética, na minha opinião. É importante perceber as particularidades em cada identidade do feminino. Não se trata de inclusão, mas de intersecção: a mulher negra, a mulher lésbica, a mulher trans. Definitivamente, não se trata apenas de exigir pautas básicas de igualdade e sobrevivência, mas pautas muito mais complexas que têm a ver com a identidade feminina, com padrões do feminino, com critérios feministas que já cabem ou englobam o feminino. Já ultrapassamos a ideia de universalidade. E o teatro vem pondo em xeque esse olhar fechado sobre o que significa feminismo.

[Lucelia Sergio Conceição, atriz, diretora e fundadora da Cia. Os Crespos]

A gente entende que o feminismo está na dramaturgia, na direção e também na construção geral de um espetáculo. Hoje, se faz mais questão de ter mais mulheres nas fichas técnicas. A gente considera sim que existe um teatro feminista, como existe uma arte feminista em geral. Às vezes isso pode ser reconhecido por quem assiste, às vezes nem sempre por quem faz, mas, quando você entra em contato com o feminismo, percebe que são peças, espetáculos, que trazem questões sobre ser mulher — porque não existe só um jeito de ser mulher —, as coisas que as mulheres vivem, a luta contra o patriarcado, enfim, todo tipo de colocação que vai contra o machismo.

[Mulheres de Buço, coletivo formado por Beatriz Morgana, Clarice Sauma, Carolina Repetto, Joana Castro, Lilia Wodraschka, Lucia Barros, Manuela Llerena]

A gente vê uma cena muito presente e crescente de mulheres no teatro. Veja, nós sempre existimos, sempre estivemos aí. Mas a impressão que eu tenho é que estamos em um momento de maior união, ocupando simultaneamente os espaços. São muitos os movimentos porque são temas e necessidades que não têm mais para onde escoar. E se somos atrizes, se somos mulheres de teatro, é no teatro que a gente vai se manifestar.

[Mariana Nunes, atriz]

Me perceberam feminista antes de eu me perceber feminista. Foi em 2013, eu realizava um espetáculo chamado *Aos nossos filhos*, com a Maria de Medeiros. Eu fiz a dramaturgia, atuei, e ele é inspirado nas minhas experiências pessoais. Fui casada com uma mulher por dezesseis anos, hoje estamos separadas. E nós tivemos três filhos. Um na minha barriga, um na barriga dela, e uma terceira que a gente adotou. E a partir daí vivemos uma luta, um engajamento para poder conseguir registrar nossos filhos. De alguma forma a militância LGBT se fez necessária na nossa vida. Eu não me considerava militante, eu achava que eu estava só vivendo a minha vida e de repente percebi que precisava me colocar até pelos meus filhos. E, nessa de me colocar, fiz esse espetáculo que aborda os temas das famílias homoafetivas. E a partir daí passou a ser essa questão. O que é ser feminista, o que é esse engajamento. Eu já sabia que era militante LGBT e fui descobrindo que era militante feminista. No fim, percebemos que lutamos pelo direito de existir, de ser quem somos.

[Laura Castro, dramaturga, produtora, atriz e cantora]

Antigamente, eu me definia como uma militante trans. Hoje digo que sou transfeminista, pois nós, travestis e transexuais, estamos lutando por nossos direitos na sociedade. Particularmente, não consigo entender um grupo que precisa lutar para ter direitos iguais querer excluir um outro grupo que está na mesma luta. Não acredito num movimento que luta por direitos sendo transfóbica, mas sei que este é um movimento muito forte. Graças a Cher existem vertentes e — *sorry* as radfem — travestis e transexuais estão cada vez mais tomando consciência do feminismo, essa luta com certeza também é nossa.

[Dandara Vital, atriz]

HEROÍNAS REVISITADAS

O feminismo reinterpreta histórias de mulheres que já subiram nos palcos. Medeia, Ofélia, Nora, Nina. Radiografias históricas do domínio masculino sobre narrativas femininas. Emblemáticas, elas são apropriadas pelas novas dramaturgias feministas para discutir a condição da mulher no século XXI. Isso é denunciado nos trabalhos das novas autoras:

> Olha pra mim! Muda essa história! Para de achar que a gente é um destino, muda essa história. Tem bala aí. E tem gatilho. Tem eu aqui, agonizante, tem meus peitos explodindo. De leite e de dor. Tem você. Mulher como eu. Filha. Tem bala aí. Tem ele que vai chegar. Tem teu braço que você vai levantar e apontar para ele, tem tua mira. Tem essas palavras que eu estou dizendo há horas para vocês e se precisar digo de novo, e de novo, e de novo, muda essa história. Tem bala aí. E tem gatilho também. Mata.
>
> [Medeia, em *Mata teu pai*, de Grace Passô][2]

Grace Passô, ao escrever *Mata teu pai*, não só permite a compreensão cabal de uma tragédia grega, mas abre as portas para uma interpretação inteiramente nova da mulher transgressora. É a hermenêutica da subversão.

Medeia criou os precedentes do filicídio por retaliação, inaugurando o papel da homicida histérica e vingativa não só no teatro, mas nos estudos do comportamento humano. A releitura de Passô, escrita especialmente para a atriz Debora Lamm, é um enfrentamento do presente. Medeia é protagonista da crise migratória, junto com cubanas, haitianas, sírias, judias e paulistas. "Terra da gente é terra da gente. Na minha, por exemplo, tratariam essa febre de outra forma." É uma lembrança de que, nos momentos de maiores crises e rupturas, é preciso visitar o passado.

Afastando-se da tradição brasileira do drama patriarcal, *Mata teu pai* funciona como uma reinvenção dramatúrgica das redes familiares. O coro de senhoras da Gamboa que acompanha Medeia humaniza a heroína grega.

Reivindicada por Passô, Medeia, apesar de seu comportamento escandaloso, mostra que nenhuma história é insofismável.

Grace Passô conhece os caprichos das palavras e as conduz por terrenos intransitáveis:

> Este é o ato mais maternal que eu posso dar a este mundo lamacento, vendido, injusto, capitalista, militar, patriarcal. Este é o ato mais maternal que posso dar a este mundo, minhas filhas, ser.
> Uma.
> Indomável.
> Mulher.
>
> [Medeia, em *Mata teu pai*]

Nora, protagonista da *Casa de bonecas*, de Henrik Ibsen, também rompe com o destino feminino da maternidade. Escrita em 1878, a peça apresenta traços do debate sobre a emancipação feminina e faz uma crítica aos padrões burgueses vigentes no século XIX, sobretudo no que diz respeito ao papel de submissão da mulher.

Quando se dá conta de que vive em uma casa de brinquedo e que, passiva aos próprios desejos, atuou como uma boneca, Nora vai embora. Bate a porta, deixando para trás os filhos e toda a vida que conhecia. Seu final nunca foi suficiente para Diana Herzog, que buscou histórias que poderiam ser de novas "Noras":

> Fizemos uma série de entrevistas, então percebi como isso é maluco. Como eu [poderia] comparar uma personagem que bate a porta e a peça acaba aí com uma mulher que transgride e continua vivendo? [...] Então fomos por outro caminho. Decidi que era mais interessante ouvir mulheres antes de qualquer coisa, antes de definir quem eram Noras. Ouvir mulheres já é uma transgressão.
>
> [Diana Herzog, atriz e pesquisadora]

Assim como Ibsen, Anton Tchékhov não escapou da reinterpretação feminista de sua criação. *Variações Nina* é um experimento de um grupo de jovens atrizes que se valem dos versos de *A gaivota* para procurar seu lugar no mundo. Dirigida por Cristina Flores, a trupe de treze meninas se desdobra na metamorfose de serem Nina e serem elas mesmas, na busca de se consolidar como atrizes sob as mais diversas formas de opressão.

O texto de construção coletiva é uma viagem metalinguística na iconografia mais poética da mulher no teatro. A narrativa é um bordado dos textos que cada atriz escreveu para si, tecendo uma sinfonia bela e potente. Vozes dissonantes que se encontram na arte, na poesia e no desejo. Compõe a trama uma peça de teatro escrita por uma nova Nina, que decide deixar de ser a atriz musa de um jovem autor e passa a atuar seus próprios textos.

Peça para viver, de autoria de Joana Caetano, é o espetáculo dentro do espetáculo sem nenhuma obviedade, como ela própria define:

> Eu respiro fundo e me pergunto como seremos tão humano--atravessados no teatro. Como seremos tão humano-atravessados no teatro? E fazer Da lí qui todos os lugares habitados no único momento (eu mesma, o Vale do Matutu, o carro do Ro e o túnel do porta-malas ou do carona, esse jardim, a jabuticabeira, essa mangueira que sempre solta da torneira, meu dedo que às vezes treme, os olhares das pessoas que cruzo por aí numa invasão, meu medo de não conseguir dar *play* no áudio em tempo pra cena, a escadaria e os turistas, a escadaria e os moradores da escadaria, as ruas nas Laranjeiras, minha varanda, a cidade do alto, de Santa Teresa, o chão perto da janela na casa da Pri, o topo do topo das folhas), já habito esses espaços e mais outros e, às vezes, esses e o travesseiro de quartos me habitam mais que eu neles. De forma. Notável. Como a gente faz essa cena? Você acha que isso é

toda cena? Não é possível que seja. Intuí a partitura do meu corpo no momento em que escrevia, fui tentando notar de fora os movimentos orgânicos, mas já nem sei mais se é isso.

Esclarecidas as devidas anacronias, se as peças de Shakespeare são o retrato de uma época, *Variações Nina* ressignifica o papel da mulher.

REPÓRTER: Estamos AO VIVO diretamente do jardim de *Variações Nina* com uma notícia urgente que abalou a tarde de hoje: foi uma MULHER que descobriu o teatro e não um HOMEM! Vamos falar agora com a testemunha que presenciou esse fato.

TESTEMUNHA: Eu estava grávida e sabia que o corpo que desenvolvia dentro de mim era uma parte minha também. A prova concreta disso é que, quando aquele pequeno corpo nasceu, ele queria incessantemente retornar, juntar o pequeno corpo ao grande corpo, sugar o seio para recriar o cordão umbilical. Mas o tempo passou e o meu pequeno EU começou a ter vontade própria e eu fui obrigada a aceitar que aquele corpo era também uma outra pessoa com seus próprios desejos e vontades. Esse reconhecimento me obrigou a olhar pra mim mesma. E foi aí que se deu a descoberta do teatro! Eu comecei a me ver no outro. Eu era ao mesmo tempo atriz e espectadora. Eu agia e me observava. Era duas pessoas em uma só.

CORRESPONDENTE: Positivo, Marcela! Impressionante! Então foi uma mulher que descobriu o teatro. Você teria mais informações para a gente sobre isso ao vivo do nosso helicóptero dos jardins?

REPÓRTER: Exatamente, Joana! Sim, temos mais uma informação. Na verdade, Shakespeare foi um babaca! Ele se recusou a dar emprego às atrizes de sua época. As mulheres que queriam interpretar o papel de Julieta, Lady Macbeth e Ofélia foram recusadas por Shakespeare. É com você, Joana.

CORRESPONDENTE: Muito obrigada, Marcela. Vocês ficam com essa: Skakespeare foi um idiota!

[*Variações Nina*, de Cristina Flores]

A INSURREIÇÃO DO CORPO

A diretora de *Variações Nina*, Cristina Flores, também presta uma homenagem a uma heroína contemporânea que contribuiu de maneira decisiva para as discussões de gênero no Brasil. Flores interpreta Lygia Clark na peça *Cosmocartas*, que trata da relação da artista plástica com seu par, Hélio Oiticica. Surgiram, daí, diversas investigações do corpo como objeto artístico. A "fantasmática do corpo" é como uma energia que emana da interação entre as pessoas. Cristina Flores criou a ideia da "fantasmática do peito", subvertendo o conceito de Lygia, agora moldada pela militância feminista e defendendo o direito de exibir os seios em espaços públicos. Mais tarde, Cristina Flores cria, com a mesma preocupação, a performance *Mamilo broche de mamilo*.

Espetáculo-desfile-show, um híbrido em consonância com a cena pós-dramática, uma experiência de libertação do torso feminino através da arte, através do humor, através da consciência histórica e da compreensão de que essa mesma luta foi travada há décadas por homens que também costumavam ser impedidos de circular sem blusa livremente. Foi necessário uma articulação política e estética e, só muitos suspensórios depois, *voilà*. Você sabia que foram os suspensórios que marcaram a virada? No início, antes da liberação de seus torsos, os homens saíam vestidos só de suspensórios para terem tampados seus mamilos, outrora também muito criminosos. A questão que fica, a mais misteriosa, é que você sabe que não existe diferença entre o mamilo feminino e o mamilo masculino? Logo, aos pragmáticos e bons pagadores de impostos de ambos os gêneros, só nos resta ansiar pela democracia de direitos e deveres no uso comum da cidade, e a saída é pelo mamilo! Esse é um furo no sistema, na real são dois furos para cada.

[Cristina Flores]

A performance *Mamilo broche de mamilo* consiste no mais simples ajuste de alfaiataria. Duas bifurcações na altura do seio, expondo o bico. *Voilà*, o mamilo é agora um broche, um adorno. Sua experiência começou com o torso do He-Man, um adereço carnavalesco. Virou uma heroína travestida na luta contra o pudor paternalista. Nas ruas, teve gente que nem notou, e quem percebeu e riu, nenhum mal-estar. Mas o Facebook foi impiedoso. Depois de repetidas suspensões, a rede baniu a usuária por estar em desacordo com as políticas de uso do site com relação à pornografia.

Para Cristina Flores, o *Mamilo broche de mamilo* é a inversão consciente da exibição do torso feminino:

Um corpo não pode ser resumido ao serviço que presta. Mamilos não são só de chupar. O corpo da mulher não é só para servir, deveria poder existir em silêncio fora dos desejos. Essa situação do mamilo broche, esse torso nu da mulher recuperado, eu acho que é o prenúncio de uma época de maior respeito com os direitos da mulher em última análise. Esse corpo que não quer nada, como o masculino que tira a blusa porque sim.

[Cristina Flores]

A delicadeza brutal de um corpo de mulher ocupado por uma voz: já parou para pensar no barulho que isso causa? Diana

Herzog, idealizadora da peça *Nora* e também personagem da epopeia teatral deste livro, explica uma das premissas na elaboração de seu espetáculo:

A construção da voz, de pensar a voz como linguagem e como pesquisa, foi também um guia. Foi isso que eu pesquisei com elas: voz. Porque as mulheres não têm voz historicamente.

Comecei a olhar toda a minha criação. Comecei a questionar quem eu era, quais eram os meus gostos, por que eu vestia aquelas roupas, as cores. Comecei a repensar tudo do meu olhar. Me escondi por muitos anos na figura de boa moça, de mulher para casar, de ser respeitada. Coisas absurdas que hoje eu vejo como me oprimiram, mas eu nunca percebi. Eu sou atriz, então eu sempre consegui botar a voz dos outros, mas eu só consegui botar a minha voz com 35 anos, em 2015. Eu tenho esse projeto desde 2007, eu levei quase dez anos para conseguir botar a minha voz no mundo.

Grace Passô travou uma batalha contra as formas veladas de opressão em sua peça *Vaga carne*. "Ocupe o corpo dessa mulher com palavras", dizia a personagem, entre espasmos. Sua interpretação causa tanto espanto que o jornalista Luiz Felipe Reis, em uma crítica para o jornal *O Globo*, pergunta: "O que se passa com Grace Passô? Dentro da sua cabeça, do seu corpo?".

Me interessava, em um primeiro momento, criar uma situação em que o que se fala e como se age fossem vertiginosamente diferentes. O cenário da peça é um corpo de mulher e o personagem da peça é uma voz, uma voz que, enfim, ela consegue invadir, mergulhar, vivenciar e experimentar qualquer matéria humana e não humana por dentro. Existe uma trajetória dessa voz que ao invadir esse corpo de mulher começa a narrar esse corpo enquanto matéria, enquanto coisa, na sua concretude. Os seus órgãos, o que se passa ali dentro. Mas ao longo dessa trajetória essa voz passa a narrar o corpo enquanto construção social. O que esse corpo deseja, como ele deseja ser visto, como ele lida com o julgamento do olhar do outro, ele vai entendendo a dimensão da existência e o que significa ser mulher enquanto construção social.

[Grace Passô][3]

Grace Passô condensou ali grandiosas questões sobre gênero e raça. Para isso, simplificou ao máximo as coisas: para o cenário, um corpo de mulher; para a personagem, uma voz. Um projeto engenhoso.

Passô parece querer desvendar algo. A cena pede que a plateia ocupe o corpo de mulher com palavras. A experiência é especialmente gratificante, pois reage de forma completamente inesperada às palavras que são despejadas e cria um movimento ágil, que funciona em contraponto ao ritmo habitual de pensamento, pesado, intenso.

Tenho pensado até que ponto a figura "corpo de mulher" não se conecta à ideia do corpo público, e em que medida a esfera subjetiva dessa figura consegue negociar com o ato de colocar-se em evidência como representação de si mesma na realidade. E em quais rastros o texto pode se calcar para que o espectador se entenda também como um corpo público. Intuo que a ideia do corpo performático, paisagem que está ali a ser atravessada, seja o umbral por onde essa dramaturgia se conecta com a noção de representação. Mais que um nome, "um corpo de mulher" é a definição de "espaço em vida".

[Grace Passô]

Passô atesta toda a vitalidade do teatro feminista quando leva o cotidiano ao absurdo para criar uma situação sensata, em uma iconografia poética da relação da mulher com o corpo. Sua dramaturgia rompe com o dualismo da matéria. Seria insuficiente dizer que Grace Passô é uma grande atriz, uma dramaturga ainda maior. Ela sintetiza o que o feminismo procura explicar há anos, quando consegue ser o amálgama entre o corpo de mulher e sua voz.

O corpo feminino, sobretudo, é entendido como impeditivo ao domínio da razão, provocador de fraqueza e irracionalidade. Quando perde sua função naturalista, ligada à reprodução, maternidade, ao trabalho doméstico, por exemplo, o corpo na sociedade capitalista aparece como um objeto relacional. Isso é um processo histórico cujas consequências podem ser facilmente observadas nas manifestações contrárias à arte que envolve nudez.

A dramaturga e atriz Carolina Bianchi tem o sexo e o corpo como seus objetos de pesquisa. Em uma de suas obras mais marcantes, o espetáculo *Mata-me de prazer*, ela incorpora uma estudiosa do fantástico caso de um país que, após sofrer catástrofes naturais, separa-se do seu continente. Nessa ilha, por motivos misteriosos, os habitantes se tornam praticantes exaustivos de relações sexuais durante o que conhecemos como expediente comercial ou horário de trabalho. A estimativa da duração de atividades era de oito a doze horas por dia. Os novos hábitos transformam seres humanos em bestas animais. Simultaneamente, os humanoides motivados pelo contato profundo entre os corpos aprendem a se comunicar por telepatia.

A peça fala mais sobre estar presente e o corpo político do que propriamente sobre o sexo. Ela procura desenvolver dispositivos em que as relações sexuais não sejam encenadas, mas sim transformadas em metáforas no discurso corporal:

Sempre tive interesse por obras eróticas e por pornografia. Pensei também que era o momento da minha vida — estava fazendo trinta anos na época — e era um momento em que o sexo estava muito forte nas minhas percepções de mundo. Eu tive a ideia de fazer um trabalho que fosse sobre isso [...], um texto mais descritivo. Eu estava lendo *As mil e uma noites* também, muito influenciada por essa coisa da palavra enquanto possibilidade de sexo. A partir daí, fui entendendo o quanto o sexo é uma coisa que não faz muito sentido em ser representada na cena. Eu tive que entender que práticas eu ia usar e como eu ia falar e fazê-lo acontecer nessa cena, sem necessariamente representá-lo. Porque o sexo é. Você vai transar ou não.

[Carolina Bianchi]

No Rio de Janeiro, o grupo Teatro de Afeto também propõe novas representações do sexo em cena. A peça *Pineal — Ritual cênico* reúne tramas que envolvem desejos sexuais, elos afetivos e papéis de gênero com os diferenciais de poder que atravessam todas essas inter-relações:

O nu é um dos elementos de libertação na cena. [...] O corpo nu em geral é um tabu, é um elemento que vem sendo usado muito pela arte contemporânea a fim de deserotizar o corpo ou tratar do erotismo com outras nuances. Uma mulher nua é um corpo que, quando observado, evoca uma série de imaginários que o cercam e o condenam, principalmente quando foge de um padrão tido como "desejável". Logo, a sua presença nos palcos nos confronta com esses conceitos preestabelecidos.

[Tainá Medina, atriz de *Pineal — Ritual cênico*]

NOVAS RUPTURAS

Juliana Pamplona afirma que não se deve apenas introduzir o gênero como tema, mas como mudança estrutural na forma de fazer arte. Não são somente mulheres contando suas histórias, são as histórias ocupando espaço e transformando a realidade.

O teatro é um dispositivo de troca [...]. Se você está falando de um feminismo interseccional, mas se isso não está materialmente nos corpos, não há uma mudança estrutural. Eu acho que, de alguma maneira, [se] você faz o teatro e mantém a forma e você só aplica o tema, está ainda sublinhando uma forma conservadora. Que vem de uma cultura burguesa, tem gênero, tem classe, tem raça. A gente herda formas de dizer, a gente não foge disso. Acho que o queer é uma negociação, é o que desvia da norma. São tentativas, práticas, modos de existência que não são validadas pela norma.

Em *Pineal — Ritual cênico*, a ruptura se dá em torno de diversas construções simbólicas. As atrizes abandonam as personagens em vários momentos. Chegam a fazer declarações para amigos e parentes na plateia — momento que se estende, inclusive, aos espectadores, que são incentivados a se declarar como quiserem. Para um observador mais tradicional, pode parecer uma paganização do palco. Mas, passadas as primeiras impressões, a mensagem torna-se clara: se antes o palco era sagrado, agora é político. É relacional, presente e indissociável das pessoas que o ocupam.

O teatro acompanha os movimentos do mundo, precisa acompanhar. Tenho visto um número cada vez maior de grupos falando sobre isso de forma clara, dizendo o que pensa. E fazendo ainda um trabalho conjunto com a internet. O que eu acho mais bacana nos tempos de hoje é que a atriz e o ator se colocam. Então, ao mesmo tempo que você os vê no palco, falando sobre o que importa para eles, sobre o que acreditam, você pode acompanhá-los em outros lugares. É a verdade, não é a tal da verdade cênica.

[Luellem de Castro, atriz de *Pineal — Ritual cênico*]

Protagonizado pelo coletivo As Minas e dirigido por Brunna Napoleão, *Eu (quase) morri afogada várias vezes* descortina a sociedade masculina heteronormativa, que submerge mulheres a diversas formas de violências explícitas e simbólicas. Abuso infantil, violência doméstica, suicídio, gordofobia, "embranquecimento". Histórias de meninas e mulheres mais comuns do que se imagina.

Na ficha técnica, há mulheres em sua maioria, sobretudo nos cargos criativos. Para a pesquisa, só autoras mulheres. Na trilha sonora, o desafio foi encontrar músicas compostas por mulheres que dialogassem com a cena. Para resolver a questão, quatro letristas embalaram a peça com novos versos.

> Que lugar é esse que a gente se encontra? Desse ser mulher que a gente não fala, mas que a gente se sente mais confortável, se reconhece mais trabalhando com mulheres? Porque a gente trabalha pouco com mulheres. É outra forma de dirigir, é outra forma de cuidado com o trabalho. Essa forma de conectar faz parte do ser mulher.
>
> [Brunna Napoleão]

A atriz trans Renata Carvalho atua como a síntese da ruptura e da iconoclastia que o teatro feminista propõe aos palcos ao interpretar Jesus Cristo. A interseccionalidade também vem na contramão dos hábitos teatrais mais tradicionais de representação binária de mulheres e homens, dando uma dimensão catártica às discussões sobre gênero e sexualidade nos palcos. Enredos que envolvem de maneira digna e responsável personagens trans, sobretudo quando interpretadas por pessoas trans, dão pluralidade para que o teatro feminista possa existir.

Quando o juiz Luiz Antonio de Campos Júnior, da 1ª Vara Cível de Jundiaí, concedeu uma liminar que resultou no cancelamento da apresentação da peça *O Evangelho segundo Jesus, Rainha do Céu*, a diretora do espetáculo, Natalia Mallo, postou em seu Facebook: "Convido você, que está lendo isto, a escrever no Google 'travesti assassinada em (preencher com qualquer cidade do Brasil)'. O resultado vai ser sempre devastador, brutal e alarmante". De fato, é importante lembrar que o Brasil é o país que mais mata travestis no mundo, segundo o Grupo Gay da Bahia.[4]

O parecer do juiz dizia que a peça era de "indiscutível mau gosto" e "desrespeitosa ao extremo", afirmando que "se permitindo uma peça em que este homem sagrado [Jesus] seja encenado como um travesti, a toda evidência, caracteriza-se ofensa a um sem-número de pessoas". A liminar vai de encontro com todas as formas de violência que o espetáculo sofreu desde sua estreia, deslegitimando a interpretação de Jesus apenas pelo fato de a atriz ser *uma* travesti.

> Afirmar que a travestilidade da atriz representa em si uma afronta à fé cristã ou concluir, antes de assistir ao trabalho, que é um insulto à imagem de Jesus é, do nosso ponto de vista, negar a diversidade da experiência humana, criando categorias nas quais algumas experiências são válidas e outras não, algumas vidas têm valor e outras não. São os discursos e as práticas que tornam o Brasil um país extremamente desigual e um território inóspito para quem vive fora da normatividade branca, cisgênera e heterossexual. [...]
>
> Mais importante [...] é o fato de a peça ter se tornado dispositivo de debate sobre temas sociais urgentes, graças à sua capacidade de questionar mecanismos de opressão estruturais e institucionalizados.
>
> [...] Censurar um espetáculo em nome dos bons costumes, da fé e da família brasileira parece ser, para alguns fariseus, mais importante e prioritário do que olhar para a sociedade e tentar fazer alguma contribuição concreta para mudar o quadro de violência em que estamos todas e todos soterrados.

O espetáculo, escrito por Jo Clifford, busca resgatar a essência do que seria a mensagem de Jesus: afirmação da vida, tolerância, perdão, amor ao próximo. Para tanto, Jesus encarna em uma travesti, na identidade mais estigmatizada e marginalizada da nossa sociedade. A mensagem é de amor. Mas é também queer e provocadora. Não é comportada nem se deixa assimilar. [...] A Rainha Jesus contesta a tutela sobre os corpos, o patriarcado e o capitalismo. E abençoa a todos e todas por igual.

[Natalia Mallo]

O fato é que o boicote da ala mais conservadora da sociedade é a melhor propaganda que o teatro queer pode receber. Hoje, a peça é uma das maiores referências no debate sobre cultura LGBTQI e é uma resistência à onda de censura que começou depois do caso Queermuseu. Inaugurada em agosto de 2017, no espaço Santander Cultural, em Porto Alegre, ela foi fechada um mês depois sob acusações de vilipêndio religioso por grupos políticos conservadores.

A repercussão e esse ódio em cima de corpos trans eu já conheço e não é de hoje. Somos uma sociedade corporificada, e os corpos trans são um dos mais abjetos. Precisamos desmistificar, quebrar lendas e estereótipos em cima desse corpo trans que não é nem privado. Acabar com a sexualização e o fetiche desses corpos, dando-lhes humanidade e, com isso, normalizando nossas presenças. [...]

A ressignificação e hermenêutica que a Jo Clifford faz quando escreve esse texto, como uma travesti, compreendo perfeitamente. Jesus, se voltasse, acredito que seria uma trans preta, gorda e favelada e com certeza seria "crucificado" novamente, por toda a exclusão que você sofre apenas pelo fato de você ser quem é.

[Renata Carvalho]

Outra peça que merece atenção é *Dandara através do espelho*, emblemática não só em seu conteúdo, mas também em sua execução: o teatro documental, com projeções, com autobiografia:

> Quando comecei meu processo de transição, entre 2004 e 2005, sofri muito com conflitos familiares, demissão do trabalho, dificuldade de reinserção no mercado formal. Sofri com a solidão, por me prostituir. E tudo isso eu escrevia em um blog, que tinha muitas visitas diariamente. As pessoas liam minhas histórias com tanto carinho, conversavam comigo, era como uma terapia. E quando eu tive essa percepção sobre a arte, pensei em juntar as coisas que eu escrevia no meu blog com meus trabalhos artísticos. [...]
>
> Na peça eu falo muito dos meus pais, que foi uma história pesada, e ali contamos da forma como eu via na época da minha transição. Se eu tivesse que contar hoje, com certeza ia suavizar as coisas. Às vezes a luz da peça é uma proteção, porque parece que estou olhando diretamente para a plateia, mas não estou conseguindo enxergar nada. Quando eu escrevia, tinha a proteção de as pessoas apenas lerem, mas estar ali, cara a cara com uma plateia, falando das minhas próprias experiências, coisas que me machucaram muito, ou até coisas que eu fiz de errado, não é fácil, então vou buscando estratégias, como a luz forte na minha cara.

[Dandara Vital]

SE JUNTAS JÁ CAUSAM

Grupos formados por artistas negras engajadas se destacam na cena teatral, como os Crespos e as Capulanas. Em suas dramaturgias, os coletivos não só enfatizam as opressões de gênero, potencializadas pelo viés racial, mas ainda introduzem temas como o sagrado feminino ancestral, de modo a enfrentar o silenciamento das mulheres negras. Com elementos afrodiaspóricos — oralidade, musicalidade e corporeidade feminina negra —, elas trabalham com as identidades, as afetividades e subjetividades de mulheres negras.

Eu trabalho com teatro negro, antes de um teatro feminista. Não que o primeiro seja mais importante, mas é essa a definição do teatro que faço, porque aborda diversos aspectos do ser negro. E ser uma mulher negra é ser o aferidor social, não só no Brasil. O que isso significa? Significa ter pautas feministas muito diferentes das ditas universais. A realidade das mulheres negras é muito diferente da das mulheres brancas, nesse país. Meu trabalho busca evidenciar essas particularidades e representar histórias silenciadas, no intuito de nos reconhecermos e nos entendermos. Entender que as nossas escolhas fazem parte do presente e que temos direitos para além das definições estatísticas. Trata-se também de lutar por nossa saúde emocional e pela construção de uma imagem sobre nós mesmas que revele outros padrões, outras possibilidades. Trata-se de falar de uma identidade múltipla e do direito à arte e à reflexão.

[Lucelia Sergio Conceição]

O grupo surgiu em 2007 de um encontro de quatro jovens negras com desejo de ter voz artística e política. Não queríamos ser coadjuvantes na vida. O protagonismo era nosso objetivo. A partir desses anseios, nos nomeamos Capulanas Cia. de Arte Negra, um grupo que se propõe a encenar narrativas de mulheres negras.

Estamos em uma perspectiva interseccional, um teatro que discute raça, gênero e classe, tal como o feminismo negro. Entendemos que não há possibilidade de isolarmos esses marcadores sociais, pois, enquanto mulheres negras e periféricas, temos experiências singulares. Nossa cena teatral tem sido um espaço construído sobre esse diâmetro.

Ter corpos negros e femininos em cena, iluminados, se movimentando e falando em liberdade já é discutir na base questões de igualdade de gênero e raça, pois estamos transgredindo, desobedecendo o que foi desenhado para nós como o papel da mulher negra, que é de subserviência. Para além disso, nossa dramaturgia e encenação traz questionamentos, apontamentos e anunciações que propõem novas maneiras de o mundo olhar para o nosso feminino negro. Seja a partir da identificação ou da alteridade. [...]

[Capulanas Cia. de Arte Negra]

Outro caso interessante é o trabalho de Mariana Nunes, uma das idealizadoras do *Cenas afora — Solos femininos*, espetáculo teatral itinerante do Rio de Janeiro, cuja performance é a criação de uma sinfonia de vozes femininas representadas pelo seu corpo. O projeto reúne solos protagonizados por mulheres cis e transexuais ativistas da quarta onda, com o objetivo de dar voz a mulheres tão diferentes entre si:

Para a construção dramatúrgica da minha performance, eu converso com mulheres negras sobre suas invisibilidades e gravo as respostas. Depois, edito essas vozes e construo o texto a partir do que ouço dessas pessoas. Então, o texto que digo é as vozes dessas pessoas no meu fone de ouvido, e reproduzo simultaneamente à escuta. Eu converso com pessoas do lugar onde estou apresentando. Sempre pessoas negras falando sobre suas invisibilidades. É maravilhoso poder retornar ao lugar de onde essas vozes saíram com o meu solo. É muito bonito apresentar para as pessoas que me contaram suas histórias e elas verem ali seus discursos recolocados e associados a outras vozes que falaram coisas parecidas ou coisas opostas.

Essa ideia de ouvir outras pessoas veio justamente de uma tentativa de intercessão com as minhas experiências. Por isso, eu tive vontade de conversar com outras mulheres também negras. E é impressionante como muitas vezes o discurso esbarra nas mesmas questões. Quando eu converso com elas, sinto muito forte a pluralidade dessas vozes no meu trabalho. Eu sou uma só, falando vozes de diversas mulheres. É como se elas estivessem ali no palco junto comigo, mas a figura que se vê é de uma só mulher negra sendo porta-voz de diversas vozes.

[Mariana Nunes]

Há uma poética desse fazer teatral que desmistifica o lugar que é dado à mulher na organização social. Todos os trabalhos presentes neste capítulo, ligados às várias vertentes do feminismo, colocam em cena um teatro essencialmente polissêmico, cujas possibilidades e perspectivas são inesgotáveis.

É impossível ficar imune às provocações incendiárias das diretoras, atrizes, produtoras e dramaturgas do novo teatro feminista, realizado por e para mulheres que não se desculpam por serem quem são. Um teatro que surgiu há pouco tempo e já ganhou, pela sua energia inconformista e iconoclasta, presença definitiva na cena teatral contemporânea.

Julia de Cunto, nascida em 1996, em Londrina, no Paraná, é jornalista, formada pela Universidade Federal do Rio de Janeiro (UFRJ), e pesquisadora de política e cultura no âmbito da comunicação. Seus estudos flertam com a antropologia, privilegiando a etnografia, o testemunho e a memória.

COLABORADORAS

Brunna Napoleão
Capulanas Cia. de Arte Negra
Carolina Bianchi
Cristina Flores
Dandara Vital
Diana Herzog
Julia Limp
Juliana Pamplona
Laura Castro
Lucelia Sergio Conceição
Luellem de Castro
Mariana Nunes
Mulheres de Buço
Natalia Mallo
Renata Carvalho
Tainá Medina

NA MÚSICA

**COM JULIA DE CUNTO
E MARIA BOGADO**

Minha música é o jeito que encontrei para sustentar em mim a força desse feminino e, ao mesmo tempo, provocar um novo imaginário e novas potências para corpos feminilizados.

Linn da Quebrada

Para reconhecer as múltiplas expressões do feminismo na música hoje, não basta observar as palavras que as mulheres escrevem e cantam. A combatividade das mulheres se inscreve tanto na corporeidade quanto na disputa pela criação de sonoridades singulares. Mais do que suportes para a materialização das composições, todas as técnicas utilizadas, a escolha dos instrumentos, os timbres, o uso da voz, o modo de produção e, principalmente, o corpo são reconhecidos como campo político e de invenção.

Formada por Paula Rebellato, Carla Boregas e Nathalia Viccari, o trio Rakta é um ponto de partida oportuno para abrir este capítulo. A hesitação das integrantes da banda pós-punk em serem constantemente referidas enquanto uma "banda de mulheres" e identificarem o seu trabalho diretamente com o termo "feminista" revela uma bifurcação clara. Enquanto algumas tematizam o feminismo de modo declarado e objetivo, outras deixam a luta feminista emergir de outras maneiras. Em entrevista conjunta, as integrantes do Rakta comentam a manifestação do feminismo no seu trabalho: "Acredito que [o feminismo aparece] tanto na forma sutil quanto na consistente, seja através dos sons, das letras, dos sentimentos e, principalmente, daquilo que inevitavelmente somos. O que fazemos já é um ato que contesta por si só. A presença da energia feminina é muito forte".[1]

Como exemplo dessa contaminação inevitável do olhar feminista no processo da construção poética, temos uma de suas músicas mais emblemáticas, "Filhas do fogo". De acordo com Paula Rabellato: "A Carla veio com essa ideia [da música]. Uma amiga dela passou por uma situação pesada de aborto e foi uma coisa que afetou muito. Isso foi um grande peso na música, foi muito forte. Fora os processos individuais que cada uma estava passando e sempre está. Consigo identificar essa 'dor' que a gente fala em muitos lugares".[2]

Na letra, embora o direito ao aborto não seja reivindicado de modo explícito, a experiência da dor e a possibilidade de identificação e a solidariedade entre mulheres se manifesta:

> A cada passo que nós damos
> Um caminho entre nós
> Filhas do fogo
> A minha dor, a sua dor
> Eu senti sua dor

Ainda que a postura do Rakta seja abertamente feminista, é interessante notar como há abordagens mais diretas — o que não significa que sejam mais ou menos contundentes ou combativas — em diferentes vertentes da música neste momento. É o caso da assertividade presente nas letras e nas performances da rapper Karol Conka e da funkeira MC Carol, que têm uma canção lançada em parceria intitulada inequivocamente "100% feminista". Larissa Luz, Karina Buhr, o grupo Charlotte Matou um Cara, entre outros, têm despontado nos palcos com palavras afiadas, propondo um vocabulário feminista que rapidamente é apropriado pela fala popular.

Luana Hansen é uma das que abriu caminhos ao pautar diretamente o feminismo no cenário do rap. Em 2012, a artista chegou a produzir uma canção cujo clipe foi lançado pelo grupo ativista Católicas pelo Direito de Decidir. Com Elisa Gargiulo, uma das pioneiras do punk rock feminista brasileiro, Luana compôs "Ventre livre de fato", no qual argumenta pelo direito ao aborto:

> *Inseguro, feito de uma forma clandestina*
> *Acorda brasil o nome disso é chacina*
> [...]
>
> *Direito imediato, revolução de fato*
> *Protesto na batida, ventre livre de fato*
>
> *"Lutar pela legalização do aborto*
> *é lutar pela saúde da mulher"*
>
> *"Direito ao próprio corpo, legalizar o aborto"*

No artigo "Arte de mulher", Luana Hansen diz que percebeu a necessidade de pautar o feminismo no rap:

Quando eu comecei a gravar "Ventre livre de fato", isso seis anos atrás, não tinha essa vertente de rap feminista como tem hoje. Existia uma galera que cantava punk rock. Quando eu percebi isso, vi esse cenário, eu senti falta de me ver. E, aí, eu fui começando a perceber o quanto era importante quando eu falava no palco: "Eu sou mulher preta, periférica, sapatão", e as pretas sapatãs: "Nossa, caramba, mana, alguém falou isso. Que lindo!".[3]

Assim como Luana, a cantora Karina Buhr, em seu disco *Selvática*, de 2015, passou a fincar o feminismo em sua música de modo transparente. É o que aparece na canção que dá nome ao álbum:

> *não ferirás nenhum corpo por ser feminino*
> *com faca, ou murro, ou graveto*

MC Carol também começou a apresentar o feminismo em seu vocabulário em 2015, ano da explosão da quarta onda no Brasil:

> Eu descobri a palavra "feminista" ano passado [em 2015]. Eu não sabia que existia uma palavra para algo que eu já era. Eu nasci feminista. Quando meu marido me conheceu, eu já era uma mulher muito forte e eu sempre fui uma criança muito forte também.[4]

Suas letras anteriores não a deixam mentir. Com sagacidade e humor, o feminismo já ditava desde o início o tom de MC Carol. A funkeira, que na infância recebeu o apelido de "Bandida" pelo jeitão bravo, afirma que seu funk é "de putaria", com a diferença de "estar levando para o cômico". O humor é uma estratégia de subversão do registro da "putaria", em geral calcada nos desejos masculinos. Abaixo, um trecho da música "Meu namorado é mó otário":

> *Meu namorado é mó otário*
> *Ele lava minhas calcinha*
> *Se ele fica cheio de marra*
> *Eu mando ele pra cozinha*

Sua parceira, Karol Conka, entoa versos indiscutivelmente feministas, como demonstra o trecho abaixo, de "Tô na luta":

Eu tô na luta, sou mulher
Posso ser o que eu quiser

Karol, no entanto, também relata em entrevistas que o tema só passou a ser um projeto declarado com o decorrer do trabalho e a explosão recente dos debates feministas: "Depois de muitas fãs comentarem que eu era feminista, que minhas letras falavam do feminismo de alguma forma, eu fui atrás para saber o que era e percebi que eu já era tudo aquilo que estava lendo. Estamos passando por um momento de reeducação social muito importante".[5]

Essa parceria é um caso especial, uma vez que revelam que o modo como as mulheres tematizam o feminismo, de modo declarado ou não, é uma linha tênue. A multifacetada cantora e compositora Tássia Reis acrescenta um elemento importante: a artista — cuja trajetória começou com a poesia, desembocou em pesquisas com moda e só depois se consagrou na cena do rap — assume o feminismo em todas as suas ações cotidianas. Entretanto, ao falar sobre o feminismo em seu trabalho, ela destaca a responsabilidade do ouvinte na recepção das mensagens.

O meu posicionamento político é de uma feminista negra interseccional que acredita e entende que as opressões de classe, raça e gênero juntas afetam as pessoas de formas cruéis. Não tenho como ignorar isso e não colocar na minha música, na qual reflito sobre a vida. Mas não gosto de dizer que fiz um disco feminista, prefiro deixar para as pessoas falarem isso.[6]

A escolha deliberada de artistas com procedimentos e estéticas tão diversas, como as parceiras MC Carol e Karol Conka, Luana Hansen, Tássia Reis ou Rakta dá mostras da pluralidade instigante das expressões femininas atuais e de como contribuem de modos distintos para elaborações feministas. Portanto, em vez de definir qualquer rótulo que possa unificar a produção das mulheres hoje, resta a hesitação da compositora-performer Marcela Lucatelli. Haveria, afinal, música de mulher?

> É certo que existe ainda, eu arriscaria dizer que praticamente no mundo todo, uma omissão um tanto generalizada no que se refere à exposição de trabalhos sonoros de mulheres, o que faz muitas vezes com que esses trabalhos pareçam, inicialmente, aos ouvidos mais desavisados (isto é, todos), [ter] uma certa bruteza, por serem muitas vezes menos influenciados por trocas simbólicas com a tradição musical macho-branco-europeia do que o músico usual (outros machos... outros brancos... outros europeus e seus descendentes...). Esses trabalhos são consequentemente discriminados como estranhos, desconfortáveis, sendo muitas vezes apontados como muito íntimos, pessoais demais, ou ainda possivelmente primitivos, subdesenvolvidos... ou simplesmente ruins.[7]

A trajetória de deslocamento das mulheres que passam a integrar o campo da música depois de terem pesquisado outras formas de expressão, como artes visuais, performance ou poesia, dá testemunho da dificuldade de integrar esse espaço especialmente masculino. No entanto, por outro lado, esses deslocamentos revelam uma tendência das mulheres a realizar mais cruzamentos entre diferentes formas artísticas. É interessante perceber outra tendência: a reelaboração e a ressignificação de arquivos que apresentam vozes femininas ou foram produzidos por mulheres a partir de citações, montagem e distorções. A utilização desses arquivos aponta para um desejo de reescrita do passado das mulheres a partir da invenção sonora. Por fim, destaca-se a própria construção de novos circuitos, específicos de mulheres, que sejam mais abertos às suas referências e procedimentos. Essas três tendências se revelam estratégicas para a expressão — tão diversificada quanto implacável — dos feminismos na música atual.

CORPO E DESLOCAMENTO

Aqui, cabe uma brevíssima anotação histórica sobre a relação entre a imagem e o corpo feminino nos circuitos radiofônico e televisivo, que formularam o imaginário das representações das mulheres da música no século passado.[8] Na era do rádio, Carmen Miranda foi a imagem emblemática da música brasileira. Se ninguém lembra dos rostos de alguns dos seus principais compositores, como Josué de Barros ou Joubert de Carvalho, o corpo, a fisionomia e os adereços de Carmen ficaram eternizados na memória nacional. Já nos grandes festivais de música brasileira na década de 1960, símbolo da era televisiva, mais uma vez o corpo da mulher deu voz a criações masculinas. Se olharmos para a produção masculina, a regra era outra. Quase todos os homens que expunham seus corpos e vozes eram também compositores. É o que observa Juçara Marçal:

> Tinha muito essa coisa, que agora está acabando, da cantora ser colocada no centro do palco, mas como uma figura quase que decorativa. Isso ao invés de ajudar na luta pelo protagonismo [da mulher], fazia o inverso. Era a reprodução da imagem da rainha ornamento, ou da princesinha que não faz nada além do que é dito para ela fazer. Um dos primeiros exemplos de protagonismo mesmo foi Elza Soares, que sem-

pre se colocou como uma mulher guerreira. [...] Ou a Gal no momento da Fa-tal [1971], a Clementina [de Jesus] com sua trajetória de vida, que começou sua carreira aos 65 anos. São trajetórias muito diferentes que se igualam pelo momento em que se colocam como donas do seu destino, da sua carreira. Talvez até essa palavra que está tão em voga ultimamente, o "empoderamento", acho que se relaciona com a postura dessas mulheres de sacar o quanto é poderoso quando a mulher se coloca com as ideias dela.[9]

A inventividade da cantora e compositora, integrante do trio Metá Metá e realizadora de *Encarnado*, além dos discos experimentais *Abismu* e *Anganga*, vem comprovando seu protagonismo. Seus trabalhos são marcos na exploração de novas possibilidades para a voz na canção popular, tensionando os limites entre canto e improvisação vocal.[10] Apesar de Juçara não tematizar o feminismo, chama a atenção para a contribuição da artista ao conquistar a possibilidade de expressão de um universo feminino no momento em que toma as rédeas da construção sonora. Na canção "Ciranda do aborto", composta por Kiko Dinucci, Juçara faz uma intervenção sonora que se aproxima da sensação da dor de um aborto. Ela explica:

> Essa dor é alguma coisa que só quem passa por ela sabe dizer. Ela é indizível. Mas o arranjo que a gente fez para a canção consegue dar conta do indizível dessa dor, porque chega um momento ali que não há mais o que fazer além de gritar, além de berrar, além de externar essa dor do jeito mais visceral possível.

O primeiro grupo da carreira de Juçara, Vesper Vocal, era formado só por mulheres, com um repertório que reforçava a presença feminina. O primeiro disco do grupo, *Flor D'Elis*, homenageava Elis Regina, enquanto *Mulheres do Brasil* abarcava apenas composições de mulheres. Os vocais femininos criavam uma sonoridade singular, uma vez que produziam um "registro vocal mais agudo, diferente de um grupo misto".[11]

A jovem poeta, musicista e artista visual Ana Frango Elétrico, que começou a se apresentar aos dezoito anos, já se destaca como instrumentista e compositora. Ela questiona a falta de autonomia histórica das mulheres na música:

> Em nenhum momento eu falo diretamente sobre feminismo e outras bandeiras, mas faço questão, por exemplo, de ser guitarrista do meu trabalho. Aquela minha música do verso "Fala para caralho, mas não pixa igreja", quando eu puxo o punk no meio de uma bossa, acho que expresso ali o ruído que quero causar nos antigos limites comportamentais impostos às mulheres. Quando pensamos nos grandes festivais dos anos 1960, se você parar para perceber, das mulheres ali presentes não tem nenhuma tocando. A própria Rita Lee, que sempre tocou, nos festivais, aparecia — no máximo — com uma pandeirola, que nem microfone tinha. Para mim, é uma performance importante estar com uma guitarra e um pedal que faz barulho. No contexto de produção fonográfica extremamente fálica, normalmente a mulher chegava para cantar quando já estava tudo pronto. Com o meu disco [*Mormaço Queima*] foi o contrário, tudo foi feito a partir das minhas bases. Então, quando eu escolho ser guitarrista do meu trabalho, participar de todas as etapas da produção, esse deslocamento é uma afirmação política em relação ao comportamento da mulher na história da música brasileira.

A compositora, atriz, performer, cineasta e dançarina Linn da Quebrada, que começou sua trajetória artística no teatro, mescla o tom combativo com humor e sensualidade. Quando uma professora lhe disse que o teatro era um espaço de representação do mundo, logo se desencantou. Linn afirmava que a sua necessidade era a de inventar outros mundos possíveis.

> Há pouco tempo, a frase que mais servia como carimbo para se falar em transgeneridade era: "Nasceu no corpo errado". Para mim, falar de transgeneridade é a possibilidade de dar sentidos ao meu corpo. Qual é o papel da arte sobre nós? Percebi que o teatro, a música, o cinema, os livros não só reproduzem o mundo, mas produzem o mundo e têm o poder de criar fissuras. Eu me sentia totalmente voltada para um macho. Me via também rastejante em direção à grande pica gotejante, me sentia também ali babando diante do homem, feito à imagem e semelhança de Deus. Percebendo o meu desejo nessa direção, eu me perguntava: "Será que eu posso desviar o curso do meu rio? Será que é possível que eu olhe para outros corpos e produza entre eles novas possibilidades de desejo? Será que a partir disso eu consigo me transformar e nos transformar?". É aí que surge a minha música. Eu precisava ouvir essas coisas, precisava ouvir e dizer que "Eu gosto mesmo das bichas", porque, a cada vez que eu falava isso, eu produzia essa verdade, verdades que eu venho inventando e que viram corpo.[12]

A letra de "Mulher" é emblemática na apresentação de configurações possíveis do feminino:

> *É uma trava feminina*
> *Parou entre uns edifícios, mostrou todos os seus orifícios*
> *Ela é diva da sarjeta, o seu corpo é uma ocupação*
> *[...]*
>
> *Ela tem cara de mulher*
> *Ela tem corpo de mulher*

Ela tem jeito
Tem bunda
Tem peito
E o pau de mulher!

Uma escuta rápida do som de Linn mostra claramente que os ritmos ali presentes remetem a diversos outros gêneros musicais além do funk. Entretanto, a artista o elege estrategicamente como ponto de partida e plataforma principal para sua criação. Além de ser "a poesia da quebrada", o funk é um espaço crucial de disputa no campo da sexualidade. "Mesmo nas músicas machistas, o funk expressa da melhor forma o que ele pretende, que é criar e produzir sexualidade, ao mesmo tempo que reproduzir também uma sexualidade", diz Linn.[13]

Nesse coro, MC Xuxú e Mulher Pepita também pensam o espaço do funk como plataforma para afirmação da transgeneridade. MC Xuxú, famosa pela faixa "Um beijo", na qual manda "um beijo para as travestis", afirma: "Acredito que todo mundo tem um propósito na carreira e o meu é este: amenizar o preconceito".[14]

Mulher Pepita ecoa a fala de MC Xuxú:

Meu maior objetivo é mostrar para as pessoas que a travesti não é só para ficar na esquina ou em salão fazendo cabelo. Eu canso de bater nessa tecla de que eu não sou uma perna, as pessoas acham que eu só sou músculo. Vejo que a minha imagem, a minha voz e os meus bordões conseguem mudar a mente de muitas pessoas.[15]

O funk é território consagrado da ocupação feminista. Desde a explosão de Tati Quebra-Barraco, nos anos 2000, a pluralidade dos feminismos e a presença das mulheres se intensificou espantosamente. Uma de suas seguidoras é MC Carol, que vê na figura de Tati uma mãe. Carol intervém nesse campo ao subverter o uso da imagem da cantora que deve se conformar aos padrões de beleza estereotipados. Sempre inventiva, a artista resiste às imposições estruturais recorrendo novamente à sua estratégia subversiva infalível, o humor:

> A pessoa não precisa ficar de calcinha no palco para dar o seu recado. Tipo assim, meu empresário e vários homens falavam para mim: "Carol, bota uma dançarina". Aí eu falei, quer saber, vou botar logo uns macacos. Ninguém nunca botou macaco. E deu certo!

Carol se recusa a ir de calcinha para o palco. Quem fica de calcinha são dois homens vestidos de macaco, que terminam a performance deles fazendo um striptease.

Nesse movimento, vale destacar a dançarina e cantora Lellêzinha, integrante do grupo Dream Team do Passinho, que ganhou notoriedade por seu pioneirismo nas Batalhas de Passinho, no Rio de Janeiro:

> No início, o movimento passinho, que é o nome original, era supermasculino. Era um movimento machista. Comecei no passinho quando eu era muito nova. Botava vídeo na internet e aquilo assustou os caras, porque realmente era muito difícil uma menina fazer o que eles faziam — e eu fazia do jeito que eles faziam, só que do meu jeito. Um jeito mulher e com onze anos. Com a minha sensualidade. Eu amo rebolar. Mas eu acho que era um tipo de mulher com uma sensualidade diferente, é uma sensualidade pronta para o combate. [...] Aí entrei na Batalha do Passinho para disputar. E, com o tempo, fui criando um espaço muito importante, e daí começaram a chegar outras meninas, tem a Kamila, tem a Marcelle, que são duas meninas muito influentes no passinho.

Kamila era sapatão, todo mundo falava essas coisas o tempo inteiro. Só que eu tinha uma postura assim: "Parceiro, eu não estou aqui para discutir o que eu gosto e o que eu não gosto, eu tô aqui para dançar".

A rapper curitibana Karol Conka, no clipe da música "Lálá", mostra a afirmação dos desejos das mulheres. Sua busca pela construção de um olhar feminista se apresenta desde a produção até a escolha da equipe técnica: "Escrevi essa música na intenção de informar as pessoas da necessidade da prática e da técnica do sexo oral na mulher. Tive a ideia de fazer um clipe com uma equipe toda formada por mulheres de forte posicionamento".

Karina Buhr, já mencionada neste capítulo, investiu conceitualmente na construção da identidade visual de seu disco *Selvática*, de 2015: na capa, ela aparece como uma guerreira, com uma faca na mão e os seios desnudos.

> Gosto da Bíblia como fábula e também como representação histórica de costumes, em que o machismo escancarado mostra muito sobre como e por que as mulheres ainda hoje são tratadas como inferiores aos homens. No Gênesis, primeiro livro da Bíblia, estão os animais selváticos, as serpentes, os bichos peçonhentos. Fiz um paralelo entre esses animais e a maneira como as mulheres são retratadas nesses textos, sempre relacionadas com traições e fraquezas. As que não são representadas assim são as virgens. Criei então um personagem que reescreveria essa história de violências, uma guerreira universal, uma mistura das guerreiras antigas do Daomé com as guerreiras de hoje na Palestina, nas favelas brasileiras, as guerreiras curdas, as indígenas (seguro uma lança yanomami na capa), enfim, toda guerreira que existe dentro da gente.[16]

A capa do disco foi censurada nas redes sociais. No entanto, a onda de protestos feministas a favor da liberação da imagem colocou em pauta a nudez feminina. No mesmo ano, a capa do disco *Encarnado*, de Juçara Marçal, também seria censurada, dessa vez pela loja virtual da Apple. O caso foi ainda mais surpreendente, pois a figura feminina representada com os seios expostos é um desenho pouco realista. Em protesto, Juçara recusou-se a mudar a arte e deixou de vender o disco nessa plataforma.

A forte presença feminina no campo da "música experimental" também mostra o deslocamento das concepções possíveis do corpo feminino. A participação de mulheres cresceu nos mais importantes festivais brasileiros, como Fime (Festival Internacional de Música Experimental) e Novas Frequências. Além disso, novos eventos surgiram, como o xx, organizado pela compositora Fernanda Navarro, e o Dissonantes, organizado por Natacha Maurer e Renata Roman.

Sanannda Acácia — curadora da Seminal Records, cuja produção musical aborda as relações entre ciência, tecnologia e xenofeminismo[17] — vê um gesto feminista no processo de distorção e artificialização explícita de sonoridades que poderiam ser compreendidas como mera representação da natureza. Sobre o seu disco Eva Mitocondrial, de 2016, a artista comenta:

> Esse disco representa minha luta contra todas as fatalidades que me definiram, meu incômodo com a família, com o sexo que me define como mulher e humana. É o meu desespero por estar presa em uma condição biológica e o meu desejo de transcender essa condição. As faixas são uma narrativa do meu processo de "possuir o verbo", possuir conscientemente as ações sobre minha vida. É uma revolta contra a natureza e as fatalidades que ela nos impõe. [...] A artificialidade é um componente que me atrai muito na música também. Quando eu penso em artificialidade na minha música, eu realmente me empolgo muito, pois é como se eu pudesse criar minha

própria natureza de interações. Muito do meu imaginário tem relação com a entidade feminina, acho que no disco isso fica explícito na própria escolha no nome, sendo 'Eva' uma personagem bíblica feminina e mitocôndrias, organelas que transmitem seu DNA através de herança exclusivamente matrilinear.[18]

Aline Vieira, organizadora dos festivais Perturbe e Vela Preta e parceira da Sanannda Acácia na performance Corpo Código Aberto, também vê na criação sonora a possibilidade de ressignificação constante de imagens ligadas ao feminino. Se algumas mulheres buscam para si novas representações possíveis, Aline se afirma justamente como inapreensível e irrepresentável. Em seu trabalho mais recente, *Flores feias*, Aline explora a quebra da construção de identidades fixas e se afirma como "cria do desvio":

O nome *Flores feias* é algo que me remete a coisas rejeitadas, estranhas, que parecem frágeis, mas na verdade são muito fortes. Como coisas consideradas agressivas e condenáveis nas mulheres, mas que no fundo contêm um dispositivo libertador e diante dessa ameaça ao patriarcado são socialmente consideradas feias. É um exercício constante de significar, ressignificar e manusear questões. A imaginação conceitual forma-mundo. [...] Vejo no campo sonoro artístico uma necessidade muito grande de autoafirmação das pessoas, uma busca identitária com traços competitivos, uma territorialização de circuitos onde minorias se tornam *tokens*. Mesmo no *noise*, gênero tão fluido, há um modus operandi de produção artística capitalista. É um falso movimento. Eu me recuso a fincar uma bandeira em mim mesma para me levar a sério. Sou cria do desvio.[19]

Gabriela Mureb, pesquisadora e artista visual, entrou no campo da música e se destacou pelo som extremamente desconcertante. Ela desloca motores dos seus usos convencionais e cria máquinas — um tanto assustadoras — que não têm função precisa e não são completamente controláveis:

> O feminismo não é um tema do meu trabalho. É algo que aparece com o meu trabalho. O fato de mulheres como eu, a Gabriela Nobre, que vem da poesia, entre outras, que vêm de outras áreas, estarmos nesse recorte diz muito sobre esse espaço da música experimental com relação à presença de mulheres produzindo. São poucas mulheres, com atuação um pouco mais recente. Como fazer para garantir que os meus gestos e os meus desejos não sejam modulados, na medida do possível, pelo machismo, pelo patriarcado, pelo capitalismo, por todas essas forças que nos conduzem? Elas são sempre um alvo a ser atingido. Com o meu trabalho, o fato de eu estar nesse meio que é predominantemente masculino, o que eu faço é abrir espaço para ele acontecer onde tiver que acontecer, com a força e a forma que tiver que acontecer.

A descrição de Maria Carolina Santos da performance de Gabriela Mureb no Fime de 2017 demonstra o ruído que sua presença e suas máquinas causam:

> No térreo de um prédio antigo no centro de São Paulo, dezesseis motores movidos a gasolina repousam no chão. O amplo salão recebe quarenta pessoas com máscaras antipoluição. O silêncio é quase absoluto. Caminhando vagarosamente, a artista carioca Gabriela Mureb vai ligando os motores, um a um. O ruído preenche o ambiente. Ao mesmo tempo, o dióxido de carbono se espalha pelo ar. É uma experiência extrema: o ar envenenado, o som ensurdecedor, a fumaça que faz os

olhos arderem. Quando todos os motores estão ligados, apenas cinco pessoas permanecem no salão. As máscaras não dão conta. Do lado de fora, a produtora e uma das curadoras do Fime, Natacha Maurer, é questionada sobre quem foi "o" artista que montou uma performance tão pesada.[20]

As cenas criadas por essas mulheres desfazem a naturalidade da dominação masculina no campo musical. O embaralhamento e os ruídos que ainda causam são sintomas dos fortes deslocamentos que essa contundente tomada de poder feminista representa.

MEMÓRIA, ARQUIVO E RESSIGNIFICAÇÃO

O olhar feminista também disputa o presente ao reescrever o passado. As compositoras dão nova visibilidade a mulheres com trajetórias no engajamento político. Muitas letras apresentam citações ou enumerações dos nomes dessas personalidades, reavivando suas memórias. Paralelamente, destaca-se o uso do arquivo como técnica de composição. A partir da montagem de arquivos de notícias de jornal, relatos históricos e testemunhos, as mulheres reelaboram criticamente esses fragmentos do passado e desfazem narrativas consensuais das construções da desigualdade de gênero.

O último disco de Larissa Luz tem o título emblemático de *Território conquistado*. A baiana, com uma sonoridade contemporânea marcada pelos movimentos do afrofuturismo e afropunk homenageia dez personalidades negras. Uma delas é Elza Soares, pioneira inconteste da conquista de território das mulheres na música, que inclusive faz uma participação na faixa título. Larissa resgata textos de escritoras negras como Lívia Natália, Carolina Maria de Jesus e a autora nigeriana Chimamanda Ngozi Adichie.

"Reuni pedaços de um universo feminino que está aí fora e aqui dentro. Esse disco é um relato de um processo contínuo de conquista de espaço. Uma celebração de nós: mulheres negras, senhoras de nossas histórias", diz Larissa.[21]

O álbum do grupo Rimas & Melodias, formado por Alt Niss, Drik Barbosa, Karol de Souza, Stefanie, Tássia Reis, Tatiana Bispo e a DJ Mayra Maldjian, segue a mesma empreitada. Na faixa "Manifesto/ Pule, garota", a voz de um homem religioso justifica a agressão física recorrente para as mulheres. A letra da música segue como resposta e desconstrução do discurso masculino expropriado:

> *Assumimos, então, que trazemos narrativas de incômodo*
> *Queremos que nossas palavras cortem como navalha a sua*
> *[indiferença*
> *[...]*
> *Vou falar, gritar e me emocionar quando enxergar Dandara*
> *[em mim*
> *E essa voz vai ser coletiva, vai ultrapassar fronteiras, tirar a*
> *[venda dos meus olhos*
> *Conceição Evaristo um dia disse: Nossa voz estilhaça a*
> *[máscara do silêncio*

As artistas do grupo Rimas & Melodias homenageiam suas precursoras, com uma letra dedicada também a Elza Soares:

> *Eu vim do planeta fome*
> *Vivo, sonho, elza*
> *Let go let go'utras elsas*
> *Quem da lama levantou cada vez que foi preciso*
> *Sou uma em um milhão, mas sou todas dentro de mim*
> *Minha voz me consagrou*
> *Do começo ao fim do mundo mulher preta e sem senhor*

A música "100% feminista", de Karol Conka e MC Carol, também resgata a memória de mulheres fortes. Mais uma vez, Elza Soares se faz presente:

> *Represento as mulheres, 100 por cento feminista*
> *Represento Aqualtune, represento Carolina*
> *Represento Dandara e Xica da Silva*
> *Sou mulher, sou negra, meu cabelo é duro*
>
> [...]
> *Represento Nina, Elza, Dona Celestina*
> *Represento Zeferina, Frida, Dona Brasilina*
> *Tentam nos confundir, distorcem tudo o que eu sei*
> *Século XXI e ainda querem nos limitar com novas leis*
> *A falta de informação enfraquece a mente*

Em decorrência do assassinato de Marielle Franco, em março de 2018, MC Carol lançou, em parceria com Heavy Baile, um clipe dedicado à sua memória, que se inicia com o trecho de uma reportagem do jornal *A Nova Democracia*, no qual uma senhora se apresenta e relata a morte de seu neto de doze anos, morador de favela, executado por policiais enquanto jogava futebol. O clipe segue com filmagens de moradores de favela se insurgindo contra a polícia e imagens da multidão de 50 mil manifestantes nas ruas do centro do Rio de Janeiro em protesto contra a execução de Marielle. A essas cenas se sobrepõem matérias de jornal sobre a morte de pessoas negras. Na letra, MC Carol afirma: "Vou estar lá, gritando contra a morte, gritando contra o poder machista branco, presente — hoje e sempre — Marielle Franco".

Linn da Quebrada, ao gravar *Pajubá*, demonstra a capacidade da música de inscrever na memória popular a linguagem de coletivos extremamente marginalizados:

Pajubá é uma linguagem utilizada por parte da população TLGB,[22] nosso meio de dar nome e sentido aos nossos corpos e ao mundo. Pajubá é uma linguagem de resistência, é como a capoeira das bichas, ela é esse espaço de dar sentido aos nossos corpos, de construir outras narrativas, de inventar outras histórias e de ser uma intervenção direta na linguagem. Intervenção na linguagem que é formalmente e universalmente masculina, que exclui esses nossos corpos. E que nos constitui, na maioria das vezes, como exceção, ou como patologias. E pajubá é a minha maneira de construir diálogo entre nós, e assim intervir na linguagem e construir essas outras possibilidades em que os nossos corpos não só são inclusos, mas também invadem esses espaços.

Rappers e funkeiras como Jup do Bairro e a trans MC Xuxú exploram em seus álbuns notícias e dados sobre transfobia, homofobia e violências de gênero. Nesse cenário, destaca-se a trans Alice Guél, que no disco *Alice no país que mais mata travestis* (2017) se apropria de depoimentos, notícias de jornal, textos teóricos e poemas de mulheres e da comunidade LGBTQI. Essas falas intercalam as faixas do disco, trazendo uma densidade política e histórica para sua música. Alice explica:

> Tenho conseguido ocupar muitos espaços e hackeado outros que me foram negados. É um grito que nasceu com a necessidade de abordar as realidades de pessoas que normalmente não ocupam os espaços midiáticos, sendo não mais objeto, mas sujeito, protagonista da sua própria história.[23]

Já no campo do *noise* e do experimental, o uso de áudios de arquivos preexistentes aparece na obra de Gabriela Nobre, que começou na poesia e só depois migrou para a música. Seu primeiro trabalho nesse campo, o EP [*Vers*], assinado pelo pseudônimo B-Aluria, mescla a leitura de poemas com experimentação em *noise*. A presença da palavra é tensionada pelos ruídos e distorções sistemáticas das vozes. A artista mistura a leitura de seus próprios textos com vozes femininas extraídas de contextos distintos. Apresenta, por exemplo, a voz de Sylvia Plath lendo "Lady Lazarus", poema no qual uma mulher "comia homens como ar". A apropriação do acervo materializa a sensação de que Gabriela retoma um fio de todas as outras vozes femininas que a impulsionaram a criar. O seu trabalho parte, primordialmente, da escuta:

> Eu lembro, desde que eu era muito, muito pequena, de escrever no verso do papel onde minha avó, Venêde, escrevia os textos dela. Eu lembro de sentar no colo dela enquanto ela escrevia poesia e traduzia textos. E o que sei até hoje, seja quando eu faço som ou quando eu escrevo, que o que eu me sinto fazendo é acionando de alguma forma o trabalho de cada mulher que provocou em mim a vontade de mexer com escrita e com música. Eu gosto de pensar — e é um pensamento muito acalentador — que faço parte desse grande coro, que eu estou sempre ouvindo quando eu crio alguma coisa. É como se eu estivesse sempre colocando um coro para funcionar. Um coro de vozes dessas mulheres, desses trabalhos que me fizeram querer produzir o meu trabalho. É essa ideia de comunidade de mulheres que eu acho importantíssimo que cada uma de nós construa, cada uma à sua forma.

A performer, pesquisadora e compositora Fernanda Navarro, na sua peça *Ela engoliu um piano de vidro*, tira do silêncio relatos de dor. Na composição, a artista e suas companheiras de palco — Dorothé Depeauw, Flora Holderbaum, Camila Zerbinatti, Júlia Teles e Natália Francischini — apresentam dados referentes à violência misógina e, simultaneamente, chacoalham ou tocam diferentes instrumentos. No fim, leem relatos de violências sofridas por mulheres próximas à compositora.

Uma das integrantes do Rakta, Carla Boregas, também usa o arquivo para ecoar o feminino em seu trabalho. Na faixa "Travessias", do projeto *Fronte violeta*, realizado em parceria com Ana Tokutake, ela apresenta um discurso de Débora Maria da Silva, uma das fundadoras do movimento Mães de Maio.[24] Em seu álbum solo, *Zona morta*, Carla Boregas também utiliza vozes de diversas mulheres, dessa vez sobre um fundo ruidoso. As vozes são muitas vezes sobrepostas, estabelecendo diálogos entre as diferentes narrativas:

> Continuo coletando segredos de mulheres por onde passo. Eu me interesso por ouvir outras mulheres falando, dar voz a essas mulheres e, durante a apresentação do projeto, dar a oportunidade a outras mulheres de ouvir as questões das outras. A questão do feminino é o tema central do *Zona morta*, da fala, escuta, alívio em poder compartilhar, da identificação com as questões da outra.[25]

Em *Cantar sobre os ossos*, a carioca Bella, artista visual que migrou recentemente para a criação sonora, canta sobre um fundo sonoro produzido a partir de 23 faixas de artistas femininas. Segundo Bella, esse trabalho, inspirado no mito da Mulher Lobo, da poeta Clarissa Pinkola Estés, "partiu da necessidade de falar do feminino, de encontrar os fios soltos, resgatar essas vozes. É uma peça que se baseia na colagem".[26]

> Lembro-me do momento em que "dei à luz". Estava dentro de um quarto há muitas horas, ouvindo muitos sons com fone de ouvido. Até que uma discussão feminista se alastrou pela internet. Eu estava com um gravador de cassete plugado no computador e de repente me dei conta de que estava com muitas

janelas de som do YouTube abertas. Todos os sons eram feitos por mulheres. Já andava pesquisando bastante esse universo feminino, lendo artigos, textos, biografias e ouvindo a produção adormecida das mulheres. Daí comecei a achar muito interessante ter todos os sons ao mesmo tempo sendo tocados e fiz testes com a fita cassete. Era uma sensação agradável ouvir um som entrar no outro, alguns pareciam ter nascido juntos. Passei muito tempo com eles no ouvido e, ao desligar, senti muita dor de cabeça. Dei-me conta de que aquilo era o início de um trabalho. Pedi para alguns amigos indicações de sons produzidos por mulheres e fui agregando à pesquisa.[27]

Como observa a crítica Amanda Cavalcanti a partir da produção de Bella e de outras artistas da cena experimental, "As vozes femininas se multiplicam nesses trabalhos. Não é uma questão de essencializar ou instrumentalizar o que seria um 'olhar feminino' ou 'abordagem feminina' na composição, e sim pensar linhas de fuga para a hegemonia do masculino, branco e europeu da música de vanguarda (e da música em geral)".[28]

As citações, as evocações de mulheres de outras gerações e o uso dos diversos arquivos e testemunhos têm sido uma estratégia de agrupação dessas vozes femininas. Mais do que retransmitir mensagens ou informações, elas exploram as qualidades estéticas dos arquivos, retrabalhando a memória, criando ritmos e timbres e construindo, por fim, novas dicções possíveis para a música contemporânea.

TERRITÓRIO CONQUISTADO

Uma série inumerável de iniciativas finca o pé das feministas na música. Residências artísticas, festivais, blogs e selos promovem e difundem essa produção. Para citar alguns exemplos esparsos,[29] temos o Zona LAMM — Laboratório de Artes Musicais para Mulheres, residência artística para mulheres latino-americanas. Surgiram muitos festivais femininos, como NosOutras, em Porto Alegre; Letra de Mulher, em Salvador; Mulheres no Volante, em Minas Gerais; e Sonora: Ciclo Internacional de Compositoras, este em decorrência da força da publicação da hashtag #mulherescriando, lançada nas redes sociais pela compositora mineira Deh Mussulini. Teve início também o festival Sêla, em São Paulo, que é o pontapé inicial de uma articulação para a formação de um selo. Destaca-se o evento Empoderadas do Samba,[30] que debate a presença de mulheres no samba, além de dar visibilidade às crescentes rodas compostas integralmente por mulheres. Entre os blogs e as páginas em redes sociais, temos Quase Todo Dia Uma Banda de Mina Diferente, o WANWTB (*We Are Not with the Band*), Vozes Femininas, Cabeça Tédio Blog, além do Filhas do Fogo — uma das principais fontes para este capítulo —, entre muitos outros que se proliferam em uma velocidade arrebatadora.

O resultado dessa exorbitante e irrevogável ocupação feminista na música logo aparece no tom afirmativo de mulheres que tomam a palavra. *Minha bossa é treta* (2016), primeiro disco da rapper Yzalú, mostra a firme propulsão de transformações alavancada pela poética dos diversos feminismos:

> Ser uma mulher negra da periferia é conviver com uma realidade em que existe uma linha que já está traçada e que você tem que desviar. É um lance de uma menina preta de cinco anos ver a mãe escutando mulheres negras, ouvir também e já desenvolver uma consciência que ninguém mais vai tirar dela.[31]

O que Larissa Luz propõe com a faixa "Bonecas pretas" ecoa diretamente na fala de Yzalú. Em sua composição, que denuncia a ausência de bonecas negras em sua infância, Larissa demonstra a urgência de disputar a pluralidade dos elementos formadores de referenciais para a imaginação:

> *Necessidade de ocupar*
> *Invadir as vitrines, lojas principais*
> *Referências acessíveis é poder para imaginar*
> *[...]*
> *Trocam estética opressora*
> *Por identificação transformadora*
> *Procuram-se bonecas pretas*

MC Soffia encarna o resultado veloz dessa reviravolta imaginária proporcionada pela ocupação das mulheres negras na música. Aos treze anos, a pequena rapper brinca com bonecas pretas e já apresenta consciência e orgulho de sua negritude:

> *Vou me divertir enquanto sou pequena*
> *Barbie é legal, mas eu prefiro a Makena africana*
> *Africana, como história de griô, sou negra e tenho orgulho da*
> *[minha cor*

No cenário do punk, novas feminilidades aparecem nas canções de meninas muito jovens, que já escrevem sobre suas lutas. Formada em 2015 a partir de debates no Facebook, a banda paulista Charlotte Matou um Cara representa essa virada. Com suas letras assertivas, as meninas mostram a força das mulheres que protestam:

> *Olha que linda a garota no protesto*
> *Ocupa as ruas, ocupa o colégio*
> *Vive sua vida como um manifesto*
> *Olha como luta contra o retrocesso*

Em entrevista para o blog *Az Mina*, Andrea Dip, da Charlotte Matou um Cara, afirma: "Acho que o punk é cru, é direto, é um soco na cara. Também é uma forma de nos fazermos ouvir. É protesto, é um grito".[32]

Parece que a quarta onda definitivamente encontrou no som uma vigorosa plataforma de protesto e invenção. Ao discutir o machismo, as compositoras, instrumentistas, intérpretes, técnicas e produtoras desencadeiam uma produção pulsante de novas possibilidades e concepções do feminino.

Julia de Cunto, nascida em 1996, em Londrina, no Paraná, é jornalista, formada pela Universidade Federal do Rio de Janeiro (UFRJ), e pesquisadora de política e cultura no âmbito da comunicação. Seus estudos flertam com a antropologia, privilegiando a etnografia, o testemunho e a memória.

Maria Bogado é doutoranda em tecnologias da comunicação e estéticas pela Escola de Comunicação da UFRJ, mesma instituição na qual se formou em audiovisual. Tem mestrado em literatura, cultura e contemporaneidade. Coeditou a *Revista Beira*, entre 2015 e 2017. Teve poemas publicados nas revistas *modo de usar & co.* e *Mallarmargens*, na coletânea *Cadernos do CEP* e na antologia *Alto-mar*, organizada por Katia Maciel.

COLABORADORAS

Ana Frango Elétrico
Gabriela Mureb
Gabriela Nobre
Lellêzinha

NA ACADEMIA

COM ANDREA MORAES E
PATRÍCIA SILVEIRA DE FARIAS

Quem são os sujeitos da ciência? Como se constroem os objetos de pesquisa? Métodos têm gênero? A discussão feminista vem avançando no espaço acadêmico, mas os limites desse progresso merecem ser examinados de perto. Há onde se avança, há onde se paralisa, há onde se recua.

Nesta quarta onda feminista, que chega com inesperada pluralidade de conteúdos, demandas, contextos e interações, é fundamental sair em busca de seus efeitos no ambiente universitário. Até que ponto os modelos e discursos acadêmicos anteriores estão sendo reformulados ou interpelados pela emergência dos novos feminismos potencializados pela internet? Sobretudo, quais são as reais condições de questionar o núcleo duro da ciência?

Acho que neste momento que nos foi dado viver, estamos experimentando um novo clamor por direitos, direitos civis, que são direitos à diferença na igualdade, e à igualdade na diferença; com isso, estamos ampliando os lugares de fala. Ou seja, temos mais negros, mulheres negras, mulheres indígenas, mulheres trans, mulheres asiáticas, homens asiáticos... Estamos multiplicando esses lugares de saber e de fala. E isso é da maior importância. Essa é uma forma poderosa de se combater os conhecimentos muito eurocentrados. Mas essa não é uma batalha ganha, é uma batalha que apenas se inicia. Por outro lado, penso que os locais de fala também não podem ser locais de monopólio. A discriminação racial, por exemplo, é sim um problema dos negros, das populações afrodescendentes, porque são elas que sofrem mais; mas não deve ser um problema exclusivamente dos negros, porque senão questões como o racismo não entram na agenda nacional. A mesma questão vale para as mulheres; se o tema das mulheres for exclusivamente um tema do espaço feminino, também não vai ganhar uma projeção de cunho amplo, nacional; os homens também precisam falar disso.

[Lilia Moritz Schwarcz, professora de antropologia na USP]

O que me assusta muito não é o quanto nós nos empoderamos, porque esse caminho está traçado, e estamos seguindo adiante. O que me assusta é como o conservadorismo está se articulando. Uma coisa é fato: quando a gente pensa no nosso momento hoje, o que está mais sendo ameaçado é o campo do gênero. Mais do que o racial. É impressionante. E isso diz alguma coisa.

[Andréa Lopes da Costa Vieira, professora de ciências sociais na Unirio]

Nesse tempo de retrocesso que estamos vivendo, a universidade pública talvez seja o lugar onde você pode fazer o que quiser, [...] no sentido de ter mais autonomia. Tem uma conferência que Jacques Derrida fez em Stanford, no final dos anos 1990, que foi traduzida aqui como "A universidade sem condição", e tem um jogo aí com esse termo, porque é tanto sem condicionalidades como sem condição de funcionar, né? É muito o momento que a gente está vivendo. Tanto que me chamaram no ano passado para falar na UERJ, e eu li o texto do Derrida lá, editando e tirando todas as referências a Stanford, porque, com essa edição e sem essas referências, parece que ele escreveu para hoje, para a UERJ hoje. A universidade pública brasileira está passando por esse momento: por não ter condições, ela é um lugar... incondicional. [...] É o lugar de resistência que ainda sobrou no avanço absoluto do capitalismo. [...] Acho que as mulheres na academia hoje têm essa imensa função de trazer as mulheres ainda mais para o espaço público.

[Carla Rodrigues, professora de filosofia na UFRJ]

NÚMEROS FALANTES

Como tema de pesquisa, a situação dos debates sobre gênero e sobre feminismo no Brasil é de certa forma confortável. Numa pesquisa preliminar feita nos diretórios dos grupos de pesquisa registrados no CNPq (Conselho Nacional de Desenvolvimento Científico e Tecnológico), esses temas estão presentes em quase trezentos grupos (272, para sermos exatas), sob as denominações mais diversas — são coletivos, grupos de pesquisa, grupos de trabalho, linhas de pesquisa dentro de grupos. Todos os estados brasileiros possuem pelo menos um grupo pesquisando esses assuntos. Esses grupos se concentram majoritariamente na região Sudeste, seguido de perto pela região Nordeste. O Nordeste é a região com maior número de grupos que interseccionam raça, gênero e diversidade sexual, em estudos que trabalham com a composição étnica da maioria de seus estados.

As questões abordadas são várias. Vão desde as mais tradicionais, como violência contra a mulher, saúde reprodutiva ou o feminino nas artes; até outras que refletem preocupações mais recentes, como o direito à cidade, ciberdança e cibermulher, feminismo materialista e empreendedorismo feminino. É importante observar que essas discussões se dão não apenas nos cursos em que o debate sobre gênero e feminismo está presente há bastante tempo, como letras e ciências sociais, mas também em áreas como turismo, teologia, arquitetura e urbanismo, geografia e ciências da computação.

Um mapeamento da presença da pesquisa sobre gênero em eventos científicos nacionais mostra sua vitalidade. Um dos pioneiros é o Seminário Internacional Fazendo Gênero, que em 2017 completou 23 anos de existência, realizado juntamente com o Congresso Mundos de Mulheres. Mais recentemente, temos o Seminário Internacional Desfazendo Gênero, o Colóquio Internacional Homens e Masculinidades, o Simpósio de Gênero e Sexualidade e o Seminário Internacional Enlaçando Sexualidades. São eventos de alcance nacional que reúnem centenas de pesquisadores, professores, estudantes nacionais e internacionais.

Nesse cenário, temos também uma forte discussão sobre a inserção do gênero no currículo de escolas e universidades. O III Plano Nacional de Políticas para as Mulheres (PNPM), de 2013 a 2015, colocou entre suas estratégias de ação "a criação de Diretrizes Curriculares Nacionais específicas de gênero que contemplam as abordagens de classe social, raça, etnia, orientação sexual e geracional para todos os níveis, etapas e modalidades de ensino".[1] Entretanto, desde a desestabilização política que terminou com o impeachment da presidente Dilma Rousseff, o Conselho Nacional dos Direitos da Mulher passou por uma fase de desmantelamento e perdeu, num retrocesso lamentável, seu status de ministério. Em 2017, o Ministério da Educação enviou a Base Nacional Comum Curricular ao Conselho Nacional de Educação, retirando do documento as menções a gênero e orientação sexual, o que tornou sua inclusão restrita a iniciativas de professores ou em articulações pontuais de alguns cursos universitários. Mesmo assim, é importante registrar que no início de 2008 o primeiro curso de bacharelado em estudos de gênero e diversidade foi reconhecido na Universidade Federal da Bahia (UFBA).

O cenário dos estudos de gênero na universidade brasileira ainda é bastante ambíguo. Embora o empenho na institucionalização acadêmica desses estudos seja significativo, o prestígio de "gênero" ainda é visivelmente baixo. Muitas vezes, gênero é considerado uma subespecialidade dentro de áreas mais amplas, e não uma questão epistemológica que coloca em suspensão a própria ideia de "campos de conhecimento".

É inegável o crescimento do número de profissionais, estudantes e técnicas mulheres nos quadros das universidades brasileiras: 73% nos últimos dez anos, perfazendo, no caso das estudantes mulheres, 55,6% dos 8 033 574 matriculados, segundo os dados do censo escolar de 2015.

Se o critério racial se somar ao de gênero, tem-se a configuração de um quadro em que as estudantes negras são minoria entre as alunas; numa escala de cor/sexo, em primeiro lugar estão as mulheres brancas, seguidas por homens brancos, vindo então as mulheres negras e, por último, os homens negros.

Embora as mulheres sejam maioria no corpo estudantil e técnico-administrativo e estejam bem representadas enquanto docentes e pesquisadoras, quando se fala em sinais de prestígio — como cargos de poder —, a situação muda. Os exemplos são muitos, como a subpresença de mulheres na chefia máxima das instituições federais de ensino superior: em 2016, apenas em um terço havia uma reitora mulher.

Tentando dar conta dessas disparidades, o Programa Mulher e Ciência, lançado pelo governo brasileiro em 2005, reunia um conjunto de ações que incluía o Prêmio Construindo a Igualdade de Gênero e um concurso de artigos sobre a temática; o Programa Pensando Gênero e Ciências, iniciativa para o encontro trienal de grupos de pesquisa nacionais desse campo de conhecimento; e o Programa Meninas e Jovens Fazendo Ciências Exatas, ação que busca fomentar o aumento de mulheres nas carreiras científicas e tecnológicas. Todas essas ações eram coordenadas pela Secretaria de Políticas para as Mulheres.

ESCRITAS E EXPERIÊNCIAS

Depois dos números, algumas perguntas. Basta a presença das mulheres na academia para que as coisas mudem? Quais foram e quais são suas consequências? As respostas são muitas e dependem de fatores como classe, etnia, orientações sexuais, entre outras mais sutis.

> Em 2012, não tinha nenhuma trans na Unicamp. Hoje tem vinte; de 30 mil alunos, não é muito ainda, mas é um crescimento. E, de todas essas vinte pessoas que estão na Unicamp, nenhuma passou no vestibular trans; todas passaram no vestibular, entraram, viram que tinha um ambiente acolhedor lá, criado por antecessoras, pioneiras, e aí se sentiram em condições de começar a transição.
>
> [Amara Moira, doutora em teoria e crítica literária pela Unicamp]

> Nós da minha geração fomos a segunda [geração] de intelectuais negros; a primeira foi formada na desconstrução da democracia racial, como Lélia Gonzalez etc., que ainda tinha que discutir muito com esses mitos fundadores das relações raciais no Brasil. E, mais ainda, tiveram trajetórias excepcionais — no sentido de que eram a exceção. Homens e mulheres. A minha geração já aparece sendo formada pelos brancos que discutiam raça. Já se desconstruiu a democracia racial, não tem mais esse mito, mas ao mesmo tempo somos vistos como aqueles do mérito, ainda excepcionais. Muito pulverizados. Que é o contrário da geração pós-Ação Afirmativa. [...] Essa nova geração tem uma outra instrumentalização. A gente não conseguiu se instrumentalizar fora. A gente ou se instrumentalizava na academia ou nos movimentos sociais. Essa geração agora se instrumentaliza de outras formas que não são em nenhum desses

lugares; é indo para o Facebook, para o Instagram, para o YouTube...

[Andréa Lopes da Costa Vieira]

Acho que temos de refletir sobre as diversas opções de gênero. Estamos vivenciando um momento no qual só a polaridade feminino/masculino não se sustenta mais. Nessa área, os desafios são ainda maiores. Eu, por exemplo, tenho uma aluna que, quando entrou na pós-graduação, era um aluno. E estou pressionando a estrutura da USP para que eu possa inscrever a dissertação dela — que ela está para defender — com seu nome atual, e não com seu nome anterior, de homem. Ela precisa ter reconhecido pela universidade seu direito a escrever sua tese como uma autora mulher, ou trans, como ela quiser se definir.

[Lilia Moritz Schwarcz]

VIOLÊNCIAS

Notícias de assédio ou de violência física também não estão ausentes do ambiente acadêmico, e os exemplos são vários. Ainda que a academia hoje esteja mais aberta a discussões de gênero, o debate a respeito do fenômeno da violência dentro dos muros da universidade ainda é curiosamente minimizado. Os movimentos estudantis, particularmente os coletivos de mulheres estudantes, estão tomando, em alto e bom som, essa discussão para si. Entretanto, entre docentes e técnicas, estas discussões raramente chegam a se tornar formais publicamente e a promover sindicâncias ou processos.

O não tão recente fenômeno das "associações atléticas" nas universidades brasileiras explicita exemplarmente a presença do preconceito e a violência de gênero. As festas, os trotes e os campeonatos esportivos estão cercados de denúncias de violência, assédios e manifestações de racismo, misoginia e homofobia. Algumas associações ensaiam enfrentamentos diante dessas questões. Mas não é difícil verificar a extensão da presença desse problema em toda a estrutura da vida universitária. Uma pesquisa do Instituto Avon feita em 2015 mostra que 25% das estudantes universitárias já foram agredidas ou desqualificadas por terem resistido a investidas sexuais nas dependências das universidades, 11% declararam ter sofrido tentativas de abuso sexual quando estavam em festas na universidade e 56% relataram diferentes tipos de assédio.

> No curso de direito da UFRJ, quando havia aqueles campeonatos de cursos, até pouco tempo [atrás] os caras cantavam uma musiquinha dirigida à Faculdade de Direito da UERJ, que foi a primeira universidade com cotas, que era assim: "Mulata/ ingrata/ prestou vestibular de dentro da prisão/ mulata/ ingrata/ a cota da UERJ é a solução". Temos que nos construir de forma muito forte, presente, se não a gente some. Todas as mulheres pretas passam por isto: ficam doentes e querem fugir de tudo aquilo, ou ficam embrutecidas e partem para a resposta. As respostas às vezes são muito agressivas, temos que ser muito fortes.
>
> [Rafaela Albergaria, mestranda em serviço social na UFRJ]

Em 2015, foi instaurada uma Comissão Parlamentar de Inquérito (CPI) na Assembleia Legislativa de São Paulo para investigar denúncias de violências sofridas no ambiente universitário. Conhecida como CPI dos Trotes, ela teve início após uma série de denúncias feitas por alunos e ex-alunos do curso de medicina da Universidade de São Paulo (USP). A CPI encerrou seus trabalhos em março de 2015. Segundo seu presidente, o ex-deputado Adriano Diogo (PT-SP), a ação enfrentou dificuldades operacionais como prazo exíguo e a ausência de muitos depoentes, orientados por seus advogados a não prestar depoimento. As declarações do presidente da CPI confirmam a impressão de que as próprias universidades resistem a tratar do tema.

Iniciativas começam a ser levadas em frente, ainda que timidamente. A USP fundou recentemente o USP Mulheres, que busca desenvolver ações de enfrentamento à violência contra mulheres e o combate às diversas formas de discriminação na universidade. A UFRJ implementou em 2016 a campanha "Não se cale", que incentiva a denúncia de situações de violência e assédio na instituição. A UFRJ também organizou fóruns contra violência no ambiente universitário.

Violências simbólicas também percorrem as salas e corredores acadêmicos, por meio de olhares, perguntas e outros constrangimentos vividos tanto por alunas quanto por professoras e funcionárias.

O que a gente espera do ambiente acadêmico? Principalmente de cursos nas ciências humanas, sociais. A gente espera, nesses cursos, que aparecem como mais progressistas, que o racismo apareça de forma mais... refinada. Mas não é assim; podemos ouvir, por exemplo, numa aula: "Os meus livros são que nem meus escravos; com eles eu faço o que eu quiser". Não se para para pensar o quanto isso é agressivo para nós. Porque naquele lugar ali não se espera que tenha negros. E, se tiver, se espera que se mantenham calados. Isso junto com o machismo. Por mais que os homens pretos sejam minoria, os homens pretos são mais ouvidos do que nós. O machismo sempre se impõe em todas as discussões. Sentimos isso, objetivamente, no trato cotidiano, dentro da academia. Não é necessário que ninguém diga que você não pode fazer intervenções. Mas o próprio ambiente silencia as mulheres. Principalmente as mulheres pretas.

[Rafaela Albergaria]

Quando [há] uma sala em que a professora é preta, que a turma na sua maioria é preta e tem uma predominância de mulheres também, as pessoas passam e param. Tanto lá na Letras quanto na Faculdade de Educação. Aí uma vez um homem branco entrou na aula e perguntou: "O que tá acontecendo aqui?". Assim mesmo. Eu respondi: "Meu amigo, o que pode estar acontecendo, numa sexta-feira às dez horas da manhã numa sala de aula da Faculdade de Educação, que não uma aula? O que você acha que pode estar acontecendo aqui?". Aí fica aquele mal-estar. Isso mostra como temos que criar outros processos na sala de aula, uma outra forma de construir um lugar na universidade. Também uma outra perspectiva de transgressão.

[Giovanna Xavier, professora da Faculdade de Educação da UFRJ]

O que tem me incomodado muito hoje são as relações entre os gêneros na academia. Os homens constroem uma certa irmandade, constroem alianças e se potencializam. Não é algo orquestrado, tramado, articulado. Mas a academia é um universo muito masculino, com códigos muito específicos. Perpassa tudo, até um pós-doutorado o colega consegue finalizar mais facilmente porque as obrigações com a maternidade, por exemplo, são da esposa, da sogra, da babá. Tem sempre uma mulher cuidando, o que facilita o trabalho masculino. Para eles, a culpa é não fazer; para nós a culpa surge quando fazemos. As estratégias nesse universo são muito brancas, é assim que nós somos instados a ser na academia; então, produz, produz, produz... sozinho. No comportamento isso também é visível. Uma postura feminina mais contundente é malvista, é desqualificada na academia. Já houve ocasiões em que numa conversa adotei uma postura mais dura, e disseram que eu estava "descontrolada". E eu nem estava exaltada, estava só falando sério!

[Andréa Lopes da Costa Vieira]

Como professora, eu já senti muitas vezes a discriminação; por exemplo, agora, quando eu publiquei um livro sobre história do Brasil com a professora Heloisa Starling, *Brasil, uma biografia*. Não foi um ou dois, foram vários jornalistas que me perguntavam como eu me sentia enquanto mulher escrevendo um livro de interpretação do Brasil. E eu respondia se eles fariam essa mesma pergunta para um homem, como é que um homem se sentiria escrevendo um livro sobre história do Brasil.

[Lilia Moritz Schwarcz]

COLETIVOS COMO ESTRATÉGIA

Hoje, uma novidade, e uma espécie de resposta às pressões sofridas no ambiente universitário, é a articulação feminina em "coletivos" como estratégia de ação. Os coletivos cada vez mais vêm reunindo mulheres, nas mais variadas unidades dos cursos universitários, sinalizando uma nova forma de organização bem diversa dos diretórios centrais de estudantes, centros acadêmicos ou representações mais genéricas, como União Nacional ou Estadual dos Estudantes.

É sintomático observar que mesmo em estruturas tradicionais, como os registros de grupos de pesquisa no CNPq, é cada vez mais frequente encontrarmos a denominação *coletivos* no caso de grupos que discutem gênero. Isso nos leva a desconfiar que algumas acadêmicas têm se engajado em formas de fazer pesquisa, arte, política ou intervenção claramente diferenciadas. No entanto, no espectro das ações docentes para lidar com gênero e com o feminismo no ambiente universitário, as estratégias de atuação que podemos perceber nos coletivos ainda não é muito assumida. Isso não quer dizer que não existam coletivos transversais, com mulheres em diversas etapas de sua trajetória acadêmica. É o caso, por exemplo, do coletivo Angela Davis, na Bahia.

Acredito que em uma assembleia esteticamente masculina e talvez também majoritariamente masculina, uma mulher sozinha que tente transmitir o afeto será irremediavelmente psicologizada, não vai conseguir. Por outro lado, isso seria possível com um grupo de mulheres que tenha se preparado para fazer uma intervenção, justamente porque é um coletivo, porque elas juntas se tornaram capazes de fazer essa intervenção. [...] Havia uma espécie de "se sentir juntas", não em nome de uma verdade, mas por causa de uma experiência da qual nos dávamos conta de até que ponto era compartilhada, e que podia dar consistência a esse grupo. Ou seja, o fato de não se reunir por obrigação, mas sim porque esse "rir juntas" nos alimenta.

[Isabelle Stengers, professora de filosofia na Universidade Livre de Bruxelas] [2]

Os coletivos de mulheres na academia partem de um recorte que envolve várias configurações de identidade, incluindo-se aqui as interseccionais, como a de mulheres negras na academia:

Acho que, em termos de gênero, os coletivos são uma novidade. Já as mulheres na academia não são. Desde a primeira onda já havia mulheres na academia. Para mim, os coletivos representam uma crise das instituições; as instituições não representam mais as pessoas. Partidos políticos, sindicatos... Nesse sentido, os coletivos são menos hierárquicos, mais dialógicos. E pensam menos em grandes causas do que nas questões locais, imediatas. O coletivo de mulheres negras da Unirio [Universidade Federal do Estado do Rio de Janeiro], por exemplo, denuncia professores que são racistas e fazem aliança com mulheres negras de outras universidades para discutir o racismo no campo acadêmico. E, hoje, temos as redes sociais, o Instagram, que potencializam as discussões. São as redes de meninas, tipo as Blogueiras Negras, que começam com uma questão estética, do cabelo negro, do black, e chegam longe em matéria de debates. É impressionante como você tem nas redes um boom de discussão sobre mulheres negras.

[Andréa Lopes da Costa Vieira]

Eu acho que existe uma nova geração de mulheres negras na academia, que estão criando novas formas de organização por uma necessidade objetiva de sobrevivência nesses espaços. Temos visto vários coletivos que surgem para amparar as alunas que estão entrando na universidade. Não são apenas coletivos de formação e de produção; são coletivos que nos sustentam, articulando umas às outras. [...] No nosso coletivo, por exemplo, todas as participantes já sofreram uma série de violências. Uma das companheiras, às vezes, tem que levar sua filha para as aulas, porque muitas mulheres não têm com quem dividir as tarefas domésticas. Mas, quando ela chega com a criança, tem que ouvir piadas, sofre pressões. São essas coisas que me dão mais certeza: por mais que o adoecimento seja coletivo, a cura também é. Só nos curamos coletivamente, só nos fortalecemos estando unidas.

[Rafaela Albergaria]

Não dá para, numa Faculdade de Educação, os alunos dizerem que nunca na vida leram uma autora negra. É importante que a gente encare esse problema de frente, não naturalize isso. Quando eu fui propor lá no meu colegiado a criação de uma disciplina de intelectuais negras, ouvi: "Essa proposta é tão legal, mas por que não pode ser um curso de extensão?". Mas eu entendo que é fundamental a gente estar no currículo com um código, uma disciplina, com sala, com turma, com avaliação constando no histórico, porque isso é disputa também. A pergunta deveria ser: "Por que essa disciplina é optativa e não obrigatória?".

[Giovanna Xavier]

Os coletivos se configuram como organizadores de ações descentralizadas cujas decisões são compartilhadas e apartidárias. As demandas mais recorrentes encaminhadas por esses organismos são a luta contra o machismo, particularmente de professores homens e/ou do "sistema", contra a violência física, psicológica e sexual nos campi, envolvendo professores, alunos e funcionários, além de demandas por creches e assistência estudantil para as camadas mais pobres e femininas entre os estudantes. No entanto, outras demandas, colocadas pelo que se vem chamando de "feminismo jovem", também complexificam e ampliam o espectro das mulheres que reivindicam direitos na academia.

> Por mais que meus primeiros contatos tenham sido com o transfeminismo, hoje eu gosto de me dizer feminista, porque quando eu falo que sou transfeminista parece que eu só sei falar de questões trans. [...] Eu vejo que as feministas negras também são colocadas nesse lugar. Elas só são chamadas para mesas, para debates, para falar de feminismo negro, nunca de feminismo.
>
> [Amara Moira]

Outra perspectiva crítica diante do feminismo é levantada pelo mulherismo afrikana, que defende o resgate e a reapropriação analítica do pensamento africano, expressos, por exemplo, na matriarcalidade como fator estruturante da reflexão sobre gênero. O Instituto Hoju é um dos que congrega a filosofia e a atuação das mulheres desse movimento, que se afastam da perspectiva feminista — e também marxista — por considerarem que estas são indelevelmente marcadas pela branquitude racista, colonialista e machista.

> Acho que é importante a gente olhar para o que as mulheres negras têm dito, especialmente aquelas que reivindicam o

feminismo interseccional, porque elas pautam um outro projeto de mundo e não apenas o combate ao patriarcado. Mas acho importante ouvir também mulheres negras que não se reivindicam feministas e que têm pautado o direito das mulheres negras a partir de outra epistemologia, como o mulherismo afrikana. Não sou partidária dessas ideologias, mas são perspectivas afrocentradas de ver o mundo e as relações humanas, portanto é válido ouvir, prestar atenção ao que o mundo não ocidental e não branco tem a dizer, uma vez que a filosofia ocidental não tem sido suficiente para explicar a complexidade das relações sociais.

[Carolina Santos Barroso de Pinho, doutora em educação]

O CAMPO ACADÊMICO

O campo social acadêmico, por sua vez, também não é unívoco nem uniforme. Este campo se constrói em salas de aula, laboratórios, departamentos, espaços de convivência, instâncias deliberativas, administrativas e congressos.

Vejo as relações entre homens e mulheres na academia como de disputa de poder. [...] Muitas de nós temos filhos, somos arrimos de família, e temos um modo de fazer ciência, de atuar na academia, focando muito na formação dos estudantes. E isso tem diminuído nosso tempo da produção acadêmica em forma de textos. Muitas vezes falta tempo para produzir aquilo que a academia mais preza, que são os textos escritos.

[Angela Figueiredo, professora de sociologia na UFRB]

Pode-se ainda aprofundar a discussão sobre a maternidade, no sentido de se pensar a parentalidade, como ela é exercida, o status dessa parentalidade no ambiente universitário — marcadamente intelectual, racional e muitas vezes sem a porosidade necessária para um avanço na diversificação de seus modelos na produção do conhecimento. Com a entrada das mulheres indígenas nas universidades, os debates tornam-se ainda mais provocadores, como o direito à circulação de crianças em salas de aula, seminários e simpósios.

A reflexão sobre mulheres na academia se constitui como uma alavanca para desnaturalizar o ambiente universitário e a complexidade de suas articulações. A perspectiva de gênero é um lugar de estranhamento, de necessidade de se "estranhar o familiar", no sentido de desnaturalizar, desessencializar o comumente sabido e compartilhado sobre um fenômeno, algo que acompanha antropólogos nas suas atividades de pesquisa em sociedades complexas, trazendo um "por quê?" a tarefas, lugares, pressupostos, discursos.

Na outra ponta do procedimento antropológico moderno, está o movimento de tornar o exótico familiar, ou seja, fazer o esforço de aproximação intelectiva com um universo no qual não se foi socializado, tentando apreender sua lógica operativa, os significados e os sentidos atribuídos a ações, objetos, situações, valores. Por esse viés, pensar a presença de mulheres na academia pode ampliar a compreensão também sobre as marcas sociais e seus impactos sobre o universo acadêmico.

> No curso de arquitetura, existe uma maioria de mulheres estudantes, mas é um universo que tem uma presença majoritariamente masculina como os grandes referenciais. E há uma minoria de presença negra, é um dos cursos mais elitistas. Então, a gente tem dentro do campo um distanciamento enorme dessa dimensão de gênero e de raça como questões que têm que ser tensionadas. Uma das formas como eu tento tensionar é introduzindo essa discussão da representatividade, não só no campo de quem está produzindo arquitetura

e urbanismo historicamente, mas também nas próprias referências dos autores que a gente estuda [...]. É uma construção meio cúmplice, com uma nova geração de estudantes e também com novos professores, que entraram há menos tempo, com uma diversidade maior do que um tempo atrás.

[Gabriela Gaia, professora do curso de arquitetura e urbanismo da UFBA]

No ambiente universitário, escrever e publicar é o que promove e circunscreve as relações de poder na academia. Além da docência, disputar espaços de publicação, dedicar tempo de trabalho para a redação de relatórios de pesquisa e de artigos são tarefas da profissão. Como em todas as suas atividades profissionais, as mulheres na academia têm que enfrentar uma complexa dupla jornada de trabalhos domésticos e cuidados com filhos. Uma política de publicação que contemple mulheres autoras é uma forte demanda, e o incentivo à publicação de pesquisas com perspectivas de gênero e ou feminista vem sendo um esforço recorrente.

A gente ainda vive numa academia que, quando vai falar de raça, começa em Gilberto Freyre, passa pelos estudos da Unesco e vai no máximo até Carlos Hasenbalg. Ela não dá conta da nossa produção. Nós começamos nos anos 1990 — quer dizer, temos antes Guerreiro Ramos, Lélia Gonzalez, mas, como geração, é a partir daí. [...] Consumimos uma década de produção acadêmica para falar da inexistência da democracia racial. Foi fundamental a participação das mulheres negras, por exemplo, na implementação do sistema de cotas [...]. E a narrativa sobre a implementação de cotas não destaca a participação das mulheres negras; então a gente ainda recai naquela máxima: "Todos os negros são homens e todas as mulheres são brancas".

[Angela Figueiredo]

VISIBILIDADE

O caminho mais eficaz para a divulgação e a visibilidade da produção científica sobre as relações de gênero ou feminista são os periódicos especializados. As revistas mais importantes são a *Revista Estudos Feministas* (UFSC) e a *Cadernos Pagu* (Unicamp), ambas ligadas a grupos de pesquisa consolidados nas respectivas universidades. Temos também iniciativas mais recentes, como *Revista Gênero* (UFF), *Gênero & Direito* (UFPB), *Periódicus* (UFBA), *Revista Latino-Americana de Geografia e Gênero* (UEPG), *Coisas do Gênero* (Faculdades EST, instituição confessional luterana) e *Bagoas* (UFRN), para citar apenas algumas.

> Uma coisa que eu acho interessante que está acontecendo hoje não é mais tanto as mulheres estarem na academia como alunas ou como professoras, mas é as mulheres estarem fazendo um movimento de ler mulheres. De dizer: a Simone de Beauvoir é filósofa, a Judith Butler é filósofa, Donna Haraway, Lélia Gonzalez... Outra epistemologia. Não é mais apenas a mulher como objeto de estudo, porque isso já conseguimos — embora eu ache que isso está levando a um problema, porque parece que só mulheres devem pesquisar gênero, formando uma espécie de gueto. O movimento novo na academia não é estudar gênero, mas estudar com gêneros, quer dizer, generificando a bibliografia.
>
> [Carla Rodrigues]

A internet vem se mostrando um caminho amigável para a difusão da produção de conhecimento das mulheres, ainda que o mito do livro e do artigo impresso não tenha sido superado. Um exemplo é o site Mulheres Também Sabem, que lista especialistas mulheres no campo das ciências humanas. Já o site Não Tem Conversa se propõe a discutir e expor a ausência da participação feminina em situações acadêmicas e não acadêmicas, como mesas redondas, debates, seminários e encontros.

São bastante numerosos os sites de mulheres com inserção acadêmica que merecem ser mapeados e divulgados, mas não podemos fechar esse assunto sem chamar atenção para uma iniciativa recente nesse campo, a revista on-line *DR* — sigla para a expressão "discutindo a relação", uma atividade comumente considerada "infernal" pelos homens e atribuída às mulheres. É uma revista que rejeita todas as formas do saber autoritário e sai em busca de novas formas de produção de conhecimento. Ela inova não só no formato, que une seriedade e humor, ignorando regras editoriais da divulgação científica formal, mas também na preocupação de horizontalidade, abrindo espaço para diferentes falas, demandas e competências. A revista propõe DRS com os principais pensadores que formaram o paideuma teórico dessa geração de mulheres acadêmicas. Tudo isso sugere uma séria interpelação nos modelos de comunicação acadêmicos e sinaliza a perspectiva de um movimento epistemológico semelhante, ultrapassando as revistas acadêmicas sobre gênero que tiveram início nos anos 1980 e 1990.

> A *DR* surgiu [...] de uma necessidade de estar entre mulheres, de fazer coisas com mulheres, e discutir o papel das mulheres no meio intelectual, o lugar das mulheres em geral, mas especificamente no meio intelectual, porque é o meio em que eu vivo. [...] Vínhamos de movimentos de repúdio às prisões nas manifestações de 2013-4 contra a Copa [do Mundo] e às perseguições. Para isso, resolvemos escrever uma carta para a Dilma, então no final de seu primeiro mandato como presidenta, pedindo pra soltar os 23 presos. E, no processo de redigir essa carta, percebemos que havia uma preocupação com o tom, que não era algo levado muito a

sério pelos homens. [...] Os homens tinham uma preocupação maior com o conteúdo, com o argumento, com a historicidade do argumento, em embasar aquele argumento de uma maneira rigorosa. E as mulheres também tinham essa preocupação, mas tinham também uma preocupação específica com o tom, como se o tom tivesse um valor em si mesmo, não fosse só um acessório para o argumento. Queríamos mandar uma carta afetiva, tipo "Amiga, pelamordedeus, solta o pessoal! (risos)...".

[Tatiana Roque, professora de matemática e filosofia na UFRJ]

Na mesma direção da entrevista de Tatiana, as autoras do livro *Les Faiseuses d'histoires* [As fazedoras de história], Vinciane Despret e Isabelle Stengers, entrevistadas no primeiro número da *DR*, introduzem o desconforto das mulheres no ambiente acadêmico e o horizonte de possibilidades que um enfrentamento discursivo feminino pode promover nesse ambiente. O próprio título, *Les Faiseuses d'histoires*, que pode ser traduzido como "As criadoras de caso", já denuncia estratégias interessantes para interpelações políticas ou epistemológicas no espaço e na produção acadêmicos.

Se a psicologia se apropriou das emoções, por exemplo, e dos modos de afetar, de sentir, de expressar, ela moldou os modos de ser do povo, que se expressam nas manifestações e nas revoltas. Os "homens civilizados" se expressam através de uma racionalidade sobre a qual, invariavelmente, todo mundo deveria estar de acordo, pois todo mundo é racionalizado. [...] Nas revistas pretensamente emancipadoras femininas, ainda há "as mulheres são mais sensíveis", "as mulheres pensam mais em um discurso afetivo", o que é muito perigoso de dizer, pois, se se faz disso uma psicologia, torna-se uma maneira de desvalorizar e dar razão aos que detêm a racionalidade. Então, como tornar um discurso afetivo para fazer dele um discurso? Não um discurso afetivo, um discurso sobre a afetividade, sobre o corpo, sobre os modos de fazer, de maneira que isso se torne um modo político de engajamento? É a primeira coisa que eu diria, enquanto os homens não aceitarem, e mesmo as mulheres, aliás, pensar que a própria maneira de caracterizar os modos de fazer são questões políticas, ou seja, maneiras construídas [...], ainda não começamos realmente, pois essa questão será sempre rebatida para o lado da psicologia, "bem, são mulherzinhas, ora!".

[Vinciane Despret, professora de filosofia na Universidade de Liège][3]

Pensar sobre a escrita e o tom dessa escrita remete diretamente à questão dos regimes de autoridade e verdade que alimentam a maior parte dos discursos do cânone acadêmico, de construção historicamente masculina. São estes mesmos discursos que definem os campos de saber e os critérios de legitimidade e não legitimidade a partir de determinadas regras de enunciação. Começamos a perceber sinais bastante concretos, ainda que não tão divulgados como deveriam, de que esta geração acadêmica pretende tomar para si a tarefa de discutir e propor novos modelos de enunciação acadêmicos, bem como proposições epistemológicas.

Em 1764, Kant escreveu um livro chamado *Observações sobre o sentimento do belo e do sublime*. E, nesse livro, ele diz que os homens pensam e as mulheres sentem. Então, as mulheres são o belo, e os homens são o sublime, que é da ordem do espírito, da ordem da cultura, que portanto não é produzido por mulheres. De tudo o que nós herdamos de Kant no pensamento ocidental, essa talvez seja a coisa menos explícita e mais presente até hoje. [...] Se eu pegar especificamente uma agenda para as mulheres na universidade, é esta: mostrar que as mulheres pensam [...]. Aquilo que Simone de Beauvoir dizia em *O segundo sexo*, que até ali não havia roteiro de subjetivação possível para constituir uma mulher como sujeito, nós também já conseguimos romper e mostrar que há formas de subjetivação para as mulheres, para nos tornarmos sujeitos. Já nos tornamos sujeitos em muitos campos. Mas talvez o campo do saber, da ciência, da epistemologia, seja aquele em que nós ainda somos vistas exclusivamente como secundárias. E acho que essa é a pauta na universidade.

[Carla Rodrigues]

O FOCO DAS CIÊNCIAS

É interessante observar alguns processos vividos por cientistas mulheres em determinados campos de estudo. Londa Schiebinger trabalha a trajetória das primatologistas como uma história em que inesperadas perguntas são colocadas e, a partir daí, a ampliação de toda uma área de conhecimento se produz. Assim, até a entrada das mulheres no estudo dos primatas, os seres femininos não humanos eram tidos como dóceis, animais dispostos a trocar sexo e reprodução por alimento e proteção. Pesquisas sobre o cotidiano dos animais, suas formas de comunicação e de solidariedade grupal, a busca por comida e cuidado dos filhotes, além da observação dos papéis de cada um nos grupos e não apenas das lideranças certamente estão modificando substancialmente a primatologia e as metodologias de observação de seres vivos.

Ainda na biologia, mas em outro cenário, Anne-Fausto Sterling dedicou-se à análise de pessoas intersexo e da tentativa da medicina de adequá-las cirurgicamente a uma realidade binária. O estudo lança questões perturbadoras, não só para o seu próprio campo, mas para a ciência como um todo. Em uma entrevista à revista *AzMina*,[4] a autora afirma que o intuito era desestabilizar o binarismo biológico e mostrar que "não é só o gênero que é construído socialmente, mas também o sexo biológico".

Trata-se, portanto, de uma avaliação de impacto das pesquisas e análises a partir da perspectiva de gênero.

> Acho que a incorporação das mulheres na academia vai trazer uma mudança. Porque critérios de rigor, de legitimação, de cientificidade do pensamento ocidental foram construídos numa sociedade patriarcal, machista, majoritariamente por homens, brancos, europeus, em cima de conceitos eurocêntricos. Então é claro que você trazer outros atores para o centro dessa cena de produção de conhecimento muda o próprio conhecimento. Sem dúvida. Na história, por exemplo, foi uma mudança muito abrupta. Em todas as correntes atuais se faz uma revisão da escrita eurocêntrica da história.
>
> [Tatiana Roque]

Outra questão que nos parece importante é a da potência do lugar do afeto e da experiência, excluídos nos modelos tradicionais do discurso científico. Como observa Joan Scott, é necessário que se pense a experiência não como uma verdade a ser acessada a partir da vivência como mulher, mas como uma *outra* maneira de formatar e narrar o que foi vivenciado, sentido e racionalizado a partir de certos parâmetros. Aqui, a experiência não é o lugar de uma autoridade irredutível, mas um olhar a partir de certos constrangimentos, limites e possibilidades contextuais, que se constrói e se expressa como significado através do discurso. Esse é um caminho que pode se mostrar bastante importante na interpelação dos discursos de autoridade, centrais no cânone acadêmico.

Nós não somos monocromáticas. Nem monotemáticas. Somos um pouco mais ruidosas. Mas eu olho para o meu departamento e vejo poucas mulheres, que estão lá há trinta anos, mas são mulheres que entraram num momento em que, para entrar no mundo masculino, era preciso fazer de conta que era homem. Ou seja, não era possível expressar todas essas características com um certo tom mais rebelde, no sentido de estar aqui mas ao mesmo tempo problematizando o que significa estar aqui.

[Carla Rodrigues]

O método positivista construiu o conhecimento exigindo que você tivesse distância do objeto, como se a imparcialidade existisse. E, na verdade, ela não existe. Por conta dos privilégios que impedem as pessoas de chegarem a fundo na realidade, as mulheres negras têm mais potencial de lidar com isso, mesmo aquelas que não têm nenhum estudo. Até porque quem construiu tudo que está aí fomos nós, homens e mulheres negras. Até hoje. Quem faz a limpeza nas universidades? Somos nós. Quem é que é objeto de pesquisa? As feministas negras têm um potencial imenso de fazer avançar a pesquisa brasileira [...]. A academia tem muito pouca proposta para intervir na realidade. Minha mãe, minha tia me trazem questões muito importantes sobre a realidade que elas e que todos nós vivemos. O novo vai vir daí.

[Rafaela Albergaria]

Voltando a Joan Scott, vemos a valorização da experiência como um fator que coloca em relevo contextos, conflitos e dinâmicas que não seriam vistos de outra maneira a não ser através desse ponto de vista. Impressões, experiências e observações geram mais dúvidas e inquietações do que as verdades, insinuam mais do que afirmam, projetam e inquietam.

Posso estar totalmente enganada, mas me parece que na academia há uma oscilação constante entre a negação do corpo — a negação de sua existência — e o fetichismo misógino. Nenhuma dessas formas de entender ou abordar o corpo da mulher é saudável ou interessante para nós. Por um lado, é como se ainda se cultivasse uma dicotomia entre corpo, sensualidade, e inteligência, vida intelectual. Por outro lado, todos os abusos e misoginias são relacionados aos corpos femininos e aos índices de feminilidade convencionais. Curiosamente, se uma pesquisadora/professora se impõe intelectualmente de forma mais incisiva é como se ela perdesse instantaneamente seu corpo e seu estatuto de mulher. Isso mostra a que ponto o imaginário acadêmico — e incluo aqui todos os senhores intelectuais refinados em suas áreas de atuação — ainda é extremamente machista e convencional.

[Laura Erber, professora do departamento de teoria do teatro da Unirio]

Nós temos uma geração de feministas negras que falou pouco sobre sexualidade. Combater a desigualdade racial e denunciar o mito da democracia racial consumiu muita energia; então, nessa geração agora já não se pensa mais como a minha geração e as anteriores a mim, que se pensaram acima de tudo a partir da desigualdade racial. Nós pensamos como uma mulher negra um pouco assexuada, claramente em resposta à hipersexualização que a cultura brasileira fez de nossos corpos. Mas acho que a nova geração, hoje, emerge com um discurso em que a sexualidade, o gênero e a raça existem e ocupam o mesmo espaço. Não há uma hierarquia. Essas jovens feministas negras, hoje, e as estudantes que não se declaram feministas falam abertamente da interseção entre gênero, sexualidade, classe, religião e geração, mostrando uma realidade mais complexa, bem além das simples categorias de raça e classe. Acho que a realidade hoje não permite mais a hierarquia entre essas categorias analíticas.

[Angela Figueiredo]

A INTERPELAÇÃO INTERSECCIONAL

A interseccionalidade vem se constituindo como forma de interpelar as hierarquias de opressão presentes, apontando para a variedade de estruturas que invisibilizam e apagam as múltiplas demandas das mulheres. Valorizada como perspectiva a partir do esforço de autoras negras como Audre Lorde e Kimberlé Crenshaw, entre outras, a vertente da interseccionalidade se abre para a busca de novas teorias que possam dar conta de suas especificidades e cruzamentos. Nesse quadro, a valorização das teorias descoloniais se faz importante. A perspectiva descolonial, além de contemplar as questões colocadas pelos feminismos interseccionais, também oferece uma importante chave diferencial para o feminismo branco não europeu e não norte-americano.

> Acredito que o feminismo inteseccional supera o feminismo tradicional porque é uma nova síntese por incorporação, algo que questiona não apenas o poder masculino, como o feminismo tradicional, mas também questiona o poder e outras formas de opressões. É um contradiscurso.
>
> [Carolina Santos Barroso de Pinho]

Os negros, nós, negras, mudamos a academia. À medida que entram novos sujeitos na produção do conhecimento, eles reformulam, se apropriam, interrogam, elaboram novos objetos de pesquisa que têm a ver muito mais com aquilo que Boaventura de Sousa Santos chama de "sociologia das urgências". Nosso processo de construção de reflexões tem a ver com questões urgentes, que dizem respeito às questões de identidade, mas também ao ambiente político. As mulheres negras entram na academia muito numa perspectiva colocada pelo feminismo negro, a perspectiva de refletir sobre esse lugar de mulher negra. As contribuições teóricas feministas, como o conceito de posicionalidade, de Donna Haraway, ou do ponto de vista explorado por Patricia Hill Collins, nos levam a fazer ciência a partir dessa perspectiva situada, localizada. E é com esse olhar que queremos pensar e intervir no mundo. É importante assumirmos o lugar de onde falamos.

[Angela Figueiredo]

É difícil não lembrar de um dos livros mais impactantes desses novos tempos, *Plantation Memories*: *Episodes of Everyday Racism* [Memórias da plantation: Casos de racismo cotidiano], de Grada Kilomba, escritora, teórica e artista portuguesa. O primeiro capítulo do livro, "The Mask" [A máscara], lembra um instrumento de metal que, por mais de trezentos anos, foi colocado na boca de escravos entre a língua e a mandíbula e trancado por duas cordas, uma em torno do queixo e a outra em torno do nariz e da testa, como se vê nas representações da escrava Anastácia. Embora supostamente fossem usadas para que os escravos não comessem os frutos das plantações, Grada defende que a principal função das máscaras era promover "um senso de mudez e de medo, visto que a boca era um lugar tanto de mudez quanto de tortura". E prossegue: "Ela simboliza políticas sádicas de conquista e dominação e seus regimes brutais de silenciamento dos chamados 'Outros': Quem pode falar? O que acontece quando falamos? E sobre o que podemos falar?".

Esta é a urgência maior da academia feminista: mais do que índices quantitativos da alta da participação feminina nas universidades, o impacto esperado vem da força qualitativa de uma comunidade acadêmica que começa a contemplar a participação mais diversificada em termos de raça, etnias e gênero. Como indagou Grada Kilomba: "O que acontece quando falamos?".

SISTEMAS DOS SABERES

A produção feminista, que vem de longa data, se depara hoje com a questão dos feminismos, que são plurais. Isso sinaliza para as mulheres a possibilidade de novas formas da carreira acadêmica, discursiva, narrativa. Não creio que haja essencialmente um saber feminino e um saber masculino, eu sou contra qualquer tipo de essencialização e qualquer tipo de conformação de lugares estáveis e sem conflito, sem atrito, e, sobretudo, sem interseccionalidade. Mas é inegável que a entrada desses discursos, desses modelos de pensamento, gerou tensões, novos personagens e protagonistas — mulheres, que não apareciam na nossa história, nos nossos discursos, no nosso saber —, como também gerou olhares distintos, percepções distintas. Tudo isso faz parte de uma nova forma de socialização das mulheres, de uma forma de afeto das mulheres, de uma maneira de enxergar o mundo, de estar no mundo. Enfim, como toda versão que busca a diferença e a diversidade, a produção das mulheres, que já é uma produção assentada, e que tem ondas sucessivas, distintas e paralelas, tem feito um bem danado para a produção acadêmica de uma forma geral.

[Lilia Moritz Schwarcz]

A filósofa trans Helena Vieira, que define sua formação como um "fracasso acadêmico" e mantém uma importante performance como autora, consultora e intelectual, vem marcando uma posição de vanguarda na pesquisa em torno da criação de ferramentas que interpelem a autoridade epistemológica eurocêntrica e heteronormativa, gerando um ambiente hermenêutico mais inclusivo.

Helena faz palestras e seminários nos quais discute a produção acadêmica de um novo campo de pesquisa, a epistemologia social, que busca investigar a dimensão social e a moralidade das nossas práticas epistêmicas. Um dos trabalhos feministas nessa área mais citados é o de Miranda Fricker, *Epistemic Injustice: Power and the Ethics of Knowing* [Injustiça epistêmica: O poder e a ética do conhecer]. Para Miranda, essa é a forma como nossas práticas podem ser limitadas por estruturas de poder que se manifestam socialmente. Todas elas sofrem de uma maquinação social desenhada especificamente para manter suas experiências obscurecidas. As relações de poder de uma sociedade machista, segundo Miranda, são responsáveis por manter mulheres em uma situação de participação hermenêutica desigual, na qual não só elas não contribuem igualitariamente na criação de recursos coletivos como também enfrentam limitações nas interpretações individuais das suas próprias experiências sociais. Consequentemente, no repertório hermenêutico de uma comunidade, forma-se uma lacuna, uma marginalização gerada por preconceitos e com um forte déficit de credibilidade relacionado às identidades raciais ou de gênero.

Outros caminhos de pensamento importantes que dialogam com a ideia do lugar de fala, sobretudo na produção acadêmica, presentes no trabalho de Helena Vieira, é a pesquisa em torno das noções de infiltração pragmática (*pragmatic encroachment*) e ponto de vista epistemológico (*standpoint epistemology*). A primeira defende que o valor da atribuição de conhecimento varia de acordo com seu contexto conversacional. A segunda propõe a experiência como ponto de partida epistemológico baseada no entendimento marxista, agora como interpelação às teorias patriarcais e às epistemologias convencionais dominantes. Donna Haraway,[5] que abraça essa tendência, procura defender a noção de "ponto de vista epistemológico" enquanto a de um "conhecimento situado", em oposição a um relativismo aparente desse mesmo ponto de vista. Entrando na área científica, Sandra Harding[6] insiste na sugestão metodológica da utilização da experiência das mulheres enquanto categoria de análise, uma outra forma de mobilizar o capital e o potencial interpretativo da experiência pessoal, majoritariamente banida da produção de conhecimento vista como legítima.

Por outro lado, é perceptível, nas novas gerações de teóricas do feminismo, uma certa distância dos discursos pós-estruturalistas, que foram tão importantes para as teorias feministas dos anos 1980 em diante. Hoje parece haver uma procura mais insistente na construção e na modelagem de formas de produção de conhecimento mais locais, menos eurocêntricas, mais cruzadas e mais diretamente alimentadas pelas propostas do pensamento interseccional.

Nós tanto sabemos da existência do que se chama de "feminismo clássico dos anos 1960" quanto, para o bem e para o mal, temos que lidar com o que ele estabeleceu como prioridades. Pensando no caso brasileiro, os embates vividos entre mulheres negras e mulheres brancas dentro dos encontros feministas nas décadas de 1970 e 1980 dão uma boa mostra do quanto as expectativas por emancipação econômica e sexual foram vividas de maneiras diferentes e não necessariamente se desdobravam de modo natural em equidade para todas. Em 1988, Luiza Bairros, à época integrante do Grupo de Mulheres do MNU [Movimento Negro Unificado] da Bahia, em sua fala no I Seminário Nacional "O feminismo no Brasil: Reflexões teóricas e perspectivas", em Salvador, questionava a relação paternalista e hierárquica estabelecida entre mulheres brancas e negras, e o problema da infantilização dessas últimas decorrente disso. A crença traduzida em tendência de as brancas se comportarem como aquelas que poderiam conduzir politicamente as mulheres negras foi posta em xeque e mal-entendida em diversas oportunidades. E acredito que isso tenha a ver com a forma como a agenda estabelecida pelo feminismo norte-americano e europeu dos anos 1960 foi incorporado na América Latina e no Caribe.

[Ana Flávia Magalhães Pinto, professora de metodologia
do ensino de história na UnB]

Se esse feminismo branco norte-americano e europeu dos anos 1960 foi incorporado sem grandes hesitações pelo feminismo latino-americano, hoje vemos um forte movimento das novas gerações de acadêmicas em questionar esse modelo conhecido como "giro decolonial", termo cunhado pelo filósofo porto-riquenho Nelson Maldonado-Torres.

Ainda que os estudos pós-coloniais, que emergiram nas décadas de 1970 e 1980, tivessem como foco a construção do colonizado, o discurso do colonizador ainda era a base. Já o giro decolonial traz a prioridade da pauta de descolonizar a epistemologia latino-americana e seus cânones, em grande parte de origem ocidental, formulando novas *epistemologias do Sul*,[7] necessariamente pluriversais. O pensamento decolonial propõe ainda um novo paradigma, que leva em consideração não apenas a geopolítica, mas também a corpo-política, isto é, a situação geo-histórica e corporalizada que articula a produção de conhecimento.

Para Walter Mignolo, um dos principais formuladores desse conceito, "o continente latino-americano é uma localização geo-histórica central na produção de conhecimentos mundiais do ponto de vista do 'pensamento liminar' ou 'fronteiriço', que não existe independentemente da modernidade, mas em resposta a ela, como parte das lutas concretas contra todos os tipos de silenciamento das diferenças. Estas, uma vez escuta-

235

das, tenderiam, enfim, a abrir um novo horizonte cognitivo, como atitude descolonizadora perante a ciência e seus cânones que forjaram a Razão (pseudo) universal".[8]

Hoje, cada vez mais, o giro decolonial apresenta-se como um caminho teórico interessante para os novos feminismos intersecionais e antieurocêntricos. Algumas teóricas são referências nesse sentido. Já é clássico o trabalho de María Lugones, filósofa e feminista argentina, sobretudo com o texto "Colonialidad y género",[9] de 2008, que parte do conceito de colonialidade do poder para propor uma leitura radicalmente decolonial feminista, que questiona a construção colonial moderna de gênero e sexualidade. Para isso, ela recorre às autoras Oyéronké Oyewùmi e Paula Gunn Allen, que mostram como a divisão da humanidade em gêneros feminino e masculino — e as consequentes formas de opressão — só ocorreu nas sociedades indígenas e africanas a partir dos processos imperialistas de colonização. A partir daí, Lugones mostra como o processo de colonização promoveu o enraizamento da concepção ocidental de gênero e questiona a homogeneização da denominação de "mulher", procurando demonstrar a mútua relação entre gênero e colonialidade. Em "Rumo a um feminismo decolonial",[10] Lugones propõe a crítica ao universalismo feminista a partir da interseccionalidade, baseada numa intersubjetividade fortemente historicizada.

As contribuições do feminismo decolonial ainda se desdobrarão em grandes surpresas no campo epistemológico. Talvez a inspiração mais radical e fascinante que experimentamos hoje seja o trabalho de Gloria Anzaldúa (1942-2004), que faz da própria experiência uma proposta textual. Anzaldúa lecionou na Universidade Estadual de San Francisco; Universidade da Califórnia, em Santa Cruz; e na Florida Atlantic University. Ela foi coorganizadora, com Cherríe Moraga, da já histórica e pioneira antologia sobre o feminismo interseccional, *This Bridge*

Called My Back: Writings by Radical Women of Color. Em 1987, lançou *Borderlands/La Frontera: The New Mestiza*, um texto-performance em que misturam poesia, autobiografia, ficção e teoria, usando vários idiomas simultaneamente. A escrita de Anzaldúa reflete, na construção de seu próprio texto, as exclusões e os desequilíbrios históricos a que se refere. O texto atua no nervo exposto dos discursos da diferença e propõe recursos epistemológicos intersubjetivos que permitam a expressão nômade das relações entre centro e periferia, tradição e modernidade. É clássico o seu discurso "Falando em línguas: Uma carta para as mulheres escritoras do terceiro mundo"[11] sobre o poder da reinvenção da escrita para a criação de um novo mundo.

Talvez não seja exageradamente utópico prever que nossas jovens acadêmicas, que surfam nessa quarta e surpreendente onda do feminismo, tomem para si a tarefa de assumir um merecido protagonismo acadêmico e contrapropor novas e necessárias epistemologias e formas de expressão e produção de conhecimento. Já podem ser vistos alguns movimentos no campo da pesquisa das artes e da performance — áreas acadêmicas tradicionalmente mais flexíveis em relação à autoexpressão político-estética com valor argumentativo e analítico. Alguns nomes como Camila Bacelar e Adriana Schneider, para citar apenas dois exemplos, são sinal de terra à vista. Assim como a tese/performance de Elton Panamby,[12] em que, enfrentando a hipótese de que "pela língua, pela boca, coloca-se em prática um dos procedimentos fundamentais da estrutura colonial", ela promove, como ato público e teórico, a cisão da própria língua.

Talvez não seja necessário que todas as teses de mulheres na academia sejam tão radicais. Certamente, porém, a língua normativa dos modos de produção e os sistemas de conhecimento vigentes merecem atenção especial e urgente.

Andrea Moraes é antropóloga e professora da Escola de Serviço Social e do Núcleo de Políticas Públicas em Direitos Humanos da UFRJ.

Patrícia Silveira de Farias é antropóloga e professora da Escola de Serviço Social da UFRJ. Estuda gênero, relações étnico-raciais e territorialidades.

COLABORADORAS

Amara Moira
Ana Flávia Magalhães Pinto
Andréa Lopes da Costa Vieira
Angela Figueiredo
Carla Rodrigues
Carolina Santos Barroso de Pinho
Gabriela Gaia
Giovanna Xavier
Laura Erber
Lilia Moritz Schwarcz
Rafaela Albergaria
Tatiana Roque

3

OS FEMINISMOS DA DIFERENÇA

COM RAFFAELLA FERNANDEZ

FALO EU, PROFESSORA, 79 ANOS, MULHER, BRANCA E CISGÊNERO

POR HELOISA BUARQUE DE HOLLANDA

Tenho certeza de que não foi de repente. Se hoje fomos pegas, aparentemente de surpresa, por uma torrente de discursos, experiências, ativismos interseccionais, radicais, LGBTQIS, binários, cis e outros; se apenas hoje se desdobram em cena aberta subjetividades, corpos, vozes, foi certamente porque a escuta dos movimentos sociais e culturais foi fraca. Fraquíssima.

Num livro de 2008, *Plantation Memories: Episodes of Everyday Racism*, Grada Kilomba, uma das artistas e escritoras mais expressivas do momento, insiste: "É necessário escutar por parte daqueles que sempre foram autorizados a falar [...]. Quem pode falar? O que acontece quando falamos? E sobre o que podemos falar?", pergunta ela. E pergunto eu: "Estamos realmente ouvindo?". A realidade mostra que a escuta é bem mais difícil e perigosa do que parece.

Vou citar, mais uma vez, um quase leitmotiv desse livro. Eu me refiro ao discurso de Sojourner Truth, que, há quase dois séculos, em plena Convenção dos Direitos das Mulheres (Women's Rights Convention, em inglês), em Akron, Ohio, nos Estados Unidos, em 1851, sem rodeios nem hesitações, interpelou de forma seminal o feminismo e pôs o dedo numa ferida ainda não cicatrizada: "a mulher" não é a mulher negra.

Ainda ecoando Sojourner, sabemos que "a mulher" também não é a mulher indígena, nem a asiática, nem a lésbica, nem a trans, nem a cristã, nem a não binária, nem tantas outras de que não tratamos aqui, nem mesmo a branca que não se quer universal.

As diferenças entre as mulheres e as demandas específicas que essas diferenças propõem são grandes e há muito se manifestam política ou teoricamente — mas, com certeza, sem a impressionante visibilidade que ganhou nesta quarta onda, especialmente com a explosão do feminismo negro e do transfeminismo, os movimentos de maior impacto desse momento, no meu ponto de vista. É verdade que nenhum dos dois surgiu agora, mas foram os mais contundentes na articulação de suas demandas por reconhecimento legal e social, bem como na proposição de novos imaginários políticos.

No conjunto de textos que compõem a parte "Os feminismos da diferença", uma amostra dos movimentos que interpelam a universalidade da perspectiva branca heterossexual, é notória a flutuação de demandas e questões que cada uma dessas correntes colocam.

O feminismo negro enfrenta a desigualdade, o silenciamento, a discriminação, o genocídio e a violência sofridos por mulheres e homens negros, se põe contra a apropriação do capital cultural afro-brasileiro, valoriza ideias como a interseccionalidade, o "lugar de fala" e a afirmação estética da "geração tombamento" e, o que é bastante interessante, não dissocia as demandas de seus filhos homens e negros da pauta de sua luta. Já o feminismo indígena nos surpreende com outras prioridades: o protagonismo em lutas tradicionalmente masculinas, como a demarcação de terras, a denúncia do genocídio dos povos indígenas, a luta pela conquista de lugares de lideranças nas aldeias e nos movimentos, a conquista da visibilidade, especialmente em contextos urbanos. O feminismo asiático, por sua vez, confronta, além das questões já propostas pelos feminismos, novos formatos de exclusão, como a fetichização e a sexualização do corpo asiático e a discriminação xenofóbica.

Deixando um pouco de lado a questão racial, os demais feminismos também trazem marcações de diferenças. Chama a atenção o feminismo cristão e sua delicada margem de manobra e de diálogo no contexto dos dogmas da fé e das leis das Igrejas. Suas lutas são no sentido de conquistar esse diálogo e intervir nos discursos sobre o corpo das mulheres, fé e mesmo Deus. Para isso, o feminismo cristão se empenha na disputa pela exegese bíblica, pelos cargos de poder nas Igrejas e pela inclusão LGBTQI. Outro ponto importante, defendido pelas feministas cristãs negras, é a luta contra os conflitos das Igrejas cristãs com as religiões de matriz africana, e, o que é mais interessante, essa luta se faz, sobretudo, a partir de disputas hermenêuticas na leitura dos textos bíblicos.

Do ponto de vista dos feminismos de gênero, que não se enquadram no modelo tradicional branco e heteronormativo, temos o posicionamento diferencial do transfeminismo, que ganhou evidência e se tornou centro de polêmicas nos últimos quatro anos. O transfeminismo, ainda que não seja novo, chegou nesta quarta onda com uma luta valente por reconhecimento, contra o genocídio trans, pela inserção legal e de direitos, pela aceitação no mercado de trabalho, pelo direito de se desidentificar com ambos os gêneros, se assim o desejarem, e com forte presença nas artes, na filosofia e na mídia. O feminismo lésbico se caracteriza pela busca de maior visibilidade no interior do movimento LGBTQI e trabalha prioritariamente num formato de atuação coletiva, com muita força nas expressões artísticas e culturais.

O feminismo radical se articula em torno da defesa dos direitos das mulheres, mas se distancia do feminismo branco liberal pela posição firme contra a prostituição e a rearticulação dos marcadores de gênero, defendida especialmente pelo movimento trans. No campo da ação, se destaca por se concentrar na luta contra a violência por meio de um trabalho relevante de apoio e orientação a mulheres em estado de vulnerabilidade.

Nesse quadro, acho importante demarcar de onde parte minha fala: professora, 79 anos, mulher, branca e cisgênero, como adiantei no título. Passei por um longo exercício de escuta, no sentido de reconhecer e acolher as diferenças, reconhecimento que quase nunca vem sem conflito.

Porém, insisto, demoramos muito para escutar as diferenças entre as mulheres e, ainda assim, continuamos escutando pouco.

Há mais de trinta anos que as questões de interseccionalidade e lugar de fala são um campo de disputa importante. Em 1981, eu estava na Universidade Columbia, nos Estados Unidos, pesquisando a emergência das teorias feministas, quando me deparei com o lançamento de um livro que estava provocando grandes discussões e divisões no movimento feminista e na academia: *This Bridge Called My Back: Writings by Radical Women of Color*, uma antologia feminista organizada por Cherríe Moraga e Gloria Anzaldúa. Lembro do meu sobressalto diante daqueles textos que desmontavam radicalmente minha pesquisa, sobre a literatura feita por mulheres no Brasil, e, sobretudo, minha própria relação com o feminismo. As autoras denunciavam, de forma brilhante, o ideal de sororidade universal do feminismo branco que se fazia às custas da opressão das mulheres negras. O impacto do livro foi irreversível para um enorme contingente de feministas, tornando-o o mais citado do boom teórico da terceira onda, que vai do final dos anos 1970 até a primeira década do novo milênio.

Naquele mesmo ano, a ativista Angela Davis publicou *Mulheres, raça e classe*, um clássico que associa as categorias de raça e classe nas relações entre senhores e negros e negras escravizados nos Estados Unidos, no século XIX.

Logo depois, em 1984, outro marco do feminismo da diferença levantou novas polêmicas: Audre Lorde publicou *Sister Outsider*, uma coleção de ensaios e palestras. O título já denuncia o desconforto e a complexidade do posicionamento subjetivo da autora, que se experimenta simultaneamente como irmã e estranha. Audre, poeta, negra, lésbica, mãe de dois filhos e vivendo uma relação inter-racial, pensa sua própria experiência traumática em cada uma dessas posições. Fala de sexismo, heterossexismo, racismo, homofobia, classismo e chama atenção para a falta de reconhecimento das diferenças no contexto das lutas do feminismo branco. Numa palestra intitulada *Não existe hierarquia de opressão*, diz: "Eu não posso me dar ao luxo de lutar por uma forma de opressão apenas. É preciso focar na necessidade de se associar múltiplas combinações e sobreposições, criando um modelo flexível de posicionamento subjetivo".

Na sequência, foi publicado o importante trabalho de Patricia Hill Collins, *Black Feminist Thought*, que aprofunda a reflexão conceitual das conexões entre gênero, raça e classe.

Mas foi Kimberlé Crenshaw quem finalmente formalizou teórica e conceitualmente a noção de interseccionalidade, em 1987. Ativista, advogada e acadêmica, Kimberlé criou o campo de estudos "Teoria crítica da raça" ao abordar direitos civis e legislação constitucional. Ela introduziu o conceito de interseccionalidade numa palestra seminal dada no Fórum Legal da Universidade de Chicago, e seu argumento partia da existência de infinitas formas de exclusões interseccionais, não apenas relativas às mulheres negras, mas também às deficientes, imigrantes, indígenas e outras variáveis discriminatórias. Nesse sentido, a afirmação do conceito de interseccionalidade seria um instrumento jurídico para promover uma forma de olhar para as múltiplas exclusões articuladamente e fazer justiça de forma mais criteriosa e legítima.

Não posso deixar de citar três grandes intelectuais negras, Lélia Gonzalez, Beatriz Nascimento e Sueli Carneiro, que tiveram, no Brasil, uma presença fundamental na produção de conhecimento sobre raça, gênero, classe e interseccionalidade durante a terceira onda do feminismo.

Nancy Fraser, em seu último e polêmico livro, *Fortunes of Feminism: From State-Managed Capitalism to Neoliberal Crisis*,[1] apesar de em alguns momentos se mostrar bastante ortodoxa, não deixa de oferecer um interessante panorama, colocando em perspectiva as sucessivas ondas feministas e suas demandas centrais. Segundo a autora, as lutas iniciais, sob a égide das políticas de identidade, teriam se dado em nome da *justiça econômica*, através da redistribuição de papéis sociais e de remuneração no trabalho. Já a terceira onda muda esse eixo para a demanda por "reconhecimento", recolocando a noção de gênero como uma construção, sobretudo, cultural. Já a insurreição feminista desta última década desloca sua bandeira para outro território. Agora se fala em *justiça política*. Ou, como diz Hannah Arendt, pelo direito de se ter direitos. Aqui entra a questão crucial do *framing*, do enquadramento, da localização de "quem fala". Ou seja, a agenda por justiça política se dá a partir do que conhecemos por "lugar de fala", contestando a divisão autoritária e excludente do espaço político.

Volto, portanto, um pouco à noção de lugar de fala, praticamente o eixo discursivo da luta dos feminismos da diferença. Como vem sendo definido e experimentado hoje, o "lugar de fala" é a busca pelo fim da mediação, de modo a garantir a autorrepresentação discursiva e a busca por protagonismo e voz por parte do sujeito historicamente discriminado pelos dispositivos de fala.

A origem do termo não é precisa. É provável, porém, que a expressão tenha tido origem em dois artigos seminais. O primeiro foi publicado na revista *Signs*, em 1985, com o título "Pode o subalterno falar?", por Gayatri Spivak, uma das vozes mais influentes dos estudos pós-coloniais nos Estados Unidos. Esse artigo virou imediatamente referência em várias áreas de estudo. Gayatri discute a questão do silêncio e da subalternização dos sujeitos em nações colonizadas. No entanto, para além da questão pós-colonial que abordava, Spivak ofereceu, através de seu trabalho sobre a autorização discursiva, uma chave valiosa para a formulação da noção de "lugar de fala".

O segundo artigo, publicado pela filósofa panamenha Linda Alcoff na revista *Cultural Critique*, em 1991, intitula-se "The Problem of Speaking For Others" [O problema de falar pelos outros[2]] e coloca em pauta as dificuldades políticas que as práticas do "lugar de fala" podem trazer para os estudos e análises sobre as questões das desigualdades sociais e, especialmente, para o engajamento político em tempos de feminismos da diferença.

O argumento central diz respeito à noção de representação, subjacente em todos os casos em que se fala ou por si ou por outros, e na complexa mediação múltipla diante de situações contextuais e de relações de poder. Depois de examinar cuidadosamente os diversos efeitos positivos do "lugar de fala", Linda passa a examinar o reduzido espaço de fala como agenciador político. Ela indaga: "Se não falo sobre os que não estão no lugar do privilégio, estou abandonando minha responsabilidade política de falar contra a opressão, uma responsabilidade que tenho exatamente por conta da posição de privilégio. Será que minha grande contribuição é sair fora do caminho do 'outro'?".

Como feminista branca dessa geração, percebi o artigo de Linda Alcott como um reflexo exato de meus sentimentos diante da complexidade de me colocar numa posição de diálogo com os demais feminismos interseccionais. O curioso é que essas leituras, quase trinta anos mais tarde, trazem questões que permanecem quase intocadas e certamente não resolvidas e continuam no centro de minha pesquisa e ativismo.

Percebo que hoje, para uma feminista branca, é antes de mais nada importante promover um tipo de escuta na qual, sem abrir mão de seu próprio "lugar de fala", sejam possíveis formas inovadoras de empatia e de troca que gerem novas perspectivas de reflexão e ação. A formulação de Hannah Arendt, quando afirma que "sem diálogo não há política", volta agora como uma referência forte no meu posicionamento diante do que estou chamando aqui de feminismos da diferença.

A década de 1980 foi povoada, para nós, feministas da geração passada, pela questão da interseccionalidade e do "lugar de fala", o que afetou diretamente aquilo que passou a se chamar de feminismo universal ou liberal. A consolidação desse debate e seu consequente poder interpelativo foi, entretanto, extremamente lento e sofreu fortes reações, com pequenos avanços e grandes recuos. Isso apenas comprova a profundidade e a força das desigualdades na dinâmica das relações de poder entre nós.

Debater, explicitar ou defender seu "lugar de fala", no momento em que escrevo esse texto, já é uma conquista que não passa despercebida. Brigas, confrontos e intolerâncias, agora potencializados pelo poder de difusão da web, tornaram-se comuns.

Novas pensadoras entraram em cena. Escolho três delas. A primeira é Djamila Ribeiro, filósofa, negra, que se tornou, sem dúvida, uma das mais conhecidas ativistas do feminismo negro atual. Djamila foi nomeada, em 2016, secretária-adjunta municipal de Direitos Humanos e Cidadania da cidade de São Paulo, atua como colunista na *CartaCapital* e tem presença expressiva em eventos, fóruns e blogs feministas. Lançou o livro *O que é lugar de fala?* (Letramento, 2017) e *Quem tem medo do feminismo negro?* (Companhia das Letras, 2018), que vieram preencher uma demanda urgente pelo tema. A posição política de Djamila diante do tema não é radical. Resumindo bastante, *O que é lugar de fala?* termina demonstrando a necessidade política e epistemológica da tomada de consciência do lugar de onde os diversos sujeitos estão falando para que o diálogo democrático possa se instituir igualitariamente.

A segunda, Roseane Borges, busca dirimir uma significativa confusão entre representação e "lugar de fala", que "estão interligados mas não são correlatos".[3] Seu argumento parte do pressuposto de que a ideia de sujeito universal ruiu e o que se vê são disputas ideológicas entre a diversidade de sujeitos pelo posicionamento hierárquico de suas vozes. Por outro lado, o lugar de fala pressupõe uma postura ética que implica a responsabilidade política diante das desigualdades sociais. Roseane se apoia no pensamento de Hannah Arendt, quando ela observa a necessidade de se pensar o preconceito a partir da tese da diferença entre a culpa e a responsabilidade. Mesmo não se sentindo culpado pelas situações nas quais se manifestam as desigualdades, o agenciamento político por parte do lugar do privilégio não pode se esquivar da responsabilidade de agir direta ou indiretamente na luta contra o racismo, o sexismo e outras formas discriminatórias. O pensamento e o trabalho de Roseane Borges é, sem dúvida, um desdobramento importante nos confrontos e nas práticas políticas do "lugar de fala".

A terceira é Helena Vieira, ativista trans e pensadora de ponta sobre a questão de gênero. Helena investe na discussão sobre a própria noção de diferença e das perigosas dicotomias daí decorrentes. Além da análise da multiplicidade posicional ou identitária, Helena mostra a importância de se pensar o sujeito cisgênero a partir das intersecções com outros marcadores sociais da diferença que o atravessam, bem como o espectro no qual são criadas relações com acesso pleno ou subalterno aos privilégios da normatividade. Obviamente, a cisgeneridade, seja ela qual for, hegemônica ou subalterna, estará sempre em condição de privilégio em relação às vivências trans, mas o que interessa aqui é a reflexão além das categorias estanques. Essas categorias coexistem, se atravessam e se reforçam. Não há condições de superar o paradigma normativo da cisgeneridade sem analisar seu funcionamento em todas as nuances.

Helena propõe que os ativismos e políticas feministas funcionem como um canal de relações com demandas plurais. É verdade que o contexto sociopolítico e cultural demanda radicalidade e justifica o lugar de fala intransigente como estratégia. Mas não é impossível que, mesmo falando como sujeito localizado, se indague sobre lugares de fala além do seu e sobre a possibilidade do diálogo.

Diante do espaço constrangido de privilégio que experimento, escolhi me expor, compartilhar minha voz e desconstruir meu próprio discurso como uma intervenção política possível em plena explosão das diferenças.

Foi o que procurei, passo a passo, na feitura deste livro.

Em "Os feminismos da diferença", nos permitimos uma mudança de metodologia editorial. Ao contrário da escrita compartilhada dos demais capítulos, aqui trabalhei com Raffaella Fernandez, pesquisadora do Programa Avançado de Cultura Contemporânea da UFRJ, que foi peça fundamental na pesquisa, elaboração dos depoimentos e na definição do escopo desta parte. Assim, convidamos integrantes dos movimentos feministas de várias cores, crenças e gêneros para assumir seu "lugar de fala" de forma aberta e pessoalizada. Raffaella foi responsável ainda pelo desenvolvimento do debate levantado pelas feministas entrevistadas, em relação ao léxico de exclusão e o eurocentrismo dos discursos acadêmicos, do qual, historicamente, as feministas brancas fazem ou faziam parte.

O "com", que nomeia as parcerias dos capítulos anteriores, aqui se torna "por" — inclusive esta minha introdução aos "Feminismos da diferença". Quanto às escolhas dos nomes responsáveis por cada um dos textos, não houve intenção representativa. Escolhemos as autoras por pura afinidade eletiva.

FEMINISMO NEGRO

DE ONDE VIEMOS: APROXIMAÇÕES DE UMA MEMÓRIA

POR CIDINHA DA SILVA

No início do outono de 2017, li uma postagem numa rede social na qual uma jornalista negra na casa dos quarenta anos abraçava uma militante negra de uns 75 anos e a reverenciava como um importante ícone do feminismo negro. Reli o texto para ver se não havia me equivocado, já que, em vinte anos de convivência com a homenageada, não sabia que ela se intitulava feminista negra:

> Porque a geração de Sueli, Nilza, Luiza Bairros e de Lélia não falava [em] feminismo, não se chamava [de] feministas negras, chamava feministas. Feminismo negro é muito recente, [d]essas meninas de menos de trinta anos. [...] Conversei com Nilza, perguntei: "Você já se chamou feminista negra?", porque Nilza sempre se disse feminista. Nilza deu esta história: "Não, eu sempre fui feminista. Não tinha feminismo negro, tinha feminismo que era onde eu me encaixava". E eu dizia: "Já eu era do movimento de mulheres negras, nunca me vi encaixada nem no feminismo".
>
> [Jurema Werneck, cofundadora da ONG Criola e atual diretora-executiva da Anistia Internacional]

Concluí o óbvio. A jornalista utilizou um conceito contemporâneo em voga para definir uma militante política que aparentemente não participou de fóruns feministas nos anos 1980 e 1990 organizados por mulheres negras, declarando-se militante do feminismo negro. A jornalista se confundiu, desconsiderando contextos históricos e aplicando conceitos atuais à atuação política pregressa de algumas mulheres negras, principalmente daquelas consideradas ícones.

Escolhi iniciar o texto com esse pequeno relato porque ilustra uma confusão bastante presente nestes tempos marcados pelo ativismo político organizado e mobilizado via redes sociais. Alguns pontos me parecem centrais para entender o lugar das novas gerações e seus suportes de comunicação. O primeiro se refere ao reconhecimento histórico de lugares do fazer político das mulheres negras organizadas anteriormente ao território da política na web, pois existe uma percepção equivocada de que a roda foi inventada agora. As ações e construções políticas sólidas e transformadoras vêm sendo realizadas há décadas, por meio de debates, ações formadoras, intervenções nas áreas de educação, saúde, cultura, religiosidades, gestão pública, direito, controle social de políticas públicas, imprensa negra, além de ações afirmativas e vivência de manifestações culturais que mantêm acesa a chama das culturas negras e as dinamizam.

O segundo ponto é compreender através de estudo, pesquisa e diálogo com as mais velhas que muito pouco se inventa. É salutar que se crie o novo, sem ignorar que o conhecimento configura repositório disponível a toda a humanidade, capaz de eliminar esforços físicos e mentais desnecessários, além de potencializar voos mais seguros. Por isso, preciso começar falando dela: Lélia Gonzalez, a que moldou o barro.

Lélia Gonzalez é a precursora, no Brasil, de todas as mulheres negras que se identificam com os princípios filosóficos e políticos de eliminação da opressão sofrida e das desigualdades daí decorrentes e de promoção da nossa autonomia. Já no final dos anos 1970, Lélia, articulando questões ligadas à opressão de gênero, raça e classe, alertava sobre a interseccionalidade (sem usar a expressão) das violências sofridas por nós. Fazia isso enquanto Patricia Hill Collins escrevia as reflexões que viriam a substantivar o trabalho de ativistas e pesquisadoras negras no Brasil e na América Latina.

O fato de a produção teórica de Lélia ter sido realizada antes do advento da internet, que facilitou a popularização dos discursos feministas e das feministas em si, fez com que seu pensamento não tivesse todo o alcance que merecia. Dessa forma, boa parte das jovens feministas negras credita à Kimberlé Crenshaw o conceito de feminismo interseccional (2000-1). Contudo, Lélia Gonzalez já articulava a ideia vinte anos antes e inspirava Sueli Carneiro, criadora da organização negra mais importante dos anos 1990 e 2000, Geledés: Instituto da Mulher Negra. Apesar de não ter cunhado a expressão feminismo interseccional, a gênese do conceito já estava na obra de Lélia e em sua intervenção política. Falava-se, naquele momento, em especificidades das mulheres negras, opressão tripla (raça, gênero, classe), depois em opressão múltipla ou multifacetada.

O movimento negro se rearticulou em paralelo à redemocratização do Brasil, na década de 1980. Digo "em paralelo" porque a luta negra não era vista como estruturante na reorganização política do país. Hoje, pouco mudou, continuamos à margem de temas centrais do interesse público. O Movimento Negro Unificado (MNU), organização mais importante daquele período, questionava a esquerda brasileira sobre raça e classe. Surgiam, dentro das organizações mistas, comissões e grupos de mulheres negras que tensionam as questões de gênero.

Pensando no caso brasileiro, os embates vividos entre mulheres negras e mulheres brancas dentro dos encontros feministas nas décadas de 1970 e 1980 dão uma boa mostra do quanto as expectativas por emancipação econômica e sexual foram vividas de maneiras diferentes. Em 1988, Luiza Bairros, à época integrante do Grupo de Mulheres do MNU da Bahia, em sua fala no I Seminário Nacional "O feminismo no Brasil: Reflexões teóricas e perspectivas", em Salvador, questionava a relação paternalista e hierárquica estabelecida entre mulheres brancas e negras, e o problema da infantilização destas últimas decorrente disso. A crença traduzida em tendência de as brancas se comportarem como aquelas que poderiam conduzir politicamente as mulheres negras foi posta em xeque e mal-entendida em diversas oportunidades. E acredito que isso tenha a ver com a forma como a agenda estabelecida pelo feminismo norte-americano e europeu dos anos 1960 foi incorporado na América Latina e no Caribe.

[Ana Flávia Magalhães Pinto, professora na UnB]

Ampliavam-se também os coletivos de mulheres negras nas cidades e estados, estabelecidos pelo Conselho Nacional dos Direitos da Mulher (CNDM), mais especificamente pelo Programa Mulher Negra, criado por Sueli Carneiro, na época uma das dirigentes do conselho. Os coletivos de mulheres negras eram organizações apartidárias que tinham como objetivo reunir mulheres negras oriundas de diferentes agremiações para discutir suas especificidades na sociedade brasileira e organizar politicamente uma maneira de enfrentá-las. É importante destacar que esse tipo de organização autônoma, tanto dentro como fora das organizações mistas, enfrentou forte resistência dos homens negros, que utilizavam o discurso débil e exclusivista de que as mulheres negras estavam dividindo o movimento.

Nos Encontros Nacionais de Mulheres Negras tentou-se constituir uma Organização Nacional de Mulheres Negras, sempre marcada por distensões regionais e disputas internas. Mulheres negras

255

foram líderes em várias conferências internacionais que tratavam dos direitos das mulheres, momento em que era possível espelhar os debates internos e estabelecer alianças no plano internacional. A construção de uma organização nacional de mulheres negras só se consolidou em 2000, durante o processo preparatório da III Conferência Mundial Contra o Racismo, que ocorreria no ano seguinte em Durban, na África do Sul, quando foi criada a Articulação de Organizações de Mulheres Negras Brasileiras (AMNB).

Lembro-me quando cheguei a São Paulo, em 1988, aos dezenove anos, para participar de uma das sessões do Tribunal Winnie Mandela e fui acolhida amorosamente pelas mulheres do Geledés. Algumas coisas me impressionaram nesse primeiro contato: a eloquência e a elegância discursiva de Sueli Carneiro e sua generosidade. Ao mesmo tempo, fiquei chocada com sua braveza e com os discursos das outras mulheres, que arrancavam palmas frenéticas da plateia. A aglomeração de tantas mulheres negras no mesmo espaço, cheias de poder e certezas, também me impactava. Das conversas que escutei depois do tribunal, guardei três pontos: existia uma estratégia do Geledés de ocupar espaços institucionais, possíveis formuladores de políticas públicas para mulheres negras; o culto aos orixás era força motriz para muitas daquelas mulheres; e, por fim, a percepção de que havia uma distinção entre o movimento de mulheres negras e o movimento feminista, do qual algumas mulheres negras faziam parte. Não se falava em feminismo negro, ou pelo menos eu não ouvi. Parecia haver um entendimento de que a expressão "movimento de mulheres negras" poderia abarcar mais mulheres de origem popular e camponesa, trabalhadoras domésticas e outras categorias profissionais de remuneração mais baixa, nas quais as mulheres negras abundavam.

Havia a distinção geral entre movimento de mulheres negras e movimento feminista. A expressão "movimento feminista" tinha cara e tom mais europeizados e intelectualizados. No Encontro

Feminista de Garanhuns, em 1987, parece ter havido uma insurreição das mulheres negras contra o feminismo branco, que não conseguia ouvi-las com a atenção necessária — e muito menos com disposição para desconstruir privilégios de raça e classe.

Posso dizer que existe uma narrativa de crítica de feministas negras em relação às feministas brancas pela ausência da autocrítica em relação ao racismo. O final dos anos 1980 e o início dos anos 1990 foram marcados por uma perspectiva militante e teórica de enegrecimento e pluralização do feminismo.

> Na época do Nzinga, uma outra organização muito forte foi criada, que nunca se disse feminista, mas participava das atividades dos grupos feministas, dos encontros feministas — quase todas as organizações de mulheres negras participavam de encontros feministas —, sem falar que eram feministas, o Centro de Mulheres de Favelas e Periferia (CEMUFP) [...]. Teve um encontro latino-americano de feministas em Bertioga e nesse encontro o CEMUFP organizou um ônibus que levava mulheres negras para participar. Deu uma grande polêmica, um grande atrito. O encontro parou em torno da presença delas, num debate se elas entrariam ou se elas não entrariam no encontro. [...] Terminaram não sendo rejeitadas, mas não foi simples. [...] Isso pra dizer que sempre houve organizações aqui no Rio de Janeiro de mulheres negras, tirando Lélia, tirando poucas, poucas muito importantes, e as outras nunca se disseram feministas. Sempre falaram em movimento de mulheres negras e sempre a relação com o movimento feminista foi mais de conflito do que de pertencimento.
>
> [Jurema Werneck]

O Geledés nasceu em 1988 e inspirou o surgimento de outras organizações autônomas de mulheres negras país afora, como

Criola e Blogueiras Negras. Sobre a organização, é importante ressaltar alguns aspectos inovadores: 1. A responsabilidade da instituição na consubstanciação da questão racial no campo dos direitos humanos, ou seja, a noção de que é um direito viver sem racismo; 2. A criação de um programa de comunicação por antever o papel da área comunicacional na disputa de narrativas sociopolítico-culturais que nos tomaria nas décadas seguintes; 3. O trabalho com as juventudes negras na área de cultura por meio do antológico Projeto Rappers, uma iniciativa que contribuiu muito para a descriminalização e organização do movimento hip-hop em São Paulo; 4. A publicação da revista *Pode Crê!* (1992-4), um projeto impresso esteticamente bem cuidado e com conteúdo inovador, produzido pelos rappers do projeto. O veículo positivava e difundia a ideia de uma juventude negra detentora de voz ativa. Em 1996, a revista *Raça Brasil* chamou a atenção do país, mas podemos dizer que a *Pode Crê!* foi sua precursora e não devia nada em termos estéticos; 5. A criação e efetivação dos primeiros programas de ação afirmativa no Brasil, em parceria com empresas, com vistas a promover o acesso, a permanência e o sucesso de jovens negros em boas universidades, antecipando o debate sobre as ações afirmativas para negros como estratégia de combate às desigualdades raciais, que só tomaria fôlego em fins de 2001 e início de 2002 pelas portarias do governo Fernando Henrique e pela adoção de cotas para negros em universidades.

E, finalmente, a criação e a manutenção diária do *Portal Geledés*, um dos mais importantes e acessados do país e o mais consultado para medir a pulsação das questões raciais. Em 1992, durante o Primeiro Encontro de Mulheres Negras da América-Latina e do Caribe, na República Dominicana, instituiu-se o dia 25 de julho como Dia Internacional da Mulher Negra Latino-Americana e Caribenha. Em 2014, a presidenta Dilma sancionou essa mesma data como Dia Nacional de Tereza de Benguela e da

Mulher Negra e, desde então, cresceu no Brasil o número de eventos políticos e culturais que objetivam discutir pautas das mulheres negras, ao mesmo tempo que também fazem circular sua produção intelectual e artística. Dessa forma, firma-se o mês de julho como mês das mulheres negras brasileiras.

Em 1995, ocorreu a Marcha Zumbi dos Palmares contra o Racismo, pela Cidadania e pela Vida, que reuniu milhares de pessoas em Brasília em atenção ao tricentenário de morte de Zumbi dos Palmares. As mulheres negras e suas organizações participaram decisivamente da organização e da execução da marcha. Nesse mesmo ano, foi publicado na revista *Estudos Feministas da UFRJ* o dossiê "Mulheres negras brasileiras: De Bertioga a Beijing", organizado por Matilde Ribeiro, futura ministra da Seppir no primeiro governo Lula. Em 1997, aconteceu em São Luís, Maranhão, a Jornada Lélia Gonzalez, promovida pela Fundação Cultural Palmares, que reuniu expoentes negras de todo o país e trouxe ao Brasil pela primeira vez a lendária Angela Davis. Em 2000, foi publicado *O livro da saúde das mulheres negras: Nossos passos vêm de longe*, organizado por Jurema Werneck, Maísa Mendonça e Evelyn C. White, obra-marco daquele período.

Nas décadas de 1980 e 1990, as reflexões de Sueli Carneiro foram materializadas em textos que se transformaram em farol para a luta das mulheres negras brasileiras. Isso acontece até hoje, só que agora ela é acompanhada por diversas vozes, muitas inspiradas na própria Sueli:

> Da primeira vez que eu ouvi o nome da Sueli Carneiro foi por uma amiga do Rio, que é a Silvana Bahia, também uma mulher negra ativista. Eu conheci, quando estava estudando, pesquisando sobre mulheres negras, aí depois fui conhecer a Beatriz Nascimento. Depois, uma amiga minha que é mais ligada ao lesbofeminismo, me mostrou umas coisas da Audre Lorde, de que eu gosto muito, inclusive. Enfim, eu fui adquirindo outras

referências, que nem são das feministas mais conhecidas, mas acho que a gente também acaba percebendo que nós, nos nossos territórios, nas nossas construções, também fomos criando um conceito sobre o que é o nosso feminismo.

[Jenyffer Nascimento]

Nas décadas de 2000 e 2010, houve a consolidação do feminismo negro com a formação da Articulação de Organizações de Mulheres Negras Brasileiras, que a meu ver demarca o amadurecimento das organizações de mulheres negras. Esse parece ter sido o momento em que se fez uma opção explícita pelo feminismo negro. Outro fator importante somou-se a esse: a entrada significativa de mulheres negras politicamente posicionadas nos programas de pós-graduação das universidades brasileiras e como docentes. Penso que nesse processo ganhou força a ideia de feminismo negro, a necessidade de assumir esse nome e também de produzir uma teoria feminista negra no Brasil.

O último ponto refere-se à Marcha das Mulheres Negras Contra o Racismo e a Violência e pelo Bem Viver, momento ímpar na história de atuação política das mulheres negras organizadas, protagonizado por nordestinas que lideraram o processo, criaram, fizeram valer o projeto e mobilizaram o Brasil inteiro. E, vejam, estávamos já em 2015, não se tratava de uma marcha de autoproclamadas feministas negras, eram mulheres negras em marcha.

Se, na segunda década do século XXI, verificamos o crescimento da atuação de jovens feministas negras na web e mulheres negras competentes ocupando espaços significativos na televisão, nos telejornais e nos portais de notícias, é porque foram beneficiadas pela luta das mulheres negras organizadas dos anos 1980 até os dias de hoje.

QUEM SOMOS: MULHERES NEGRAS NO PLURAL, NOSSA EXISTÊNCIA É PEDAGÓGICA

POR STEPHANIE RIBEIRO

Recentemente, dei uma palestra sobre a mulher negra na sociedade brasileira. Em meio a dados e vivências pessoais, tracei um panorama evidenciando como gênero, raça e, na maioria das vezes, classe funcionam para subalternizar, invisibilizar e marginalizar as narrativas de mulheres negras. Estamos falando de uma sociedade na qual o ideal de ser humano é o homem branco, e o ideal de mulher é a mulher branca. Já o ideal de negro, até mesmo dentro do próprio movimento negro, é o homem negro. É nessa sociedade que eu existo, mulher negra, carregando no meu corpo raça e gênero: me fazendo não apenas mulher, mas negra; e não apenas negra, mas mulher. Só a partir de uma análise que integra esses dois fatores é possível entender o aumento de números como os de assassinatos de mulheres negras (54,2%) no decorrer da última década, enquanto o índice entre as mulheres brancas diminuiu (9,8%).

Esses dados narram o nosso cotidiano, as nossas lembranças, as nossas histórias de família e a nossa luta enquanto feministas negras. Não se trata aqui de uma concorrência de quem morre mais, mas do entendimento de que raça define, também no caso das mulheres, a possibilidade de estar ou não viva. Muitas vezes, se esquecem de que esses números são pessoas e os usam sem ao menos darem espaço para que os negros falem sobre si. Ainda assim, alguns dizem ser censurados quando pleiteamos nosso lugar de fala. Veja bem, censura é a nossa invisibilização, enquanto a narrativa única que nos faz objeto de estudo permanece. Portanto, temos a prerrogativa de que cada sujeito parte de um lugar de fala diferente, uma demarcação política da identificação de cada um. Assim, buscamos estabelecer que nenhuma narrativa é universal.

Depois da palestra em que apresentei esses e outros pontos, uma mulher branca chegou até mim e disse que não entendia a dificuldade de mulheres negras e brancas dialogarem no movimento feminista atual. Ora, desde 2012, quando eu tinha dezoito anos — e sem noção dos perigos que representava tratar do feminismo negro numa sociedade que não superou seu ódio racial e de gênero —, venho escutando com frequência variações dessa fala: "Calma, não seja agressiva. Estamos juntas nessa. Somos irmãs, cadê a sororidade?".

Sempre preferi, ao responder a essa pergunta, sublinhar que não criamos uma nova sociedade com discursos confortáveis para aqueles que se beneficiam dos privilégios estruturais. Sendo assim, eu não sou agressiva, mas meu discurso tem que ser enfático. Se não fosse, eu estaria rifando a vida de inúmeras mulheres negras que ainda nem sequer podem falar ou serem ouvidas num país que se diz democrático racialmente enquanto ceifa vidas negras todos os dias. Apenas depois de dizer isso que posso partir para um diálogo, pois dialogar pressupõe que ambas as partes entendam a situação. E o meu lugar é este: de quem, por ser negra, não concilia, mas rompe.

Portanto, meu discurso é o do incômodo e muitas vezes o da raiva. Se as pessoas sentiram isso até aqui, significa que estou no caminho certo. Afinal, nenhum incômodo é tão grande quanto o das violências perpetuadas por séculos contra corpos negros e femininos. Por isso, afirmo que a irmandade mora na escuta e na autocrítica, e não na tentativa de apaziguar para não criar rupturas. Nós, mulheres negras, estamos lutando, mas não pela conciliação em um contexto em que assistimos a cada 23 minutos um jovem negro ser morto no Brasil por ser negro. Nós, mulheres negras, estamos aqui para destruir e reconstruir um novo modelo de sociedade, de relações e de narrativas. Isso não é se opor ao feminismo de mulheres brancas, tido muitas vezes como o modelo universal, mas somar e, paralelamente, dar luz a relatos que não são contemplados por esse discurso. Em outras palavras:

> As formulações de muitas mulheres negras estabeleceram diferentes perspectivas de feminismo negro, ganharam força e ressonância entre nós em escala transnacional e explicitaram pontos, diálogos e contraposições sistemáticas ao feminismo hegemônico. Mais uma vez, é preciso ressaltar que essas formulações foram elaboradas para fazer frente aos prejuízos à vida das comunidades negras, e não como uma mera disputa com o feminismo branco.
>
> [Ana Flávia Magalhães Pinto]

Narrativas múltiplas foram constantemente silenciadas ao longo da história do feminismo ao se impor uma única forma de pensar gênero e até mesmo raça. Por isso, a nossa narrativa nasce desse recorte político no qual não somos todas iguais, pois esse debate privilegia a mulher branca como única sujeita realmente contemplada em diversas frentes, discussões e debates. Precisamos enfatizar que não existe uma MULHER, existem MULHERES. Portanto, não existe FEMINISMO, existem FEMINISMOS. Caso isso não fique explícito, nós, negras, e todas as outras mulheres socialmente marcadas por opressões (indígenas, asiáticas, deficientes, trans) seremos engolidas e colocadas como coadjuvantes em uma luta que sempre pretendeu, pelo menos em seus discursos, emancipar todas as mulheres. Nossa existência feminista negra se faz pedagógica dentro do próprio movimento feminista ao abarcar um processo de reeducação sobre os diferentes lugares e perspectivas femininas numa mesma sociedade.

No que tange as mulheres negras, pautar essa pluralidade é importante para não ignorar que muitas de nós ainda não se identificam como feministas, muitas vezes por conta da incapacidade do discurso feminista branco em dialogar da ponte para cá. Isso acontece quando se recusam a admitir que não são universais.

Vale ressaltar, porém, que muitas das que não se intitulam feministas negras são grandes exemplos para feministas negras como eu. No Brasil, existem mulheres negras que se identificam como feministas periféricas, feministas negras interseccionais, feministas negras radicais, feministas negras trans, mulheristas, feministas etc. É importante não colocar todas no mesmo bolo e também não negar às mulheres negras o direito de autonomeação. Eu me identifico como feminista negra interseccional. Acrescento o interseccional como forma política de dizer que meu discurso e meu ativismo têm a interseccionalidade como ponto de partida.

Dito isso, por mais que visões preestabelecidas apostem que todos nós, negros, somos uma coisa só, não existe UMA MULHER NEGRA. Existem milhares, como mostrou a Marcha das Mulheres Negras de 2015, quando várias de nós, de diferentes idades, tonalidades e origens, marchamos juntas. Apresentamos os posicionamentos de todas, unidas contra o retrocesso daquele momento e em prol das nossas demandas, que precisam ser reafirmadas até mesmo em governos progressistas.

Acho que o grande legado da Marcha das Mulheres Negras foi criar um espaço horizontal e abrigar muitas mulheres de diferentes coletivos, lugares e perspectivas. [...] Durante a construção da marcha, a gente dizia: "A marcha não é a marcha em si, não é chegar a Brasília, é o caminho". Porque, no processo da

Marcha das Mulheres Negras, muitas meninas que não tinham contato ainda com as questões raciais ou estavam se formando conseguiram, através dos eventos promovidos pela marcha nos mais diferentes estados, entrar em contato com a luta negra e a luta da mulher negra. [...] Acho que tanto o movimento negro como o movimento de mulheres passaram a ganhar mais força quando as mulheres negras resolveram incidir em bloco em todas as outras manifestações.

[Juliana Gonçalves, jornalista]

Por mais que se diga que mulheres não têm poder, nossa força foi mostrada quando 50 mil mulheres negras marcharam juntas em meio ao caos político que se estabelecia. O poder racista também marcou a história do feminismo, visto como uma luta apenas de mulheres brancas, numa clara manifestação do privilégio racial do qual elas se beneficiam. Portanto, algumas mulheres têm o poder de apagar da história a importância de mulheres negras para a luta feminista, de silenciar as narrativas não brancas. O filme *As sufragistas*, de 2015, é um belo exemplo da aplicação desse poder na atualidade. Muitos dirão que não existiram não brancas na luta pelo sufrágio, apagando a participação de mulheres asiáticas e negras, que já naquela época eram triplamente oprimidas por questões de raça, classe e gênero e estiveram muitas vezes na linha de frente dessa luta. Foram, inclusive, vítimas do racismo das próprias "companheiras" brancas.

Na luta sufragista norte-americana, negras eram proibidas de marchar com brancas por conta das leis segregacionistas. Isso não impediu que nomes como Ida B. Wells, Anna Julia Cooper e Harriet Tubman surgissem. Esta última não apenas lutou pelo sufrágio como guiou um ataque no rio Combahee, conduzindo à liberdade mais de setecentos escravos. Sua luta e importância se assemelham à história de Sojourner Truth, também afro-americana abolicionista e ativista dos direitos das mulheres, responsável por um discurso lendário sobre o lugar que as mulheres negras ocupam numa sociedade na qual gênero e raça são marcadores cruciais:

> Aqueles homens ali dizem que as mulheres precisam de ajuda para subir em carruagens, e devem ser carregadas para atravessar valas, e que merecem o melhor lugar onde quer que estejam. Ninguém jamais me ajudou a subir em carruagens, ou a saltar sobre poças de lama, e nunca me ofereceram melhor lugar algum! E não sou uma mulher? Olhem para mim! Olhem para meus braços! Eu arei e plantei, e juntei a colheita nos celeiros, e homem algum poderia estar à minha frente. E não sou uma mulher? Eu poderia trabalhar tanto e comer tanto quanto qualquer homem — desde que eu tivesse oportunidade para isso — e suportar o açoite também! E não sou uma mulher? Eu pari treze filhos e vi a maioria deles ser vendida para a escravidão, e quando eu clamei com a minha dor de mãe, ninguém a não ser Jesus me ouviu! E não sou uma mulher?[1]
>
> [Sojourner Truth]

"E não sou uma mulher?" A frase ainda ecoa na minha e em tantas outras realidades negras. Mulheres brancas se destacaram na luta pelos direitos das mulheres sem, em sua maioria, considerar que não somos todas iguais, que o conceito universal de mulher baseado na mulher branca não apenas não nos representa como nos oprime. Onde nós estamos na história da luta pelos direitos das mulheres? Como mostra Luana Hansen, talvez a histórica fala de Sojourner seja mais atual do que devia:

> Muitas vezes as pessoas não percebem que falta uma mulher negra em mesas que falam sobre mulheres. Colocam uma mulher azul, uma mulher amarela e esquecem das mulheres negras. Assim como se esquecem de contar histórias de mulhe-

res negras. [...] É por isso que as mulheres negras estão brigando por um feminismo negro, o que, por um lado, eu concordo. Enquanto as mulheres queimavam sutiã para ir trabalhar, nós, mulheres negras, sempre estivemos trabalhando; a gente nunca brigou para ir trabalhar, a gente brigou para ser respeitada.

[Luana Hansen, rapper]

Nos dias de hoje, nós, feministas negras, estamos questionando narrativas impostas com a quebra coletiva do nosso silêncio, para que um dia talvez possamos dizer que somos apenas feministas, não feministas negras. Isso vem nos dando espaços até então inéditos. Não é somente na mídia alternativa que se fala de feminismo negro, ele está presente também na mídia hegemônica. Por enquanto, nossas falas geram impacto, mas ainda são poucos que de fato se mobilizam ao nosso lado para construir uma sociedade igualitária.

Dessa forma, ainda se faz necessário ter a palavra "negra" depois de "feminista". Essa palavra marca e reflete como somos fruto da história do Brasil, na qual a mulher negra escravizada era vista como mão de obra explorada nas lavouras ou nos espaços domésticos. A grande diferença entre a mulher negra e o homem negro escravizados estava na maneira como sua sexualidade e direitos reprodutivos eram vistos. Se o senhor via na negra escravizada a possibilidade de exacerbar seus desejos sexuais e violentos através de estupros, a senhora via esses corpos como passíveis de maus-tratos quando notava o interesse de seu marido ou de seus filhos. Já nas senzalas das grandes fazendas, as escravizadas tinham seu corpo e sua sexualidade cedidos para os próprios homens escravos, numa proporção média de uma para quatro.

Dessa forma, como é possível ser uma mulher negra e não lutar pelos seus direitos?

É preciso entender que ser uma mulher negra lutando contra o racismo e o machismo não é uma escolha, dada a forma como essa história ainda marca nossos corpos e nossas realidades. O anseio por liberdade floresce numa sociedade que mantém nós, negras, num lugar de subalternidade e exploração. Continuamos como babás, empregadas domésticas, destinadas à área de serviço, em quartinhos escuros e mal ventilados. Seguimos presas a esse lugar social ainda marcado pelos quase trezentos anos de escravidão.

Todo o imaginário que retira a subjetividade dos nossos corpos permanece presente em pleno século XXI. Depois da abolição da escravidão, a mão de obra negra continuou abundante e sem qualificação que possibilitasse mobilidade social, e no entanto o lugar da exploração foi mantido. Dados do Fórum Nacional de Prevenção e Erradicação do Trabalho Infantil (FNPETI) evidenciam essa realidade ao apontar que 67% dos empregados domésticos menores de idade no Brasil são negros, sendo 93,7% meninas. Na minha família, por exemplo, todas as negras serviram a alguma família, limpando suas privadas e varrendo seu chão. Nossa herança familiar não é ouro, é luta — e muitas vezes calos — que passa de uma mão para a outra.

Eu quebrei o ciclo ao me formar na universidade, mas, quando se é negro, nada garante que a próxima geração dê essa continuidade. Estamos tentando romper um modelo único de existência, lutando contra uma narrativa que nos trouxe até aqui, sem a escolha de não lutar. Jenyffer Nascimento mostra como a nossa formação enquanto feministas negras surge de uma necessidade de sobrevivência, que já apresenta inúmeros desafios dado o nosso histórico familiar de resistência:

> Quando eu vou elaborar meu feminismo e pensar qual foi o momento em que me percebi feminista, vejo que já era feminista há muito tempo, só não sabia que o que eu sentia tinha esse nome. [...] Fiquei relembrando um pouco a história da minha avó, que foi uma mulher que se separou do primeiro marido por conta de questões de violência e, mais tarde,

quando ela se envolveu com outro rapaz, quase foi assassinada pelo meu avô.

[Jenyffer Nascimento, ONG Bloco do Beco, coletivo Fala Guerreira e coletivo Periferia Segue Sangrando]

Em 2014, Cláudia da Silva Ferreira foi baleada e arrastada por mais de trezentos metros pela Polícia Militar numa operação no Morro da Congonha, no Rio de Janeiro. Conhecida como Cacau, era mãe de oito filhos, sendo quatro deles sobrinhos adotados. Era auxiliar de limpeza e não tinha nenhuma passagem pela polícia. Morreu a caminho de comprar comida para os filhos.

Quem chora por Cláudia? Quem será a próxima Cláudia? Essas são as perguntas que nós, negras, fazemos diariamente quando o Estado, que deveria nos proteger, institucionaliza a nossa morte e faz dela um projeto de limpeza social e étnica. É o que chamamos de genocídio da população negra.

Quando não morremos por tiros, tiram a nossa alma. A escritora Neusa Santos Souza, autora de *Tornar-se negro*, um dos livros mais importantes sobre a questão racial brasileira, se suicidou. Neusa era psicanalista lacaniana, negra, baiana e ascendeu socialmente ao estudar medicina e psicanálise. Estas são suas palavras:

Abolição da escravatura quer dizer aqui fim da humilhação, do desrespeito, da injustiça. Abolição da escravatura quer dizer libertação. Mas será que acabamos mesmo com a injustiça, com a humilhação e com o desrespeito com que o conjunto da sociedade brasileira ainda nos trata? Será que acabamos com a falta de amor-próprio que nos foi transmitido desde muito cedo nas nossas vidas? Será que já nos libertamos do sentimento de que somos menores, cidadãos de segunda categoria? Será que gostamos mesmo da nossa pele, do nosso cabelo, do nosso nariz, da nossa boca, do nosso corpo, do nosso jeito de ser?[2]

Nossos filhos, irmãos e pais estão sendo assassinados. Não podemos deixar que a nossa luta não considere essa realidade. Uma mulher branca e feminista consegue se distanciar de homem branco com muito mais facilidade do que nós, negras, conseguimos de um homem negro em nossa pauta política. A consciência de gênero passa a ser também racial, e vice-versa:

> E aí, enquanto você não para pra pensar, por exemplo, nesta questão "genocídio da população negra × aborto", você não consegue parar de ter a bandeira do aborto como uma coisa superimportante, mais importante do que a sobrevivência, sabe? Eu fico um pouco receosa de falar e não ser compreendida, de as pessoas acharem, por exemplo, que eu estou falando contra o aborto. Não estou falando contra o aborto, só dizendo que, pra mim, eu posso falar como mãe também, eu ainda estou na luta para que as minhas filhas e os meus parentes possam sobreviver.
>
> [Maria Nilda, a Dinha, uma das precursoras do movimento de literatura marginal em São Paulo]

A ampliação do acesso à universidade através de cotas, tão pleiteadas pelos movimentos negros, mudou sem dúvida o lugar de algumas mulheres negras. Nomes como Lélia Gonzalez, Virgínia Bicudo, Beatriz Nascimento, Sueli Carneiro, Jurema Werneck e Djamila Ribeiro se destacam na luta como acadêmicas, professoras, intelectuais e escritoras negras. Elas são o ponto de partida para inúmeras negras mais jovens, que as veem como suas referências acadêmicas:

> bell hooks é uma das intelectuais que leio e que até hoje me alimenta porque também fala desse lugar do feminismo na academia, da construção de um campo de estudo, de uma discussão do feminismo na universidade norte-americana.

Outras referências são Sueli Carneiro e Beatriz Nascimento, que são as autoras que mais me influenciaram para pensar as práticas de militância ou de produção de discussões sobre experiências acadêmicas das mulheres negras.

[Gabriela Gaia]

Quando me formei na universidade, o capelo, aquele chapéu de formandos, não encaixava nos meus cabelos crespos. Senti como se fosse uma lembrança de que aquele não era um lugar para pessoas como eu. As cotas me colocaram na universidade, mas a universidade não formulou políticas de permanência que garantissem que pessoas como eu se sentissem parte e dignas nesse espaço. Entender esses detalhes da vivência universitária é de extrema relevância para pontuar que uma mulher negra com diploma necessariamente passou por uma série de violências subjetivas. Uma mulher negra no ensino superior é exceção à regra, mas é fruto da luta de todas aquelas citadas até aqui — e também daquelas que por descuido ou desconhecimento não o foram. No entanto, diante de todos esses avanços, ainda impera o silenciamento da nossa capacidade enquanto intelectuais e geradoras de opinião. É a distinção entre um "lugar" preestabelecido socialmente para ser ocupado pelas negras, da marginalização e de um comportamento visto como hostil, e um "não lugar", da intelectualidade e do pensamento crítico.

A mulher negra no Brasil ainda é vista segundo um modelo nascido do colonialismo e da escravidão. Ou é uma Tia Nastácia, personagem de *Sítio do Picapau Amarelo*, de Monteiro Lobato, boa para o trabalho servil, silencioso e constante; ou é uma Rita Baiana, personagem de *O cortiço*, de Aluísio Azevedo, a mulher sensualizada e selvagem, parte do imaginário sexual de homens violentos. Qual personagem da literatura clássica brasileira traz uma mulher negra inteligente e virtuosa?

271

Se não entramos no mérito de debater o que ainda faz a mulher negra ocupar os piores empregos, receber os piores salários e ser submetida às piores condições de saúde no Brasil, não podemos marginalizar um suposto comportamento agressivo da mulher negra, que é apenas uma resposta à negligência do Estado e da sociedade. Somos apenas mulheres negras diante de uma situação de desigualdade de gênero e raça, nos esforçando duas, três, quatro vezes mais para que nossas pautas e vidas não sejam apagadas. Por isso, ainda não é fácil ser uma feminista negra no Brasil. Não é fácil educar até mesmo feministas e homens negros para que nos vejam como iguais no acesso a direitos e ao respeito, mesmo nas nossas diferenças. A mentalidade colonial se perpetua quando muitos dos símbolos do feminismo e da esquerda nacional se esquecem da mulher negra, que continua limpando o chão das universidades e das casas. Nós não esquecemos. A nossa ancestralidade nos guia. Como pontua Angela Davis, "quando a mulher negra se movimenta, toda a estrutura da sociedade se movimenta com ela, porque tudo é desestabilizado a partir da base da pirâmide social onde se encontram as mulheres negras, muda-se a base do capitalismo".[3]

PARA ONDE VAMOS: INTERNET, LACRE E A INTERSECCIONALIDADE

> *Causando um tombamento*
> *Também tô carregada de argumento*
> *Seu discurso não convence, só lamento*
> *Segura a onda, senão ficará ao relento*
> Karol Conka, "Tombei"

A epígrafe deste texto traz um trecho de "Tombei", música da cantora, rapper e apresentadora Karol Conka, um marco para consolidar a geração tombamento. Essa geração, de jovens negras e negros cansados da invisibilidade estética e do repúdio às suas características físicas, vistas como negativas por uma sociedade racista, passou a ignorar o que o mercado define como padrão e a recriar sua própria definição de estética. Lacraram. As tranças, comuns entre as matriarcas negras, ficaram coloridas. Os turbantes, que as avós e mães usavam na casa da "patroa", ganharam cores e estampas para sair na balada. O cabelo, que foi um problema na infância, hoje é visto como solução. A geração tombamento é um mix de afirmação da sua ancestralidade com (re)criação de uma possibilidade histórica. Isso a aproxima do contexto afrofuturista — movimento que utiliza música, arte e moda para fazer uma mistura da cultura africana com tecnologia, ciência e futuro.

A geração tombamento cria para si imagens de referência que até então haviam sido negligenciadas. E não é só uma questão de representatividade, mas de experimentação, autonomia e reimaginação sobre si mesmo. O resultado? Um contingente de jovens negros, em sua grande maioria de origem periférica, que por meio da estética e da cultura transformam seus corpos, até então marginalizados e criminalizados por um sistema excludente, em ativismo e política, reafirmando sua negritude. E não é um movimento apenas nacional: a valorização da beleza negra e o tombamento brasileiros influenciam e interagem com vários tombamentos pelo mundo, como com os Fashion Rebels (África do Sul) e os Afropunks (que nos Estados Unidos e na Europa têm representantes famosos como Jaden e Willow Smith). São negros que de forma não premeditada criam uma estética mundial bastante semelhante.[4]

É necessário considerar como o acesso à internet e às redes sociais mudou algumas relações e visões de sujeitos sobre si. A rede reconfigura um contexto no qual o racismo tornava difícil reconstruir a autoestima do negro, já que antes não havia exemplos positivos de empoderamento. Vivemos num país onde somos educados para não acreditar no poder que temos e no poder que nossa identidade estética representa. Contudo, se a escravidão objetificou, humilhou e matou corpos negros, ela não foi capaz de apagar nossa cultura, nossa religião e nossa presença. Por outro lado, continuamos no país que quer ser negro apenas quando convém, enquanto diariamente ceifa nossas vidas. Por isso não é à toa que as discussões que mais ganham debates fervorosos nas redes sociais, movimentadas por jovens ativistas negros, giram em torno da identidade racial. Entre elas, destaco a questão da apropriação cultural e do colorismo.

Apropriação cultural

Apropriação cultural é um fenômeno estrutural e sistêmico, ou seja, não pode ser entendido ou problematizado a partir de um ponto de vista individual. Claro que um indivíduo pode usufruir da apropriação cultural de um grupo ou um povo quando não possui autocrítica ou conhecimento sobre o tema. No entanto, as consequências desse processo são sempre em nível coletivo, na estrutura: favorece a marginalização desses grupos ou povos socialmente invisibilizados e oprimidos inconscientemente. Num contexto capitalista, a apropriação cultural transpassa o desrespeito às culturas alheias, invisibilizadas diante da imposição da cultura europeia e norte-americana, e se torna lucrativa.

Ao falar de apropriação cultural, estamos questionando um ramo da "árvore do racismo estrutural" que atinge diversos povos criticados, perseguidos e massacrados por sua identidade não branca. Ao longo dos séculos, muitas culturas foram apropriadas numa história marcada por imperialismo, colonialismo e genocídios. Sem conhecer essas condições, muita gente passa a entender as atitudes dos grupos não brancos como radicais e agressivas, desvirtuando seu sentido.

Colorismo

Quero começar enfatizando que muitas vezes o debate sobre colorismo se deu de forma equivocada. É preciso entender que o colorismo não era sobre pessoas negras de pele clara não serem aceitas por negros de pele escura, mas sobre uma sociedade que a partir do tom de pele define quais espaços as pessoas podem ou não ocupar. Sendo assim, quanto mais escuro é o tom de pele de uma pessoa no Brasil, mais ela sofre com processos de exclusão. Assim, é limitado o acesso de pessoas negras de pele escura a espaços que podem, por vezes, ser ocupados por negros de pele clara.

Nesses dois assuntos se destacam narrativas de jovens feministas negras nas mais diversas plataformas, principalmente no YouTube. Esse é um belo exemplo de uso de uma plataforma digital pela mulher negra para promover debates e visibilizar os assuntos de que estamos tratando. Essa tendência cresceu em um contexto pós-cotas, em que a questão da identidade racial se tornou recorrente, além de ter possibilitado um maior número de mulheres negras nesse espaço. Nós, negras, que tanto fizemos por lutas de classe, gênero e raça — mas, evidentemente, sempre invisibilizadas dentro de movimentos que diziam lutar pela emancipação de todos e que nem sempre considera nossas subjetividades e recortes —, fizemos das mídias sociais uma forma de disputar narrativas e quebrar o silêncio.

Por várias boas razões, muitas mulheres negras embarcaram nessa de feminismo. Primeiro, eu posso estar equivocada, mas me parece que é uma coisa muito classe média universitária. Elas buscam outras matrizes, têm acesso e querem se identificar com outros diálogos. Kimberlé Crenshaw, uma feminista negra americana que frequenta muito o Brasil, é importante porque dá destaque, no movimento de mulheres negras no Brasil, ao conceito de interseccionalidade. É um conceito muito importante para a juventude universitária.

[Jurema Werneck]

Nós, mulheres negras da atual geração que se intitulam feministas negras — muitas acrescentam também "interseccionais" —, criamos blogs, posts, páginas, memes e vídeos, transformando nossa raiva, luta e vivência em produção de conteúdo capaz de mudar perspectivas. Estamos vivendo um momento em que o debate feminista se tornou popular nas redes sociais e isso possibilita que ele ganhe outros espaços para além da academia. Apesar da evidente ressalva de que o conteúdo virtual, assim como a própria internet, tem seus limites, é inegável a forma como simples hashtags mobilizaram muitas pessoas a pensar temas que antes eram só questionados nos espaços ditos feministas ou acadêmicos.

Eu não tenho certeza, mas acho que foi nas redes que me deparei com o assunto feminismo. Acho que eu já tinha uma consciência de ser mulher e das tretas que isso traz, mas não tinha ainda um pensamento feminista, foi mesmo só na internet que me descobri feminista.

[Ana Paula Lisboa, escritora e coordenadora de metodologia na Agência de Redes para Juventude]

Eu passei a me entender como feminista e negra quando comecei a escrever nas redes sociais, principalmente por conta da questão de gênero e raça. Sempre abordava esses temas na faculdade, já que sentia muita falta dessa discussão nesse espaço. Ainda são assuntos muito silenciados, em especial nos campos acadêmicos em que ainda permanece um pensamento da elite, hegemônico e branco, como acontece na arquitetura, curso em que me graduei. Conviver e estar na arquitetura foi muito mais difícil do que eu imaginava. Por isso, comecei a me posicionar e a escrever. A escrita foi a linguagem que me libertou de diversas amarras que desconhecia e me aproximou de outras mulheres com quem eu me identificava e que se identificavam comigo. As redes sociais possibilitaram a minha escrita feminista negra se tornar pública e com isso atingir mulheres negras que eu jamais atingiria caso não tivesse me exposto dessa forma.

> Eu acho que o feminismo está muito presente no que penso sobre escrita. [...] Quando fui publicar *Dandara*, eu cheguei a conversar com uma editora e apresentar o projeto do livro, e ela falou que eu falava muito sobre isso de cor. Só que os livros que ela me mostrou da editora dela, todos tinham protagonistas brancos. E aí eu questionei: "Poxa, mas você não acha que está falando também muito sobre isso de cor, só que você não percebe, porque para você é normal que todos os protagonistas sejam brancos?". E aí ficou um mal-estar, obviamente não fui publicada por eles.
>
> [Jarid Arraes, autora do livro *As lendas de Dandara e heroínas negras brasileiras em 15 cordéis*]

Evidentemente, o uso das redes sociais pelo movimento feminista e ativista negro é passível de críticas. Muitos entendem que isso é empobrecer o discurso, mas a difusão com essa nova linguagem tem sido em sua maioria positiva. As redes sociais e a internet possibilitaram uma popularização do feminismo, que dificilmente seria alcançada caso as redes não possibilitassem ao sujeito falar por si e questionar assim o outro e a estrutura que o oprime publicamente. A diferença é que agora não necessitamos mais de uma formação acadêmica ou publicações em grandes editoras para que nos escutem. A ausência do intermediário possibilita diferentes conclusões para o mesmo cenário. Mais do que isso, estamos conseguindo quebrar a narrativa hierárquica, muito comum em movimentos sociais, já que, nas redes, as pessoas funcionam em sua maioria de forma orgânica e em teia. No entanto, infelizmente tem crescido a deslegitimação de movimentos sociais, pois muitas de suas ações são entendidas como "linchamentos virtuais" e suas condutas são igualadas com as ações de grupos conservadores, supondo uma falsa simetria.

Ao se tratar de negros, isso muda — e muito — as nossas possibilidades de disputar narrativas. Em textos publicados em sites como o Blogueiras Negras, temos uma riqueza de narrativas de perfis variados, como professoras universitárias, mães, donas de casa, ativistas, trans, nordestinas, jovens com ensino básico, numa representatividade que deveria existir em outros espaços. São mulheres negras de todas as regiões do país. Sem dúvida, foi também esse território que impulsionou muitas mulheres, hoje símbolos do feminismo negro no Brasil.

Entre as mulheres negras que me formaram, há muitas feministas. Elas seguem fazendo a minha cabeça e a de muita gente que chegou depois de mim. Felizmente, o trabalho que elas realizaram se expandiu de tal forma que é complicado apontar alguns nomes, por correr o risco de ofuscar o brilho da quantidade de mulheres jovens que têm dado continuidade a esse legado, muitas vezes de maneira bem inovadora. Eu gosto mais de falar das experiências coletivas, dos grupos de estudos sobre feminismo negro que pipocam nos quatro cantos, das Blogueiras Negras, do projeto Mais Amor Entre Nós, do Festival Latinidades, dos coletivos de mulheres negras e por aí vai.

[Ana Flávia Magalhães Pinto]

A internet ainda não é acessível a todos, mas sem dúvida ela foi um fator importante para se entender a difusão de conceitos como interseccionalidade entre as feministas, em especial as negras. Num almoço com Sueli Carneiro, ela me disse que lia os textos reproduzidos no portal Geledés e que era admiradora dessa produção atual. Além da sua extensa contribuição para o feminismo e a luta negra, esse interesse em se relacionar com as novas gerações sem desmerecer suas linguagens e seus meios faz com que Sueli seja tão presente nas narrativas dos mais jovens. Durante uma entrevista em 2014 para o *East London Lines*, Angela Davis, assim como Sueli, quando questionada sobre como jovens deveriam pressionar ativamente as mudanças em que acreditam, respondeu: "Isso deve ser decidido pelos próprios jovens. Não é para uma geração ditar à outra como deve ser o melhor modo de ativismo político".[5]

> Eu conheci algumas mulheres feministas e que logo criaram um grupo de e-mail, que eram as "blogueiras feministas". [...] Logo depois da primeira blogagem coletiva Mulher Negra, que foi em 2013, a gente sentiu necessidade de reunir mulheres negras que escreviam na internet [...]. E aí Charô foi quem teve a ideia de chamar essa iniciativa de Blogueiras Negras [...]. Então o principal objetivo das Blogueiras Negras quando surgiu lá em 2013, final de 2012, início de 2013, foi visibilizar a produção de mulheres negras na internet. Hoje a gente está em 2017, então a gente tem quase cinco anos de existência e considera que parte dessa missão, desse objetivo, foi cumprido.
>
> [Larissa Santiago, coordenadora de projeto no site Blogueiras Negras]

Uma missão que com certeza mulheres negras atingiram foi ampliar a discussão sobre as inter-relações entre opressões. O termo interseccionalidade (muito usado até aqui) e a teoria interseccional foram cunhados e desenvolvidos pela advogada dos direitos civis e professora americana Kimberlé Crenshaw, em 1980, e consiste basicamente em entender que diferentes opressões se inter-relacionam. Ainda existe um longo caminho para que se entenda e se faça uso da interseccionalidade como um instrumento necessário, ainda mais hoje que mulheres negras trans, lésbicas, mães, idosas, deficientes, entre outras, estão traçando e defendendo suas perspectivas e disputando narrativas dentro do próprio feminismo negro. É por isso que hoje ganha força nas redes sociais a autonomeação "feministas interseccionais", em especial entre mulheres negras, não só no Brasil, mas também em outros países e contextos.

> Acredito que o feminismo inteseccional supera o feminismo tradicional porque é uma nova síntese por incorporação, algo que questiona não apenas o poder masculino, como o feminismo tradicional, mas também questiona o poder e outras formas de opressões. É um contradiscurso.
>
> [Carolina Santos Barroso de Pinho, doutora em educação]

É necessário ressaltar que Kimberlé nomeia algo que mulheres negras — feministas ou não — já faziam em suas diferentes narrativas e formas de atuação. Acredito que, pelo fato de a interseccionalidade no feminismo ser um conceito que parte das mulheres negras, ele tende a ser muito associado a nós. No entanto, isso não quer dizer que só as mulheres negras feministas deveriam atentar às intersecções de opressões. A interseccionalidade é uma urgência de todos os movimentos sociais e de toda a sociedade.

O que muitos chamam de "questões das mulheres" em suas falas na verdade é uma questão da sociedade. O que chamam de "questão dos negros" também. Se negros e mulheres estão morrendo por serem quem são, toda a sociedade deveria falar sobre isso. Falo dessas duas questões, mas poderia citar outras. Nas minhas vivências, esses estigmas me marcam de uma forma que, se num determinado momento da história, num passe de mágica, a gente resolvesse todas as questões de gênero, eu ainda continuaria sendo uma mulher socialmente oprimida por conta da questão de raça.

Se pensarmos a geração tombamento apenas por uma perspectiva estética, estamos negligenciado a importância da representação, das diferentes linguagens na disputa de narrativas e, claro, a forma como um discurso estético negro não pode ser visto pela mesma lente que um discurso estético de pessoas que não são socialmente e estruturalmente oprimidas pela sua cor. Muitas são as críticas à geração tombamento, que dizem que ela parte de um discurso esvaziado. Mas esse suposto vazio fez com que as buscas no Google por cabelos cacheados e crespos superassem as buscas por cabelo liso. O programa Google BrandLab constatou que, no último ano, o interesse por cabelos encaracolados aumentou 232%. Já as buscas por cabelo afro mostram um avanço ainda maior: cresceram 309% nos últimos dois anos. Esses são sinais de uma mudança de perspectiva estética, que interfere no cotidiano dessas mulheres e não deixa de ser uma mudança política, por mostrar o impacto do alcance das narrativas atuais. Para muitos, esse discurso pode soar "esvaziado", mas se esquecem de que a autoestima impactada pelo racismo fez muitas mulheres negras desistirem de si, e não só no campo estético. Existem passos a serem dados no processo de empoderamento, e não necessariamente ele vai se dar onde alguns julgam ser mais relevante politicamente. A geração tombamento não foge dos debates necessários. A festa Batekoo, conhecida por reunir jovens negros tombadores, não deixou de apoiar campanhas de arrecadação de dinheiro para Rafael Braga, preto preso durante as Jornadas de Junho, em 2013, no Rio de Janeiro. A Batekoo não é só uma festa, é um ato político. A geração tombamento não é só estética, é uma das narrativas mais importantes de hoje exatamente pelo viés estético e pela adesão.

> Aí surgiu essa geração — que nem é a minha, mas eu tô ali pertinho —, que é a geração tombamento. Que tem uma gíria de uma menina, a Karol Conka [...]. Que é isso de você tipo "Já que é pra ser maravilhosa, já que é pra ser isso tudo, já que é pra quebrar tudo, então vamos fazer". Isso tem muito a ver com a estética, mas isso também está sendo trazido pra outras coisas. É uma coisa de mulheres negras. Por exemplo, eu fui entender que eu era bonita sendo negra aos vinte e pouquinhos. Tem uma geração que está entendendo que elas são bonitas sendo negras com catorze, quinze, e isso faz muita diferença. Elas tão entendendo que são maravilhosas, que podem ter o cabelo rosa, que podem não ter cabelo, podem ser meninas carecas, que podem usar roupas que dizem que não é pro padrão de corpo delas — apertada, curta.
>
> [Ana Paula Lisboa]

E vale lembrar que o uso das redes e de discursos políticos que assumem diversas linguagens é feito por movimentos como o Black Lives Matter, que se define como um movimento interseccional fundado por três ativistas negras: Alicia Garza, diretora de projetos especiais da National Domestic Workers Alliance [Aliança nacional de trabalhadoras domésticas]; Patrisse Cullors, diretora da Coalition to End Sheriff Violence in Los Angeles [Coligação contra a violência policial em Los Angeles]; e Opal Tometi, ativista pelos direitos dos imigrantes. Três mulheres negras que — assim como Renata Prado (ativista e um dos nomes da festa Batekoo), Monique Evelle (do Desabafo Social), Jéssica Ipólito (do Gorda e Sapatão, blog que pauta negritude e lesbianidade), Joyce Fernandes, conhecida como

Preta-Rara (da página Eu Empregada Doméstica), Maria Clara Araújo (blogueira e digital influencer que pauta transfeminismo e negritude), Renata Martins (da websérie Empoderadas), Michelle Mattiuzzi (artista e performer), Priscila Rezende (artistas e performer) e Nátaly Neri (youtuber do canal Afros e Afins), entre tantas outras — estão fortalecendo o protesto negro e de gênero com seus discursos ativistas aqui no Brasil.

> Era violência. Tudo era violência na época da minha geração. Mas éramos "nós" denunciando a sociedade racista, agora sou "eu". "Eu estou sofrendo isso", "A minha experiência é essa". Principalmente nas redes sociais, onde cada um bota o seu próprio testemunho. Na minha geração, a minha experiência de sofrimento, dor e ataque era tão igual à de todo mundo e você não narrava isso dessa forma "como eu estou passando isso". Agora, esse lugar pessoal é valorizado também, como narrativa, inclusive; e não era.
>
> [Jurema Werneck]

Nós estamos numa luta coletiva, mas nós somos indivíduos e cada um se molda e cria suas prioridades dentro do que pode, do que gosta e do que gostaria de fazer. Vale ressaltar que nem todos concordam com a tal geração tombamento. Claro que isso é muito diferente da deslegitimação, que é recorrente nos movimentos sociais. Além disso, é necessário considerar como as pessoas cobram que indivíduos de algumas minorias sejam ativistas e tenham discursos políticos a todo momento, e isso é desumanizar esses sujeitos, assim como atribuir responsabilidade apenas a eles.

No que diz respeito a negros, debater a nossa subjetividade é, sem dúvida, importante, já que faz parte do reconhecimento da nossa humanidade. Quando enxergam negros como sendo "todos iguais", estão negando nossa humanidade. Acabam por manter, assim, a lógica racista de que não somos PESSOAS. E nós, negros, acabamos apagando nossas possibilidades de ser distintos, naturalizando um padrão que nega nossas múltiplas subjetividades e fortalece os essencialismos que nos cobram. Isso reproduz o que entendem ser "negro de verdade", na lógica da própria branquitude, além de limitar nossas atuações, interesses e lugares.

No mundo da moda, do qual participei como modelo, era nítida a competição de negras entre negras, pois concorríamos pela mesma vaga, já que o sistema racista coloca, na maioria das campanhas, um único negro. Isso cria um processo que dificulta a união entre mulheres negras nesses espaços. E se pensarmos como isso afeta todos os campos das vidas negras, inclusive e talvez principalmente na academia, isso faz com que os negros pós-ascensão sejam uma ilha cercada de pessoas brancas.

Estou cansada de ser comparada a outras feministas negras. Fico pensando se não conseguem me ver para além de negra. Eu me vejo, TODO DIA, sendo colocada como RIVAL de outra mulher negra, até mesmo por pessoas negras. A rivalização que existe entre negros é alimentada por uma estrutura racista que, quando possibilita ascensão, é apenas individual. Essa é a narrativa do negro único. Discutir a diversidade, até mesmo entre negros, é discutir que os espaços da sociedade deveriam representar nossas diferenças. Um ponto importante é que a narrativa do negro único fortalece o colorismo, dando para negros de pele clara uma possibilidade maior de ascensão e de serem tidos como representantes de uma população gigantesca e diversa.

Racismo, Lesbofobia, Transfobia, exclusão de mães, entre outros, são temas recorrentes nas redes sociais entre feministas. Mulheres trans, lésbicas e/ou negras são constantemente denunciadas nas redes sociais. Isso às vezes parte de outros grupos feministas num processo de censura de narrativas, e nós, mulheres negras feministas, tivemos um papel importante na desconstrução do mito de que mulheres não podem atacar ou até oprimir outras mulheres, questionando o conceito de sororidade como prática universal, além da seletividade, que tende a excluir mulheres negras. As feministas negras interseccionais questionaram as teorias feministas, o entendimento e o respeito ao que outras mulheres são e escrevem, sem negar a importância do passado, moldando as bases do feminismo negro. De certa forma, o feminismo negro se tornou um exemplo para outras mulheres racializadas disputarem suas narrativas dentro da hegemonia branca feminista.

É fato que Kimberlé Crenshaw nomeou, estudou e legitimou o que mulheres negras ao longo de sua história no debate de gênero sempre pensaram. Porém, nomear é poder. A interseccionalidade parte da defesa de que só existe emancipação possível quando tratarmos as diferenças dentro das diferenças, mesmo que seja um desafio, como a própria Kimberlé Crenshaw constatou. Ao ver mulheres de diferentes contextos e origens se dizendo feministas interseccionais, vemos as mulheres negras redefinindo a teoria feminista, como no título de um artigo de bell hooks.

Cabe a nós, feministas, criar novas perspectivas num momento em que a disputa de narrativas em outros espaços se faz necessária. Reconheço a importância de as feministas conseguirem maior espaço na mídia, como aconteceu nos últimos anos, mas ainda temos dificuldade de conseguir englobar as pautas feministas, divergentes ou não, dentro de espaços institucionais capazes de impactar a estrutura que está posta. E isso só vamos conseguir coletivamente. Porém, o coletivo só é forte se respeitar as nossas diferenças.

Estamos tombando e não adianta fugir. É um caminho sem volta. Estamos construindo um futuro interseccional em que narrativas múltiplas pautarão os debates. O nosso legado é constituir novos paradigmas. O retrocesso vem ganhando força no Brasil, mas a revolução já vem sendo feita, mesmo que muitos não a enxerguem, por indivíduos socialmente invisibilizados. Como a base da pirâmide, somos nós, mulheres negras, as únicas capazes de estremecer toda a estrutura. Mesmo quando nos golpeiam, mesmo se cairmos, será um passo à frente. Pois nossa luta não retrocede, ela abre caminhos.

"AS TEÓRICAS NEGRAS NÃO TINHAM VISIBILIDADE"

ENTREVISTA COM DJAMILA RIBEIRO[6]

Você foi muito citada nas várias entrevistas feitas, não só por mulheres negras, mas também por mulheres que não são negras. Inclusive, algumas chegaram a dizer que hoje se consideram feministas negras por sua causa. Por que você acha que isso acontece?

Eu fico ainda bastante surpresa. Acho que existem milhares de mulheres negras incríveis, acontece que muitas ainda estão na invisibilidade. Então acho que o fato de muitas mulheres se inspirarem em mim é por eu ter conseguido sair dessa invisibilidade e as pessoas poderem conhecer um pouco da minha história. E também por ainda sermos muito poucas nos espaços de visibilidade, por exemplo ter uma coluna num site de grande circulação. E justamente por isso eu acho que é importante quem consegue estar nesses espaços — as raras exceções que conseguem — trazer essas outras mulheres incríveis, porque a gente só chegou onde chegou por conta delas. Acho que um pouco desse reconhecimento é por isso, porque eu nunca me coloco somente eu, Djamila, eu nunca perco a perspectiva histórica de tantas mulheres importantes para que eu estivesse aqui hoje, dessa generosidade de passar textos, de passar bibliografia. Eu acho que tem também essa questão de escrever de forma didática. Sou uma acadêmica, mas tenho horror a acadêmicos que querem se comunicar com as pessoas e escrevem de maneira extremamente elitista. Mesmo sendo uma acadêmica da filosofia, essa questão de eu escrever de forma didática faz com que as pessoas se sintam acolhidas nos meus textos, se sintam representadas, e é uma maneira que eu encontrei de continuar passando esse conhecimento histórico que as mulheres negras vêm desenvolvendo ao longo dos tempos, mas de maneira acessível. Para mim é muito surpreendente, porque eu nunca me coloquei nesse lugar.

Venho de uma família de militantes. Desde muito cedo tenho essa consciência de a gente se responsabilizar e se colocar no mundo, muito por influência do meu pai, que era militante do movimento negro. Esse histórico de militância me fez pensar muito que eu não queria estar em espaços onde eu não pudesse ter autonomia, onde eu não pudesse ser quem eu sou, falar o que penso. Então, acho que essa questão de ser negada em alguns espaços foi importante. Eu brinco que eu corri por fora, fui ser mãe, fazer outras coisas na vida, depois voltei mas com esse entendimento de quanto minha autonomia era importante. O fato de não estar ligada necessariamente a algum grupo ou coletivo foi importante, por mais que eu tenha feito parte de vários.

Você falou do seu pai e de como ele te influenciou a seguir no ativismo ligado às questões raciais. Eu queria saber um pouco do seu histórico, como se deu seu trabalho, desde quando você está atuando.

Minha relação começou cedo mesmo. Eu digo que até antes de nascer, porque eu tenho nome africano, Djamila, que meu pai tirou de um jornal da década de 1970. Sou de 1980, mas na década de 1970 tinha o jornal *Jornegro*, que era da militância, e nessa edição eles incentivavam militantes a colocar nomes africanos em seus filhos e filhas. E daí meu pai tirou o meu nome e o da minha irmã, Dara. Para ele era uma maneira de nos levar a ter contato com a nossa ancestralidade.

Ele era militante do movimento negro, comunista, foi um dos fundadores do partido comunista em Santos, e era sindicalista, do sindicato dos estivadores. A gente discutia isso dentro de casa. Ele foi candidato a vereador e fizemos a campanha dele, passamos muitas tardes no sindicato, na União Cultural Brasil-União Soviética, que existia na época. Ele brigava muito para que a gente estudasse e falava muito dessas questões dentro de casa. Ele levava a gente ao teatro e fazia a gente levantar e se perguntar: "Quantos negros têm aqui?", e a gente respondia: "Só a gente, pai". Ele falava, "Por isso que eu quero que vocês estudem, porque esse país não foi feito pra nós". Foi muito importante essa criação, me deu um pensamento crítico.

Mas com o tempo eu sentia muita falta também do debate de gênero e, conforme fui crescendo, fui procurando outros caminhos. Fui trabalhar na Casa de Cultura da Mulher Negra de Santos, uma ONG, e lá eu tive contato com a produção intelectual de mulheres negras. Era uma organização que provia atendimento psicológico e jurídico para mulheres vítimas de violência doméstica. Tinha uma biblioteca, chamada Carolina Maria de Jesus, com a produção de mulheres negras. Trabalhei um período na biblioteca e foi ali que eu me entendi como mulher negra, foi ali que eu entendi que o feminismo negro era o caminho. Através da Casa de Cultura da Mulher Negra eu participei do Fórum Social Mundial e do Fórum Social Brasileiro, ambos em 2003, e ajudei na construção de vários seminários que elas organizavam em Santos. Foi muito importante a gente falar no Seminário Internacional de Educação sobre a lei 10 639, sobre o ensino de história e cultura afro-brasileira e africana nas escolas, antes de ela ter sido aprovada. A Casa de Cultura da Mulher Negra fechou uns anos atrás, mas teve um papel muito importante. Quando comecei a cursar jornalismo, fui trabalhar numa revista chamada *Eparrei*, na qual só entrevistavam mulheres negras. Trabalhar nessa revista foi muito importante pra minha formação como militante, inclusive como acadêmica, porque me deu subsídios para ter contato com essa produção intelectual.

Depois que saí da Casa de Cultura da Mulher Negra, fui voluntária no cursinho popular Educafro. Eu era coordenadora da parte de cidadania de um núcleo em Santos. Conseguimos colocar muitos jovens negros na universidade. Depois da Educafro, eu participei de algumas ações em Santos, como de coletivos que discutiam a questão da mulher na mídia. Fui parte também do Movimento Jovem Negro.

Em 2008, quando fui para a Unifesp estudar filosofia, eu já tinha todo esse histórico de militância — uma luta dentro da academia. Dentro da universidade, junto com outros colegas, a gente criou o Mapô (Núcleo Interdisciplinar de Estudos de Gênero, Raça e Sexualidades) e organizou vários debates, eventos, seminários, congressos. Foi muito importante, inclusive para nossa sobrevivência ali dentro, criar demanda e trazer esse tema para dentro da universidade.

Como foi estar na universidade estudando filosofia e falando sobre mulheres, sobre gênero e se colocando como feminista? Eu sei que hoje você é uma feminista que está muito ligada a Simone de Beauvoir, mesmo sendo uma mulher negra. Há muitas pessoas que acham que as mulheres negras só leem intelectuais negros, e você tem uma ligação com várias feministas de diferentes vertentes. É isso mesmo?

É, quando eu entrei na faculdade de filosofia, vi que é uma área majoritariamente masculina e branca, e a história da filosofia é contada dessa forma. Durante a minha graduação, nenhum professor ou professora deu filósofas. Eu achava aquilo tudo muito absurdo, as pessoas se esquivavam dessa questão, como se não tivesse uma ideologia por trás, como se fosse um acaso.

No segundo ano de faculdade, fiz um trabalho para a disciplina filosofia da lógica. A gente estava estudando um autor chamado Wittgenstein, e o professor Marcelo Carvalho pediu para a gente fazer um projeto, porque ele não queria levar sustos. Como Wittgenstein falava de linguagem, eu achei interessante pensar a questão da mulher nisso, de como a linguagem cria valores em relação à mulher e às pessoas negras. Fiz o projeto morrendo de medo de que ele falasse que esse tema não era para a filosofia, até porque eu já tinha fama de militante. Ele foi extremamente aberto, o que teve uma importância muito grande na minha jornada acadêmica, porque não só achou o projeto interessante como me indicou bibliografia e me deu condições de pensar esse projeto. Eu tirei 9,5 nesse trabalho, que foi até publicado numa revista científica da PUC-Minas.

Isso me incentivou a fazer uma pesquisa de iniciação científica. Me deu coragem, na verdade. Procurei um professor que estudava Sartre, achando que ele estudava Beauvoir, e para a minha surpresa não estudava, mas ele foi aberto e me orientou. Eu me sentia muito isolada por não ter ninguém na filosofia estudando esses temas, então comecei a procurar coisa fora. Aí ficava pesquisando na internet, porque queria saber se o que eu estava falando fazia sentido, porque é necessário a gente dialogar com outras pesquisas. Na época, eu era professora do estado. Essa experiência também me ajudou muito. Descobri a International Simone de Beauvoir Society (SBS), um grupo de pesquisadoras internacional, e eu fui, em 2011, apresentar meu relatório de iniciação científica numa conferência na Universidade de Oregon. Foi um momento muito importante na minha vida, porque fui muito acolhida. Quando voltei para o Brasil, eu já tinha mais subsídios e conhecia outras teóricas que também estudam Beauvoir na filosofia. Isso me fez ter condições de terminar bem a minha pesquisa de iniciação científica e ir para o mestrado.

No mestrado, fui estudar Simone de Beauvoir e Judith Butler, fazer uma análise comparativa entre as duas, e depois eu introduzi o feminismo negro. Sabia que, se eu fosse com um projeto só de feminismo negro para o mestrado, provavelmente ele não seria aprovado pela Fapesp. Mas eu não tenho esse olhar. Acho que é importante a gente ter um olhar crítico para muito do que foi produzido pelo feminismo branco anglo-saxão, apontar os limites, e isso não quer dizer que a gente tenha que descartar tudo. Nem toda a produção feita por mulheres europeias e brancas é necessariamente euro ou brancocêntrica. Por ser uma mulher negra, eu não preciso me colocar numa caixinha em que não posso estudar outras autoras e outros autores. Muito pelo contrário, eu me recuso a entrar nessa caixinha. Porque além de estudar, sou apaixonada pela obra de Beauvoir, tanto a filosófica quanto a literária, dou cursos sobre Simone de Beauvoir. Na introdução de *O segundo sexo*, ela já dizia que "mulheres burguesas vão ser solidárias aos homens burgueses e não às mulheres proletárias, e as mulheres brancas vão ser solidárias aos homens brancos e não às mulheres negras". Por mais que tenha universalizado a categoria mulher em *O segundo sexo*, ela fala da questão racial, muito pelo convívio com Richard Wright, que foi um escritor e ativista norte-americano, e escreveu *Djamila Boupacha*, sobre uma argelina que sofreu violência sexual pelo Exército francês.

Acho que é importante a gente conseguir fazer essas ligações. A Angela Davis, por exemplo, em *Mulheres, raça e classe*, não descarta a produção das mulheres brancas, ela critica o feminismo branco racista, mas reconhece as mulheres brancas que souberam se responsabilizar pela mudança, inclusive as chama de irmãs brancas. Enfim, acho que a gente precisa aprender a fazer a crítica no sentido de apontar os limites, mas não de deslegitimar a obra ou de entrar numa loucura de achar que a gente não pode estudar outras autoras ou outros autores.

Você já citou algumas mulheres como a Simone de Beauvoir e a Angela Davis. Quais são as outras mulheres que te inspiram como feminista negra?

Sueli Carneiro, Luiza Bairros, Mãe Stella de Oxóssi, Jurema Werneck, Luísa Mahin, Amelinha Teles, Sojourner Truth, Marai Larasi, Patricia Hill Collins, Alzira Rufino, bell hooks, Paulina Chiziane, Chimamanda Ngozi Adichie, Joice Berth, Stephanie Ribeiro, Giovana Xavier, Juliana Borges.

Você acredita que o feminismo que você pratica e atua hoje dialoga com o feminismo clássico dos anos 1960?

Eu tendo a chamar esse feminismo não de clássico, mas a história dominante do feminismo, que divide em ondas (primeira, segunda e terceira), tem uma narrativa dominante de mulheres brancas, né? Eu acho muito importante falar que existiam nesse período mulheres fazendo feminismo de outras formas. Eu me identifico mais com essas mulheres que não eram dominantes, que já estavam produzindo muito, que estavam criando redes de solidariedade política desde o período escravocrata. Por mais que eu goste muito e me interesse muito por teoria feminista, acho que o dito feminismo clássico, o feminismo dominante, tem limites muito marcados, como não debater a interseccionalidade, as opressões. A questão é que as teóricas negras não tinham visibilidade. Por mais que ache importante todas as teóricas do feminismo da década de 1960, me identifico mais com essas feministas que estavam pensando a interseccionalidade, ou a questão de raça, para além do debate de gênero.

Você acha que hoje o debate trazido pelas mulheres negras, a voz das mulheres negras, continua sendo silenciado, como você acabou de colocar, ou acha que a gente está vivendo outro momento? E qual momento seria este, pensando na questão racial e no lugar das mulheres negras?

Eu acho que as outras gerações antes de nós já compraram essa briga, de denunciar a invisibilidade, e acredito que elas já produziram bastante, criaram organizações, conseguiram pautar bastante esses temas. Hoje nós vivemos outro momento, somos mais visíveis, muito por conta da internet e das redes sociais, que entendemos ser um espaço em que podíamos existir. Melhorou, mas ainda falta muita coisa, no sentido de enfrentar de fato o epistemicídio e a nossa invisibilidade.

É importante olhar o que já foi feito, as diversas organizações criadas, o Cedenpa, no Pará, a Articulação de Organizações de Mulheres Negras Brasileiras, o Geledés, o Ceert, produções importantes dessas mulheres, de grandes educadoras, como a Eliene Cavalleiro e o trabalho que ela fez no MEC, e tantas outras. Porque senão parece que nada mudou. Eu vejo muito isso às vezes das gerações mais novas, de achar que nada mudou. É importante conhecer a nossa história para entender que a gente avançou, sim, e que hoje somos mais visíveis, ainda que infelizmente muito poucas, por causa do racismo e do machismo estrutural.

Você falou da geração mais nova e hoje eu vejo muita coisa acontecendo, é muito plural. Tem desde quem foca na estética, até o ativismo identificado como geração tombamento e o pessoal do YouTube e de blogs. Como você vê esse movimento? Você entende isso como um movimento forte, importante?

Eu considero um movimento superimportante. Eu acho que conflitos geracionais vão sempre existir e que cabe às gerações mais velhas entender que as mais novas vão procurar outras formas de ativismo. A geração tombamento eu acho incrível, até porque não é algo novo. As festas negras, por exemplo, são ressignificadas por essa geração para o momento histórico atual.

Eu acho que, se o racismo está em tudo, a gente tem que pautar essas questões em todos os espaços. Porque senão a gente cai muitas vezes numa posição arrogante de querer ficar delimitando qual é o melhor modo de militar, e eu acho que a gente não pode contribuir com essa lógica, que é uma lógica colonizadora de nos homogeneizar, de nos colocar como se fôssemos todos iguais e negar a nossa subjetividade. Eu acredito que essas meninas de hoje cumprem um papel incrível na moda. Como eu queria, aos quinze anos, poder seguir uma menina no Instagram ou ver um vídeo no YouTube que me ensinasse a cuidar do meu cabelo! Talvez eu não tivesse alisado tanto. Acho que a gente não pode negar essas questões e vejo essa efervescência de um jeito muito positivo. Se o racismo é estrutural e estruturante, é importante que a gente o combata em todas as esferas. E não só combater. O que essa galera vem dizendo é que eles estão pensando novas possibilidades de existência que transgridem e transcendem a norma colonizadora.

Pensando em tudo que a gente já conversou, é fato que entre essas mulheres negras plurais também existem muitas mulheres negras que, mesmo trabalhando questões de gênero, não se posicionam como feministas. Qual é a sua percepção disso?
Acho que, como seres múltiplos e diversos, nós encontramos essa grande diversidade entre nós. É preciso fazer essa diferenciação, de que nem todo o movimento de mulheres negras é feminista, muito pelo contrário. A Núbia Moreira, na dissertação de mestrado sobre os movimentos de mulheres negras, sobre o feminismo negro, fala do quanto existe resistência por parte das mulheres negras, porque elas não se sentiam representadas dentro desse feminismo clássico e dominante, e que isso muda a partir do encontro de mulheres negras em Bertioga na década de 1980. Passa-se a se construir uma identidade feminista negra. Eu não acho que toda mulher negra precise se denominar feminista negra, mas acho importante que se tenha consciência dos efeitos da combinação do machismo e do sexismo na nossa sociedade. E acho que seria importante o respeito àquelas que se denominam feministas

negras, porque muitas vezes ficam num embate, num desrespeito, em tentativas de deslegitimação que são nocivas.

Muitas mulheres negras não ouviram falar em feminismo e têm posturas extremamente importantes. Nós somos diferentes, partimos de perspectivas ideológicas diferentes, partimos de pressupostos epistemológicos diferentes. E tudo bem, desde que a gente se respeite e consiga coexistir. É isso que falta, muitas vezes.

Eu fico pensando sobre as ligações entre as religiões de matriz africana e esse processo de empoderamento que algumas figuras, as orixás em especial, trazem para as mulheres negras. Você vê hoje esse feminismo negro, esse feminismo que você e outras mulheres praticam, também ligado à ancestralidade das religiões de matriz africana?

Com certeza, acho que a Jurema Werneck faz isso muito bem. Ela parte de outras referências de mulheres e eu acho isso muito forte. O candomblé é uma religião que tem grandes mulheres à frente, as ialorixás, e os saberes dessas mulheres são importantíssimos para a nossa luta, para a nossa ancestralidade. Acho muito significativo partir de outros referenciais que não sejam sempre eurocêntricos, dessas mulheres, das orixás, porque, quando se discute a intelectualidade negra, a gente não hierarquiza saberes, a gente está falando do saber da ialorixá, da acadêmica, da mulher que luta pela moradia. Então, nesse sentido, as religiões afro têm um papel central de pensar uma outra cosmogonia, porque é outra geografia da razão.

Em 2015 teve a Marcha das Mulheres Negras e esse evento tinha mulheres negras de todas as idades, de todos os lugares, inclusive de religiões diferentes. Eu queria saber o que você acha da Marcha das Mulheres Negras e se você participou da organização ou dos eventos ligados a ela.

Eu acho que é um momento histórico, um momento em que não à toa se redige o documento pelo bem viver das mulheres negras, mostrando que a gente quer existir, mas com dignidade, não nessa violência sistemática que a gente vive sofrendo neste país. É um momento muito importante e de tomada de posição, um movimento nacional que levou quase 50 mil mulheres para Brasília e que continua em cada região, pautando as questões das mulheres negras. Eu participei da construção da marcha, fui a alguns encontros, mas não efetivamente, até porque em 2015 eu estava no processo de arguição do meu mestrado. Acho importante as pessoas entenderem isso, que às vezes a gente precisa se dedicar à academia para poder dar conta dessas demandas, porque muitas vezes existe esse olhar que a mulher negra é uma executora de tarefas e só. Mas eu apoiei da maneira que eu pude. Em 2015, cedi um espaço na *Carta Capital* para que publicassem o manifesto e o mesmo em 2016, então tem uns três textos da Marcha das Mulheres Negras na *Carta*, que foi um modo que encontrei de apoiar a ação das companheiras que estavam construindo, divulgando. Fui ano passado à Marcha das Mulheres Negras de São Paulo, a essa eu consegui ir e caminhar com as mulheres. Na época eu estava na gestão, e como gestora foi possível apoiar de algumas formas. Acho que é um movimento importantíssimo, porque traz as pautas e nomeia as agressões que as mulheres negras sofrem — como o feminismo negro nos ensina, é importante nomear — e traz um protagonismo dessas mulheres. É um movimento com alcance nacional que vem disputando espaços importantes e traz à tona questões referentes às mulheres negras.

Eu queria muito fazer uma pergunta sobre a sua filha. Já vi você falando sobre os processos de assédio que ela sofre, de hipersexualização, mesmo ela sendo uma menina muito nova. Como é educar uma menina negra no Brasil, mesmo você sendo uma mulher negra feminista, empoderada, exemplo de resistência e de luta para muitas mulheres negras?

Isso começou quando ela tinha nove anos, de maneira mais grosseira e incisiva, com a mudança do corpo, mas eu percebo isso desde que ela era bebê, com comentários que as pessoas faziam, "Ai, que coxa grande!", ela tinha seis meses, "Ai, que coxão, vai ser a Globeleza", ou ela crescendo e comentários do tipo "Vai dar trabalho para o pai". De maneira mais ostensiva, começou por volta dos nove anos, com homens na rua olhando de maneira extremamente grosseira e nojenta, olhando mesmo, sem o mínimo pudor. Para mim é muito difícil, porque me sinto violentada duas vezes quando isso acontece. Além disso, as nossas meninas são privadas de ter uma infância decente e digna (no caso da minha filha, uma criança que gostava de brincar, de desenhar, de assistir desenho). E as pessoas falavam coisas absurdas com relação ao corpo ou à maneira como ela tinha que se comportar.

Para mim, é um desafio muito grande passar esses valores de uma maneira que ela entenda o que significa isso. A gente vive numa sociedade pedófila que naturaliza o desejo dos homens por crianças. Isso é algo que me violenta muito, então é um desafio, mas eu acho que ao mesmo tempo é muito bom vê-la reagindo bem, tendo autoestima, amando o seu cabelo, que é uma coisa pela qual eu não passei. Ela já ama o cabelo, muito por conta dessa educação que recebeu, de ter referenciais negros, de viver numa outra época em que não é tão difícil encontrar livros e tem a internet, que mostra um mundo onde ela se enxerga e se sente representada. Eu também vejo como algo muito positivo os referenciais dela serem na grande maioria mulheres negras. E ela, desde muito cedo, tem uma confiança, por exemplo, que eu não tinha.

Fora isso, tem também coisas que as nossas crianças sofrem na escola, né? Na escola de Santos, onde a gente morava, ela sofria casos de racismo, foi muito difícil. Ano passado ela fez terapia durante um ano para poder lidar com isso, porque não é fácil, por mais fortalecida que seja, passar por esse tipo de situação. Sem contar que muitas vezes elas estão desde muito cedo em espaços onde são as únicas, por conta de uma realidade de classe média. E, uns dois anos atrás, ela falou: "Eu queria que tivessem mais negros na minha escola", e a gente acabou se sentindo culpada pelo racismo estrutural.

Mas, ao mesmo tempo, eu a levo quando posso aos debates, converso para que ela entenda a realidade dela, saiba que é uma exceção. Para que no futuro não reproduza um discurso que seja totalmente contrário àquilo que a gente acredita, que entenda que vem de uma história de resistência e de luta, que muitas lutaram para que hoje ela pudesse vivenciar uma realidade diferente, inclusive que eu não tive.

Hoje as questões relacionadas à sexualidade, ao corpo e reprodutivas ainda estão muito em voga. Pensando nisso, qual é a sua opinião sobre a Marcha das Vadias?

Eu acho que é um movimento importante, que ressignifica o termo "vadia" e desnaturaliza as violências que as mulheres sofrem cotidianamente. Eu não me sinto tão representada por esse movimento porque, como mulher negra, nós fomos ultrassexualizadas, objetificadas e construídas como lascivas, e reivindicar esse lugar para mim não é tão interessante. Respeito as companheiras negras que acreditam nisso, mas eu acho que a gente precisa tirar esse olhar colonizador sobre os nossos corpos.

E não gosto muito desse discurso "Meu corpo, minhas regras", porque me soa muito como um discurso de liberdade individual que a gente não tem. Acho que precisamos fazer o debate estrutural. A gente vive numa sociedade na qual o corpo não é nosso de fato. Por mais que eu reivindique esse lugar, eu posso ser violentada na esquina. Então acho que é importante a gente levar esse debate para um espectro mais amplo, de pensar políticas de enfrentamento e na educação para transformar o modo como as mulheres e as mulheres negras são vistas.

Mas eu acho que é importante, também, as pessoas entenderem que, como mulheres, nós somos diversas e há alguns temas que não vão ser tão relevantes para as mulheres negras de forma geral. Para mim, não é uma questão eu me reivindicar como vadia numa sociedade que me vê assim o tempo todo. Estou mais interessada em fazer esse debate num sentido mais amplo, no qual a gente consiga ter a nossa humanidade de fato respeitada.

Cidinha da Silva é autora de treze livros de literatura, entre eles *Racismo no Brasil e afetos correlatos*, *O Homem Azul do Deserto* e *Um Exu em Nova York*. Organizou duas obras fundamentais para o pensamento sobre as relações raciais contemporâneas no Brasil, *Ações afirmativas em educação: Experiências brasileiras* e *Africanidades e relações raciais: Insumos para políticas públicas na área do livro, leitura, literatura e bibliotecas no Brasil*. Tem textos publicados em espanhol, francês e italiano. Presidiu o Geledés de 2000 a 2002.

Stephanie Ribeiro é uma jovem feminista negra, arquiteta e escritora. Colaboradora em diversos sites e blogs feministas, articula ideias sobre o recorte de gênero e de raça. Em 2014, foi considerada uma das mulheres negras mais influentes da internet pelo site Blogueiras Negras. Em 2015, foi homenageada com a Medalha Theodosina Ribeiro por suas ações sobre as relações raciais e de gênero. Foi palestrante no TEDx São Paulo em 2016 e 2017 e, em 2016, no TEDx Google. Mantém a coluna #BlackGirlMagic na revista *Marie Claire*.

COLABORADORAS

Ana Flávia Magalhães Pinto
Ana Paula Lisboa
Carolina Santos Barroso de Pinho
Gabriela Gaia
Jarid Arraes
Jenyffer Nascimento
Juliana Gonçalves
Jurema Werneck
Larissa Santiago
Luana Hansen
Maria Aparecida da Silva Santiago
Maria Nilda
Neusa Santos Souza

FEMINISMO INDÍGENA

MULHERES INDÍGENAS: DA INVISIBILIDADE À LUTA POR DIREITOS

POR MARIZE VIEIRA DE OLIVEIRA

Se o movimento de mulheres em contexto urbano está bem mais desenvolvido, articulado e com protagonismo nos diferentes espaços de poder, a realidade da mulher indígena nas aldeias ainda está em fase de organização. Contudo, elas já estão mostrando resistências que rompem com o papel que culturalmente as mulheres indígenas desempenharam nas aldeias. A partir desses avanços, elas têm produzido uma mudança de valores na geração mais jovem, que vem construindo, em busca de outras possibilidades, valores e novas concepções para a sociedade.

A cobiça desmedida faz com que madeireiros, garimpeiros, pecuaristas e o próprio Estado, com seus projetos de hidrelétricas e mineração, invadam os territórios indígenas. Esses fatores causam a destruição do meio ambiente e provocam uma violência sem precedentes contra os povos indígenas e ribeirinhos e, em especial, contra as mulheres, que travam uma luta cotidiana pela defesa de seus territórios, pelo direito de preservar sua cultura, pelo direito a ser quem quiserem, pelo direito ao seu corpo.

São muitas as mulheres indígenas que hoje vêm lutando pelo protagonismo de se expressar e batalhar pelo que acreditam. Elas atuam ensinando às suas comunidades que não pretendem tirar os direitos dos homens, mas lutar ao lado deles. Lutar em pé de igualdade, para assim fortalecer as lutas de suas comunidades e suas lutas específicas por direitos de mulher guerreira, por respeito e status dentro da sua comunidade. Somos dos movimentos de mulheres ou do movimento feminista, das aldeias ou do contexto urbano, todas oriundas dos povos tradicionais desta terra.

> Existe um feminismo indígena, mas do nosso jeito. [...] Talvez esse termo não seja o mais adequado para a nossa realidade. O feminismo soa radical, longe da gente. Mas temos sim buscado protagonismo dentro das aldeias e para fora, nas nossas lutas, procurando visibilidade.
>
> Hoje, mulheres têm assumido os principais cargos dos movimentos indígenas estaduais e regionais. [...] Uma vitória nossa, mas que contou também com o entendimento e os votos de muitos homens para acontecer. Para a gente, esse é o nosso feminismo: se empoderar e assumir o protagonismo.[1]
>
> [Sônia Guajajara, coordenadora-executiva da Articulação dos Povos Indígenas do Brasil (Apib) e da Coordenação das Organizações Indígenas da Amazônia Brasileira (Coiab)]

A nossa luta sempre foi um desafio. Foi em 1994 ou 1995 que nós votamos pela primeira vez em uma assembleia de lideranças indígenas. Nós pedimos para sermos incluídas, eles viram nossa luta e começaram a aceitar nossa presença. Em 1998, nós criamos um grupo de mulheres indígenas que participava de uma instituição chamada União das Nações Indígenas do Acre e do Sul da Amazônia e Noroeste de Rondônia, que era uma grande organização com sede no Acre.

[Letícia Yawanawá, coordenadora da Organização de Mulheres Indígenas do Acre, Terra Indígena Rio Gregório, Aldeia Mutum, Acre]

Por conta dessa participação veemente na luta do dia a dia, as mulheres indígenas foram alcançando respeito dentro das aldeias e aceitação da presença feminina em espaços que eram considerados estritamente masculinos. Conquistaram notoriedade com a criação de grandes associações de mulheres, inéditas nas regiões onde se situavam os encontros principais. Assim nasceu, por exemplo, na década de 1980, a Amarn (Associação das Mulheres Indígenas do Alto Rio Negro) e a Amitrut (Associação das Mulheres Indígenas de Taracuá, Rio Uaupés e Tiquié), as primeiras organizações de mulheres indígenas no Brasil. A partir daí, as organizações criadas por mulheres proliferaram e, com isso, as denúncias de seus principais problemas se tornaram conhecidas, bem como suas principais reivindicações. Suas demandas são: que as lideranças masculinas as apoiem na decisão política de se organizar; que as organizações indígenas promovam atividades educativas relacionadas à saúde da mulher e que as mulheres possam ter atendimento ginecológico e pré-natal diferenciado; que tenham acesso a uma política de capacitação, para que mulheres indígenas também possam ser agentes de saúde; entre outras.

As reivindicações das mulheres indígenas seguem as nossas especificidades e a primeira delas é que os homens reconheçam a nossa luta, pois ela só tem a somar, a gente só tem a fortalecer e unificar nossa luta, esta é nossa principal reivindicação: participar junto com os líderes das reivindicações e, em segundo lugar, é termos o reconhecimento deles. Que nossa luta e nosso trabalho sejam reconhecidos por todos. [...] 90% do artesanato e quem cria sustentabilidade para as aldeias são as mulheres. Nós queremos que esse artesanato seja vendido fora da aldeia, criando autonomia para as mulheres com seu trabalho dentro da aldeia. Portanto, as reuniões tratam de questões específicas como o artesanato, o fortalecimento do uso das plantas medicinais, porque são as mulheres que são guardiãs, são detentoras desses conhecimentos.

[Letícia Yawanawá]

Essas associações indígenas foram criadas, no início, seguindo as especificidades das mulheres. Mais tarde, foram se inserindo nas lutas nacionais, cujo objetivo era promover políticas de desenvolvimento das mulheres, assegurando seus direitos e participação em várias instâncias, além de contribuir para o avanço do movimento indígena como um todo.

Além disso, buscam promover causas como a demarcação de terras e o acesso à educação e à saúde diferenciada e de qualidade. Lutam para que a violência causada a mando do agronegócio contra suas aldeias não fique impune. As violências são muitas, desde a associação do setor à política (como a bancada ruralista), com leis de retirada de direitos dos seus territórios tradicionais (como a PEC 215), ao conluio com o judiciário, que impede por anos o avanço de processos de demarcações de terras, passando pelo banditismo promovido por capangas do agronegócio, que, para estabelecer o terror e a desesperança nas comunidades, estupram as mulheres indígenas, espancam e assassinam jovens, idosos e idosas e crianças. É importante dizer que esse processo de organização das mulheres é dinâmico e se estrutura como resposta contra as políticas governamentais que impactam as aldeias e, consequentemente, as mulheres indígenas em contexto urbano.

A mulher indígena sofre vários tipos de violência. Primeiro ela sofre por ver seu povo sendo afetado, marginalizado, discriminado. Depois, ela sofre como mulher e essa violência não é só física, ela é psicológica e social também. Mulheres indígenas sofreram esterilização forçada. Mulheres e crianças são violentadas e assassinadas por pistoleiros como forma de intimidar o povo a deixar a aldeia.

[Marcia Wayna Kambeba, geógrafa, poeta, cantora e compositora, da etnia Kambeba, localizada no território do Amazonas]

No entanto, quando nos propomos a escrever sobre violência contra as mulheres indígenas, nos deparamos com uma grande dificuldade: a ausência de dados oficiais sobre a violência envolvendo essas mulheres. Não existem dados que demonstrem que elas sejam vítimas de violências nas aldeias ou nas cidades. Sem estatísticas, não há visibilidade para que se possa lutar por políticas públicas que garantam uma melhor qualidade de vida das mulheres indígenas. Dessa forma, podemos afirmar que elas têm pouco ou nenhum acesso às políticas públicas já existentes de combate à violência contra as mulheres, como deixa claro o relatório do Conselho Indigenista Missionário:

> Os dados ainda carecem de melhor qualificação. Eles não permitem uma análise mais profunda, visto que não foram apresentadas informações detalhadas das ocorrências, tais como faixa etária das vítimas, localidade, povo etc. A fragilidade desses dados dificulta uma clara percepção da autoria das violências, se tiveram como pano de fundo a disputa pela terra ou, nesse sentido, se são consequência do fato de os indígenas não estarem vivendo em seus territórios tradicionais.[2]

Sem acesso a Delegacias Especializadas de Atendimento à Mulher (DEAM) e a outros veículos de denúncia, como o Ligue 180, que permitem a coleta de dados através dos registros, a violência contra as mulheres indígenas acaba não aparecendo nas estatísticas. Foi a partir de um trabalho desenvolvido pelo Núcleo Especial de Direito da Mulher e de Vítimas de Violência (Nudem) e da Defensoria Pública do Estado do Mato Grosso do Sul que surgiu a ideia de produzir cartilhas da Lei Maria da Penha para as mulheres guarani e terena em seus idiomas de origem. Os dois órgãos promoveram um encontro com as mulheres indígenas, explicando o conteúdo da cartilha, e distribuíram 1500 cópias do material didático a ser trabalhado nas escolas com alunos e alunas indígenas.

A cultura indígena, apesar de apresentar papéis de gênero, não era machista como a das cidades. Homens e mulheres estavam sempre juntos, nos eventos sociais e políticos da aldeia ou fora dela, o que começou a mudar recentemente. O contato mais próximo de homens e mulheres indígenas com não indígenas acabou por influenciar várias etnias. Não há como colocar em um artigo a dimensão desse impacto para as comunidades indígenas e, em especial, para as mulheres aldeadas, mas sabemos por depoimentos que outra forma de lidar com a mulher foi instaurada em várias aldeias:

> Comecei a me interessar em lutar pelas e para as mulheres quando eu vi e vivi o machismo. Neste mundo que a gente vive existe muito machismo e preconceito tanto para os homens indígenas quanto para as mulheres. O machismo existe na aldeia e fora da aldeia. Dentro da aldeia, os homens não querem dar nenhum espaço para as mulheres. Mas há outros homens que, quando estamos nos espaços de luta fora da aldeia, já nos dão apoio em nossas lutas.
>
> [Rita Huni Kuin, pedagoga e ativista do movimento de mulheres indígenas, da terra indígena Jordão]

Outra questão importante para o debate é a necessidade de nos organizarmos enquanto mulheres indígenas, pensarmos sobre como ainda somos criadas para não desempenhar papéis de liderança política, assunto que hoje se tornou mais fundamental que nos últimos cinco séculos. Afinal, somos nós, mulheres indígenas, as principais vítimas das violências praticadas contra as comunidades indígenas em todo o mundo, segundo a ONU. Os dados mostram que mais de uma em cada três mulheres indígenas são estupradas ao longo da vida. A violência é uma estratégia de desmoralização da comunidade.

Há uma cultura que faz com que fiquemos mais dentro do lar nas cidades ou restritas às comunidades indígenas. Ainda hoje, mesmo com as mulheres indo à luta, os homens ainda veem com estranhamento o processo de emancipação e protagonismo. Um exemplo disso é o depoimento de Rita Huni Kuin: "Saí candidata à vereadora, fui bem votada mas não entrei e, quando eu ia pedir votos para os homens na comunidade, diziam: 'Ah, ela é mulher, não vai conseguir nada, nós somos mais fortes do que ela'". É claro que isso nunca vai ser via de regra, já que falamos de 305 povos diferentes, além de mulheres indígenas em contexto urbano. Mas é fundamental pensar em como garantir espaços de formação para que mulheres indígenas se fortaleçam junto com outras mulheres e percebam a importância desse protagonismo para as futuras gerações.

Um caso muito positivo, que sustenta bem essa afirmação, é o de Ivanilde Kerexu, hoje uma grande liderança do povo guarani no Rio de Janeiro. Ela rompe com as correntes que muitas vezes nos tolhem o voo, com a naturalização dos papéis predeterminados que embaça nosso olhar e nos faz crer que somos assim mesmo, que nascemos envergonhadas. Mesmo na adversidade pela qual passamos, na opressão que vivemos, seja dentro de nossas famílias ou na forma que a política nos nega direitos, ela e outras mulheres rompem com essas amarras por um chamado de sua comunidade e vão crescendo "na marra", amadurecendo politicamente:

> Esse processo de militância eu comecei há oito anos, quando me escolheram para ser presidente da Associação Indígena de Itaxin. [...] Aí eu vi que era muito complicado, mas, já que as pessoas confiaram em mim, eu vou ter que fazer a diferença dentro da aldeia e fora porque eu acho que foi Deus que me iluminou, porque eu tinha outras coisas para fazer. Ele me escolheu para fazer o melhor para minha comunidade. Era muito difícil no início, para mim, porque eu não conseguia falar em público. Eu não conseguia falar com as pessoas, mas o que eu sentia no meu coração fazia com que eu falasse e no início eu falava muito pouco mesmo, mas depois eu fui tendo mais coragem de falar em público. [...] Nós mulheres somos muito tímidas mesmo. Hoje eu já consigo falar em público.
>
> [Ivanilde Kerexu, professora do ensino fundamental da escola indígena de Parati-Mirim, no Rio de Janeiro, e presidente da Associação Indígena da Aldeia Itaxin]

O não indígena desconhece a história do Brasil feita pelos povos indígenas. A falta de acesso a informações relacionadas à questão indígena foi uma política estabelecida pelo Estado brasileiro para negar a identidade indígena e estabelecer a partir da ignorância uma campanha de desqualificação dessa cultura e desses povos. Assim, criou-se o preconceito e o processo de desindigenização. Esse processo faz com que o povo brasileiro desconheça o quão indígena é, em sua hospitalidade e alegria, em sua alimentação e seus costumes, na forma de pensar o mundo e também no idioma português recheado de palavras do tupi-guarani.

Por todas essas questões, as instituições brasileiras, em sua maioria, não concebem como relevantes estatísticas que visibilizem a situação indígena no Brasil. A pesquisa é fundamental para lutarmos por políticas públicas. É escasso o acesso aos dados, às inúmeras pesquisas de indígenas e indigenistas que há muito já debatem e propõem alternativas para o quadro de violência permanente nestes mais de cinco séculos de história, sendo as mulheres e as crianças o topo da pirâmide das vítimas da violência. Nós somos invisíveis, principalmente quando estamos em contexto urbano.

Segundo o IBGE, 36,2% da população indígena vive em cidades, porém conhecemos muito pouco da realidade dessas mulheres. Essa invisibilidade demonstra a gravidade da situação, pois elas, ao lado dos homens indígenas, constituem o povo mais excluído e discriminado na sociedade brasileira. É o que aponta Ana Beatriz Rosa em matéria na *HuffPost Brasil*:

> Em março de 2016, a relatora especial da ONU sobre os direitos dos povos indígenas, Victoria Tauli-Corpuz, também foi clara em sua recomendação: é preciso ter uma maior documentação dos problemas enfrentados pelas mulheres indígenas no país.
>
> Durante a sua visita, ela destacou os casos de violência não só doméstica, mas também os estupros consequentes das invasões e reforçou a importância de documentar essas questões para que sejam incluídas na pauta política, a fim de serem solucionadas.[3]

A luta contra todas as formas de violência sofrida pelas mulheres indígenas será fortalecida na medida em que nos debruçarmos para conhecer sua estrutura cultural, política, familiar, social e econômica. Assim, será possível estabelecer pontes e alianças entre mulheres da cidade, do campo e das aldeias, construindo ações em que o empoderamento feminino seja, de fato, democrático e universal.

Importante também perceber que a cultura nunca é estática em nenhum grupo étnico. Notamos, por exemplo, que as gerações de jovens mulheres indígenas já não aceitam mais viver sem protagonismo, sem ocupar um espaço de liderança que é direito delas. Crescer politicamente não quer dizer abandonar a cultura. Pelo contrário, é ter acesso a informações que lhes permitam se organizar e pensar propostas femininas para exigir os direitos de seu povo. Para isso, organizar-se em espaços pensados por elas e para elas é fundamental. Hoje, cada vez mais elas buscam esses espaços: "A gente quer organizar um movimento só das mulheres para fazer debates e rodas de conversa, eventos para explicar os direitos atuais, os cargos políticos [...]. As jovens não querem mais viver como suas mães e avós, querem mais direitos sem perder a cultura" (Rita Huni Kuin).

> As mulheres indígenas querem desenvolver esse papel de [...] defender os seus direitos. Não ser tratadas como prostitutas e não ser só um objeto, ganhar e ser valorizadas como o homem. A gente vê poucas cadeiras para as mulheres indígenas na sociedade e também na sociedade indígena, e onde tem uma mulher e vários homens eles comentam coisas ruins dela. [...] Não só na nossa sociedade como em todas as sociedades, ela quer respeito. [...] Ter direito à saúde, à educação, e ter também direito a um companheiro que esteja ali do lado dela.
>
> [Soleane Manchineri, formada em história na Universidade Federal do Acre, indígena manchineri em contexto urbano]

Como não existe pesquisa com corte étnico indígena acerca do mercado de trabalho, o que temos de dados sobre a mulher indígena trabalhadora vem de depoimentos, nos quais percebemos o quanto elas ainda precisam ser respeitadas e tratadas com igualdade. Em geral, recebem salário menor que uma trabalhadora não indígena ou, muitas vezes, não recebem nada por seu trabalho, como acontece com muitas trabalhadoras domésticas indígenas.

Eu trabalhei oito anos na casa de família, mas nunca recebi salário, só ajuda, eles me davam roupas, calçados e compravam os materiais escolares para mim, isso acontece até hoje. Não sei te informar o porquê disso. Me falavam que tudo que eu precisasse eles me davam, porque seria como filha para eles, mas eu nunca me senti igual filho, porque sempre tudo era separado, saía para passear e eu sempre ia lá atrás do carro na carroça enquanto os filhos deles iam dentro do carro. Dormia no quarto junto com os filhos deles quando pequenos. Quando eu engravidei, fui dormir na sala, porque eu não tinha tempo suficiente para a dona da casa, ela nunca gostou da minha filha, aí eu saí de casa assim que ela nasceu, não aguentava mais, a dona da casa tentou afogar minha filha no tanque cheio de água, aí eu e ela fomos para a porrada. Saí sem rumo, fui dormir na rua, na calçada, e foi quando me lembrei da mãe de uma amiga que morava perto, então fui pedir para eu passar uma noite lá por causa da minha bebê. Minha vida é sofrida, amiga. A minha sobrinha chegou recente da comunidade indígena aqui em Manaus, está morando em casa de família. Ela falou para minha irmã que também não está recebendo salário, só uma ajuda no que precisar.

[Perpétua Tsuni Kokama, bibliotecária, etnia kokama, Manaus]

É importante destacar aqui que, apesar de nem sempre conhecerem o movimento feminista, as mulheres indígenas aldeadas estão organizadas em defesa dos seus direitos e dos direitos de seus territórios e das terras indígenas, pois essas lutas se entrelaçam. Não existe direito das mulheres indígenas pleno se não houver territórios protegidos, pois sem isso os filhos e as filhas dessas mulheres, seus maridos, seus pais e suas mães, seus netos e suas netas e elas mesmas ficam vulneráveis. Portanto, lutar é fundamental, mas é preciso também entender que toda essa discriminação precisa ser avaliada a partir do conceito de interseccionalidade, pois essas violências vividas por elas acontecem por uma questão étnica, de gênero e de classe: por serem indígenas, mulheres e pobres.

> Eu não entendi muito bem o que significa ser feminista [...]. Se, como você disse, o feminismo é uma luta pelo direito das mulheres, uma luta da mulher pela mulher, para as mulheres, eu sou feminista, porque a primeira coisa que eu tive interesse de me ocupar foi isso, pelas mulheres, mas só que depois foram surgindo várias coisas e nesse tempo eu vi que o foco não era só a mulher, mas todo um conjunto dentro da aldeia.
>
> [Ivanilde Kerexu]

> Eu não entendo muito o que seria feminismo, até porque este termo não existe para os povos indígenas.
>
> [Soleane Manchineri]

> Eu acho que toda mulher é feminista, porque a gente passa por muitos preconceitos, digamos assim. Os homens não conseguem diferenciar muito a mulher hoje em dia, a gente sempre tem um desconforto da parte do masculino, do machismo, mas posso dizer que sou feminista, um pouco, não exageradamente, eu sou feminista, sim, mas não como eu tenho visto muitas pessoas que são feministas, mulheres que acabam exagerando.
>
> [Neusa Kunhã Takuá, etnia guarani nhandeva, professora na escola indígena da Aldeia Rio Pequeno, em Paraty, Rio de Janeiro]

As mulheres indígenas em contexto urbano, por viverem em contato com diversos movimentos sociais, acabam tendo uma facilidade maior de se envolver no movimento feminista. Essa é, por exemplo, a minha história de militância.

Eu e mais alguns indígenas fundamos o Movimento Tamoio dos Povos Originários, que ocupou o prédio do antigo Museu do Índio. Montamos nesse espaço o Instituto Tamoio dos Povos Originários, apelidado de Aldeia Maracanã. Infelizmente, ficou conhecido no mundo todo pela violenta ação do governo do estado do Rio de Janeiro pela desintrusão dos ocupantes que lutavam há seis anos e meio para salvar o prédio, repleto de histórias sobre a questão indígena. Até 1953, ele era do Serviço de Proteção aos Índios (spi), quando foi criado o Museu Nacional do Índio, transferido em 1978 para a rua das Palmeiras, em Botafogo. Depois de décadas de abandono, um grupo de 35 indígenas de dezessete etnias reocupou o prédio em defesa de seu restauro e da história e cultura indígenas.

É importante notar que nem sempre indivíduos em contexto urbano se autodeclaram indígenas. As mulheres casadas com homens não indígenas se calam. Outro entrave é que ainda perdura a invisibilidade desses povos, consequência de uma política estatal que nega o direito de ser indígena em contexto urbano.

A primeira vez que me senti discriminada foi quando passei a me autodeclarar indígena, há quase quinze anos. Desde então, o pensamento de Gloria E. Anzaldúa me ajudou muito a transpor as barreiras criadas pela própria política de Estado, que determinava que só era indígena quem nascia em aldeias:

> Comecei a pensar: "Sim, sou chicana, mas isso não define quem eu sou. Sim, sou mulher, mas isso também não me define. [...] Sim, venho da classe proletária, mas não sou mais da classe proletária. Sim, venho de uma mestiçagem, mas quais são as partes dessa mestiçagem que se tornam privilegiadas? Só a parte espanhola, não a indígena ou negra". Comecei a pensar em termos de consciência mestiça. O que acontece

com gente como eu que está ali no entre-lugar de todas essas categorias diferentes? O que é que isso faz com nossos conceitos de nacionalismo, de raça, de etnia, e mesmo de gênero? Eu estava tentando articular e criar uma teoria de existência nas fronteiras. [...] Eu precisava, por conta própria, achar algum outro termo que pudesse descrever um nacionalismo mais poroso, aberto a outras categorias de identidade.[4]

Foi a partir de indagações muito próximas ao pensamento de Anzaldúa que iniciei meu caminho de volta para casa, em que meu lugar de fala não é o da aldeia, mas o do contexto urbano, onde hoje vivem quase 40% dos indígenas autodeclarados segundo o censo do IBGE de 2010. Foi a partir desse recobrar de sentidos, de valores ensinados em minha família, que passei a lutar em defesa dos povos indígenas aldeados e de contexto urbano nas escolas onde trabalho e nos locais onde dou palestras. Busco abrir o debate construindo um outro olhar sobre os povos indígenas, resgatando o orgulho de alunos e alunas que pertencem a esses povos. Mostro um Brasil no qual a cultura indígena perdura de forma muito enraizada, para fazer meus interlocutores sentirem orgulho disso.

Quero também declarar aqui que não vejo as organizações feministas como instituições compartimentadas, isoladas na construção de políticas que levem a sociedade a respeitar os direitos das mulheres, sejam elas pretas, brancas, indígenas, pobres ou de classe média, mais ou menos intelectualizadas. Eu realmente não vejo essa divisão, porque, se há de fato um movimento democrático nessa sociedade, é o espaço das mulheres feministas. Em todos os fóruns onde reuníamos instituições feministas, não me lembro de votarmos uma vez sequer: era um exercício exaustivo, reunião após reunião, nas quais debatíamos o que não era consenso até conseguir construir uma plataforma que contemplasse todo o segmento.

Particularmente, entendo que as demandas existem, temos diferenças, mas precisamos lutar sempre para formular políticas que sejam por todas as mulheres. Eu penso que a diversidade é grande, mas há muito mais coisas que nos unem do que nos separam. Por exemplo, pautas como a violência sexista, o aborto e a Marcha Mundial das Mulheres nos aglutinam e, na luta, cada grupo leva suas demandas. Eu não concordo com discursos que tentam dimensionar a violência que as mulheres sofrem como maior ou menor pelo corte racial, intelectual ou de classe. Não estou falando aqui sobre estatísticas, mas da dimensão de sofrimento individual de cada mulher. Existem ataques que devemos combater juntas e a solidariedade de gênero precisa crescer, pois juntas somos muito mais fortes. Como minha mãe sempre dizia: "Uma andorinha não faz verão".

Precisamos repetir aqui na cidade o senso de solidariedade das mulheres indígenas, pois elas percebem que, enquanto a mulher indígena sofre impactos em sua vida pelo fato de serem mulheres, existe um contexto maior em que as mulheres de outras etnias também sofrem e precisam estar juntas, um grupo fortalecendo o outro. É inadmissível que as mulheres indígenas aldeadas ainda não tenham tomado conhecimento de conferências municipais, estaduais e nacionais de mulheres, bem como de igualdade racial e de saúde, para poderem levar as demandas das aldeias para esses espaços de empoderamento e construção de políticas públicas.

É vergonhoso ver como, em alguns espaços, quando essas mulheres conseguem chegar lá, elas são vítimas de discriminação, causada pela ignorância em relação à verdadeira situação dos povos indígenas, decorrente da política de invisibilização das 305 etnias que vivem no Brasil. Esse tipo de política alimenta ódios, preconceitos, discriminações, racismos e precisa ser denunciada e questionada para que, quando o bom senso falhar, a informação seja o pilar da boa convivência e do respeito pelo direito do outro.

Com relação às mulheres das aldeias, a questão da organização feminina é completamente diferente das mulheres indígenas em contexto urbano. Apesar de ter encontrado uma vez uma parente da etnia tukano em um Encontro Nacional Feminista em Porto Alegre, não posso dizer que haja um movimento feminista indígena entre as mulheres aldeadas. O que existe é um movimento de mulheres em contexto de aldeia e que uma das pautas defendidas nas várias associações de mulheres de norte a sul do país é a demarcação das terras indígenas. Outra coisa que elas apontam é que os homens devem fazer parte das reuniões das mulheres. Elas querem falar para eles o que pensam e o que reivindicam.

Essa necessidade está presente na fala de Eliane Potiguara, escritora, poeta, ativista e professora indígena:

> Os conhecimentos ancestrais são a base de sustentação da identidade indígena. Numa época colonizadora, na qual o domínio europeu foi determinante para a formação do novo continente na América Latina, falar de identidade indígena é muito rico diante das perdas que as etnias enfrentaram.
>
> No entanto, essa riqueza está internalizada de tal forma na vida dos povos originários que, mesmo com tantos massacres, retrocessos e até genocídios comprovados pela história, esses povos continuam exercendo o direito à sua identidade, que é o seu maior patrimônio! E a mulher indígena é parte principal nesse processo, pois ela sempre teve a palavra final nas determinações políticas e culturais. Isso não foi concedido, mas conquistado com determinação e luta pela sobrevivência física, cultural e espiritual desses povos, mesmo com o processo de miscigenação que ocorreu em diferentes tempos e lugares.

"O DESAFIO, COMO MINHA AVÓ DIZIA, 'É QUE A GENTE NUNCA PODE TER MEDO DE ENFRENTAR'"

ENTREVISTA COM SANDRA
BENITES (ARÁ RETÉ)[5]

O que a sua avó falava para você, como mulher, que você traz como movimento de resistência?

A primeira coisa que eu vejo como resistência é que ela era parteira e eu ficava com a minha avó enquanto meus pais iam trabalhar na fazenda. Tem uma casa que é para a mulher ter o parto, e lá ficava a parteira, o marido, a família e a mulher que ia ter o filho, e eles cuidavam dela. No caminho, ela ia contando histórias, que as mulheres sofriam muito, ela sempre me contava a história do estupro, falava que os *karaí*, o *juruá*, o branco, chegavam a cavalo. Quem chefiava é quem tinha mais dinheiro. Chegavam muitos homens a cavalo e mandavam os pais irem para a roça trabalhar para eles. Depois, selecionavam as meninas e invadiam suas casas para as estuprarem. Eu não sabia bem o que era isso, mas eu ficava muito indignada com essas histórias. Ela me contava que as meninas não podiam engravidar porque eles não queriam crianças mestiças. Eles não podiam saber, porque o chefe do posto, que era branco, também chamado de capitão, se soubesse que essa menina engravidou com esse estupro, voltava e matava a família toda. É por isso que as meninas fugiam

317

muito para o mato, as famílias escondiam as meninas para não serem mortas grávidas. Isso porque eles não queriam que nascessem mestiços, crianças que puxassem eles, porque era uma vergonha para o branco ter uma criança indígena.

E, quando a criança nascia, o que acontecia?

Muitas mulheres conseguiam criar a criança, geralmente eram criadas pelos avós. Eles adotavam a criança e nunca deixavam que soubessem que tinham sangue mestiço. Ela contava também que muitas mulheres morriam fazendo aborto. Inclusive, uma vez ela me contou que aconteceu com uma prima da idade dela, que engravidou e teve que tirar a criança. Ela contava isso com muito segredo e, eu fui entender agora, dizia que só a gente podia ouvir e pedia para não contar isso a ninguém.

Como é que as mulheres guarani nhandeva veem o aborto?

O aborto depende muito da mãe e se a família quiser. Por exemplo, minha avó não fazia aborto. Ela falava que não podia fazer isso, porque nós tínhamos uma outra crença, a gente acredita que não pode tirar uma vida.

Mas, nesse caso, a gente tem o entendimento de que ninguém quer gerar uma criança fruto de um estupro.

Geralmente, a mãe, mesmo sendo vítima de estupro, não queria tirar. Era um risco que a família toda podia morrer, inclusive a mãe. Se esses homens descobrissem a gravidez, eles voltavam e matavam mesmo.

E tudo o que sua avó falava fez você ser quem é?

Essa revolta que eu tinha dentro de mim a partir do que a minha avó contava fez eu ter vontade de falar sobre isso. Fui percebendo que parecia que essas histórias nunca foram contadas. Em 2000, quando comecei a trabalhar como agente de saúde comunitária da aldeia Boa Esperança, em Aracruz, Espírito Santo, me dei conta de que a mulher dentro da aldeia pode trabalhar mesmo grávida. Eu lembro da dona Aurora[6], uma mulher com uma trajetória incrível. Eu gostava muito dela, porque parecia minha avó. Quando comecei a trabalhar na aldeia, nasceu o meu filho e eu o carregava comigo, trabalhava com ele no colo e todo mundo ajudava. Em 2003, fui fazer um curso de magistério que se chamava Kaambo'e, que significa ensinar e aprender, um curso específico para os guarani do Sul e Sudeste. Em 2010, terminei o curso de magistério. Foi uma luta também. Nesse período, fui percebendo que nós, mulheres, passamos por muita dificuldade em tudo. Tinham setenta pessoas no curso e só doze conseguiram terminar. A dificuldade era tão grande, não podia levar filho, algumas diziam que não podiam ir por causa dos filhos.

E o que você está fazendo atualmente?
Quando terminei o magistério, comecei a licenciatura em Santa Catarina pela UFSC. Continuei dando aulas para a escola da aldeia Três Palmeiras. Fiz inscrição para o Museu Nacional, no mestrado em antropologia social, que comecei em 2016. Pretendo fazer doutorado. Pretendo trabalhar também a questão do empoderamento das mulheres, e isso eu quero começar a trabalhar com elas desde criança. Nós, guarani, entendemos isso muito bem. Eu não sei o que é feminismo, mas as mulheres guarani têm uma questão política diferente na aldeia, porque a mulher guarani, quando quer trabalhar, tem que ter uma possibilidade maior. Por exemplo, no meu caso, eu tinha filho pequeno quando fui trabalhar. Isso foi discutido dentro da comunidade. Todo mundo discute como vai apoiar a mulher para ela trabalhar. Não é só trabalhar, não é só pelo filho, tem a questão da menstruação também, que a mulher guarani, quando está menstruada, pode ficar em casa, é uma regra que perdura até hoje dentro das aldeias. Mas, fora da aldeia, é diferente. É por

isso que muitas mulheres indígenas acabam não querendo sair da aldeia para trabalhar, para estudar. As mulheres guarani ainda têm medo de enfrentar esses desafios.

Você se identifica com alguma linha do feminismo?
Eu me identifico desde que criei coragem para lutar. O desafio, como minha avó dizia, "é que a gente nunca pode ter medo de enfrentar". Meu pai também falava isso para mim. No costume guarani, o homem tem que ensinar as filhas a enfrentar o oposto. Por isso, quando um casal se separa, quem vai com a mãe é o menino e quem vai com o pai é a menina. Tem uma mitologia que explica por que o pai tem que ensinar a menina a enfrentar o oposto, que no caso é o homem. É por isso que um homem guarani que tem mais filhas é mais poderoso dentro da aldeia, porque é a filha que vai trazer o homem para dentro da aldeia.

Você tem alguma teórica feminista que possa citar?
Tem três antropólogas que escreveram sobre as mulheres guarani na licenciatura, eu não sei se elas são feministas, mas elas explicam a dificuldade das mulheres guarani, como que elas se reinventam para enfrentar esses obstáculos. O livro é *Mulheres indígenas: Da invisibilidade à luta por direitos*. Elas escrevem como é que as mulheres guarani se reinventam para encarar essa questão de quebrar a reclusão durante a menstruação. Porque essas mulheres têm muito respeito com o corpo e, quando chegam à universidade, a instituição não dialoga com isso, o que gera um impacto. E elas escrevem sobre isso.

Hoje, nas aldeias, existe algum tipo de movimento com relação a essa questão do feminismo ou você colocaria essa questão mais como um movimento de mulheres?
É mais um movimento. É uma luta, mas não há uma separação como no feminismo, de uma luta das mulheres e uma luta dos

homens. É importante falar do respeito. O homem respeita o corpo da mulher quando menstruada, respeita o momento das mulheres. Mas, agora, para você empoderar as mulheres, eu acho que é outra coisa, eu acho que esse é o mais desafiador para a gente.

As mulheres guarani têm alguma associação? Porque existem muitas associações de mulheres indígenas, por exemplo na Foirn, na Coiab. Há muitas associações de mulheres nas aldeias, principalmente na região Norte, né? As mulheres guarani têm alguma associação indígena de mulheres?

Existiu o grupo de mulheres guarani e tupiniquim no Espírito Santo. Eu não sei bem como foi a história, mas participei um pouco. Aí tem também uma especificidade do grupo de mulheres guarani e tupiniquim, porque são diferentes, mas quando a gente se junta em reunião é para reivindicar alguma coisa como autonomia das mulheres com relação à questão financeira, garantindo cursos para que elas possam captar recursos. Inclusive houve um projeto com recurso do exterior para a compra de máquinas de costura, curso para produção de sabonetes medicinais, chinelos, bolsas. As mulheres tupiniquim, por exemplo, fizeram muito artesanato, pintura, plantação de roça coletiva só de mulheres, construção de locais para piscicultura, produção de mel, vários projetos. Primeiro foi feita uma oficina para ensinar a questão financeira, administração de recursos, venda dos produtos fabricados, e dentro dessas oficinas eu percebi que havia várias demandas que elas próprias pediam, e uma delas, que vi como muito interessante, foi que as mulheres tupiniquim pediram um curso sobre a Lei Maria da Penha.

Por que a Lei Maria da Penha? Há dentro das famílias indígenas do Espírito Santo essa situação de violência contra as mulheres?

Parece que houve alguns casos de violência, em que os homens agrediram suas mulheres, e houve uma parceria do Fórum de Mulheres, que era em Vitória, com as mulheres indígenas e quilombolas para discutir essas questões. Ainda existe violência, mas hoje em menor intensidade.

Os homens vão a reuniões de mulheres indígenas? Ou esse espaço é só das mulheres?

Os homens também vão e o engraçado é que a demanda das mulheres era para que os maridos fossem levados. E as mulheres levavam seus maridos, e quem também precisou estar lá para apoiar e organizar as atividades eram os caciques. Porque, na verdade, essas palestras também foram para eles, porque eles tinham que saber sobre essa necessidade de empoderamento das mulheres indígenas e como promover ações para que elas alcançassem esse objetivo. E os homens tiveram que fazer o curso também, principalmente as lideranças.

Você acredita que esse é um espaço que todos devem discutir?

Todos devem discutir, porque não adianta a gente debater sozinha e não saber o que os homens pensam sobre isso. Principalmente porque eles têm tantas coisas para discutir que acabam falando o que só interessa a eles. Foi por isso que as mulheres fizeram essa demanda, porque nós sabemos do que a gente precisa, mas quem tem que saber também são os homens e os caciques.

Esse feminismo que você pratica dialoga com a linha do feminismo dos anos 1960, por exemplo?

Eu não conheço nenhum feminismo atual, muito menos esse tipo de feminismo. Participei do movimento de mulheres indígenas no Espírito Santo e, em 2010, das reuniões feitas pelo Fórum de Mulheres e dos eventos da Articulação de Mulheres Brasileiras (AMB), em Vitória. Mas percebi que elas discutiam muitas pautas e acabaram não abordando quase nada da questão indígena. Eu não sabia muito bem o que era, aí eu fui, participei, mas nós não falamos quase nada.

E dentro da aldeia? Como você analisa o homem guarani? Ele é machista? Porque na sociedade guarani os homens são criados para serem parceiros das mulheres, entender quando elas estão limitadas quer seja pela menstruação, pela gravidez ou em outras fases da vida. Mas, ao mesmo tempo, segundo os seus relatos, quando eles se veem sozinhos, com a mulher trabalhando, estudando, quando elas passam mais tempo fora da casa, eles também se incomodam. Como é isso?

O homem guarani também é bem machista, mas é uma outra forma de machismo; por exemplo, quando a mulher dá em cima deles, eles têm outra maneira de ver. Eles também cuidam dos filhos, mas não são muito atenciosos. Por exemplo, a gente não é grudento, a gente não se abraça, nós temos o nosso momento de afeto e de intimidade, nesse sentido os homens não sabem em geral lidar com isso, eu não sei se isso é machismo ou se é deles mesmo, então eu tenho que falar o que eu quero para eles entenderem, pois eles não conseguem interpretar essas coisas.

Então você poderia afirmar que é muito difícil para o homem indígena digerir toda essa mudança? Você diria que a resistência que eles têm às vezes com relação à mulher sair para estudar é por ainda não ter caído a ficha de que esse mundo guarani está mudando?

Eu percebi que, querendo ou não, as mulheres tomam a frente e continuam tomando decisões para buscar aquilo que elas querem. Nesse sentido, elas estão saindo para estudar mais. Então, esse machismo do homem guarani é porque eles não estão percebendo que hoje têm que estudar mais, porque infelizmente hoje, nas aldeias, os recursos naturais que permitiam a comunidade viver [estão acabando], então eles têm que trabalhar fora.

Marize Vieira de Oliveira, indígena em contexto urbano, recebeu o nome guarani Pará Rete. Professora de história das redes estadual do Rio de Janeiro e municipal de Duque de Caxias, é pós-graduada em história social do Brasil pela Fundação Educacional de Duque de Caxias (Feuduc) e mestranda em educação em relações étnico-raciais pela Universidade Federal Rural do Rio de Janeiro (UFRRJ). É coordenadora do Movimento Tamoio dos Povos Originários, uma das fundadoras da Aldeia Maracanã e secretária executiva da Associação Indígena Aldeia Maracanã (AIAM).

COLABORADORAS

Eliane Potiguara
Ivanilde Kerexu
Letícia Yawanawá
Marcia Wayna Kambeba
Neusa Kunhã Takuá
Perpétua Tsuni Kokama
Rita Huni Kuin
Soleane Manchineri

FEMINISMO ASIÁTICO

POR CAROLINE RICCA LEE,
GABRIELA AKEMI SHIMABUKO
E LAÍS MIWA HIGA

O QUE É O FEMINISMO ASIÁTICO INTERSECCIONAL

O feminismo asiático brasileiro surge como uma urgência de mulheres descendentes de imigrantes da Ásia em conquistar um espaço mais plural e interseccional no movimento feminista contemporâneo, agregando à luta pela equidade de gênero contextos específicos da vivência e opressão de mulheres de tais etnias.

Processos de conhecimento e reconhecimento de si rompem com a rigidez e com a aparente imutabilidade das estruturas sociais, políticas e subjetivas em que nos encontramos. Esse deslocamento pode trazer à tona percepções sobre raça, gênero, etnia, classe, capacidades físicas e/ou mentais, entre outros, que se revelam importantes em nossas trajetórias individuais, mas também em nossos pertencimentos e lutas coletivas. Desse modo, o feminismo asiático aqui proposto se constitui com atenção à interseccionalidade de diferentes marcadores, no intuito de abarcar as complexidades e variedades de formas de relações de poder e opressão. Tomamos como ponto de partida a articulação entre gênero e raça.

Mulheres racializadas sempre estiveram presentes nos movimentos feministas. Cada vez mais, contudo, nota-se que, na ausência do debate racial nas agendas feministas, muitas questões e vivências foram frequentemente silenciadas, apagadas e não representadas. Assim, compreendemos que as lutas contra a violência de gênero e o racismo são intrínsecas, uma vez que opressões de gênero para mulheres racializadas estão constantemente associadas ao preconceito e à discriminação de raça, cor e etnia. O feminismo asiático interseccional busca vocalização, visibilidade e representatividade de vivências e demandas de mulheres asiático-brasileiras. Nesse caminho, lutamos pela solidariedade antirracista e pela convergência de forças de mulheres racializadas, combatendo aquilo que nos é comum — a supremacia branca, machista, cisgênero e heteronormativa — e amplificando outras vozes subalternas. Não se trata de fragmentar feminismos, mas de organizar espaços de identificação e mobilização, principalmente no compartilhamento de experiências vividas em corpos mergulhados em estereótipos.

Os dois depoimentos a seguir ilustram essas questões:

Creio que a luta só pode acontecer se ela for interseccional. Como asiática e também [como] uma pessoa com deficiência, não consigo me ver representada nas demais vertentes que focam apenas num recorte [...] muito limitado de gênero e que não considera as demais lutas que agregam à vivência como mulher, numa sociedade que não é apenas patriarcal, como também racista, capacitista, gordofóbica, psicofóbica, LGBTfóbica etc. [...] Luto por um feminismo que seja capaz de acolher mulheres com deficiência, que aliás são muito mais vulneráveis (novamente com estatísticas: mulheres com deficiência auditiva têm 1,5 mais chances de sofrer violências sexuais); e mulheres asiáticas, que são constantemente reduzidas a um fetiche ambulante. [...]

O feminismo asiático para mim é uma forma de descolonizar nosso olhar sobre corpos racializados, ter a consciência, mesmo dentro do feminismo, da existência de privilégios e opressões que devem ser levadas em conta antes de quaisquer análises. Não somos apenas mulheres, somos mulheres asiáticas, seja por afirmação identitária, mas também [pel]a forma como somos carimbadas pela própria sociedade. O feminismo asiático me ajuda muito a pensar sobre essas questões que envolvem minha ascendência, da qual não posso negar e que não pode ser ignorada numa análise de gênero.

[Ingrid Sá Lee, descendente de norte-coreanos e brasileiros, artista plástica, possui deficiência auditiva]

Com certeza a minha identidade como mulher asiática afetou minha vivência dentro de estruturas patriarcais. Geralmente, quando falamos de machismo e mulheres, estamos sempre falando primeiro de mulheres brancas. Depois, as mulheres não brancas têm essas mesmas vivências mas com perspectivas e ângulos bem diferentes. Eu sou muito sexualizada, exotizada por ser mulher asiática [...]. Acaba que os homens me enxergam como essa pessoa totalmente fora do contexto daqui e vêm atrás de uma "experiência". O assédio na rua tem muito essa característica, e também os contatos com amigos de amigos, relacionamentos etc.

[Ani Hao, descendente de chineses, é pesquisadora, antropóloga e fundadora do Agora Juntas, rede colaborativa feminista no Rio de Janeiro]

ENCONTROS E COMEÇOS

O movimento inicial de encontro e organização do feminismo asiático no Brasil se deu através das redes sociais, associado à emergência de grupos de militância asiática, como a página do Facebook Perigo Amarelo e o blog Outra Coluna, que pautam debates políticos sobre a questão racial voltados para a presença asiática no Brasil. O alcance possibilitado pela internet tem provocado o surgimento de outros grupos e discussões sobre o tema. A página do Facebook Asiáticos pela Diversidade, por exemplo, foca em questões de gênero e sexualidade LGBTQI, promovendo debates virtuais e encontros presenciais.

Em meados de 2016, surgiu um dos primeiros grupos fechados no Facebook com proposta de encontros e compartilhamento de experiências de mulheres asiático-brasileiras, chamado Feminismo Asiático, moderado pelas ativistas e pesquisadoras Carolina Coimbra, Fabiola Tanabe e Yayoi Maruyama. O grupo, pioneiro na convergência e sororidade entre mulheres de ascendência asiática, possibilitou nos encontros uma sensação de pertencimento e identificação que trouxe, para muitas de nós, a saída de um sentimento de isolamento e menosprezo por nossas inquietações.

No mesmo ano, a artista visual e ativista feminista Caroline Ricca Lee criou a Plataforma Lótus, inicialmente um grupo de estudos com encontros mensais em São Paulo para compartilhar e debater o feminismo asiático, cujo material circulava em grupos fechados nas redes sociais. Em poucos meses, a plataforma reuniu mulheres de todo o país. A plataforma e suas ativistas começaram a participar de eventos feministas, debatendo representatividade, gênero e raça; feiras de publicações independentes com impressos feministas; articulações com outros grupos da militância asiática; além de dar continuidade à realização de encontros presenciais bimestrais em São Paulo, essenciais para o fortalecimento da nossa mobilização. Em 2017, o coletivo organizou sua primeira feira de produção artística independente, a Feira Híbryda #1.

As pautas do feminismo asiático interseccional são:
• Empatia com as mulheres racializadas;
• Visibilidade, representatividade e inclusão étnica e racial,

de modo que tais diferenças não se traduzam em desigualdades de classe e de acesso a direitos e cidadania;

• Luta pelo empoderamento e equidade de gênero, com atenção aos padrões de opressão e relações de poder através de uma visão interseccional: raça, gênero, classe e capacidades físicas e mentais devem ser observadas em suas articulações e relações para compreendermos e lutarmos por sociedades inclusivas;

• Resgate histórico-cultural com o intuito de gerar compreensão identitária em processos migratórios;

• Luta contra a xenofobia, pois também somos brasileiras e não desejamos mais ser vistas como estrangeiras em nosso próprio país;

• Luta contra o colonialismo e o imperialismo contemporâneo, através do debate sobre objetificação, fetichização, alteridade imposta, embranquecimento e também por meio da visibilização de histórias familiares marcadas pela diáspora, por guerras e colonização, trazendo à tona pautas como apropriação cultural e desumanização através de estereótipos;

• Fortalecimento contra todas as formas de opressão de gênero e da figura do homem como medida universal, pois diferentes culturas carregam consigo também distintas formas de violência contra a mulher e contra feminilidades;

• Quebra na tradição do silêncio em culturas asiáticas, que muitas vezes omite a violência doméstica, verbal e emocional, impede a denúncia, promove a impunidade e intensifica a continuidade de danos psicológicos, morais e físicos;

• Desconstrução do tabu existente em culturas asiáticas e núcleos familiares sobre sexualidade, orientação e identidade de gênero através do fortalecimento de pessoas LGBTQIS;

• Autovalorização, consciência racial e positivação de nossos corpos na busca pela autoestima e quebra de padrões de beleza.

FILHAS E NETAS DA IMIGRAÇÃO: TAMBÉM SOMOS BRASILEIRAS

No metrô, aqui em São Paulo, passei por uma situação constrangedora ao conversar com uma amiga que usava hijab e falarmos algumas palavras em árabe. Mesmo que sejamos brasileiras ouvimos coisas como "Deveria ter um vagão separado só para mulheres terroristas". E, ao argumentar, recebi "Por isso esse Brasil está um lixo! É toda uma raça misturada até com terroristas".

[Fatima Munir Kassem, descendente de libaneses, estudante de relações internacionais e colaboradora da Plataforma Lótus]

As marcas do genocídio indígena e da escravização de negros e negras em nosso país são profundas e corrosivas. São marcas que criaram raízes nas estruturas de nossa sociedade, e uma de suas consequências é que separamos e hierarquizamos grupos por critérios de origem sociocultural, de fenótipo e de história. Por isso, independentemente de quanto tempo nossas famílias e nós mesmas estamos no Brasil, precisamos enfrentá-lo. O racismo e as opressões de gênero afetam a todas e todos, individual e coletivamente.

O direito à identidade étnico-racial é de suma importância no combate ao racismo, pois a partir dele podemos desafiar ideologias de multiculturalismo e diversidade que enrijecem noções de cultura, raça e identidade no Brasil e impedem o acesso pleno de certos grupos à cidadania. Não nos interessa a política de diversidade que nos designa como "japonesas" ou "árabes" na vitrine de país multicultural, pois as identidades são muito mais complexas do que os rótulos. Apesar de a ascendência japonesa ser vista de modo geral como um rótulo positivo, esse estereótipo é empregado com a intenção de nos ofender, de nos isolar e nos distanciar da nossa sociedade, de nos exotizar.

Perdi as contas de pessoas que entram no meu estabelecimento comercial e gritam: "Volta para a sua terra". [...] Certa
vez, fui "elogiada" por uma cliente que me viu conversando
em português com os meus filhos e disse que eu estava de
parabéns por ensinar a língua dela a eles. Somos vistos
como estrangeiros e, logo, temos sempre que nos provar.

[Sabrina Kim, descendente de sul-coreanos, participante do canal do
YouTube Kores do Brasil]

Durante a Guerra do Vietnã existiram aqueles chamados
"*boat people*", pessoas que tentavam fugir do conflito san-
grento por meio de barcos. Muitas vezes eram embarcações
simples usadas na atividade pesqueira. Meu pai estava em
uma dessas embarcações. Após dias à deriva em um barco
praticamente sem suprimentos com mais umas duas dúzias
de pessoas a bordo, que incluíam crianças, mulheres e homens,
a tripulação da embarcação foi resgatada por um navio da
Petrobras que navegava por águas do Mar do Sul da China.
Foram deixados em Cingapura e depois recebidos como
refugiados no Brasil, onde receberam auxílio da ONU.

[Luana Duyen Nguyen, descendente de vietnamitas, formada em relações
internacionais pela Pontifícia Universidade Católica de São Paulo
(PUC-SP)]

Somos brasileiras, descendentes de mulheres e homens
que enfrentaram guerras, ditaduras, colonizações, imigração
e diáspora. Suas histórias e trajetórias fazem parte de nós e da
forma como vemos o mundo. Descendemos de mulheres que
enfrentaram diferentes formas de opressão de gênero e sexualidade. Isso não pode ser confinado numa ideia de cultura e
tradição familiar que nos deixa imobilizadas. Ser feminista
asiática não é sair de opressões de gênero para reforçar opressões de raça, não é repudiar as histórias e trajetórias de nossas

famílias e sua cultura de origem. Se conhecemos e nos reconhecemos nas nossas ancestralidades — uma herança tão frequente e dolorosamente negada a mulheres negras e indígenas —, nosso curso ancestral não será instrumento de uma lente orientalista que nos silencia, nem de um machismo que se justifica através de gerações.

A cultura é viva, orgânica, dinâmica, feita e refeita a todo momento entre pessoas e comunidades; portanto, reservamo-nos o direito de modificar o tradicional quando necessário, incorporando-o à nossa luta por uma identidade que não nos aprisiona nem subjuga, mas une e emancipa. Buscamos desconstruir estereótipos — instrumento poderoso de dominação —, trazer à tona no debate público a diversidade de existências no Brasil e fortalecer as lutas contra as desigualdades e as estruturas que perpetuam assimetrias. Nosso feminismo luta por justiça além de igualdade: por reconhecimentos e reparações históricas, por uma organização da sociedade fundamentalmente diferente, sem raízes na disparidade social.

Dentro do nosso ativismo, lidamos com a variedade que cerca as diferentes etnias asiáticas presentes no Brasil: japonesa, coreana, okinawana, chinesa, indiana, libanesa, iraniana, turca, armênia, entre outras. Respeitamos as nuances do percurso trilhado por cada hereditariedade, os processos de colonização, diferentes tempos e leituras sobre nossas imigrações, os traumas plurais sobre cada comunidade. Somos muitas falando sobre uma diversidade mais aprisionante: a multiplicidade de formas em que a violência de gênero, de classe e de raça incide sobre mulheres e feminilidades em muitos lugares do mundo e como ela circula através dos espaços e gerações. Não são apenas gerações descendentes de imigrantes que mantêm e reproduzem tais violências, mas também toda a nossa sociedade, que continua a tratar gênero e raça como critérios de desumanização.

Os sujeitos de ascendência asiática compartilham questões parecidas, como o "pertencimento", histórias sobre pós--guerra, patriarcalismos, entre outros assuntos. Creio que há uma possível assimilação nas pautas e isso nos une. Contudo, é preciso ter em mente que há diferenciações e que todas são importantes. Há um discrepante número entre imigrantes do Leste Asiático e do sul/sudeste, o que altera o poder interno das discussões dentro da militância asiática. Temos muito mais mulheres do Leste Asiático discutindo gênero, feminismo e raça do que mulheres indianas, árabes etc. O que é compreensível graças aos diferentes fluxos migratórios que ocorreram no Brasil. [...] Como parte da diáspora indiana, compartilho pautas específicas com pessoas "marrons" (sul e sudeste asiáticos e Oriente Médio), como a islamofobia, o uso do véu e a crença na passividade da mulher do Oriente Médio. Há uma associação com terrorismo (somos todas mulheres bomba) e radicalismo religioso.[1]

[Juily Manghirmalani, descendente de indianos, cineasta, pesquisadora e coorganizadora da Plataforma Lótus]

Romper com o passado é romper com o passado que nos desagrega, que instrumentaliza nossas existências na reprodução da violência de gênero e do racismo. Resgatar nossas trajetórias familiares, em nossa luta, é desconstruir a ideologia de meritocracia internalizada que nos deu acesso a direitos em detrimento de outros grupos sociais e olhar para histórias que o embranquecimento de nossa "raça" e ascensão social no Brasil silenciaram. Lutamos para que cultura, história e tradição não sejam mais convenientemente impostas a nós como caminhos determinantes, em que muitas vezes temos de escolher entre a afetividade familiar e o empoderamento de nossos corpos.

TRADIÇÃO E CULTURA?: DINÂMICAS FAMILIARES E OPRESSÕES DE GÊNERO

Meu bisavô materno é iraniano, provindo de uma tradicional família de tecelões de tapetes persas da cidade de Tabriz. Minha bisavó é afegã, foi uma costureira, vinda de uma família de camponeses de Kandahar, na fronteira com o Paquistão. Teve catorze filhos, entre eles minha avó e sua irmã gêmea. Após as invasões russas e britânicas, minha avó radicou-se na França, onde conheceu meu avô, desertor da Segunda Guerra Mundial. No final da década de 1980, imigraram para Ribeirão Preto, interior de São Paulo, onde minha avó trabalhou como cozinheira e costureira na casa de uma família de fazendeiros. [...] Sempre tive uma relação muito afetiva com meus avós, mas gostaria de poder saber mais sobre a história da família, a qual só me interessou pesquisar depois dos meus dezoito anos.

[Caroline Farhadi, descendente de iranianos e afegãos, estudante de psicologia e pesquisadora em geopolítica e saúde mental em zonas de conflitos armados no Oriente Médio e Ásia Ocidental]

As tradições e as culturas de origem de nossos pais e avós frequentemente são parte importante de nossa constituição enquanto sujeitos e de nossos modos de nos relacionar com o mundo. Nesse sentido, observar nossas dinâmicas e estruturas familiares — no que tange às expectativas de papéis de gênero junto com as histórias familiares, os elementos culturais e as tradições — pode nos mostrar que tais elementos não estão fadados a nos aprisionar ou que são instrumentalizados para reproduzir e manter opressões, violências e assimetrias de poder. A tradição e a cultura da violência contra a mulher devem ser combatidas. Estigmatizar etnias, raças e histórias como um todo reproduz e perpetua violências. Buscamos, assim, dentro de nossas famílias e comunidades, construir relações e espaços em que tradições e culturas não sejam compreendidas em detrimento de nossa qualidade de vida.

Eu acho que a estrutura de uma família asiática é muito mais patriarcal, rígida e até violenta que, digamos, a estrutura familiar no Ocidente em geral. Eu acho que pode influenciar em ser uma mulher feminista porque mostra que as dinâmicas domésticas e as desigualdades de gênero dentro da casa são muito claras.

[Ani Hao]

A colônia vietnamita no Brasil, se é que há gente o bastante para ser chamada assim, é bem pequena se comparada com outras colônias asiáticas, principalmente com as que vieram do Leste Asiático. A estrutura familiar é patriarcal no Vietnã. Entretanto, na formação dessas famílias no Brasil, perderam-se alguns desses traços pela necessidade de todos os membros da família em trabalhar fora de casa para seu sustento, uma vez que saíram do país de origem apenas com a roupa do corpo. Além disso, os costumes brasileiros eram muito diferentes.

[Luana Duyen Nguyen]

Ao atentarmos para os modos com que as opressões de gênero tomam forma em nossas redes de relacionamentos, podemos, mais do que julgar pessoas e atitudes, construir caminhos para uma mudança que afeta tanto nosso presente e futuro quanto nosso passado. Podemos construir a força, a criatividade e a resistência necessárias em encontros com mulheres cujas experiências, trajetórias e demandas se assemelham. O feminismo asiático é luta política pela liberdade. Não precisamos ser salvas. Queremos que nossas etnias, nossos corpos e nossas trajetórias sejam descolonizados.

O feminismo asiático significa para mim aceitação. Por muito tempo, eu não sabia qual era minha ascendência. Sabia que minha mãe era de uma família de judeus alemães, mas não tinha ideia de onde vinha a família do meu pai. Sempre imaginei que era indígena, porque eu tenho o rosto arredondado e os olhos levemente puxados, mas algo parecia não encaixar. Quando minha mãe revelou que meu pai era de uma família judaica afro-turca, [...] comecei a pesquisar mais sobre o país, sua cultura e sobre a Ásia no geral e, aos poucos, notei como eu sofria xenofobia velada no dia a dia. O feminismo asiático, para mim, significou finalmente me conhecer por completo e poder ter orgulho de ser quem eu sou.

[Ariel Hannah, ascendência judaica e afro-turca, estudante]

FETICHIZAÇÃO E OBJETIFICAÇÃO: HISTÓRICA E POLITICAMENTE DESPOSSUÍDAS DE NOSSOS CORPOS, DESEJOS E EROTISMO

Ele começou a me contar o que os parentes e amigos dele falavam de mim: "A vagina dela é como os olhos dela?". [...] Mas o pior de todos foi o namorado da minha amiga: "Como ela geme?", "Defeituosa" (pois não gemo como uma asiática "original" porque nasci no Brasil). [...] Quando fui cobrar respeito por ter sido exotificada, animalizada, fetichizada, objetificada e desumanizada, fui chamada de "exagerada" pelo namorado da minha amiga. E [ele] ainda tentou justificar com "Não foi nada pessoal", "Nem te conheço". [...] Por causa dessa experiência, a pior da minha vida, hoje em dia consigo enxergar todas as nuances de racismo, misoginia, dominação cultural e privilégio branco. Não me orgulho pela minha cegueira social, mas todas as frases ditas a meu respeito ficaram. Sempre ficam e eu as usei para enxergar. Eu nunca vou me esquecer o que aconteceu.

Por isso compartilho minha experiência. Por uma consciência coletiva. Para que no futuro isso não se repita com outras mulheres como eu.

[Iris Cheng, descendente de taiwaneses, participante das páginas Perigo Amarelo e Asiáticos pela Diversidade e do grupo Feminismo Asiático]

A objetificação e a exotização da mulher asiática estão enraizadas nos processos de colonização e guerra, em que a dominação do corpo da mulher se tornou tática fundamental de ocupação e subjugação de seres humanos, de locais e de histórias. A colonização britânica na Índia, as guerras americanas no Sudeste e Leste Asiáticos e as invasões do território chinês pelas potências do Ocidente estão ligadas às ideologias de supremacia branca e à manutenção da hegemonia ocidental. A imagem da mulher asiática como submissa e sexualmente dócil desponta a partir da violência sexual de soldados contra a população local; o mito de subserviência é passado à frente pelas histórias que veteranos de guerra contam aos netos e se perpetuam na mídia.

Ainda hoje, a "Guerra ao Terror" é uma empreitada civilizatória, cujo discurso neoimperialista justifica o massacre de seres humanos em nome de valores supostamente seculares: democracia, liberdade e igualdade. A violência sexual como arma de guerra também impôs a miscigenação forçada, que teve como algumas de suas consequências o apagamento étnico de povos conquistados, o controle social sobre mulheres e novas gerações, os conflitos internos nas sociedades dessas mulheres, a exclusão e o julgamento moral das vítimas.

Histórica e politicamente, corpos femininos asiáticos foram despossuídos de seus sujeitos em relação às suas escolhas de prazer, desejo e erotismo através de imagens e estereótipos que servem apenas a outrem. Deparamo-nos constantemente com a permissividade em objetificar o corpo de mulheres não brancas. Somos desumanizadas pelos pressupostos estereotipados e naturalizados de subordinação, passividade e quietude. Esse tipo de relação que o outro tem com nossos corpos e sexualidade afetam diretamente nosso desenvolvimento sexual, afetivo e erótico.

DESCOLONIZAÇÃO: PADRÕES DE BELEZA E EMBRANQUECIMENTO

O culto à pele clara ainda prevalece na Ásia, hierarquizando as belezas de mulheres em níveis de cor. A preferência pela pele alva vem das nobrezas que não trabalhavam sob o sol: trata-se de um padrão de beleza construído social, político e historicamente. No entanto, na diáspora, é fácil confundir o colorismo asiático com a ideologia da supremacia branca. Somos constantemente bombardeadas com imposições de uma beleza que não contempla nosso fenótipo, nossos corpos, nossas peles — seja no Ocidente ou na Ásia.

Nos pontos de convergência entre os padrões de beleza asiáticos e os padrões de beleza ocidentais — a gordofobia, o repúdio aos pelos corporais, a exigência da constante performance perfeita da feminilidade —, mulheres da diáspora asiática são submetidas a conflitos de identidade, desvalorização de seus corpos, subjetividades e vozes, inferiorização, vergonha e não aceitação.

Descolonizar nossos corpos trata da retirada e rejeição da medida branca como referência, de valorizar a diversidade, alargar e incluir belezas.

Nas festas nunca me convidavam para dançar, os meninos não queriam me namorar e sempre procuravam motivo para inventar apelidos ou caçoar de mim, se apegavam à minha ascendência, nunca a atributos de personalidade. Na adolescência e no começo da vida adulta, quando se ampliam os círculos sociais e se especificam os gostos, fui trabalhar com artes e encontrei muitos admiradores do meu biotipo e cultura. Mas, passado algum tempo, percebi que essa atração era fetichizada e ignorava minha personalidade, gostos e escolhas.

[Mayra Oi, descendente de japoneses, educadora de arte e literatura, e pesquisadora de educação libertária]

Minha família por parte de mãe possui traços bem europeus, como cabelos loiros, olhos azuis, cabelo liso, pele pálida etc. Eu me lembro de me sentir tão feia em relação às minhas primas [...]. Eu também me bronzeava com facilidade, e lembro de como elogiavam minhas primas (que branquinhas!) e para mim só falavam que eu parecia meu pai. Desde minha infância, eu aprendi a me esconder do sol — eu não fazia aula de educação física, saí da aula de natação que gostava tanto e ia escondida ao banheiro da minha mãe passar pó branco na cara antes de sair de casa. Os efeitos funcionaram e, na minha adolescência, eu era bem pálida.

Mesmo assim, eu ainda não me sentia parte de nada. Meus traços ainda eram feios [...]. Eu passei muito tempo tentando apagar a identidade da minha aparência. Em alguns aspectos, até de forma violenta — mulheres árabes costumam ter mais pelos pelo corpo, e me lembro que eu comecei a me depilar aos dez anos e, aos quinze, ficava duas horas no salão me depilando. [...] É bem recente eu começar a entender que posso ser forte sem sentir tanta dor e vergonha.

[Lígia Santiago, descendente de libaneses e italianos, formada em comunicação social, estuda a representação de mulheres na mídia e a relação delas com o fenômeno religioso]

SOLIDARIEDADE ANTIRRACISTA

Há quinhentos anos, povos indígenas são massacrados literal e simbolicamente num processo histórico ainda em curso. Toda essa chacina foi aliada a outro alicerce da colonização: o Brasil foi o último país das Américas a abolir a mão de obra escrava. O repúdio à negritude está presente no imaginário popular na forma de arquétipos de periculosidade; na política que criminaliza a pobreza e o fenótipo negro; em estatísticas que comprovam o genocídio; e no nosso próprio comportamento, cuja inação é tão letal quanto a conivência explícita para com a supremacia branca.

Diante dessa realidade de tamanha injustiça, não podemos negligenciar as vidas e as vozes cujo silenciamento foi, historicamente, a base fundamental das relações de poder no Brasil. Muitas das nossas famílias chegaram como imigrantes de colonização para substituir a mão de obra negra escravizada e ocupar terras indígenas. Através de diversos processos históricos conflituosos — construções e reconstruções do nosso papel nas dinâmicas raciais brasileiras —, nossas imigrações foram majoritária e convenientemente assimiladas ao mito da meritocracia brasileira, tidas como minorias racializadas ideais que ascenderam social e economicamente. Mas nossas histórias não devem ser equiparadas aos séculos de opressão e genocídio que continuam tomando vidas negras e indígenas. Nossa vivência não é a prova da "eficácia" capitalista; não somos um argumento aliado à supremacia branca. Para que nossa luta seja efetivamente emancipatória e coerente, um dos alicerces do nosso feminismo é a solidariedade antirracista.

A discriminação sofrida por asiático-brasileiros se dá por estruturas bem distintas das usualmente sofridas por pessoas negras e indígenas, pois se baseia principalmente na xenofobia, enquanto [com] negros e indígenas há toda uma relação de classe proveniente do passado escravagista e colonizatório [...]. Não vou mentir que, de fato, não sofremos com a mesma segregação racial aqui, até por questões de colorismo, tendo em vista que muitos asiático-brasileiros possuem pele mais clara (principalmente as pessoas de ascendência leste-asiática, que inclusive é o recorte no qual foco mais o meu discurso por eu ter mais repertório e vivência sobre). Além disso, boa parte da população asiática [no Brasil] é de classe média e alta, e creio que isso diz muito sobre questões de poder aquisitivo e tratamento recebido. Tudo isso compõe a chamada minoria modelo, que é uma faca de dois gumes: de um lado, o privilégio inegável de ser a minoria usada de exemplo para inferiorizar as demais de forma desproporcional, acusando-as de "incompetentes" e fazendo uso de discursos meritocráticos, com o qual muitos descendentes compactuam. De outro, as expectativas e exigências de um corpo racializado, não neutro, servil aos brancos, que é por estes fetichizado e exotificado.

[Ingrid Sá Lee]

MILITÂNCIA FEMINISTA ASIÁTICA: UMA VERTENTE EM CONSTRUÇÃO

Nosso movimento teve como força inicial o encontro e o fortalecimento de vivências em que raça e gênero estão intrinsecamente articuladas. Mostramos umas às outras que nossas questões, muitas vezes não compreendidas em outros movimentos, não são um lugar de não pertencimento, inferior e distante, e que juntas podemos lutar por nós, pelas nossas antecessoras e por um mundo melhor para todos os tipos e modos de ser mulher.

Caroline Ricca Lee, descendente de chineses e japoneses, é artista visual e fundadora da Plataforma Lótus, que milita em prol do feminismo interseccional asiático desde junho de 2016. Integra o blog Outra Coluna e colabora com o projeto Perigo Amarelo.

Gabriela Akemi Shimabuko, descendente de okinawanos, é estudante de ciências sociais na Universidade Estadual Paulista (Unesp), idealizadora do projeto Perigo Amarelo e fundadora da página do Facebook de mesmo nome. Também é cofundadora e colaboradora do blog Outra Coluna.

Laís Miwa Higa, descendente de okinawanos e japoneses, é bacharel em ciências sociais pela Universidade Federal de São Paulo (Unifesp) e doutoranda em antropologia social pela Universidade de São Paulo (USP). É diretora cultural e membro do Urizun, círculo de ex-bolsistas de Okinawa no Brasil, e colabora com a Plataforma Lótus.

COLABORADORAS

Ani Hao

Ariel Hannah

Caroline Farhadi

Fatima Munir Kassem

Ingrid Sá Lee

Iris Cheng

Juily Manghirmalani

Lígia Santiago

Luana Duyen Nguyen

Mayra Oi

Paula Kim

Sabrina Kim

TRANSFEMINISMO

INTRODUÇÃO

POR HELENA VIEIRA

Muitas das tentativas de "explicação" das identidades transgêneras partem do princípio de que as vidas das pessoas trans não possuiriam sentido. Na mesma medida em que são desprovidas de sentido, precisariam ser amparadas por explicações, como se nossas existências necessitassem de próteses teóricas que nos restituiriam o significado perdido. Essa atitude que busca encontrar uma "origem" para as identidades trans acaba por reproduzir uma noção cissexista sobre a existência de pessoas trans. O transfeminismo busca se desvencilhar dessa problemática. Para tanto, partimos do princípio de que nossas vidas fazem sentido simplesmente porque são dignas de serem vividas. É necessária uma luta que as façam viáveis e sujeitos que resistam.

[Bia Pagliarini Bagagli]

É preciso, antes de tudo, localizar as vozes que compõem este capítulo sobre transfeminismo: Indianara, Amara, Bia, Jaqueline, Jéssica, Magô. Há inúmeras vozes citadas e não citadas ao longo destas páginas que são, no Brasil, a corporificação

343

das lutas das mulheres trans e travestis. A localização de onde escrevemos é muito clara: somos mulheres trans e travestis dispostas a pensar, juntas, em cada dia de nossas vidas, qual o nosso lugar no mundo e como consolidar esse lugar, com dignidade para todas que são como nós, que compõem a diversidade do mundo das pessoas trans e travestis.

Nas páginas que seguem, inúmeras questões são apresentadas: cisgeneridade, o que é ser mulher, o que é feminismo. Qual a relação disso tudo com a biologia? As relações entre gênero e sociedade, quem e o que são pessoas trans, a emergência do transfeminismo, quais são nossas demandas, o que é corpo. Apresentamos o conjunto das discussões que compõem, tanto no campo do ativismo, quanto no campo da academia, o que se pode nomear de "transfeminismo".

O objetivo? Provocar reflexão. Nenhuma dessas questões está definitivamente respondida.

BREVE LEVANTAMENTO DE QUESTÕES TRANSFEMINISTAS E O CASO BRASILEIRO

POR BIA PAGLIARINI BAGAGLI

O que é transfeminismo?

Este texto não pretende fazer uma apresentação exaustiva do transfeminismo ou da luta das pessoas trans no Brasil, mas sim mostrar algumas questões que, ao longo dos últimos anos, me pareceram recorrentes quando debatemos questões trans à luz do feminismo.

Falo a partir de uma experiência específica: vi a emergência e construção do transfeminismo a partir de contatos com outras pessoas trans nas redes sociais. É relevante observar a potência que essas redes podem ter para as pessoas trans como forma de estabelecimento de vínculos de apoio.

O transfeminismo brasileiro pôde se basear por meio de autoras de língua inglesa transfeministas, tais como Julia Serano, Emi Koyama, Sandy Stone, Kate Bornstein, Susan Stryker, Cristan Williams e Sophie Labelle.

Por volta de 2011 e 2012, conheci Hailey Alves Kaas e a partir de então criamos e administramos o blog, a página e o grupo de Facebook Transfeminismo, juntamente com Viviane Vergueiro, Nicholas Athayde-Rizzaro e Luc Athayde-Rizzaro. Ao longo desses anos, tivemos contribuições de diversas pessoas trans.

Falar sobre transfeminismo implica considerar o ponto em que o feminismo diz respeito às vidas das pessoas transexuais, travestis e transgêneras. Contudo, essa relação pode não parecer tão óbvia a princípio. Talvez ela seja até mesmo impensada ou inimaginável (e, infelizmente, por vezes até mesmo temida).

Eu arriscaria dizer que essa situação se dá em virtude de algo maior e de nível estruturante: frequentemente não se sabe sobre pessoas trans em termos gerais. Ou falta imaginário ou há excesso de imaginário sob a forma de estigmas. Dito de outro modo, há uma maneira hegemônica de pensar sobre as coisas, sobre qualquer assunto, de modo a apagar, silenciar, secundarizar, depreciar ou simplesmente desconsiderar a existência concreta de pessoas trans na sociedade.

Se falarmos sobre homens, pressupomos que se trata de homens cis. Se falarmos de mulheres, a primeira imagem que temos é da mulher cis. Se falarmos de política, não pensamos em que ponto a política atinge a pessoa trans e travesti. Se falarmos da história, da saúde do "homem e da mulher", dos direitos dos cidadãos, da situação de trabalho, da família... enfim, se falarmos sobre tudo isso e não mencionarmos que desejaríamos pensar especificamente sobre pessoas trans, é muito provável que a situação que concerniria às pessoas trans permaneça impensada ou intencionalmente negligenciada.

É contra isso que o transfeminismo atua e resiste. Precisamos discutir questões como representatividade, visibilidade e inserção de pessoas trans nos mais diversos espaços, além de questionar diversos estigmas sociais que se associam a nós. Precisamos também denunciar as violências de gênero a que pessoas trans estão expostas.

Ouso lembrar também uma espécie de axioma, digamos assim, que guia o transfeminismo: considerar que as nossas vidas, as vidas de pessoas trans, são dignas de serem vividas. Por incrível que pareça, tal afirmação não é tão evidente.

O transfeminismo também reconhece, diria que como um pressuposto, a história do movimento feminista como um exemplo para a luta de resistência de pessoas trans. Reivindicações do movimento feminista nas áreas de sexualidade, trabalho, subjetividade, corpo, relações familiares e crítica das opressões de gênero levantam aspectos fundamentais para a compreensão das lutas específicas das pessoas trans. Entendemos que as vivências de mulheres trans são diferentes das vivências das mulheres cis, mas a diferença, além de não implicar nenhum tipo de hierarquia entre o que seria mais legítimo ou verdadeiro, também nos auxilia a compreender as nossas semelhanças e possibilidades de alianças.

A luta contra o machismo une toda a sociedade. O transfeminismo não reconhece nenhuma forma de antagonismo entre as reivindicações e lutas de mulheres cis e trans; nessa medida, defendemos a construção de uma solidariedade mútua entre as distintas pautas políticas femininas: quando pessoas trans avançam, nenhuma retrocede. Nas palavras de Emi Koyama, o transfeminismo é sobre "ampliar e avançar o feminismo como um todo através da nossa própria liberação e trabalho em coalizão com todas as outras pessoas".[1]

Ao longo desses anos pude recolher nas redes sociais diversos relatos e análises de pessoas trans e publicá-los no blog Transfeminismo.com. Questões como as diferenças (supostas e equívocas) entre travestis e transexuais, significados sobre a palavra "transgênero", transfobia no feminismo (ou na retórica feminista), sexualidade das pessoas trans, análise e crítica das opressões transfóbica e cissexista, mercado de trabalho e a questão da prostituição (no que concerne à luta por direitos trabalhistas), subjetividade, relações familiares, autonomia corporal (o que envolve a possibilidade de escolhas de alterações corporais), despatologização das identidades trans, e acesso à saúde já foram abordadas em diferentes textos, a partir de recortes como classe e raça.

O país da transfobia

O Brasil é o país em que mais se registram assassinatos de pessoas trans e travestis no mundo. Segundo estimativas da Associação Nacional de Travestis e Transexuais (Antra), 90% das travestis se prostituem (sintoma de uma sistemática discriminação no mercado de trabalho formal). A Rede Nacional de Pessoas Trans do Brasil (RedeTrans) tem monitorado assassinatos de trans no país e violações de direitos humanos. Outro dado alarmante diz respeito à baixíssima expectativa de vida das travestis: cerca de 35 anos. Vivemos num contexto de precariedade imensa; Jaqueline Gomes de Jesus não exagera ao designar o transfeminicídio como uma forma de genocídio.

O país tem um vasto histórico de violências e perseguições contra a população trans que nos remonta ao período da ditadura militar. Naquela época, travestis eram arbitrariamente presas sob o pretexto da lei contra a "vadiagem" e perseguidas pelas forças policiais, como na famigerada Operação Tarântula. Travestis preferiam, por vezes, se mutilar com giletes e expor seus sangramentos para evitar serem presas. Hoje, notamos uma diminuição no que diz respeito a esse tipo de violência institucional; contudo, a sociedade como um todo continua sendo extremamente violenta contra pessoas trans. Há muitas formas de violência, incluindo as menos "formais" e mais diluídas pelo tecido social.

O movimento trans tem conseguido, nos últimos anos, avanços em algumas políticas públicas, como o acesso a cuidados de saúde à população trans no SUS e avanços de jurisprudência para o reconhecimento jurídico das identidades trans (retificação do registro civil). Contudo, é preciso avançar muito nessas áreas.

Ainda são pouquíssimos os hospitais ou ambulatórios no Brasil que oferecem atendimento à saúde da população trans, e mesmo hoje é preciso debater o acesso à saúde de pessoas trans pautado em modelos que possam ser críticos das perspectivas patologizantes. O problema com esses protocolos é que acabam por excluir ou discriminar pessoas trans que não cumpram com expectativas sociais rígidas sobre o gênero, como as travestis.

Quanto ao reconhecimento jurídico, ainda se espera a aprovação de uma lei de identidade de gênero, como a João W. Nery, que iria desburocratizar e despatologizar o direito à retificação de documentos. Ainda hoje, estamos pelejando nos usos dos ditos "nomes sociais". Preconiza-se o tratamento pelo nome pelo qual as pessoas se identificam nas instâncias do cotidiano, ao mesmo tempo em que se exime de fornecer medidas mais concretas de retificação de nome na justiça.

Atualmente é preciso abrir um processo judicial para alterar o nome e, em virtude da ausência de uma lei de identidade de gênero, fica a cargo da interpretação (e vontade) do juiz (que pode estar contaminado pelas ideologias transfóbicas) em conceder a retificação, um direito que deveria ser inalienável, já que se trata do direito ao próprio nome. Ainda é frequente que juízes exijam laudos psiquiátricos que atestem a condição de "transexualismo" e até mesmo a realização de cirurgias para que pessoas trans possam ter seus documentos atualizados, o que constitui um grave atentado aos direitos da população trans.

As políticas públicas, ainda que muito aquém do ideal, possuem uma dificuldade adicional para atuar em pontos decisivos que impactam na (falta de) cidadania: o espaço familiar, escolar e do trabalho.

O espaço familiar é frequentemente visto como intocável pelas políticas públicas em virtude do seu caráter dito privado e "sacramentado". Pessoas trans e travestis enfrentam rotineiramente situações de rejeição e expulsão familiar. Como o poder público poderia atuar nessa esfera? Como fazer com que as famílias entendam a importância da aceitação e do acolhimento dos seus membros transgêneros? Trata-se de um desafio social e um verdadeiro ponto cego para as políticas públicas: a situação de vulnerabilidade a que pessoas trans estão expostas começa a se delinear ainda na infância, no seio da família, e irá se estender e produzir efeitos em diversos âmbitos sociais.

O trajeto escolar também é extremamente violento e excludente. Pessoas trans relatam sofrer assédio não apenas dos alunos, mas dos próprios professores e diretores. A instituição em si acaba por reproduzir a transfobia social na medida em que nega a possibilidade plena do uso do nome social e dos banheiros de acordo com a identidade de gênero. As escolas ainda não estão prontas para incluir formalmente pessoas trans — não sem "polêmicas" com discursos reacionários e intolerantes. O direito à educação se torna escasso numa sociedade transfóbica como a brasileira. Berenice Bento pontua com precisão de que se trata de uma expulsão escolar, e não evasão escolar (isso seria um eufemismo), quando falamos sobre a população trans.

O espaço escolar é palco de uma intensa disputa política. Os avanços recentes em termos de inclusão do debate de gênero e sexualidade são contrabalanceados com uma reação conservadora bastante virulenta. O discurso conservador vem sendo, infelizmente, eficaz em criar pânico sobre a possibilidade de se falar sobre gênero e sexualidade nas escolas. O reacionarismo desse discurso se reflete na rejeição de qualquer possibilidade de se pressupor que crianças e adolescentes possam ser (ou vir a ser) transgêneros e/ou não heterossexuais. Desmistificar questões sobre gênero e sexualidade e questionar os pressupostos do discurso conservador se tornam fundamentais para a consolidação de espaços institucionais inclusivos para mulheres e LGBTQIS.

Diante de uma situação de desamparo familiar e expulsão escolar, pessoas trans possuem uma grande dificuldade de ingresso no mercado de trabalho formal. Mesmo entre aquelas pessoas trans que possuem diplomas em nível superior e aceitação familiar, há inúmeros relatos de dificuldade em conseguir emprego em virtude da intensa discriminação no momento da contratação, em especial quando os documentos não retificados são apresentados. Tal situação mostra como o direito pelo reconhecimento jurídico está intimamente ligado à possibilidade de se ver livre de constrangimentos e assédios em diversos espaços sociais.

A permanência e mesmo o ingresso de pessoas trans no ensino superior são extremamente precários. A ausência de pessoas trans como produtoras de conhecimento, inclusive na área de estudos de gênero e feminismo, é reflexo dessa sucessão de exclusões e injustiças sociais. Medidas como o programa Transcidadania, projeto do município de São Paulo que oferece uma bolsa para travestis e transexuais concluírem seus estudos e eventualmente prestarem vestibular ou Enem, assim como os diversos cursinhos populares que têm surgido no país voltados para pessoas trans, têm tentado atenuar esses déficits. Há também os sites Transempregos e Transerviços, cujas plataformas ajudam na inserção no mercado de trabalho. Contudo, seria preciso muito mais: é nesse aspecto que se torna urgente a discussão sobre ações afirmativas em universidades e políticas de acesso e permanência para essa população, assim como no mercado de trabalho, através de medidas de isenção fiscal para empresas que contratem pessoas trans, por exemplo.

O TRANSFEMINISMO COMO RESULTADO HISTÓRICO DAS TRAJETÓRIAS FEMINISTAS

POR HELENA VIEIRA

Como as verdades sobre o gênero e o corpo estabilizam as relações de poder no mundo? É com essa pergunta que começo a reflexão sobre o transfeminismo no Brasil. Não pretendo responder de pronto à questão, porque será preciso entender as voltas e os enfrentamentos no plano teórico que os movimentos identitários — onde situo os feminismos — tiveram que empreender.

A estabilidade das identidades, a totalização das formas de ser, a captura dos corpos e subjetividades são os processos que estabilizam o mundo. Entre todas essas categorias, o gênero é a principal. De saída sabemos: ou se é homem ou mulher, não há outra categoria, supõem alguns, de inteligibilidade para os corpos. O olhar do mundo, do outro e das instituições buscará em cada sujeito um signo que o revele homem ou mulher. Na ausência de signos evidentes, agem as instituições (Estado, Igreja, família, medicina, justiça) produzindo e revelando "signos ocultos".

Abolição da natureza feminina: gênero e contestação

O transfeminismo também reconhece, diria que como um pressuposto, a história do movimento feminista como um exemplo para a luta de resistência de pessoas trans. Reivindicações do movimento feminista nas áreas da sexualidade, trabalho, subjetividade, corpo, relações familiares, e a crítica das opressões de gênero levantam aspectos fundamentais para a compreensão das lutas específicas das pessoas trans. Entendemos que as vivências de mulheres trans são diferentes das vivências das mulheres cis, mas a diferença, além de não implicar nenhum tipo de hierarquia entre o que seria mais legítimo ou verdadeiro, também nos auxilia a compreender as nossas semelhanças e possibilidades de alianças.

[Bia Pagliarini Bagagli]

No passado, o feminismo da segunda onda denunciou o caráter socialmente construído do "ser mulher" ao afirmar que não havia uma essência feminina, uma produção biológica da condição da mulher, e que, portanto, toda aquela formatação para tornar inteligível e normal o corpo dito feminino não passava do resultado da opressão patriarcal sobre a mulher. Sobre a internação, na França, de Camille Claudel e da anônima professora Eunice, em São Paulo, Maria Clementina Pereira da Cunha diz:

A despeito da diferença entre as duas personagens, são os mesmos critérios a partir dos quais os psiquiatras — tanto quanto os demais agentes envolvidos nos dois episódios — leem os "sintomas" de loucura nessas duas mulheres: a independência em suas escolhas pessoais, o excesso de trabalho, ou a dedicação imoderada às suas carreiras profissionais, postas à frente das "inclinações naturais" das mulheres, a "hiperexcitação intelectual", o orgulho, o celibato. À exceção do último elemento — que não consta nos prontuários masculinos como "sintoma", a não ser como uma espécie de prova circunstancial para a homossexualidade —, todos os outros seriam tomados como qualidades positivas (ou pelo menos circunstâncias atenuantes) se identificados em um paciente do sexo masculino.[2]

Tomo o caso de Camille Claudel e de Eunice para exemplificar o controle médico e jurídico sobre a identidade feminina — nesse caso, o controle das mulheres que recusavam a noção, supostamente estável, de "natureza feminina". Perceba que há um primeiro enfrentamento à biologia como suporte da norma social: gênero não determina, por natureza, o lugar da mulher. A esse enfrentamento chamaremos "identidade × expressão": o rompimento da noção de que a "identidade mulher" implicaria, necessariamente, uma adequação às normas patriarcais do que é ser mulher (ou seja, se expressaria sempre com submissão, brandura, maternidade etc.).

A contestação da "natureza feminina" e o entendimento dos mecanismos de produção da diferença e das subalternidades foi fundamental para amparar, do ponto de vista epistemológico, o acesso da mulher ao mundo "público" (pólis), ou seja, para promover a saída da mulher do lar e das funções de cuidado para o mundo do trabalho, da escolaridade, das garantias legais que reconheciam a integralidade da mulher enquanto sujeito político e de direito e, principalmente, para construir estratégias de resistência aos mecanismos de dominação e controle sobre o corpo das mulheres.

Obviamente, a superação da noção de "natureza feminina", por mais que esteja consolidada frente ao Estado e às instituições, ainda sofre, no plano da cultura, uma série de contestações, seja na tradição das famílias mais conservadoras, seja no crescimento exponencial das vertentes cristãs neopentecos-tais, majoritariamente conservadoras em relação ao papel da mulher, apesar de sofrerem, em alguma medida, o impacto da liberação feminina.

No seio desse processo de desnaturalização da identidade mulher, as epistemologias feministas se viram frente a uma série de contestações. Exemplo disso é o feminismo negro questionando discursos combatidos pelo feminismo branco, como a ideia de um lugar da mulher sendo confrontado com o que a sociedade produziu como um lugar da mulher negra. A desnaturalização da identidade da mulher, resultou, portanto, na denúncia da multiplicidade das experiências resultantes no que socialmente se chamava de mulher e na impossibilidade de uma resposta categórica e universal à pergunta, aparente-mente simples: "O que é ser mulher?".

Nesse processo de desvelamento analítico da constituição de subjetividade, questionamos algumas noções naturalizadas acerca do gênero, a saber, que as pessoas são "naturalmente" homens ou mulheres e que existe uma verdade em relação ao gênero das pessoas em decorrência da atribuição do sexo ao nascimento a partir da verificação da genitália externa.

O transfeminismo, dessa forma, se filia às análises femi-nistas sobre as relações de sexo e gênero com o intuito de desnaturalizá-las e apontar seus determinantes sociais e his-tóricos. Uma das maiores contribuições teóricas do transfe-minismo para pensar as relações de gênero diz respeito à crítica ao cissexismo. Se a produção dos discursos cissexistas é social e histórica, ela é passível de entrar em contradição e transformação, já que não são dados previamente imutáveis e tampouco resultados de uma pretensa verdade inscrita em alguma ordem biológica.

[Bia Pagliarini Bagagli]

O gênero e o caráter histórico e socialmente construído do sexo

Na realidade, eu coloquei o peito para fora, e eles vieram me deter, porque eu não podia colocar. Era um protesto que era "meu peito, minha bandeira, meu direito". Eles me levaram detida para a delegacia, teve boletim de ocorrência e tudo. E eu tinha uma audiência pra saber se ia a julgamento ou não e, na verdade, eu disse para os juízes, para a juíza, que se me condenassem estariam me condenando, então, como mulher, estariam reconhecendo o direito das pessoas trans de existirem através de suas identidades de gênero, através de suas autodeclarações. Mas ao mesmo tempo eu estaria sendo condenada como mulher, eles estariam deixando explícito que homens e mulheres não são iguais perante a lei. Se eles me absolvessem, eles estariam me absolvendo como homem, então se eu fosse mulher eu seria condenada. Eles poderiam dizer: "Sim, você tem os documentos masculinos, você é homem legalmente". Eu usava isso, eu falava: "Legalmente eu sou homem, se legalmente eu sou homem, eu posso sair por aí com o tórax desnudo como todos os homens podem". Mas aí, nesse momento, eu não podia. Aí quando eu disse também: "Se vocês me absolverem, vão me absolver como homem. Então vão estar outra vez reconhecendo que como mulher eu seria condenada. Então, me absolvendo ou condenando, vocês estarão condenando as mulheres e reconhecendo que as mulheres não têm o mesmo tratamento nas leis, como os homens". Eles achavam que era difícil julgar, estamos aí na oitava tentativa de me julgarem e não conseguem. *Eu me tornei um corpo injulgável*. [...] Hoje, quando chego nas delegacias, o delegado ou a delegada já falam: "No meu plantão não, pode levar de volta que no meu plantão eu não quero, não". A questão é essa, porque eu uso a questão legal. [...] Eles disseram tanto que eu era homem, apesar de eu falar que era mulher, que era transexual, que era travesti, e um dia eu falei: "O.k., então sou homem, posso andar com o peito de fora". E aí você não pode. [...] E a gente vê que é o feminino que está sendo condenado e proibido, é essa a questão.

[Indianara Siqueira, travesti e putativista]

A confusão provocada no sistema jurídico pela nudez de Indianara é um demonstrativo da incapacidade dos ordenamentos do sistema sexo-gênero, entre eles a justiça e seus aparatos policiais, delegacias etc., de entender qual seria o lugar daquele corpo, de um corpo travesti, ou transvestigênere, como propõe Indianara. O lugar dos corpos trans e travestis demanda a constituição de um arcabouço teórico que extrapolava o feminismo de segunda onda. Era preciso ir além da denúncia do papel social do gênero e denunciar o próprio sexo.

Nos anos 1990, Judith Butler, em *Problemas de gênero: Feminismo e subversão da identidade*, frente à constatação da multiplicidade do que é "ser mulher" ou "ser homem", lança a seguinte questão: Quem é o sujeito do feminismo? A resposta óbvia é que são as mulheres; contudo, a categoria "mulher" e mesmo a categoria "homem" são profundamente instáveis e atravessadas por uma quantidade enorme de marcadores e especificidades. É importante salientar que, até esse momento, a noção de "sexo" como a diferença corporal fundamental entre homens e mulheres e tudo o que daí decorre segue existindo, ou seja, há na noção de "diferença" um fundamento biológico, que será questionado inicialmente por Gayle Rubin, Judith Butler e Linda Nicholson, criando as bases para uma teoria transfeminista e para o rompimento completo dos ditames da biologia sobre o funcionamento social das relações no mundo.

A noção de sexo como um dado social e não biológico é extremamente importante para compreendermos como os corpos transgêneros, transexuais e travestis perturbam e rompem a estabilidade do sistema sexo-gênero no mundo. Essa estabilidade sexo-gênero se dá por um processo de associação compulsória entre o genital e o gênero. Logo, haveria um sexo biológico feminino, que corresponderia, inexoravelmente, a uma mulher, e um sexo biológico masculino, que corresponderia a um homem. Essa compulsoriedade assumiu as formas binárias de organização do pensamento ocidental, descartando, por exemplo, o caráter histórico da noção de "dois sexos".

Ora, se a própria noção de sexo pode ser compreendida histórica e situacionalmente, então as "causalidades compulsórias" vagina-mulher-feminilidade/ homem-pênis-masculinidade se desestabilizam, e começamos a pensar, portanto, nos corpos que escapavam dessas tríades, os corpos transexuais e travestis. Há aqui o segundo rompimento "biologia/ anatomia × identidade"; ou seja, a existência de pessoas trans e travestis revela que não há universalidade na constituição da relação entre genital e gênero.

O transfeminismo, portanto, é em seu aspecto teórico o aporte de compreensão dos corpos trans em seu aspecto político-social. É um movimento, uma luta pela inclusão das pessoas trans no mundo.

A necessidade de um suporte teórico-ativista para o transfeminismo

PERGUNTA Você não operou?

AMARA MOIRA Não, imagina, nem quero. Que é isso também, o movimento trans também está se construindo na direção de se afirmar que existe a cirurgia para quem quer fazer a cirurgia, mas também há legitimidade nos corpos trans, no homem com vagina, na mulher com pênis. Essas expressões têm que começar a fazer mais sentido. [...] E aí, com isso, a gente vai começando a questionar o que seria, por exemplo, um sexo lésbico, porque sexo lésbico historicamente é entendido como sexo entre duas pessoas com vagina, só que aí, de repente, tem homens que têm vagina, mulheres que têm pênis, então a gente começa a se perguntar se sexo lésbico vai continuar fazendo sentido e que sentido vai continuar fazendo, entende? Assim como sexo, a gente começa a dissociar identidade de genital, então homem e mulher deixam de ser uma mera decorrência da genitália que a pessoa teve quando nasceu, isso é uma coisa interessante, é importantíssimo.

[Amara Moira]

Outra forma de crítica, por vezes extremamente mal-intencionada e equivocada, diz respeito à forma como o transfeminismo luta pelo reconhecimento da legitimidade das identidades trans. Segundo os críticos, só seria possível defender as identidades de pessoas trans através de um pretenso reforço de estereótipos de gênero. Tais estereótipos de gênero deveriam ser "abolidos" em vez de supostamente reforçados. Outras críticas incidem sobre a ideia de que o transfeminismo só poderia defender as identidades de pessoas trans por meio de um discurso individualista.

[Bia Pagliarini Bagagli]

Quando surge o transfeminismo, ligado à teoria queer e às críticas pós-estruturalistas ao feminismo, ele nasce como forma de afirmar as identidades e as feminilidades subalternizadas, esquecidas pelo feminismo cisgênero. Basta observarmos, por exemplo, que no Brasil 90% das travestis estão na prostituição. O transfeminismo é uma luta para que possamos existir, para que sejamos reconhecidas, para que tenhamos nossos direitos e nossa vivência garantidos e respeitados. Mulheres trans e travestis no Brasil têm média de vida de 35 anos, enquanto uma mulher cisgênero beira os 75 anos.

Há questionamentos de algumas correntes feministas que dizem que deveríamos lutar junto ao movimento LGBTQI, e não como vertente do feminismo. Entretanto, é importante lembrar que as demandas gays e lésbicas são demandas de orientação sexual, que dizem respeito ao desejo compreendido como perverso, e não à identidade de gênero.

Sofremos dos mesmos mecanismos machistas de objetificação sexual, e eu diria que a hipersexualização das mulheres trans e travestis é ainda maior. Como é possível negar a experiência, a vivência da identidade feminina que temos, simplesmente baseadas em conceitos essencialistas e biologizantes do que significaria "ser mulher"?

A reflexão de Amara, com a qual se iniciou este tópico, nos remete à seguinte questão: É preciso ter vagina para ser mulher? É preciso ter pênis para ser homem? É preciso odiar o pênis para ser mulher transexual, é preciso odiar os seios e a vagina para ser um homem trans? Existe uma mulher de verdade e uma mulher trans? Essas questões durante anos passeavam pela cabeça de médicos, estudiosos de gênero, ativistas: existe uma mulher natural e existe a transexual, a mulher do corpo errado. É nesse contexto que surge o conceito de "cisgeneridade", produzindo, do ponto de vista epistemológico, a equiparação das formas de ser mulher, denunciado que, tanto quanto o gênero da mulher trans, aquele da mulher "nascida mulher" também é socialmente construído e se inscreve no mundo como uma "ficção política encarnada" (tomando aqui os termos de Paul Preciado, em apresentação no Hay Festival, em Cartagena).

Cisgeneridade

Uma das primeiras críticas ao transfeminismo diz respeito ao uso do termo cisgênero. Segundo seus críticos, o termo seria uma forma de reafirmação do binarismo e de divisões estanques que deveriam ser abandonadas, já que nenhuma pessoa poderia se identificar de forma absoluta com as expectativas sociais de masculinidade e feminilidade hegemônicas.

Nós, transfeministas, contra-argumentamos no sentido de considerar que a palavra cisgênero, em si, não carrega nem pressupõe a aderência a um discurso prévio que defenda binarismos de forma ingênua, tampouco essencialismos de qualquer gênero. Afirmamos que é necessário compreender os modos como o conceito é mobilizado (e significado) por determinada teoria, de forma que uma palavra isolada não possa definir uma ou outra forma de posicionamento ideológico ou político.

[Bia Pagliarini Bagagli]

A noção de cisgeneridade opera, no campo da linguagem, um primeiro corte-denúncia: o gênero, tomado por normal, é também construído; portanto, as pessoas não trans, assim como as trans, se identificam com o gênero que professam. Dizer "Eu sou homem" ou "Eu sou mulher" não é mais uma simples constatação de um dado da natureza, mas uma sentença que indica: "Me sinto confortável em algum nível com essa identidade, ainda que eu recuse os estereótipos que se produzem sobre ela". A compreensão da cisgeneridade indica não apenas uma constatação sobre o gênero ou sobre o corpo, mas um determinado arranjo do mundo. O corpo cisgênero é o centro ordenador das formas de funcionamento do mundo, das relações sociais, da noção de heterossexualidade, da reprodução, da saúde. A essa organização do mundo chamamos cisnormatividade, um conceito profundamente relevante para um aporte transfeminista da realidade.

A compreensão do paradigma cisgênero nos conduz a pensar os próprios conflitos das pessoas trans com seus corpos. A noção de beleza emana daquilo que podemos chamar de uma ciscolonialidade, uma forma de colonizar todos os corpos, sobretudo os corpos trans, a partir de uma referência cisgênero, de modo que, em dado momento, começa-se a pensar que o corpo trans "saudável", "curado", é aquele que tomou formas cisgenerizadas.

A mulher "natural" e a transexual: bucolismo de gênero

Parte da dificuldade do "senso comum" em reconhecer a legitimidade do gênero das pessoas trans está relacionada, entre outras coisas, à equiparação das noções de natural e verdadeiro e à hierarquia entre natural e artificial. É muito comum ouvir: "Não importa quantas cirurgias você faça ou quantos hormônios você tome, não vai ser mulher ainda", seja porque não seríamos dotadas de uma suposta "essência feminina", seja porque os aportes da biologia escolar sobre os cromossomos se tornaram uma convenção definidora do que é um homem e do que é uma mulher.

Não há recusa em dizer "Parece uma mulher" ou "É igual a uma mulher, mas não é de verdade". A recusa está em dizer "é", porque a noção de "verdadeiro" é a noção de natureza, tomada aqui tanto pelos processos que ocorrem no mundo sem nenhuma interferência tecnológica/ humana quanto por tudo aquilo que diz respeito à biologia.

É nesse emaranhado de natureza/ verdade que a categoria do artificial toma lugar; afinal, a justificativa é a de que tais mudanças no corpo jamais ocorreriam "naturalmente". A noção de que o artificial está sempre para o perverso, o falso, penso eu, tem relação com os mitos fundantes do mundo ocidental: um paraíso bucólico, ingênuo e pervertido pelo sexo leva os humanos à condenação do trabalho. E o que é o trabalho se não o próprio paradigma da produção do mundo artificialmente? O trabalho é a categoria que produz o mundo e produz tudo aquilo que não está "dado" no mundo, é o que transforma a natureza e produz a cisão fundamental entre o natural e o artificial. Tudo o que é artificial e/ou tecnológico decorre, em alguma medida, da ação do trabalho, e, portanto, da condenação que nos afasta em definitivo do mundo bucólico do paraíso.

Entretanto, como aponta Donna Haraway em *Manifesto ciborgue*, essa cisão natural/artificial já não faz mais sentido. O olhar de um jovem que usa óculos é artificial? A relação virtual entre duas pessoas não é real? A ideia de que somos ciborgues é profundamente importante para romper esse conjunto de equívocos que se produzem na conceituação do que é verdadeiro, natural, autêntico.

Eu me lembro quando um rapaz de academia, desses "bombados", com quem me relacionava, me disse: "Seu corpo é legal, mas não é natural". Olhei para ele, com músculos moldados por quilos de suplementos alimentares e exercícios, de uma maneira que a "natureza" jamais faria, e perguntei: "Por acaso o teu corpo é natural?".

Sempre que falo para estudantes de ensino médio ou para o público não universitário e não ativista, essas questões surgem e tornam o diálogo sempre muito mais produtivo. Afinal, quando provocamos uma reflexão sobre o "ciborgue" e os limites borrados entre natural e artificial, eles compreendem facilmente.

A produção de todo corpo é tecnológica. As identidades são tecnologias sociais que operam sobre os corpos para a manutenção deste ou daquele sistema de mundo. Chamo essa busca por uma verdade natural no gênero de bucolismo de gênero, um tipo de escapismo das mudanças que a tecnologia incide nas relações sociais, sobretudo quando o assunto é gênero.

Pessoas não binárias: nem homem, nem mulher

De início, essa pode parecer uma afirmação tresloucada: como não ser homem ou mulher? Que loucura! Mas um olhar atento nos faz perceber que não são todas as culturas que se baseiam na noção binária de gênero. A nossa cultura se funda nessa divisão, apesar de ao longo dos séculos ter constituído uma mitologia de seres (em geral não humanos) dotados da não binariedade. O mito de que anjos não têm sexo ou, na cultura italiana barroca, a ideia de que os "castrati" não eram homens nem mulheres são exemplos disso.

Pensar o não binário não é, como muitos sugerem, pensar o impensável. Nem mesmo é possível argumentar sobre o dimorfismo dos organismos humanos, pois existem pessoas intersexo ou aquelas que (muito raramente) nascem sem nenhum tipo de órgão sexual. Essas pessoas, ao longo de suas vidas, irão se identificar com um gênero ou com nenhum deles, de acordo com a percepção que possuem de si e de suas vivências no mundo.

Mas o gênero, como já dissemos exaustivamente, não é "o corpo". Ele é uma interpretação do corpo dada pela cultura que designa, por relações semióticas arbitrárias, o que é masculino e feminino. O gênero é pré-discursivo, está dado antes mesmo do nascimento, é pressuposto e é performático. Depois de nascer, é preciso aprender a ser do gênero que lhe deram: cruzar as pernas, falar grosso, não mexer tanto as mãos.

Há um esforço intenso no enquadramento do sujeito em um dos polos de gênero. Entendemos hoje a fuga desse enquadramento como "disforia de gênero", ou seja, o discurso médico-clínico transforma em patologia o que é uma questão identitária.

Quando me afirmo como pessoa trans não binária quero dizer que nenhum desses "modos de viver" generificados me contemplam. Posso olhar para um homem e pensar: "Sou igual a ele?". Minha resposta será "não", e o mesmo se dá quando olho para uma mulher. Mas essa não é a questão mais importante. A questão central é: precisamos ter gênero para nos socializar?

Sou uma pessoa trans, pois não me identifico com o gênero que me foi designado ao nascer e para o qual fui criada. Considero meu corpo como instrumento de resistência micropolítica. Quando saio pelas ruas vestida com roupas tidas como femininas, estou rompendo com discursos normativos. Quando tomo hormônios femininos, não o faço para "ser mulher", mas para apagar as marcas deixadas pela testosterona no meu corpo. Os hormônios que tomo fazem com que eu tenha seios. Minha meta? Que olhem para mim e não saibam o que eu sou.

A filósofa Hannah Arendt, em seu livro *Origens do totalitarismo*, disse o seguinte em relação aos judeus: "O totalitarismo se baseia na solidão, na experiência de não pertencer ao mundo, que é uma das mais radicais e desesperadoras experiências que o ser humano pode ter". Entendo a "cis-heteronorma" como totalitária porque ela consegue me fazer sentir a dor de não pertencer — a dor de não pertencer à humanidade.

Em diálogo com Silvia Federici

O transfeminismo é necessariamente uma luta coletiva. Não há antagonismo entre defender a autonomia individual de pessoas trans no que tange às possibilidades de alteração corporal, por exemplo, e a constituição de uma coletividade que é mobilizada como forma de reivindicações de direitos sociais. Ao contrário: a coletividade é mobilizada justamente tendo em vista a ampliação da condição concreta de possibilidade das escolhas individuais. As palavras de Jéssica Milaré são precisas a este respeito: "O individualismo está no fato de taxarem a luta das pessoas trans de individualistas". Ao relegar a luta de pessoas trans ao individualismo, se está justamente impedindo que a luta das pessoas trans se constitua enquanto coletividade.

[Bia Pagliarini Bagagli]

Em *Calibã e a bruxa: Mulheres, corpo e acumulação primitiva*, Silvia Federici chama atenção para a apropriação do corpo da mulher pelo capitalismo, no sentido de transformá-lo em peça reprodutora que traria ao mundo mais proletários, desenhando assim uma divisão sexual do trabalho necessária ao funcionamento do capitalismo. O seu surgimento, aponta a autora, inscreve-se no controle sobre o corpo da mulher e sua relação com o mundo. Ela propõe ainda o resgate da noção de mulher como termo de análise histórica, em oposição a algumas correntes pós-estruturalistas do feminismo que falavam em gênero ou em escritura feminina.

Silvia Federici aponta para o gênero como um conceito necessário para a constituição das relações de classe, uma vez que se fundamentariam na divisão sexual do trabalho. Portanto, toda relação de gênero seria também de classe e vice-versa.

Frente a essa análise que muito grosseiramente externalizo aqui, me pus a pensar: mas e as mulheres transexuais e travestis? Obviamente não existíamos com o mesmo "status" que temos hoje, já que a compreensão era a da inversão sexual ou da loucura. Então, a saída seria pensar que, como não estávamos submetidas à lógica da reprodução, estaríamos excluídas do processo de divisão sexual do trabalho? A resposta é não.

A emergência de uma reorganização sexual do mundo do trabalho passava, necessariamente, por uma "limpeza" de todos os casos que não cabiam no novo esquema "produção, reprodução, família nuclear". A manutenção dessa tríade se dá através da constituição de um complexo sistema sexo-gênero-normalidade que estabelece não apenas a natureza dos sujeitos, do ponto de vista da normalidade, mas também a condenação dos sujeitos que não se adequam a esse sistema.

Dessa forma, o lugar da mulher dependeria da naturalização do útero como fundamentalmente feminino e do pênis como masculino. As mulheres transexuais ou travestis (perdoem-me o anacronismo, mas para a clareza do texto prefiro usar os termos atuais) seriam, portanto, as traidoras do lugar produtivo na divisão sexual do trabalho. Ao portar-se como mulheres, elas pervertiam o sistema sexo-gênero, denunciando sua falha em categorizar os sujeitos.

A patologização da transexualidade, da homossexualidade e dos "desvios sexo-gênero" foram fundamentais para a reafirmação da exploração sobre o corpo da mulher e para a divisão sexual do trabalho.

Federici toma como exemplo a perseguição de mulheres como bruxas em Barbados e no Novo Mundo. No Brasil, temos o exemplo da perseguição à Xica Manicongo, nascida Francisco Manicongo, a primeira escrava travesti que consta nos registros do Santo Ofício, no século XVI. Aí descreve-se a confusão que ela causava ao trajar vestes femininas, "como se mulher fosse".

A história dos corpos que desviam e escapam sempre caminhou como sustentáculo da opressão dos corpos que estavam na luz. Isso é muito importante de se ter em mente.

Com Federici, respondo à questão com a qual iniciei este texto: como as verdades sobre o gênero e o corpo estabilizam as relações de poder no mundo? Produzindo para as desigualdades uma natureza e uma ontologia e tirando delas, portanto, sua relação com a produção social e a agência humana. O transfeminismo, nesse contexto, borra o gênero, o sustentáculo das relações de poder. Portanto, o transfeminismo é uma emergência político-epistemológica para além das demandas das pessoas trans, colaborando para a construção de uma nova forma de estar no mundo, novas relações com o desejo, o corpo, as identidades e as categorias de intelecção do real.

A INTELECTUAL-ATIVISTA E O ATIVISMO INTELECTUAL

ENTREVISTA COM JAQUELINE
GOMES DE JESUS[3]

O que faz você se identificar como uma militante transfeminista?
Eu sempre acho que dá para tornar essa pergunta mais complexa. Quando me consideram como militante, sempre coloco assim: minha militância, na verdade, é um ativismo intelectual, porque estou produzindo conhecimento, refletindo a partir dos movimentos que estão pensando; tento fazer um trabalho de organização intelectual do muito que as pessoas têm pensado e tento dar uma coerência teórica para isso. Particularmente, como acadêmica, acho isso relevante, inclusive para intervenções práticas, para políticas públicas. Por várias questões, na militância trans

falta, às vezes, uma certa coerência teórica e conceitual sobre algumas coisas que são colocadas.

Não me coloco como militante orgânica, eu me coloco primeiro como pesquisadora, professora, e esse meu ativismo se dá a partir disso. Não tenho uma ligação com uma instituição militante, minha ligação é com a academia. E o que acontece de militância que eu posso falar de uma militância orgânica, de sociedade civil organizada, é algo com que dialogo até certo nível. Porque há níveis de diálogo com os movimentos sociais que eu não posso alcançar, por conta da natureza do meu trabalho — por ser uma pessoa trans, professora e pesquisadora, e não uma militante que vai pautar o que o movimento, os ativistas, os militantes organicamente ligados às instituições vão decidir. Então, tomo muito cuidado com relação a isso. Geralmente, não me coloco como militante por considerar que a minha produção é o que pode contribuir para as políticas públicas, para uma certa coerência conceitual de outros.

Eu me coloco como transfeminista primeiro porque conheço a teoria, converso com pessoas que são, conheço o mínimo dos princípios, escrevo sobre isso, reflito sobre essa construção teórica que é bem coletiva — e aqui no Brasil é até bem recente. Concordo com alguns pontos de vista com relação a esses pensamentos. Particularmente, gosto de pensar outros feminismos como uma linha de produção feminista que, como qualquer outra, pode ser pensada por pessoas cis, desde que compreendendo e valorizando os pontos de vista e histórias de pessoas trans. Na verdade, entendo o transfeminismo como um olhar sobre o mundo a partir das experiências de gênero das pessoas trans, que pode ser útil e muito construtivo para qualquer pessoa.

Você acredita que haja uma diferença no olhar sobre o mundo das pessoas trans, numa perspectiva transfeminista e numa perspectiva LGBTQI, dos movimentos e das produções teóricas já consolidados sobre os grupos e experiências LGBTQI?

Com relação à contribuição do pensamento transfeminista para a população trans de forma geral, particularmente para os movimentos trans, eu vejo de forma muito positiva. Entendo que é crucial para o movimento trans, até para o seu amadurecimento como movimento de reflexão e ação teórico e político, compreender melhor o pensamento transfeminista. Não é só, como tenho reparado às vezes, se reconhecer como transfeminista. Me preocupa muito quando vejo pessoas tratando não só o transfeminismo, mas o feminismo de modo geral, como um título e não como um pensamento, como uma ação. Por exemplo, vejo algumas meninas, principalmente mulheres trans, que se colocam como transfeministas mas não conhecem bem o que tem sido pensado no transfeminismo, esse olhar particular do transfeminismo, que é um olhar feminista. E acho que conhecer o pensamento transfeminista na sua dimensão teórica e política pode fortalecer demais não só o movimento, mas a população trans, e particularmente as mulheres trans — e eu coloco aqui as travestis junto nessa mulheridade trans — no seu reconhecimento como mulheres, que é também uma ocupação de espaço de poder, a gente se afirmar como mulher e reconhecer que não precisa do aval de mulheres cis para se colocar como mulher. Não só pessoas cis têm o poder de nos definir como mulheres, nós mesmas podemos nos definir como tais. Isso é muito empoderador, acho que em termos pessoais, em primeiro lugar, mas principalmente em termos políticos, de ação política, de intervenção, de demanda de ações nas políticas públicas, de práticas. [...]

Acho que muitas vezes algumas meninas se colocam como transfeministas por serem mulheres trans que estão na militância. Acho um pouco complicado, acho que deveriam fazer algumas leituras, pensar melhor o que significa esse primeiro feminismo e o lugar do transfeminismo, até para conseguir se articular de forma mais consistente. Acho que essa minha visão vem do meu viés acadêmico, como professora de um instituto federal. Acho que esse pensamento contribui, dentro do seu escopo, do seu universo, para as militâncias, sem necessariamente dirigir essas militâncias, esses movimentos. Agora, com relação ao movimento LGBTQI, tenho as minhas questões, problematizo bastante. O movimento tem um histórico e uma natureza que trazem algumas questões que são desafiadoras e podem ser complexas para o empoderamento trans.

Quando você vê a entrada de cantoras trans e da cultura drag queen na televisão, na música, como é o caso da MC Linn da Quebrada, da Pabllo Vittar, das meninas do As Bahias e a Cozinha Mineira, que é uma cultura que, no caso da Pabllo, mesmo que ela não seja trans, existe ali um rompimento da heteronormatividade. Então, como você vê o espaço artístico inundado por essas figuras?

Eu acho fantástico, mas tenho considerações a fazer. Por exemplo, elas trazem outras visibilidades e até é interessante, mesmo que Pabllo não seja, ou não se apresente, como uma pessoa trans, uma mulher trans, ele traz reflexões para as pessoas sobre gênero, de forma geral, e outras possibilidades de vivência. Como existe, ainda, essa confusão das pessoas entre drag queen e mulheres trans, entre a atividade artística e a identidade de gênero, existe uma identificação e uma certa visibilidade, até involuntária mesmo, da parte de Pabllo.

Com relação a outras, como Liniker, Linn da Quebrada, As Bahias e a Cozinha Mineira, acho que tem uma outra dimensão mais objetiva, que é a própria representatividade trans — se assim eu puder me referir a essas artistas e esse grupo, no caso das Bahias. Acho que tem uma representatividade que não é qualquer representatividade. O que me deixa mais feliz é que é uma representatividade consciente, informada, que eu posso chamar de militante. Existe uma confusão das pessoas: só pelo fato do artista, da artista, ser LGBTQI, é comum que as pessoas coloquem como militante, quando ele não é necessariamente. Pode ser que o trabalho que é feito traga uma consequente visibilidade, o que é importante, mas não quer dizer que o trabalho seja militante. O que significa? O que as pessoas estão entendendo como militante? Não necessariamente é uma relação objetiva daquele artista? É diferente quando eu pego o trabalho da Liniker, da Linn, das meninas do Bahias. Elas têm uma veia militante explícita, de discurso, de prática, de reflexão, particularmente sobre transgeneridade, de discutir transgeneridade. Acho que esse olhar delas é transfeminista. E discutir transgeneridade não é relevante só para a visibilidade trans, é fundamental para a transformação da própria concepção redundante, biologicista, de gênero que vigora na sociedade. Então, vejo de forma extremamente positiva.

Acho que tem que se tomar cuidado com o que as pessoas chamam de militância. Os trabalhos de algumas artistas têm repercussões positivas de visibilidade, mas isso não quer dizer que o trabalho é militante, que seja objetivamente pensado numa lógica de discursos e criação de contradiscursos com relação à transfobia, à discriminação. E vejo como representantes importantes, pensadoras mesmo, essas meninas que estão colocadas. Eu poderia citar as menos visíveis também, como MC Xuxú, MC Trans, Mulher Pepita. Não vou conseguir lembrar de todas, mas tem outras que estão aí. Virginia Houston, Renata Peron. E estou falando de cantoras. Isso sem falar de atrizes e atores do teatro, como Leo Moreira Sá, a Renata Carvalho (da peça *O evangelho segundo Jesus, Rainha do céu*), Dandara Vital, Maria Clara Spinelli, que estava na novela *A Força do Querer*. Ela já tem uma trajetória riquíssima, já fez outros trabalhos com a Gloria Perez. E acho que o trabalho da Maria Clara, uma atriz trans que representa uma personagem cis, é extremamente empoderador para pessoas trans, particularmente para mulheres trans. É algo muito importante, que acho que tem tido pouca visibilidade. Por mais que a Maria Clara objetivamente não se coloque como militante, em outras oportunidades ela até questionou a representatividade trans, colocou uma posição particular que eu compreendo perfeitamente. Mas essa atuação dela como mulher cis na novela é extremamente empoderadora, é muito importante para a população trans. Então, vejo nisso o transfeminismo, o empoderamento de mulheres trans e o reconhecimento da capacidade de mulheres trans de agir como mulheres, como pessoas, como aquilo que podemos ser, que queremos ser a partir dos recursos de que dispomos para sermos quem queremos ser.

Você sempre ressalta a importância da contribuição de ativistas feministas na consolidação do transfeminismo e do seu pensamento. Quem são hoje as ativistas que você lê e/ou recomenda para entendermos o transfeminismo e que podem orientar a sua e a nossa militância?

Há duas questões aí: o transfeminismo é uma linha novíssima de "pensamentação". Uma linha que não surge na academia, que nos Estados Unidos vai ter uma trajetória própria e vai ser assimilada no Brasil, principalmente o que a Emi Koyama e a Julia Serano produziram lá nos Estados Unidos. Eu vou citar um homem trans em particular, mas vou falar mais para frente. Existe uma particularidade. Quando eu penso o transfeminismo, eu faço sempre conexões com outros feminismos, principalmente com o feminismo negro. A minha leitura transfeminista vem muito de um olhar que eu tenho sobre o feminismo negro, que é óbvio, por eu ser uma mulher negra, mas eu vejo que há algo além dessa dimensão pessoal. Eu acredito firmemente no que o feminismo negro construiu, o que a Patricia Hill Collins escreveu, o que a Kimberlé Crenshaw pensou, ambas sobre particularidades do feminismo negro, a questão da interseccionalidade, a desessencialização da mulher, o reconhecimento do discurso universalizante sobre mulher como um discurso que invisibilizava mulheres negras — e também todas as outras mulheres. Eu vejo nisso uma fonte poderosa para o transfeminismo, vejo que o transfeminismo encontrou suas raízes aí no que foi pensado por essas feministas negras.

Particularmente no Brasil, meu livro sobre transfeminismo é o único ainda em língua portuguesa sobre esse tema. A gente tem livros em espanhol, mas em português só o *Transfeminismo: Teorias e práticas*. Na academia, o que vejo são mais alguns artigos que pensam a despatologização a partir de um olhar transfeminista, o que achei fantástico. O que a Viviane Vergueiro tem produzido, o que ela produziu no mestrado com relação à cisgeneridade e à construção do ideário de cisgeneridade, eu considero crucial. Mas o que tenho sentido muita falta nas minhas leituras feministas é das pensadoras que não estão ligadas à academia. As que geralmente se colocam como militantes transfeministas e que são pensadoras, que produzem a partir da sua experiência, do seu olhar sobre o mundo fora da academia. Vou pontuar sempre, primeiramente, o que Aline Freitas comentava em blogs, há uns cinco anos se eu não estiver enganada, que acho que foi a primeira que fez uma referência sobre o transfeminismo. E, posteriormente, o papel da Hailey [Kaas], que foi importante no meu olhar. Ela conseguiu condensar muitas reflexões a partir do que ela conheceu como tradutora de inglês e mulher que está sempre pensando sobre o feminismo e lendo sobre as diferentes vertentes. O que ela produziu sobre transfeminismo eu considero crucial. Outras, como a própria Viviane, que tem focado muito no olhar descolonial sobre essa questão. A Bia Pagliarini, que tem trabalhado a partir da sua experiência, da sua reflexão filosófica. Temos uma colega, a Leila Dumaresq — eu sinto muita falta porque a Leila fazia muitas reflexões no campo da filosofia e eu não tenho visto muita produção dela recentemente. Particularmente essas, o que elas produziram é algo fantástico e não são textos acadêmicos, publicados em artigos científicos, porque não têm bibliografia, tirando uma ou outra criação, como trabalhos da Hailey Kaas que foram publicados em trabalhos acadêmicos, em resumos e também num livro, num capítulo sobre mulheres trans. Infelizmente ela não pôde entrar no *Transfeminismo* por uma questão de prazo.

Eu organizei um dossiê da revista *Gênero* sobre transfeminismo, e esse dossiê traz umas reflexões fantásticas da própria Bia, da Leila e do Vicente. O Vi é um homem trans de Mato Grosso, estudante da Universidade Federal do Mato Grosso, e trabalha muito a dimensão artística de pensar a arte. Ele fez um artigo, que eu acho que é único, sobre uma arte transfeminista. Então, o Vicente está também na revista. Eu estou trabalhando de memória e vou esquecer algum colega que escreveu. Publiquei uma entrevista que fiz com a Indianara Siqueira, que é uma transfeminista com um impacto extraordinário a partir de sua visão totalmente libertária de vida e de ação. Até falo que ela é uma puta educadora, em todos os sentidos, da educação e do próprio trabalho dela como trabalhadora sexual, como prostituta.

Tem essa produção, mas eu tenho sentido falta de reflexões mais recentes. Já houve algumas resenhas do livro *Transfeminismo*, alguns desdobramentos, mas estou vendo pouca produção mais aprofundada. Tenho visto mais postagens, que são relevantes, mas uma reflexão mais densa, um artigo, seja em revista virtual mesmo ou blog, faz falta. No livro, eu queria falar de homem trans, então tem a contribuição do André Guerreiro, cientista social, que fez uma reflexão fundamental sobre a despatologização a partir do olhar dos homens trans. Então, o papel dos homens trans no transfeminismo eu também vejo como fundamental. Sinto falta de mais homens trans, porque eles trazem um olhar particular sobre masculinidade que seria extremamente útil, inclusive para homens cis. Acho que eles podem contribuir muito. Converso muito com o Leonardo Peçanha, que é um amigo, militante, homem trans, aqui no Rio, professor de educação física, sobre essa questão. O João Nery também me questionou há uns anos sobre onde estavam os homens trans no transfeminismo, e eu falei para ele que os homens trans têm que construir, usar o pensamento transfeminista, porque o transfeminismo é um olhar, é uma forma de ver o mundo. Então, utilizá-lo para repensar o mundo, pensar nossas políticas, nossa população trans, com vistas a um caminho para uma comunidade, porque eu acho que a gente ainda não tem uma comunidade trans — mas temos muito potencial para isso. Considerando cada regionalidade, claro. Aqui no Rio existe uma forma específica, em Brasília existe uma forma de sociabilidade trans diferente, certamente no Ceará também há outras sociabilidades, dependendo da cidade. Eu acho que existe muito potencial, muitas possibilidades. E essa dimensão do regional, do geográfico, também deve ser considerada.

Quais são os desafios do transfeminismo se comparado à história das demais correntes feministas, que desembocaram não só num conjunto de epistemologias, mas também de práticas políticas? Como você pensa o futuro do transfeminismo como movimento social, político, intelectual? Como você acredita que esses desdobramentos vão ocorrer?

Eu penso o futuro do transfeminismo, primeiro, a partir do desafio das transfeministas e dos transfeministas escreverem para o grande público, de ser uma produção acessível feminista popular — como é de forma geral esse feminismo de internet que a gente tem visto. Minha preocupação há uns três anos vai se repetir agora, ter uma ressonância, no que várias pessoas trans têm conquistado de empoderamento e na visibilidade positiva que a gente tem visto, que propiciou inclusive esse interesse da Globo de discutir a questão, principalmente na novela *A Força do Querer*. Esse é um mérito do movimento trans, acho que mais do ativismo autoral, do ativismo de internet. Inclusive, do que você [Helena Vieira] tem feito, do que a Sofia [Favero] conseguiu com o Travesti Reflexiva, e do que os youtubers e vloggers têm conseguido. Eles vão trazer essa *oralitura*, eu gosto de usar esse termo, essa literatura oral no vídeo, que é muito importante para as pessoas trans. O que artistas como Liniker, Linn e as meninas do Bahias fazem, que têm esse rebatimento, esse reflexo do que as transfeministas já escreveram, do que têm pensado. Talvez o futuro seja essa maior popularização.

Acho que o grande desafio de fato é essa popularização para além de um reconhecimento pontual por parte dos outros feminismos. Eu vejo um acolhimento muito grande, não sei se pelo meu olhar de mulher trans negra, privilegiado em comparação ao de outras, mas vejo esse acolhimento por parte de outras correntes feministas de forma muito positiva, em especial o feminismo negro e os feminismos de internet de forma geral. Sempre me perguntam sobre o feminismo radical e explico que é a vertente transfóbica numa área muito pequena e sem tantas adeptas; elas têm um impacto maior e uma visibilidade maior mais por esse discurso transfóbico do que pelo conteúdo mesmo da reflexão delas. Há muito menos feministas transfóbicas do que não transfóbicas, e as pessoas acabam dando mais visibilidade para elas do que elas têm de fato. Até em função dessa questão que o Foucault já falava, que esse discurso do contra chama mais atenção do que o discurso a favor. Então, a crítica delas chama muito mais atenção do que certos posicionamentos favoráveis. E também eu acho que tem um pouco de cissexismo, de transfobia, de achar que as transfeministas têm que ser validadas por outras feministas. O que vai refletir aquilo que eu estava falando sobre quem define a mulheridade trans — e somos nós, né? Mas é complexo, no contexto da patologização. Por isso eu sempre defendo que é necessário endossar a campanha internacional sobre a despatologização. Nós não seremos consideradas plenamente humanas e quiçá um dia cidadãs, que é um caminho ainda mais longo, no contexto da patologização. Temos que ser despatologizadas. Porque por trás tem esse discurso funesto de que nós temos que ser tuteladas, de que não podemos falar por nós mesmas. Alguém tem que falar por nós, seja um médico, um psiquiatra, uma pessoa que não é trans. Na minha posição, não só como pensadora, mas como profissional, como psicóloga, é até um posicionamento curioso, porque, sendo uma mulher trans, eu estou nessa posição de mulher trans que pode falar pelas pessoas trans. O que reforça o paradoxo e a incoerência disso tudo e vai refletir também nessa discussão que foi retomada recentemente sobre cura gay, da pouca visibilidade da luta pela despatologização. Muita gente nem sabia que as identidades trans são patologizadas. Então, é fundamental essa discussão, essa visibilidade. Vi memes interessantes falando que o gay pedia aposentadoria porque é patologizado e tal. É engraçado que, numa sociedade que acredita na patologia trans, nós não temos direito à aposentadoria e tal. É porque a matriz é outra, é bem diferente da matriz das homossexualidades, a matriz conceitual. Eu subentendo esse olhar diferenciado, que as pessoas nos olham de uma forma talvez penalizadora, incriminadora, como se, primeiro, fosse um erro, um crime, ser trans. Apesar de sermos patologizadas, não somos tratadas como doentes nesse sentido do apoio à previdência social. Então, acho que o transfeminismo tem muito a contribuir nessas reflexões, inclusive.

Na intervenção com a previdência social, os direitos cidadãos das pessoas trans — nós vivemos num país em que as pessoas trans não são consideradas nem humanas. Para ser considerada cidadã, num sentido de poder acessar os bens sociais, existe ainda um grande caminho — e discutir as questões de renda — de autogestão, de empoderamento da comunidade trans, como a gente vê em outros lugares e, principalmente as mulheres, encontrar ambientes de segurança para os relacionamentos afetivos. Eu gosto muito das discussões sobre afetividade das mulheres trans, elas dialogam muito com o debate da mulher negra, a solidão da mulher trans, e eu acho que isso tem que ser pontuado. Dei uma entrevista em que falei bastante sobre isso, sobre até que ponto nós somos realmente solitárias, porque nós temos outras mulheres nos apoiando, junto conosco, outras pessoas — não só mulheres —, e a gente ainda tem essa dependência desse homem que valide a gente, particularmente as mulheres trans heterossexuais. Então, é uma discussão bem interessante. Esse é o ponto, discutir a economia, discutir a presença social, esses temas de cidadania mais complexos e as questões da afetividade da população trans, mas principalmente das mulheres trans — até por questão de gênero, são as que mais sofrem com a solidão.

Helena Vieira, escritora e transfeminista, estudou gestão de políticas públicas na Universidade de São Paulo (USP). É consultora em adversidade, tendo assessorado empresas e governos. Dramaturga, atualmente se dedica à pesquisa em corpo, gênero e política.

Bia Pagliarini Bagagli é formada em letras pela Unicamp. Ativista transfeminista, colabora com o blog Transfeminismo e com a página correlata no Facebook.

COLABORADORAS

Amara Moira
Indianara Siqueira
Jaqueline Gomes de Jesus

FEMINISMO LÉSBICO

POR ÉRICA SARMET

FEMINISMO LÉSBICO NO BRASIL: CARTOGRAFIAS DAS RESISTÊNCIAS LÉSBICAS CONTEMPORÂNEAS

Apesar, e muito em razão, da onda de conservadorismo que tem engolido o Brasil nos últimos anos, por todo o país mulheres lésbicas resistem bravamente. Tecemos modos diversificados de enfrentar o retrocesso, visibilizando nossas existências, denunciando violências, formando redes de solidariedade, fortalecendo nossa autonomia e criando espaços de sociabilidade nos quais batalhamos pela construção e manutenção de nossos afetos e cultura. Parafraseando Adrienne Rich, "neste país, assim como no mundo hoje, há um movimento de mulheres em andamento como nenhum outro na história. Que nós não tenhamos dúvidas: ele está sendo alimentado e fortalecido pelo trabalho de lésbicas".[1]

Como costuma dizer a ativista do Coletivo Lesbibahia, Bárbara Alves, pesquisadora do Gira e coordenadora do Projeto Pensamento Lésbico Contemporâneo, antigamente tínhamos estrelas no movimento lésbico, hoje temos constelações. Este texto é, portanto, uma tentativa de reunir alguns lampejos dessa militância lesbofeminista contemporânea. Partindo do que eu mesma vivi nos últimos anos, escolhi como recorte algumas iniciativas representativas desse período que entendo como a quarta fase do feminismo lésbico no Brasil: o movimento dos Isoporzinhos e Ocupas, festas como Velcro e Sarrada no Brejo e grupos militantes como as coletivas[2] Luana Barbosa e Visibilidade Lésbica, entre outras.

Mas antes que sigamos esta cartografia das resistências lésbicas contemporâneas, é preciso voltar alguns passos, para não cairmos em generalizações. O feminismo lésbico não ecoa em uníssono. Assim como no movimento feminista de modo geral, somos atravessadas por divergências teóricas, discordâncias políticas, bem como práticas e discursos dos "outros feminismos". Somos feministas lésbicas, negras, marxistas, interseccionais, radicais, socialistas, transfeministas, pró-sexo, anarquistas... Estamos, de diferentes modos, fazendo política, criando conhecimentos e produzindo cultura, de forma que muitas poderiam figurar — e estão figurando — em vários capítulos deste livro; estivemos presentes nos momentos cruciais de formação do movimento feminista no Brasil e seguimos hoje nas ruas, nas redes, nas quebradas, nos partidos, nas boates, nas praças, nas universidades, por toda parte.

A história do feminismo lésbico brasileiro solidifica-se principalmente a partir do final da década de 1970, início da década de 1980.[3] Patrícia Lessa aponta a existência de três momentos do movimento lésbico brasileiro: o primeiro seria estruturado em torno de uma pauta identitária, de maior visibilização das mulheres lésbicas, dissociando-se das feministas heterossexuais e dos homens gays, numa militância expressa sobretudo no boletim *ChanacomChana* (1981-7), criado pelo Grupo de Ação Lésbico-Feminista (GALF), de São Paulo. Segundo Gilberta Santos Costa e Jussara Carneiro Soares, "os feminismos brasileiros, historicamente, resistiram a incorporar as questões das mulheres lésbicas em sua produção teórica e agenda política, persistindo a lacuna de crítica à heteronormatividade como elemento fundamental na constituição das relações de gênero".[4]

Yone Lindgren, 61 anos, fundadora e atual coordenadora nacional do Movimento D'Ellas e da Articulação Brasileira de Lésbicas, relata o preconceito sofrido pelas lésbicas à época por parte das feministas heterossexuais:

> A minha atuação na militância lésbica vem desde o primeiro grupo formado no Rio de Janeiro, Somos/RJ. Me envolvi na militância já desde o movimento estudantil, só não podia atuar no feminismo porque, se eu fosse para uma reunião feminista, não podia falar de lésbicas, porque na época — 1978 — as pessoas achavam que toda feminista era sapatão e faziam disso uma coisa correlativa. Então, eu só passei a ser feminista de 2003 para cá, quando o feminismo não só se abriu como abriu espaço para as mulheres trans e para as travestis.

O segundo momento seria o que Lessa chama de "onguização" dos movimentos sociais, que Suane Felippe Soares prefere denominar "institucionalização", um momento pós-ditadura em que há uma maior profissionalização desses grupos, formalizados por meio de ONGs que trabalhavam diretamente com políticas públicas para mulheres, seguindo uma agenda voltada para direitos reprodutivos, saúde, trabalho e violência de gênero, subsidiadas por programas governamentais e agências de cooperação internacionais — o que não deixou de gerar críticas e discordâncias dentro do movimento.[5] Temos, nesses dois períodos, a criação de datas importantes para o feminismo lésbico brasileiro: 19 de agosto, Dia Nacional do Orgulho Lésbico, e 29 de agosto, Dia Nacional da Visibilidade Lésbica.

O dia 19 de agosto de 1983 marca a data de invasão do Ferro's Bar, em São Paulo. Os proprietários haviam proibido que as frequentadoras lésbicas distribuíssem o boletim *ChanacomChana* e entrassem no estabelecimento. Organizadas pela ativista Rosely Roth e sob os olhos da mídia, elas ocuparam o bar.

Já o Dia da Visibilidade Lésbica marca o protagonismo das lésbicas negras na criação do primeiro Senale (Seminário Nacional de Lésbicas), ocorrido em agosto de 1996 no Rio de Janeiro. Neusa das Dores Pereira, de 73 anos, fundadora do Senale, do Colerj (Coletivo de Lésbicas do Rio de Janeiro) e do Centro de Documentação e Informação Coisa de Mulher, conta como foi:

> Fui uma das conselheiras da Ilga [International Lesbian, Gay, Bisexual, Trans and Intersex Association] e uma das palestrantes também. Para participar da Ilga a gente não tinha um coletivo, aí uns dois meses antes a gente funda o Coletivo de Lésbicas do Rio de Janeiro. Não existia um coletivo no Rio, havia o Arco-Íris, mas um movimento de lésbicas mesmo, sozinho, não. A gente fez tanto sucesso como coletivo de lésbicas do Rio de Janeiro, porque era um coletivo popular, formado majoritariamente por mulheres negras, então aquilo era uma novidade [...]. O primeiro Senale foi feito por mim e pela minha companheira, com o auxílio de outras companheiras. A organização que segurou foi o Coisa de Mulher, que já existia nessa época. Não foi o encontro do nosso sonho, mas foi o encontro possível.

O terceiro momento da história do movimento lésbico seria a midiatização e proliferação das imagens e representações, com a criação de sites, redes (ABL, LBL), listas de discussão e uma maior presença na televisão.[6] Para Soares, trata-se de um momento de "pulverização × popularização", no qual a popularização da internet e a multiplicação de pequenos grupos lesbofeministas por cidades de todo o Brasil permitiu uma maior troca entre as ativistas, incluindo aí a militância internacional, mas gerou também uma certa "acomodação e despolitização das lutas".[7] Segundo a advogada e professora Juliana Cesario Alvim Gomes:[8]

> Com a redemocratização e posteriormente com a ascensão do governo PT, [os movimentos sociais] se desmobilizaram com uma própria aproximação com o poder público. Então se tornaram menos opositores e menos, em algum sentido, combativos — quer dizer, não deixaram de ser combativos, mas mudaram sua forma de atuação saindo um pouco do enfrentamento e se juntando à institucionalidade governamental. Eu acho que isso pode ter contribuído pra esse movimento de "abandono da militância". E também o próprio avanço que aconteceu em alguns setores da sociedade brasileira com relação às questões LGBTQI em geral talvez tenha contribuído para essa desmobilização.

É claro que, durante os anos 2000, as feministas lésbicas não pararam de atuar — afirmar isso seria invisibilizar o trabalho de centenas de militantes que perdura até hoje. Em 2003, houve a fundação da Liga Brasileira de Lésbicas (LBL) e, no ano seguinte, a Articulação Brasileira de Lésbicas (ABL), só para citar alguns exemplos, mas o movimento não conseguiu manter o mesmo vigor das décadas anteriores. Nesse sentido, ele se encaixa no cenário de "desmobilização" de que fala Juliana, porém cabe ressaltar que, se há uma impressão de que o movimento lésbico estava "desaparecido" ou havia sido "aniquilado" nos últimos anos, como ouvi no depoimento de algumas militantes mais jovens, é precisamente também pelo fato de que nós, lésbicas, somos sistematicamente apagadas em uma cultura dominante formada por símbolos, códigos e linguagens feitos por e para homens. Em 1973, quando Monique Wittig publica *Le Corps lesbien*, ela escreve: "A literatura homossexual masculina tem um passado, tem um presente. As lésbicas, por sua vez, são mudas — como são também todas as mulheres, enquanto mulheres, em todos os níveis. Quando se leem os poemas de Safo; *O poço da solidão*, de Radclyffe Hall; os poemas de Sylvia Plath e Anaïs Nin; *La Bâtarde*, de Violette Leduc, já se leu tudo".[9] Wittig se referia ao fato de a história feminina e lésbica (neste caso, especificamente da literatura) ter sido sistematicamente apagada, o que alguns anos depois Adrienne Rich exporia com maior precisão:

> A existência lésbica tem sido vivida (diferentemente, digamos, da existência judaica e católica) sem acesso a qualquer conhecimento de tradição, continuidade e esteio social. A destruição de registros, memória e cartas documentando as realidades da existência lésbica deve ser tomada seriamente como um meio de manter a heterossexualidade compulsória para as mulheres.[10]

O ativismo lésbico volta a ter maior notoriedade a partir de 2015, como parte do boom do feminismo nas redes sociais, nos movimentos sociais e na cultura midiática, o que poderíamos classificar como a quarta fase do movimento lésbico no Brasil. Como características específicas desse novo momento, podemos elencar o uso intenso das redes sociais como plataforma de comunicação; as festas como agenda política; a exaltação de uma cultura lésbica do orgulho; a volta de coletivos atuantes; e a importância de pautas antes extremamente invisibilizadas, como o racismo, a gordofobia e a transfobia.

No momento anterior, e até mesmo antes disso, já se vislumbrava a importância da cultura midiática para a visibilização das identidades, de modo que o fazer político estava intimamente ligado a essas trocas na sociedade do espetáculo. A internet também já se estabelecia como um campo frutífero de intercâmbio e mobilizações, porém seu alcance ainda era limitado. Nessa nova fase, tal alcance se adensa e se potencializa, trazendo consigo a dimensão do hedonismo como parte do entendimento da ação política.

Para as gerações anteriores, foi extremamente importante a centralidade de discursos que remetiam ao amor, à igualdade e ao inatismo da orientação sexual, de modo que o sexo e o prazer em geral ficavam de fora do espectro político em nome de uma agenda legítima pautada por discursos de aceitação e reivindicação de direitos. Hoje, começamos a abandonar os discursos de normalização e de enquadramento das nossas afetividades dentro da respeitabilidade e da heteronormatividade, de modo que agora já não buscamos mais não "parecer" lésbicas, mas exaltar a sapatonice, nossos desejos e prazeres. Trata-se de uma estratégia identitária articulada sobretudo em espaços de sociabilidade, diversão e entretenimento, antes vistos como dimensões "apolíticas" dos discursos, mas que sempre estiveram presentes e foram de extrema importância na formação de todas nós enquanto sujeitas que amam, gozam e fazem de suas vivências um ato político.

A FESTA COMO ESPAÇO POLÍTICO DE ARTICULAÇÃO E CONSTRUÇÃO IDENTITÁRIA

Em janeiro de 2015, ao ser questionada por um amigo se havia um bar voltado para o público lésbico no Rio de Janeiro, me choquei ao responder que não havia nada direcionado às lésbicas na cidade, pelo menos não que eu soubesse. Lembrei-me dos meus quinze, dezesseis anos, quando costumava ir com algumas amigas ao bar Casa da Lua, em Ipanema, fechado há alguns anos. Desde então, nunca mais frequentei espaços em que as lésbicas fossem a maioria — a minha geração nunca teve seu Ferro's Bar. Fiz um post no Facebook que mobilizou dezenas de sapatões e todas chegamos à mesma conclusão: não havia de fato nenhum espaço. Era a hora de mudar isso. Os recorrentes casos de lesbofobia em bares da cidade e os altos preços das bebidas, inflacionadas em função dos megaeventos, fizeram com que Yohanan Barros sugerisse que fizéssemos um "isoporzinho lés", utilizando nossos próprios isopores para carregar as bebidas, ideia acolhida por todas que se mobilizaram no post. Gláucia Tavares nomeou a ideia de "Isoporzinho de Verão das Sapatão". Assim, criamos um evento público no Facebook e convidamos nossas amigas, que também convidaram amigas. Em 10 de janeiro de 2015, realizamos a primeira edição do Isoporzinho das Sapatão, na praça São Salvador, em Laranjeiras, zona sul do Rio de Janeiro.

> Eu acho que o mais importante do isoporzinho é ele ter sido — e ser — um evento que acontece nos espaços públicos, porque ele reivindica aí as duas questões: da invisibilidade e da produção de coletividade através de uma iniciativa democrática. [...] A segunda importância: eu acredito que, quando a gente criou o isoporzinho, as pessoas ainda não usavam com a naturalidade que a gente usava o termo sapatão. Eu acho que ele trouxe um empoderamento e uma ressignificação desse termo que muitas lésbicas consideravam pejorativo [...]. Agora é potente, é uma afirmação de uma identidade potente. E também tira um pouco daquele sentimento de higienização dos movimentos LGBT em relação às identidades mais marginalizadas.
>
> [Adriana Azevedo, pesquisadora e uma das fundadoras do Isoporzinho das Sapatão]

O primeiro encontro foi um sucesso, a praça ficou lotada de mulheres. Desde então, fizemos edições no Méier, em Niterói, na praça Tiradentes, no Aterro — que foi a edição Dykes on

Bikes pelo Dia da Visibilidade Lésbica, em 29 de agosto de 2015. Para comemorar um ano do Isoporzinho, fizemos uma festa com entrada gratuita, com mais de mil pessoas, e a segunda edição do Mês da Visibilidade Lésbica, em 2016, dentro das atividades do Ocupa Minc-rj. Desde as primeiras edições, o Isoporzinho sofreu uma série de desarticulações, como a dificuldade de manter vivo um evento público e gratuito sem nenhum tipo de apoio financeiro, bem como restrições impostas pela prefeitura do Rio durante 2016, em decorrência das Olimpíadas. Em 2017, foram realizadas três edições na Pedra do Sal, e em 2018 foi feita mais uma edição em Madureira, todas no Rio de Janeiro.

Como a proposta do Isoporzinho é ser auto-organizado e colaborativo, outras mulheres já produziram edições próprias em Vitória, Recife, Florianópolis, Salvador, Londrina, Belo Horizonte, Porto Alegre, Rondonópolis (mt), Vitória da Conquista (ba), Palmas (to), e esse movimento cultural de ocupação dos espaços continua pelo Brasil de outras formas. Em Recife, desde 2016 acontece o Ocupe Sapatão. Trata-se de uma "coletiva feminista lacrativa e autônoma em prol da volúpia lesbiana. Nascida do incômodo comum de quatro mulheres, duas lésbicas e duas bissexuais, a Ocupe Sapatão veio com o objetivo de criar espaços seguros em que mulheres trans e cis possam se divertir e manifestar loucamente, livres da misoginia vinda tanto dos homens héteros quanto dos gays".[11] Em agosto de 2017, em Salvador, aconteceu a 1ª edição do Ocupação Sapatão, que se descreve no Facebook como uma "ocupação cultural de mulheres lbt voltada para exposição da arte e cultura produzida pelas sapas, as bi e as trans da cidade de Salvador".

Já a Velcro é uma festa voltada para mulheres lésbicas e bissexuais que surge em agosto de 2015 como um desdobramento do Isoporzinho, produzida por três de suas integrantes. A primeira edição aconteceu no dia 13 de agosto de 2015, no La Cueva, uma pequena boate lgbtqi em Copacabana. De 2015 a 2018, houve 32 edições da festa, fomentando uma cultura lesbofeminista nacional através da articulação de artistas de várias partes do Brasil, como o grupo Sapabonde (DF), as MCs Luana Hansen (SP) e Carol Dall Farras (RJ), a cantora de funk Deize Tigrona (RJ), os grupos de performance Mulheres de Buço (RJ) e Dona Quixota (RJ), além de DJs de São Paulo, Curitiba e Brasília.

> O meu ativismo hoje é tentar ajudar outras mulheres, sabe, eu não sou de ficar indo atrás de homem para ficar educando homem, o foco tem que ser nas mulheres. Eu vivi a dificuldade que é você querer ser DJ e você ser mulher, ser periférica, preta, sapatão. [...] Hoje a gente tem mais visibilidade, a gente tem mais voz. Se expor sempre foi o maior problema. A gente não pode nem demonstrar afeto. Então imagina você pegar e impor para a sociedade e para os homens que diminuem a gente o tempo todo, que já diminuem a mulher hétero que se deita com ele, imagina a que diz que não precisa deles?
>
> [Evellyn Tavares, DJ da festa Velcro]

Esses eventos são importantes por terem contribuído para a revitalização de uma cultura lésbica carioca que estava adormecida. Desde então, as lésbicas não pararam de se mobilizar, organizando uma série de ações pela cidade, como festas, saraus, feiras, cineclubes e rodas de conversa, de modo que hoje, felizmente, já não é mais tão difícil responder à pergunta feita por meu amigo. É interessante notar que essa frente da diversão/entretenimento — a política do "Fervo também é luta" desta nova fase do feminismo lésbico — carrega particularidades que não estavam presentes nos movimentos anteriores, mas que só foram possíveis graças ao trabalho realizado pelas militantes que vieram antes de nós. Uma delas é o uso de termos próprios do nosso universo, antes considerados pejorativos, como "sapatão", "velcro", "fancha", "caminhão", "pochete", popularizando uma série de gírias e expressões que têm uma enorme importância para a consolidação de uma cultura lésbica do orgulho.

> Quando eu saí do armário — aliás, antes de eu sair do armário, e eu já ia a boate gay, não existia absolutamente nenhum tipo de discurso de nada — eram só pessoas LGBTs sendo LGBTs e tentando não mostrar isso para o mundo, dentro do armário, tentando não chamar atenção. Eu acho que isso está mudando, eu acho que a galera está botando mais a cara e isso é bom.
>
> [Gláucia Tavares, DJ da festa Velcro e uma das fundadoras do Isoporzinho das Sapatão]

Nas festas dançamos, beijamos, nos divertimos, "sarramos" e assim construímos nossas identidades, promovendo novas formas de articulação, empoderamento e troca. O Isoporzinho, por exemplo, contribui com toda uma rede autônoma de mulheres que no evento vendem bebidas, comidas, roupas e peças de artes produzidas por elas próprias. A Velcro emprega, por edição, uma média de doze mulheres, entre produtoras, DJS, fotógrafas e outras colaboradoras, contribuindo para uma maior visibilidade de mulheres lésbicas na noite — segmento que, como todos os demais, é dominado por homens.

Outro exemplo bastante paradigmático deste momento é a festa Sarrada no Brejo, organizada pelas integrantes da coletiva Luana Barbosa,[12] em São Paulo. A Sarrada surgiu em 2016 como uma festa criada pelas Pretas da Caminhada de Mulheres Lésbicas e Bissexuais de São Paulo e depois continuou como uma forma de levantar dinheiro para as ações da coletiva, composta por "nove mulheres negras e periféricas, sendo oito lésbicas, uma bissexual, duas mães e três gordas", como elas mesmas se definem. Em 2017, após doze edições, a festa completou um ano de empoderamento sapatão, focado nas mulheres negras da periferia de São Paulo.

A Sarrada respira política. Já li algumas pessoas falando que festa não tem nada a ver com política, mas é que as pessoas não têm dimensão disso, é uma festa que ajuda mulheres, só mulheres, e mulheres negras, mulheres que são mães, mulheres que são periféricas. A Sarrada existe só entre mulheres que levantam dinheiro de mulheres que ajudam mulheres. Então a importância política é enorme. É um rolê autônomo de mulheres.

> [Renata Alves, integrante da coletiva Luana Barbosa,
> DJ e produtora da festa Sarrada no Brejo]

Em abril de 2017, a coletiva Luana Barbosa completou um ano, e as atividades promovidas incluíram rodas de conversa sobre relacionamento abusivo entre mulheres, redução de danos do abuso de álcool e drogas, solidão da mulher negra e saúde da mulher lésbica e bissexual. Segundo Renata Alves, há também uma preocupação em relação às mulheres que são mães: "A gente acha fundamental que mulheres, mães e crianças estejam nos espaços, ocupem os espaços, porque crianças são seres políticos — inclusive, a Sarrada tem uma creche noturna, a gente tem ajuda de pessoas com experiências com crianças, pedagogas, para ficar cuidando das crianças durante a noite".

Sobre maternidade e lesbianidade, a poeta Neide Vieira, lésbica negra de Salvador e mãe de uma jovem lésbica, acrescenta:

As pessoas pensam que minha filha é lésbica porque eu sou lésbica, e isso é muito foda, porque eu venho de família hétero, a minha mãe era hétero, mas eu não sou hétero. A minha irmã é hétero, o meu irmão é hétero, mas eu não sou hétero. Muitas de nós sofremos do heteronormativo compulsório, no qual somos obrigadas a ser hétero, e um dia a gente descobre que a gente não era para ser hétero, porque não nos deram as opções. [...] Ela me falou que era lésbica com dez anos de idade. Crianças, em si, quando se tornam fortes, se tornam mais fortes para falar que são lésbicas. [...] Mas tem momentos que ela fica com muita raiva, e ela não fala para as crianças que é lésbica, porque ela já sabe o preconceito que vai sofrer.

A experiência da coletiva Luana Barbosa nos mostra, por exemplo, como este novo momento do feminismo lésbico não se dá apenas por meio de festas, encontros e da forte presença na internet, mas marca também a volta da multiplicação de grupos militantes atuantes.

AS COLETIVAS DE RESISTÊNCIA

Em 2015, algumas mulheres lésbicas do Mulheres em Movimento, coletivo da zona oeste carioca, resolveram se organizar para promover atividades pelo Mês da Visibilidade Lésbica. Segundo J. Lo Borges, historiadora e grafiteira, "a ideia era fazer evento todos os sábados do mês tratando temas lésbicos, porque na época o movimento lésbico estava abandonado e você não via uma movimentação nem mesmo em agosto". Junto com Yasmin Ferreira e Isabel Netto, realizaram rodas de conversa com o intuito de visibilizar e discutir questões pertinentes às mulheres lésbicas do estado do Rio de Janeiro. No ano seguinte, ainda como um coletivo de lésbicas autônomas, organizaram mais uma vez atividades para o Mês da Visibilidade Lésbica. A participação, que no ano anterior havia sido de quinze pessoas, subiu para quarenta. Com o sucesso das atividades, as militantes se reuniram e estabeleceram a criação da Coletiva Visibilidade Lésbica, de recorte lesbofeminista radical e separatista. Já em 2017, organizaram o terceiro Mês da Visibilidade Lésbica com a I Feira da Visibilidade Lésbica, saraus e rodas de conversa.

As rodas de conversa integram o projeto Existências Lésbicas, que aborda temas como heterossexualidade compulsória, solidão da lésbica negra, lesbofobia dentro do movimento feminista, apagamento lésbico e misoginia dentro dos movimentos LGBTQIS, entre outros. Para J. Lo, essas rodas têm também a função de estreitar laços e formar uma *comunidade lésbica*, de modo que nós possamos conhecer os trabalhos umas das outras, promover parcerias e definir uma *ética lésbica*. Ainda para a ativista, o boom do feminismo dos últimos dois anos, que levou a essa multiplicação de espaços, coletivas e ações, está diretamente ligado à crise política e econômica brasileira, verdadeira ameaça aos direitos das mulheres:

> Com essa crise política que foi orquestrada pela direita, começam a surgir de novo algumas questões sociais que estavam em baixa. Como a mulher é o pilar da sociedade, é a base da sociedade, a meu ver, principalmente a mulher negra, e a mulher negra e lésbica vai estar na base da sociedade, todo o tipo de problema social vai recair primeiro em cima das mulheres para depois cair no resto da sociedade. Então vão ser as mulheres que vão começar a identificar uma série de questões e problemas antes mesmo da deflagração da crise política e depois da crise econômica, e aí é necessário a organização política. Se você parar para pensar em quando foi iniciado o debate sobre o Estatuto do Nascituro, ele está aí colado com a orquestração dessa crise política, então as mulheres vão ser sempre as primeiras a perder os seus direitos.
>
> [J. Lo Borges]

A coletiva Visibilidade Lésbica foi uma das pioneiras dessa onda de ressurgimento de grupos militantes feministas voltados para a questão lésbica. Foi seguida em 2016 pela criação da coletiva Sapa Roxa, que em sua página do Facebook se define como "um brejo de sapas feministas anticapitalistas, antirracistas, anticapacitistas e descoloniais, coaxando pela dissidência lésbica". Em 2017, foram realizadas rodas de conversa sobre saúde e sobre a história do movimento lésbico, e fizeram campanha pela aprovação do Projeto de Lei que incluiria o Dia da Visibilidade Lésbica no calendário oficial do Rio de Janeiro, em parceria com ABL, LBL e o mandato da vereadora Marielle Franco, que foi assassinada meses depois, em 14 de março de 2018, em um crime político que chocou o país. O PL da Visibilidade Lésbica defendido por Marielle na Câmara dos Vereadores foi rejeitado por apenas dois votos. Ainda em 2017, houve a fundação do coletivo Resistência Lesbi de Favela, que promoveu atividades na Maré. Mesmo com diferentes orientações políticas, essas três coletivas cariocas, junto à Liga Brasileira de Lésbicas, articularam-se para a criação da Frente Lésbica do Rio de Janeiro.

Apesar de as iniciativas no eixo Rio-São Paulo serem mais visíveis na mídia, não significa que esse movimento não tenha se espalhado por várias partes do Brasil. Além das produções autônomas dos Isoporzinhos e Ocupas, organizaram-se coletivos em vários estados, como LésBiToca, Coletivo de Mulheres Lésbicas e Bissexuais do Tocantins; BIL, Coletivo de Mulheres Bissexuais e Lésbicas de Ipatinga, em Minas Gerais; Coletivo Labrys Cultural, em Vitória da Conquista; Coletiva Vulva, em Belo Horizonte; Coletiva Lésbicas Cuiabanas, no Mato Grosso, entre outros. A grande maioria desses grupos une o que seria o ativismo de internet e uma forma de militância mais tradicional, voltada para políticas públicas e pressão sobre governos locais.

Contudo, há novas formas de mobilização que fogem desses dois polos, como o audiovisual. Desde sua fundação, em 2016, o Cineclube Quase Catálogo, em Niterói, organiza no mês de agosto uma sessão com filmes de temática lésbica. Em 2018, foi criado, em São Paulo, o cineclube Cine Sapatão e, no Rio de

Janeiro, teve início a Coletiva Garagem, feita por e para mulheres que amam mulheres. Outra linha de atuação é ampliar a circulação de textos sobre teoria lésbica, prática que não é nova, mas que ganha outra dimensão com a internet. No segundo semestre de 2017, o Coletivo Lesbibahia, o Núcleo de Estudos e Pesquisas Maria Quitéria, da Universidade Federal do Recôncavo da Bahia, e o Grupo de Estudos Feministas em Política e Educação, da Universidade Federal da Bahia, ofereceram o curso de extensão on-line "Pensamento lésbico contemporâneo". Bárbara Alves, uma das coordenadoras do curso, conta que sua organização se deu pela percepção de que, nos últimos dez anos, as lésbicas chegam à academia mas não pesquisam lesbianidade nem conhecem teóricas lésbicas. Para ela, a importância do curso está no processo de formação de uma "epistemologia lésbica engajada", que visa à transformação.

Em cidades com altos índices de violência e nas quais a organização de coletivos LGBTQI, sobretudo de mulheres, ainda não conquistou a mesma força, as feministas lésbicas resistem de maneiras menos dissidentes, mas nem por isso menos potentes:

> Precisamente na cidade de Manaus, há um grande índice de mulheres assassinadas, e eu reconheço que parte dessas mulheres é lésbica. Quando uma mulher é assassinada, ninguém registra lá que ela era lésbica, não existe isso aqui. A outra pauta é em relação ao trabalho. Porque o mercado quer mulheres trabalhando, mas essa mulher tem que estar com os trajes femininos, traços femininos, então as mulheres que têm um traço mais, como eles dizem, masculinos, eles retiram do mercado de trabalho. Aí sobra o serviço de terceira, de quinta para as mulheres lésbicas, principalmente aquelas que ainda não alcançaram a universidade. [...] O que a gente chama de coletivo LGBT ainda é tímido aqui. Então a gente consegue fazer algum trabalho junto ao Fórum Permanente

das Mulheres de Manaus e o Espaço Feminista Uri Hi, que agrega muitas meninas lésbicas, assim como mulheres negras e mulheres indígenas. E o Movimento das Mulheres Negras da Floresta — Dandara, que é o chão que eu piso, é o chão onde a gente vem tentando possibilitar alguns diálogos, alguma resistência dentro da possibilidade do feminismo lésbico, do feminismo negro.

[Franci Junior, militante negra e lésbica, integrante do
Movimento das Mulheres Negras da Floresta — Dandara]

Outra característica bastante marcante dessa nova fase do feminismo lésbico é a inserção de pautas que antes eram invisibilizadas dentro do movimento, como racismo, gordofobia e transfobia. Para Yasmin Ferreira, artista e integrante da Coletiva Visibilidade Lésbica, neste momento de reinvenção do movimento lésbico, em que nossas pautas estão sendo rediscutidas e alinhadas, é importante politicamente que as negras se assumam enquanto lésbicas negras, e que as lésbicas brancas se engajem efetivamente na luta contra o racismo, o capitalismo e o patriarcado, discurso corroborado por outras militantes:

Nós temos temas que não perpassam por outros movimentos, nem o movimento negro, nem o movimento feminista. Então tem que abrir essa voz, deixar as negras falarem. Para mim o mais complicado entre as lésbicas não brancas é que, quando pauta qualquer coisa, as lésbicas negras estão lá. Estão! Qualquer coisa, você vai ver lésbica negra junto do movimento feminista, junto do movimento negro. Mas quando são as lésbicas negras que pautam, você não tem isso. Você vai ver uma, duas, três colegas, você não vai ver o movimento feminista [...]. Onde quer que a lésbica negra reivindique o seu espaço, a relação é tensa.

[Neusa das Dores Pereira]

Quando a gente chega, as minas têm medo da gente como se a gente mordesse [...]. Dentro do movimento lésbico, o racismo e a gordofobia são muito, muito presentes. É de extrema importância a gente cutucar a ferida das minas. Se o racismo está começando agora, a gordofobia nem começou. É muito difícil levar essa pauta para as minas, as minas são muito gordofóbicas, muito, geralmente gorda se envolve com gorda e preta com preta — não que eu ache isso ruim.

[Renata Alves]

Neste momento de reconfiguração das estratégias e pautas políticas do feminismo lésbico, é necessário que façamos uma autocrítica e reconheçamos que o movimento é atravessado por todos os problemas da nossa sociedade: racismo, gordofobia, capacitismo, opressão de classe, bifobia,[13] etarismo[14] etc. Talvez hoje, mais do que nunca, a transfobia seja um dos grandes preconceitos que as lésbicas que lutam pelo fim das opressões do sistema heteropatriarcal capitalista devem procurar descontruir em si próprias, se quiserem de fato efetuar uma transformação radical no mundo. Para Raíssa Éris Grimm, doutora em psicologia e mulher trans lésbica, transfobia e misoginia são questões que caminham juntas, posto que a heteronormatividade não perpassa só pelos afetos, mas também pela forma de organizarmos nossos corpos no mundo:

Eu entendo que me visibilizar enquanto travesti, enquanto mulher trans lésbica, é uma atitude política também no sentido de que visibiliza a nossa existência enquanto sujeitos de afeto, enquanto pessoas de afeto, né? A sociedade fetichiza muito o nosso corpo, que é tratado sempre como um objeto de desejo para o consumo masculino. Quando a gente reivindica a possibilidade de uma existência trans que é lésbica, a gente pede também o direito de falar sobre as nossas orientações sexuais, então a gente reivindica a possibilidade de falar não só enquanto objeto de desejo, de fetiche, mas enquanto pessoas que desejamos, que amamos e que vivemos.

[Raíssa Éris Grimm]

No ensaio "O pensamento hétero",[15] Monique Wittig, a partir do entendimento de que a linguagem é um campo político de disputa relacionado a uma rede de poderes que agem diretamente sobre a realidade social dos sujeitos, aponta que a linguagem foi concebida e estruturada por homens, tendo por base que a heterossexualidade seria a estrutura comum a todas as sociedades. Logo, categorias como "homem", "mulher", "sexo", "diferença", "natureza", "cultura" e "real" seriam conceitos primitivos que organizariam todas as áreas do saber do que ela denomina como "pensamento hétero", que por sua vez universalizaria seus conceitos em leis sociais gerais, aplicando-os a todas as sociedades e indivíduos, mas que nada mais são do que produtos desse sistema que tem como característica obrigatória a relação heterossexual. Esse caráter universalizante do pensamento hétero é justamente sua característica mais opressiva.

A famosa frase de Wittig, "Lésbicas não são mulheres", evidencia a impossibilidade de as sapatões serem inteligíveis dentro do regime da heterossexualidade compulsória (apesar de, com frequência, embasarmos nossa existência pela invisibilização constitutiva à norma).[16] Segundo a autora, isso se dá justamente porque "mulher" e "homem" são categorias de pensamento criadas por e para esse sistema, de modo que, se quisermos realmente quebrá-lo, deveríamos abandoná-las de vez. Wittig defende uma transformação não apenas econômica e política, mas que opere também na ordem da materialidade da linguagem. Para ela, a sociedade heterossexual não funcionaria sem a ideia do outro/diferente, pois trata-se de uma necessidade ontológica desse sistema de pensamento que se utiliza da estratégia da diferença para ocultar os conflitos de interesse, inclusive ideológicos:

> Mas o que é o diferente/outro se não a(o) dominada(o)? A sociedade heterossexual é a sociedade que não oprime apenas lésbicas e homossexuais, ela oprime muitos diferentes/outros, oprime todas as mulheres e muitas categorias de homens, todas e todos que estão na posição de serem dominadas(os). Para constituir uma diferença e controlá-la é um "ato de poder, uma vez que é essencialmente um ato normativo. Todos tentam mostrar o outro como diferente, mas nem todos conseguem ter sucesso ao fazê-lo. Tem que ser socialmente dominante para se ter sucesso ao fazê-lo".[17]

Não estariam, portanto, as pessoas trans também apenas desafiando o pensamento hétero, que historicamente organiza nossos corpos, sexualidades e subjetividades? Ainda sobre sua existência trans lésbica, Raíssa Éris Grimm complementa:

> Parece que dentro daquele espaço onde existe afeto, onde existe amor, acontece um processo de idealização, como se fossem espaços sem violência. Eu vejo isso no discurso de muita gente que discrimina pessoas trans, porque parece que você precisa apagar as diferenças que existem ali dentro, e apagando as diferenças você cria bodes expiatórios também. Eu vejo que a gente, enquanto travestis e mulheres trans lésbicas, ocupa um lugar muito maldito porque a gente questiona essa ideia de que existe uma única forma de ser lésbica, uma única experiência; a gente questiona essa ideia de que existe uma única forma de ser uma mulher, de que existe um único corpo para ser mulher, né? É algo que a gente questiona com a nossa própria existência.

Assim, é importante sedimentarmos, enquanto movimento político comprometido com o fim das opressões, que, mulheres trans existem, resistem e algumas delas fazem parte da nossa comunidade. Tal como as mulheres cisgêneras, as mulheres trans também desafiam a ordem simbólica que constitui nossos corpos, desejos e vidas ao amarem outras mulheres. Nas palavras de Adrienne Rich: "O significado de nosso amor pelas mulheres é o que devemos expandir constantemente".[18]

Érica Sarmet, roteirista e pesquisadora de cinema e audiovisual, é mestre em comunicação pela Universidade Federal Fluminense (UFF), onde arguiu a dissertação *Sin porno no hay posporno: Corpo, excesso e ambivalência na América Latina*. Unindo a produção cultural ao ativismo lesbofeminista, foi uma das fundadoras do Isoporzinho das Sapatão e das festas Velcro e Ferro's, no Rio de Janeiro. É também fundadora e curadora do Cineclube Quase Catálogo, dedicado a mulheres na direção cinematográfica. Em 2017, lançou seu primeiro filme como diretora, o curta-metragem *Latifúndio*.

COLABORADORAS

Adriana Azevedo
Bárbara Alves
Bruna Cypriano
Evellyn Tavares
Franci Junior
Gláucia Tavares
J. Lo Borges
Juliana Cesario Alvim Gomes

Neide Vieira
Neusa das Dores Pereira
Raíssa Éris Grimm
Renata Alves
Yasmin Ferreira
Yohanan Barros
Yone Lindgren

FEMINISMO PROTESTANTE

POR LÍLIA DIAS MARIANNO

SUBVERSIVAS E AMOROSAS: FEMINISMOS PROTESTANTES E EMPODERAMENTO

Nossas origens protestantes?[1]

O cristianismo chegou às nossas terras quando o Brasil foi descoberto. Em seguida aos sacerdotes católicos, num momento posterior à Reforma Protestante na Europa, vieram os protestantes reformados, de orientação calvinista, ainda no século XVI, com a invasão francesa. Depois chegaram os jesuítas com orientação contrarreformada, representando oficialmente a Igreja católica, que exercia controle político nos países europeus não reformados, como Portugal e Espanha. No século seguinte, chegaram outros protestantes reformados com a invasão holandesa. Mais tarde, chegaram os grupos conhecidos como protestantes de imigração ou protestantes históricos: anglicanos ingleses (1816), luteranos alemães (1824) e congregacionais escoceses (1855).

A partir do século XIX, começaram a chegar ao país protestantes de missão, também chamados protestantes evangelicais. Nessa leva vieram as Igrejas metodistas (1835), presbiterianas (1859) e batistas (1871), às quais pertencemos. Na primeira metade do século xx, chegaram outras igrejas evangélicas também de origem norte-americana caracterizadas por avivamentos carismáticos, operações de milagres, curas e glossolalia: as igrejas pentecostais como Assembleia de Deus (1910), Congregação Cristã (1910), Igreja de Cristo (1932), entre outras.

A partir de meados dos anos 1970 até meados dos anos 1980, surgiram no Brasil igrejas do movimento chamado neopentecostal, produto de divisões internas em igrejas protestantes de missão e pentecostais: Igreja Universal do Reino de Deus (1977), Igreja Internacional da Graça de Deus (1980) e Renascer em Cristo (1986), entre outras.

Ao compor esse mosaico, precisamos mapear alguns pontos: não há movimentos feministas em igrejas pentecostais ou neopentecostais; as feministas pioneiras vieram das igrejas protestantes históricas (luterana e anglicana) e inspiraram as feministas das igrejas protestantes de missão, sendo as metodistas as pioneiras. Toda a práxis feminista entre protestantes de missão é resultado da entrada das mulheres em posições de sacerdócio, algo que até a primeira metade do século xx era impensável e ainda o é no catolicismo.

Na medida em que igrejas protestantes cederam espaço para as mulheres, os ideais libertários feministas passaram a ser processados lentamente pelas respectivas comunidades de fé. Trata-se de uma subversão nas bases, um labor sutil de mudança de modelos mentais que opta por não se declarar feminista para não colocar em jogo os avanços já alcançados.

Como nos encontramos?

As feministas protestantes pioneiras latino-americanas nunca viram sentido em construir feminismos que importassem modelos europeus e norte-americanos. Nosso cenário foi o de uma sucessão de golpes e ditaduras militares, que faziam desaparecer homens do continente por meio de prisão política, sequestro, assassinato, tortura e deportação. Isso fez com que as mulheres latino-americanas se organizassem para exigir dos governos o reaparecimento dos seus homens — pais, avós, filhos, netos, irmãos, tios e sobrinhos. O movimento feminista na América Latina sempre teve um caráter de confronto político e de esquerda em tempos de ditadura.

O feminismo latino-americano foi nutrido pela luta autóctone das mulheres do continente. Sempre foi muito original e pioneiro, pois surgiu com uma cara latino-americana e por razões latino-americanas. Nutriu-se dos feminismos europeus e norte-americanos enquanto possível, depois seguiu seu próprio caminho, frente às demandas sociopolíticas do continente. Não teve tempo para se enquadrar nas classificações mais recentes de feminismo (o clássico, produzido por mulheres brancas, cultas e de classe média; o liberal, nascido no contexto da revolução sexual norte-americana; o negro; e o radical), então, por definição, acabou se enquadrando no interseccional. Navega com um pouco de cada um, sem, contudo, se prender a nenhum deles.

Nos anos 1970, os teólogos e teólogas da libertação eram os agentes de oposição aos golpes e às ditaduras militares em todo o continente. Com a Bíblia e com a criação de círculos bíblicos, eles animavam a resistência contra as ditaduras. Personalidades cristãs como Rubem Alves — ministro presbiteriano — e Leonardo Boff — sacerdote católico —, além de Gustavo Gutiérrez e Juan Luis Segundo, inspiravam os ideais libertários desses teólogos, enquanto Paulo Freire nutria de coerência pedagógica toda essa práxis. Foi no âmbito dessa militância libertária que surgiram as falas das primeiras feministas cristãs, no contexto de surgimento das Comunidades Eclesiais de Base (CEBs), como animadoras de leitura popular da Bíblia. Nesse momento, nasceu o Centro de Estudos Bíblicos (CEBI), editora responsável por publicar materiais didáticos bíblicos e libertários até os dias de hoje. Não é por acaso que todas as feministas que deram seus testemunhos aqui são educadoras. Isso prova o quanto a pedagogia do oprimido influenciou nossos movimentos. Posso dizer, sem medo de errar, que o movimento bíblico foi a maternidade do feminismo cristão protestante no Brasil e existe desde que a América Latina começou a se revelar como espaço de protagonismos femininos. Nesses movimentos o oprimido ganha voz.

Eu não me identifico e não me intitulo como uma mulher feminista. As leituras que eu faço a partir do gênero vêm a partir da minha mulheridade enquanto mulher negra cristã.

Eu tenho feito muitas leituras sobre o mulherismo africano, que nasce dentro do pan-africanismo. [...] Embora eu não me entenda pan-africanista, porque sou cristã, eu sou cristocêntrica, é o evangelho que guia meus passos, são as palavras de Jesus Cristo que me fazem perceber a conjuntura social na qual eu estou inserida e que me fazem agir eticamente e responsavelmente [...].

Eu tiro Cristo desse lugar do branco, loiro, dos olhos azuis. Eu tiro da história contada pela Europa essa importância toda e coloco a importância num Cristo que é africano, de um cristianismo que é de matriz afro-asiática. Eu vou tornando africano o meu olhar, a minha espiritualidade e o meu modo de ser mulher na sociedade. Eu tenho vivido uma caminhada muito bonita porque tenho sentado à mesa das minhas irmãs feministas, das minhas irmãs mulheristas, das minhas irmãs mulheristas africanas, das minhas irmãs até com pensamento mais radical, e tenho tido a oportunidade de trocar, de falar sobre os meus pensamentos, e eu creio muito na beleza disso: ainda que sejamos tão diferentes, a gente consegue partilhar. Então, é engraçado eu ser uma mulher que não é feminista e estar num ensaio feminista. Eu acredito muito que isso tem a ver com a minha caminhada com Jesus Cristo.

Eu faço parte de um grupo de mulheres pretas que se chama Mulheres Pretas Cristãs na Resistência. Os nossos encontros são presenciais, onde a gente partilha fé, conhecimentos acerca da nossa africanidade, discute conjuntura política e, sobretudo, discute a violência do racismo dentro dos espaços eclesiásticos e como essas violências silenciam a nossa existência de mulheres negras dentro do espaço da Igreja. [...] Eu não entendo as minhas afetividades de mulher negra separadas das afetividades de homens negros, porque nós entendemos como unidade e nós entendemos também a nossa existência a partir da filosofia Ubuntu, que é a filosofia africana que diz que "eu sou porque nós somos", então a minha mulheridade é atravessada pelas minhas irmãs negras e pelos meus irmãos negros.

[Fabíola Oliveira, carioca, educadora, batista, ativista dos afetos na Casa Mãe Mulher, que acolhe mulheres vítimas da violência urbana]

Quais mulheres nos inspiram?

Certamente a teóloga brasileira que mais nos influenciou foi a dra. Ivone Gebara, teóloga e religiosa católica, da ordem das Irmãs de Nossa Senhora Cônegas de Santo Agostinho. Doutora em filosofia pela PUC-SP, Ivone foi processada e condenada pelo Vaticano nos anos 1990, quando lhe foi imposto o "silêncio obsequioso". Sua tese de doutorado, *Rompendo o silêncio: Uma fenomenologia feminista do mal* (Petrópolis: Vozes, 2000), aborda a repressão silenciadora sobre a mulher exercida por mecanismos oficiais da instituição religiosa. A questão do cerceamento da fala é um dos mais recorrentes nos feminismos cristãos.

O braço brasileiro do movimento feminista Católicas pelo Direito de Decidir (CDD) nasceu na mesma época da condenação de Ivone Gebara,[2] nos anos 1990, aproveitando um frágil momento de abertura no continente para questões de direitos humanos. O movimento se caracteriza principalmente por lutar pela defesa dos direitos sexuais e reprodutivos. No catolicismo, qualquer prática contraceptiva é reprovada, e o aborto é veementemente condenado. O CDD rompe com esse paradigma ao propor:

> Articular as ideias do feminismo com o cristianismo, buscando argumentação teológica consistente e oferecendo a possibilidade de encarar a sexualidade como algo positivo, que pode nos fazer felizes, sem nos sentirmos culpadas. [...] O grande objetivo é trabalhar para provocar mudanças em nossa cultura, desconstruindo a mentalidade conservadora e preconceituosa que impede os avanços nos direitos humanos das mulheres.

Ainda no Cone Sul, inspirando as brasileiras e dando robustez ao nosso feminismo, temos a argentina Marcella María Althaus-Reid, responsável por nutrir as teólogas evangélicas da geração seguinte, dos anos 1980 e 1990, com as bases epistemológicas para a inclusão da população LGBTQI no segmento religioso cristão protestante. De tradição metodista, foi profundamente engajada na pedagogia libertadora de Paulo Freire. Foi membro do conselho editorial da revista *Concilium*, importante publicação acadêmica católica. Marcella foi rapidamente exportada para a Universidade de Edimburgo, na Escócia, mas sua docência e produção literária é paradigmática na construção de epistemologias que orientam o feminismo cristão católico e protestante até os dias atuais. Seu primeiro livro, *Teologia indecente: Perversões teológicas sobre sexo, gênero e política* (Londres: Routledge, 2000), aprofundou questões de gênero com foco em sexualidade e a levou ao enfoque denominado *teologia queer*, abordando a discriminação enfrentada por pessoas de orientação LGBTQI, categoria de feminismo na qual eu mesma me inscrevo e na qual se insere minha prática acadêmica. Três anos depois, Marcella publicou *O Deus Queer* (Londres: Routledge, 2003), no qual aprofunda os campos da sexualidade na teologia e faz uma releitura crítica da teologia feminista e de libertação produzida até aquele momento.

Inspirado por ambas, um corpo muito robusto de mulheres protestantes brasileiras se tornou demarcador de práticas feministas de cuidado de mulheres e de homossexuais, com presença maior de metodistas e luteranas, como Genilma Boehler, Tânia Mara Sampaio e Nancy Cardoso Pereira, que produziram, na virada para o século XXI, farto material bíblico-exegético capaz de nutrir o pensamento e a práxis feminista da geração seguinte.

De Nancy Cardoso Pereira, além de seu contínuo aprimoramento e docência, destacamos a práxis pastoral com grupos de mulheres de acampamentos do Movimento dos Trabalhadores Rurais Sem Terra (MST), pela Comissão Pastoral da Terra, organização na qual trabalha como assessora desde 2000. No ativismo feminista das mulheres agricultoras e sem terra, a liderança de Nancy tem inspirado diversas atuações de resistência feminina. A oposição às grandes corporações, dominação e poderio das companhias multinacionais está presente em praticamente todos os seus escritos e práticas pastorais. Essa geração mais robusta de feministas evangélicas tem um perfil: acadêmicas, altamente qualificadas, docentes em graduações de teologia e pastoras engajadas com comunidades de periferia.

Entre as protestantes históricas, mencionamos as pastoras e doutoras luteranas, engajadas em questões ecológicas, indígenas e de direitos humanos. É delas a primeira pastoral que combate fortemente toda forma de violência contra a mulher. Alguns de seus nomes são: Wanda Deifelt, Marga Janete Ströher, Elaine Gleici Neuenfeldt e Ivoni Richter Reimer.

Conheci boa parte dessas mulheres em 2004, no movimento bíblico da *Revista de Interpretação Bíblica Latino-Americana* (*Ribla*), uma revista acadêmica que publica artigos desde os anos 1980. *Ribla* é o primeiro grupo de mulheres latino-americanas acadêmicas e feministas na práxis pastoral e na leitura popular da Bíblia que fornece epistemologias de gênero para formações teológicas de pastores e leigos. Além de participarem no mesmo nível que os teólogos homens, as mulheres da *Ribla* realizam suas trocas nos encontros anuais de produção da revista, discutem pautas hermenêuticas para a interpretação bíblica e animam os feminismos cristãos junto às comunidades de fé e instituições de formação teológica.

A primeira edição temática exclusivamente feminista da *Ribla* foi publicada em 1993 com o título "Por mãos de mulher". Os temas incluíam mulheres no patriarcalismo do Antigo Israel, assédio sexual, prostituição, erotismo, a presença das mulheres no cristianismo primitivo e o tratamento de Jesus com as mulheres. Em 1996, foi a vez de uma segunda edição exclusivamente feminista, "Mas nós mulheres dizemos", que tratou de escravidão, prostituição e maternidade, invisibilidade, protagonismo, negritude e missão. Em 2000, a edição teve participação de três homens, mas foi coordenada por mulheres. Com o título "O gênero no cotidiano", tratava de amor, neoliberalismo, legislação etc. A quarta edição feminista, "Mulheres e a violência sexista", publicada em 2002, abordou os temas estupro, assédio, tráfico de mulheres, violência sexual, incesto, estereótipo, ecofeminismo, genealogias e empoderamento. Diversas outras edições da *Ribla* foram coordenadas por mulheres.

Quando fui acolhida pelas mulheres da *Ribla*, estávamos na celebração dos cinquenta números da revista, e uma edição comemorativa fez com que as mulheres novamente se reunissem para redefinir suas prioridades epistemológicas. Em termos filosóficos, é o grupo mais bem estruturado dentre os que conheço no Brasil. Foi nesse número que um texto que consideramos nossa pauta hermenêutica mais recente elencou o que julgamos prioridade para ser discutido pela exegese e hermenêutica bíblica feminista no Brasil e na América Latina.

Acho que é importante ressaltar que existem muitas teólogas feministas com trabalhos interessantíssimos, em diversos aspectos. Desde ecologia, ecossistemas, até falar da situação da mulher no ambiente islâmico, passando pela Ivone Gebara, braço direito do dom Helder Câmara na teologia da libertação. Tem muitas mulheres pensando isso, embora não haja o destaque necessário. Por exemplo, a minha formação como teóloga foi totalmente eurocentrada e masculina, então hoje eu estou correndo atrás dessas mulheres, para ver o que pensam mulheres cristãs em diferentes contextos sobre diferentes temas. Existe gente que aborda a questão de gênero, queer, LGBT. Então, vale a pena conhecer o trabalho dessas teólogas feministas.

[Priscilla dos Reis Ribeiro, presbiteriana, musicista, graduada em teologia pelo Seminário Teológico Escola de Pastores e pós-graduada em educação pela Harvard Graduate School of Education]

A caminhada de feministas cristãs nem sempre é perceptível para os coletivos de mulheres fora do ambiente eclesiástico, porque o próprio ambiente religioso é opressor. Por isso é muito raro ver feministas cristãs engajadas em movimentos em prol da regulamentação da profissão das prostitutas, pela legalização do aborto ou aderindo à Marcha das Vadias, o que não significa que sejamos contrárias aos direitos pleiteados nesses movimentos. Ocorre, porém, que existem aspectos teológicos profundos envolvidos nesses que são verdadeiros "vespeiros" nos ambientes institucionais, de forma que nossas práticas acabam se voltando mais à questão da violência contra a mulher em todas as suas formas. Assim, o cuidado de vítimas de violência, o trato e a denúncia dos violentos, a restauração emocional da mulher violenta e da violada (sim, porque também há mulheres violentas) se tornam o enfoque principal.

A construção da mulher como imagem e semelhança de Deus, conforme consta no texto bíblico, e a não submissão a padrões de comportamento que degenerem essa dignidade são os tópicos que demandam mais da nossa energia. Os feminismos protestantes são comprometidos com a prática do cuidado, com o andar junto, lutando por e com mulheres, defendendo a causa das mais fracas, amparando-as, restaurando-as emocional e espiritualmente, ressignificando-as e empoderando-as.

Preciso dizer que há movimentos de feministas evangélicas mais jovens engajadas na luta contra a violência de gênero, o racismo e pela justiça social. Essa geração tem sido forjada sob expressões mais fortes de militância e articulação social, como o Projeto Redomas, as Evangélicas pela Igualdade de Gênero, o Vozes Marias e o Grupo Flor de Manacá.[3] Por serem modelos de feminismos protestantes, dificilmente seremos alocadas em feminismos clássicos ou liberais. Há muito de intersecção em todas as nossas práticas. Mesmo os feminismos negros evangélicos também têm muito de interseccional, porque, quando se luta pela vida, pela dignidade e pela justiça, é sempre necessário preservar a igualdade para todos e todas.

> Falando de interseccionalidade, eu particularmente entendo que a nossa caminhada fala mais do que sobre interseccionalidade, a gente fala sobre a nossa perspectiva africana enquanto mulheres em diáspora. Então, em todas as nossas discussões, quando a gente fala sobre as nossas irmãs que são lésbicas, a gente fala a partir da perspectiva da mulher preta; quando a gente fala das nossas irmãs que estão no candomblé, a gente fala enquanto mulheres pretas, mas sobretudo nós falamos do lugar de mulheres pretas que

entendem uma caminhada de espiritualidade a partir do Cristo, mas que não demonizam a espiritualidade das nossas irmãs porque a África é o nosso centro.

[Fabíola Oliveira]

Quais são nossos maiores embates?

Até hoje a Igreja católica não admite a ordenação de mulheres ao sacerdócio religioso, mas no meio evangélico cada segmento tem sua própria cronologia de inclusão de mulheres no pastorado. Embora as mulheres da Igreja do Evangelho Quadrangular sejam ordenadas pastoras no Brasil desde 1958 (porém, por serem pentecostais, não aderem ao feminismo), a Igreja metodista começou a reconhecer oficialmente as mulheres no presbitério a partir de 1971 — no entanto, somente em 1974 é que foi ordenada a primeira pastora metodista. A Igreja anglicana passou a ordenar mulheres a partir de 1976, a luterana em 1983 e a presbiteriana independente em 1999, sendo que a presbiteriana do Brasil ainda não ordena mulheres. A luta das pastoras batistas tem mais de quinze anos.

Encontrei com o feminismo nos anos 1990, quando iniciei meus estudos teológicos em Campos, no Rio de Janeiro, num seminário batista conservador, e depois transferi-me para outro seminário batista conservador em São Paulo. Encontrei com textos feministas como Elisabeth Fiorenza, Nancy Cardoso Pereira e Maria Clara Bingemer. Essas leituras, evidenciando uma teologia para o oprimido e um olhar diferenciado para o exercício de poder do opressor, começaram a transformar meu olhar sobre a responsabilidade e a participação do evangelho nos processos de libertação de mulheres.

[Silvia Nogueira, batista, professora, primeira pastora ordenada na história da Convenção Batista Brasileira]

Nas igrejas batistas, sempre predominou o discurso de que mulher não pode ficar acima do homem, embora o estatuto das igrejas permita independência. Dessa forma, um pastor em São Paulo ordenou uma mulher, Silvia Nogueira, e dali para frente ninguém mais segurou esse processo. No entanto, o Sínodo Nacional dos pastores batistas, por ser uma organização masculina, não permitia que pastoras fossem afiliadas. A discussão acabou nas assembleias gerais. Silvia relata:

> A briga das pastoras mulheres é bem diferente. A nossa subversão é ainda pior que a de mulheres que congregam dentro da igreja, porque a gente está entrando num espaço de dominação em que não nos querem, os pastores não querem as mulheres nesse cargo. Alguns são simpáticos, amigos e acolhedores, mas a maioria não quer. Então, a gente tem que gerar todo um processo de reconhecimento que muitas vezes é uma presença muda.

O trabalho delas é muito difícil. Eu testemunhei essa resistência calada em Cuiabá numa assembleia geral. Na época, o concílio ainda não aceitava inscrições de mulheres na assembleia, mas elas ficaram ali, assistindo a tudo em silêncio. Era incrível a capacidade de resistência pela presença silenciosa. Depois de seis anos, elas venceram e hoje estão inscritas no concílio como qualquer homem na função pastoral. Fazem congressos anuais de abrangência nacional, liderados pela Silvia e pela pastora Zenilda Reggiani. A pastora Zenilda, inclusive, é a grande referência da resistência para a inclusão das pastoras nos concílios nacionais. O movimento está crescendo, e hoje já deve passar de duzentas pastoras ordenadas.

O encontro de Odja Barros, também pastora batista, com o feminismo ocorreu nos mesmos anos 1990 por meio dos círculos bíblicos e da animação ecumênica da leitura popular da

Bíblia promovida pelo CEBI, com o qual ainda coopera como assessora na produção de conteúdo. Esse engajamento a fez visibilizar o feminismo não como algo no singular, mas no plural: feminismos. O olhar de fora presume que tudo na Bíblia reforça o patriarcalismo. Entretanto, há diversos processos de releitura crítica. Odja diz:

> Meu chamado para ser feminista vem da minha fé e não vejo incoerência alguma, pois Cristo trabalhou pelos excluídos, assumiu a defesa da dignidade humana e da mulher confrontando a cultura patriarcal. Ser feminista é estar em total sintonia com a mensagem do evangelho, e muitas feministas deixaram de ser cristãs por não conseguirem ter este outro olhar sobre a Bíblia, que promove a libertação.

Embora o movimento de legitimação da ordenação pastoral e o reconhecimento das mulheres nas funções de sacerdócio sejam essencialmente feministas, as pastoras jamais se denominarão feministas. Por isso não há grupos feministas organizados entre mulheres batistas.

ACADÊMICAS NAS FORMAÇÕES EM TEOLOGIA

Comecei na docência superior em 1998 em cursos de teologia, nos quais atuei e ainda atuo de maneira periférica. Ser mulher num ambiente de educação teológica, em que 90% dos alunos são homens e serão pastores em igrejas, é, só por estar ali, uma conquista. Lecionar disciplinas específicas da formação teológica é uma conquista dupla, pois normalmente, quando as mulheres são permitidas nessas docências, são designadas para disciplinas consideradas menos importantes, como inglês, português, pedagogia, metodologia da pesquisa etc. Permaneci nesse sistema por mais de quinze anos, experimentando toda sorte de violência social e psicológica. No entanto, suportamos essa violência para garantir o espaço da fala, no qual podemos inserir discussões sobre gênero e racismo, que sempre foram minhas áreas de atuação. Hoje já não atuo mais intensivamente na educação teológica, porque o conservadorismo acirrou em praticamente todas as instituições, e o pouco espaço que existia para abordar questões de gênero desapareceu subitamente.

O sistema institucional religioso ainda não suporta ver mulheres realizando a reflexão teológica, de modo que ser mulher e lecionar disciplinas da área bíblico-exegética numa instituição centenária é uma conquista enorme. Foi buscando meu espaço como docente de teologia que encontrei o feminismo e, quando vi, já estava no meio da luta contra um machismo institucionalmente legitimado e difícil de ultrapassar. Hoje, minha inserção na docência teológica é secundária e acontece pontualmente, quase em nível de conferências e consultorias. É necessário preservar a saúde na luta. Fabíola tem uma história semelhante:

> É óbvio que os enfrentamentos dentro do espaço eclesiástico, dentro do espaço da Igreja são gigantescos. [...] Eu faço parte de uma denominação histórica, sou uma mulher batista, embora antes de tudo seja uma mulher preta, mas estou dentro de uma estrutura batista, então, a discussão sobre o ordenamento de mulheres em algumas denominações históricas é absurda. A Igreja presbiteriana do Brasil, por exemplo, não ordena mulheres. A Igreja batista ordena mulheres, mas o trânsito de mulheres, sobretudo na construção de conhecimento teológico, é um trânsito bem truncado, feito a duras penas.
>
> Agora, você imagina, se é assim para uma mulher branca construir conhecimento teológico dentro dessas instituições, principalmente as igrejas protestantes históricas, que

são tradicionalmente machistas, você imagina para mim, que sou mulher, que sou mulher preta e que sou mulher preta favelada... é um processo.

Então, a resistência construída no meu corpo, nos meus afetos, por conta da violência do racismo, é uma resistência de aguentar porrada. E aí vem o Cristo, que me torna resistente, mas que sobretudo dialoga comigo acerca dos meus afetos. Eu tenho vivido a experiência de ser como água, de ir entrando nos espaços e falando com quem é mais importante. Eu acredito muito em micropolítica, então eu acredito nas rodas de conversa, eu acredito nos debates com grupos de mulheres, com pequenos grupos. A gente vai construindo novas bases de pensamento a partir dos diálogos. O enfrentamento se dá na micropolítica, porque na macro a gente está falando de igrejas masculinas e brancas — é tenso. Mas Deus tem sido bom, porque ele é bom, e tem dado bastante estratégia para a gente.

Quais são as nossas pautas?

Vivemos num continente machista, no qual muitas mulheres são machistas e querem continuar assim. Por isso, é muito difícil conseguir adesão de mais mulheres protestantes na luta feminista atual, porque muitas delas não se sentem representadas pela forma como os movimentos feministas se expressam. A linguagem usada não condiz com diversos elementos da ética cristã.

Odja diz:

> As pessoas numa comunidade de fé não participam de uma mera organização, mas de um movimento vivo e dinâmico que ocorre a partir de pessoas que acreditam nessas causas e lutam com isso em suas vidas. Essas pessoas têm uma

agenda cristã de luta pela vida, e um dos valores presentes é a luta pela dignidade da mulher, como feita à imagem e semelhança de Deus. Isso é o que leva as pessoas a lutar contra a desigualdade de gênero, principalmente aquela que trata a mulher como ser humano inferior. Isso as leva a lutar, por exemplo, contra a violência doméstica.

O percurso como primeira pastora batista ordenada conduz Silvia na seguinte direção:

Romper [com] o modelo hegemônico de pastorado masculino e [...] a mentorear outras mulheres. Até 1999, não havia uma única pastora ordenada, hoje são mais de duzentas. Esse percurso é por si só ruptura de paradigmas. A naturalização desses processos de empoderamento das mulheres as leva ao combate de reações contrárias. Também na escuta comunitária. Essas categorias são usadas no cuidado e no aconselhamento tanto de homens quanto de mulheres. Não somos panfletárias e não propagamos o feminismo, mas temos foco em todas as situações do cuidado humano que reproduzem desigualdade de gênero.

A respeito do aborto, Silvia diz:

Em nossa tradição batista, o indivíduo é responsável por si mesmo e pelas consequências de suas decisões. Esse é o tipo de procedimento que não pode ser determinado por uma religião ou por seus representantes. Falar sobre aborto implica discutir classe e saúde pública. A vida é a coisa mais importante e nosso jeito de olhar a vida tem o modelo de Cristo no centro. Mulheres com alto poder aquisitivo têm condições de realizar tais procedimentos em boas clínicas com risco mínimo, mas essa não é a realidade de meninas de periferia.

Elas o farão de maneira grosseira e arriscando perder a vida no processo. O abandono que essas meninas experimentam é de responsabilidade coletiva, principalmente das famílias e das comunidades de fé.

Odja menciona:

Como não há um discurso formalizado, cada feminista terá sua própria opinião quando se trata de uma questão de saúde pública. Defender a vida da criança sem defender a vida da mulher que lhe dá a luz não é um caminho legítimo para nenhuma comunidade de fé. Criminalizar o aborto e as mulheres que o praticam mas não criminalizar os homens que engravidam e as abandonam é uma parcialidade desumana.

Sobre a regulamentação da prostituição, Odja destaca que esse é um tema que não tem sido debatido por feministas evangélicas, mas que todos os direitos trabalhistas devem ser garantidos a todos, principalmente às mulheres, independente da profissão. Particularmente, penso que, se é necessário regulamentar a profissão da prostituta ou oferecer-lhe uma inserção no mercado digna, que não a faça vender o próprio corpo. Isso porque, na nossa prática de cuidado, escutamos muitas mulheres prostitutas que sempre afirmam que não gostam da vida que levam e prefeririam ter outra, mas que o fazem para alimentar os filhos. Há muita exploração e subserviência da mulher nutrindo os processos de prostituição, e me pergunto, honestamente, se regulamentar a profissão colocará um fim na exploração do corpo objetificado da prostituta.

Muito mais do que combater a violência de gênero, deve-se combater veementemente a reprodução de modelos de violência. Em pesquisa da Universidade Presbiteriana Mackenzie, constatou-se que 40% das mulheres evangélicas são vítimas de violência doméstica, mas isso não significa que todas elas são casadas com homens evangélicos.[4] Esse é um dado importante demais para ser ignorado e que muitas vezes parece ser tratado como secundário pela militância atual.

Sobre a questão da homossexualidade, Silvia ressalta: "Ninguém tem uma resposta pronta. O segmento batista trata como pecado, o que não significa que os indivíduos batistas pensem da mesma forma. A igreja que Odja pastoreia, por exemplo, tem uma postura inclusiva que está na contramão do pensamento hegemônico, incluindo casais homoafetivos na comunidade".

Sobre as pautas do feminismo cristão, Priscilla diz:

Eu acho que o feminismo ajuda a criar oportunidades menos injustas de fala e de existência no meio da igreja. [...] Então, se você me pergunta se o feminismo cristão tem pautas específicas, são as mesmas pautas de muitas mulheres, mas acho que mais direcionadas para o ambiente eclesiástico.

O lugar da mulher na igreja, por exemplo. Se ela pode ocupar cargos de liderança — já que em algumas denominações não se ordenam pastoras. Mas eu já vejo mulheres agindo assim, que, mesmo sem ter o título, têm o coração naquilo, têm a vocação, e muitos homens que têm o título não têm, estão ali simplesmente por uma questão de organização.

Acho que o empoderamento feminino nas igrejas é uma coisa importante, porque as mulheres sempre foram a força motriz do protestantismo, pelo menos [...]. Existe uma participação [feminina] ativa, mas muitas vezes não reconhecida em termos de cargos, se é que a gente pode dizer isso.

Acho que outra pauta seria a questão de relacionamentos abusivos. Até a violência doméstica e a violência contra a mulher. É alarmante saber que as pesquisas mostram que o maior índice de violência contra a mulher está entre os evangélicos. Isso para mim é uma coisa surpreendente e absurda, porque eu não vejo como isso pode acontecer, sendo a fé cristã tão pregadora do amor e, entre outras coisas, a dignidade do homem e da mulher. [...]

Outra questão que eu vejo muito em pauta entre as feministas cristãs é a questão da sexualidade, como lidar com a sexualidade, com a liberação sexual, com a homossexualidade mesmo. [...] Essa é uma coisa que eu tenho pensado muito ultimamente, tenho procurado ouvir quem passa por isso e tenho muito interesse em saber como a igreja lida. É um tema bem delicado, essa questão de gênero, LGBT e afins. Eu sei que tem teólogas feministas que tratam desse recorte, que falam disso nessa interseccionalidade com a fé cristã, mas ainda é um movimento que está crescendo.

Fabíola relata:

Quando você pergunta das pautas, nós discutimos as violências que afetam as mulheres negras. Nós não odiamos ou silenciamos, nem invisibilizamos as nossas irmãs brancas, a gente só entende que a nossa africanidade está no centro. [...] A nossa africanidade atravessa tudo, então todas as pautas que nós conversamos, quando a gente fala de renda, de geração de renda, de economia, quando tangencia política nas nossas discussões, todas elas são a partir da perspectiva de mulheres negras, porque nós entendemos que o racismo é uma experiência que nos aproxima nas dores de Cristo, é a experiência que nos aproxima na nossa reconstrução das nossas afetividades e da nossa emoção.

Michele Magalhães, integrante da equipe de liderança da Juventude da Igreja Batista Betânia, que tem a missão de inspirar pessoas a compreenderem sua vocação, engajando-as nas causas de direitos humanos, conta:

Começamos logo depois do estupro coletivo de uma menina aqui do Rio, quando aproximadamente 33 homens estupraram uma única mulher, daí eu senti no meu coração que a gente devia tentar falar sobre violência na igreja, sobre violência contra a mulher. [...]

Eu acredito muito na força das mulheres e que, quando elas se conscientizam sobre o feminino e a luta pelas mulheres, eu acredito que, como cristã e como mulher, podemos ir muito além do que nos é posto todo o dia. A nossa ideia é fortalecer o elas por elas. Fora essas ações que a gente faz de conscientização de base, eu sei que o feminismo quer lutar para que se conscientize também o homem, mas a gente quer primeiro estabelecer essa base.

A gente ainda trabalha pouco nossa educação como feminista, como alguém que luta pelo direito de outras mulheres. Então é essa a nossa ideia.

Juliana Baptista, de família metodista mas que hoje frequenta uma igreja batista, participa do Coletivo Feministas Cristãs, no Rio de Janeiro, e é a feminista mais jovem desse grupo. Ela, talvez pelo empoderamento que as redes sociais proporcionam à voz da mulher, tem coragem de ir muito além, fazendo pronunciamentos mais ousados e corajosos:

Eu acho que as nossas pautas são muito únicas porque a gente está lidando com uma teologia, que não é pauta de movimento social nenhum. A gente precisa saber como lidar com o nosso próprio público.

No movimento feminista cristão, aquelas que têm coragem de se intitular feministas na igreja, tanto na católica como na evangélica, reformadas ou neopentecostais, são pessoas que precisam bater de frente com o seu próprio povo, precisam bater de frente com a própria estrutura. E isso é muito difícil.

Eu acho que as placas das evangélicas contra a PEC 181, que busca restringir o acesso legal ao aborto em caso de estupro, foram muito significativas, porque os movimentos de esquerda sempre tiveram muitas críticas em relação aos evangélicos. E tem sempre essa dificuldade de dialogar com o movimento cristão. Mas politicamente a gente tem percebido que não vai dar mais para não dialogar com a igreja, não vai dar mais para não dialogar com quem está aí nesse discurso hegemônico que acha que domina a fé, que domina a ideia sobre Deus e sobre o que é o corpo da mulher. E talvez tenha que ser gente de dentro, que conviveu nesse meio cristão, para conseguir dialogar com essas pessoas... Podem me massacrar, evangélicos! [...]

Como evangélica (sim) e derivada de movimentos neopentecostais, batizada com o Espírito Santo aos treze anos, missionária consagrada e membro de uma igreja tradicional, não sou a favor do ato aborto. Mas vou defender sempre o direito de fazê-lo perante o Estado, sem risco para a vida da mãe, e mais ainda de ter esse direito assistido no caso de um estupro [...].

Acho que a gente tem pautas em relação à submissão da mulher, à mulher na liderança. A mulher é a maioria na igreja e a minoria nos púlpitos. Ainda está lutando para conseguir o direito a ser pastora em várias denominações, a gente luta contra o machismo que a própria mulher reproduz dentro da igreja, porque ela foi criada nessa estrutura hierarquizada, então ela entende que o serviço dela a Deus passa por uma submissão a uma autoridade do pastor que normalmente é um homem. A gente ainda tem que lidar com pautas, por exemplo no ano passado, das mulheres que querem denunciar seus maridos, mas os pastores pedem a elas que apenas orem. Então, a gente tem que saber lidar com essa mística, com o que a gente entende que é o poder de Deus, e o que a gente entende por Espírito Santo, e ao mesmo tempo saber onde entram os direitos humanos, onde Jesus e os direitos humanos falam juntos. [...]

Há o desafio de conseguir falar o que estamos falando sem que achem que somos as pessoas mais hereges do mundo. Temos que reconhecer o sagrado, reconhecer o Deus mãe, tirar essa ideia de que Deus é só pai e, por isso, não poderia ter características femininas...

A gente quer ser ouvida, não quer ter que depender de um homem ou de um marido para ser aceita na igreja. A mulher solteira ainda é discriminada, é tida como aquela que está sempre "à procura" de alguma forma. Então, a mulher jovem solteira tem um feminismo muito diferente do da mulher casada e, principalmente, da mulher divorciada, que sofre tanto estigma dentro da igreja até hoje. São muitos os pormenores. [...]

Existem tantos estigmas construídos a partir da imagem da mulher. A gente estava falando, esses dias, sobre isso de que o homem foi feito à imagem e semelhança de Deus e a mulher foi feita a partir da costela do homem. Então, você tem uma leitura bíblica que é embutida na leitura da mulher como secundária o tempo inteiro.

SUBMISSÃO E SUBVERSÃO: MINHA EPISTEMOLOGIA PROCESSUAL

O movimento feminista tem crescido muito nos últimos tempos, as novas gerações de feministas estão ousadas e corajosas. Parte disso é provocado pela força das redes sociais. O que cabe a nós, a geração mais velha, fazer? Usar essa potencialidade a nosso favor e aprender com elas.

Como dirijo uma empresa de gestão do conhecimento, tenho obrigação de ter proficiência no uso das ferramentas da informática. Em novembro de 2016, passei por uma situação tão grosseira e vexatória de silenciamento que chutei o balde e pensei: "Eu posso fazer minha voz ser ouvida pelas redes". Sim, me inspirei na garotada e, em vez de fortalecer a divisão entre gerações, fui aprender com elas. E isso foi maravilhoso.

Criei um canal no YouTube e uma página no Facebook, nos quais transmito aulas sobre gênero e espiritualidade para gente disposta a dialogar sobre aquilo que as instituições eclesiásticas ainda mantêm como tabu.

O lugar de fala é de maior relevância para as feministas cristãs, e o silenciamento é uma das maiores violências de gênero que sofremos. A gente até se contenta com algum nível de submissão, desde que isso seja moeda para se alcançar o lugar de fala.

Em minha caminhada como professora de teologia e líder em ambiente eclesiástico, fui descobrindo um jeito que me permite subverter a ordem das coisas com o uso da submissão e da sedução. Quando uso essas duas palavras, as feministas das gerações mais novas estremecem, mas penso que isso se deve a uma percepção linear sobre a versatilidade desses termos. Jamais com a noção de subserviência, mas como encantamento, fascinação.

Então, me explico. Começa com ganhar a confiança de alguma liderança masculina eclesiástica ou de uma instituição teológica. Isso permite minha infiltração. Não é uma coisa que a gente faça intencionalmente para derrubar o sistema, mas acaba derrubando. Corremos o risco de fazer o sujeito que nos cedeu o espaço, depois de uma fala nossa, desdizer tudo o que falamos e nunca mais nos convidar para conferenciar, mas, quando o líder é sensível, ele convida de novo e ainda assiste e aprende. O espaço que ganhamos usamos para seduzir, para persuadir as pessoas a continuar a reflexão. Esse espaço se torna, então, o lugar primordial em que começamos a promover a mudança de modelos mentais. Vejam, não é seduzir para ganhar o espaço, é ganhar o espaço para seduzir.

Quando proponho submissão subversiva, não estou sugerindo que se coloque um cabresto na mulher. A submissão também pode ser entendida, etimologicamente, como missão de base. Por exemplo, quando um prédio é construído, é necessário fincar os pilares numa sapata no subsolo. Se acontecer alguma coisa nessa sapata, o prédio cai.

Desse modo, infiltrando-se nos fundamentos de uma sociedade, é possível mudar modelos mentais. Se usarmos nossa inegável inteligência a nosso favor, trabalhando nessas bases, a gente derruba o sistema de opressão e, com ele, toda a violência desde o solo, minando os pilares. São as mulheres que derrubam o prédio.

Algumas feministas mais jovens devem me considerar traidora, mas foi desse jeito que conseguimos fazer feminismo no Brasil por trinta anos, já que esta é uma forma de lidar com questões de gênero contextualizada com a nossa cultura. Toda discussão de gênero na América Latina implica novas masculinidades que não oprimam as mulheres na sua luta, que caminhem com elas, ajudando a mudar os modelos mentais patriarcais da nossa sociedade. Não tenhamos dúvida: só seremos vitoriosas contra o patriarcalismo latino-americano quando os homens se convencerem a andar conosco. Para isso é preciso gerar encantamento.

O feminismo na América Latina é fortemente marcado pela nossa contextualidade específica: um dos continentes com os mais altos índices de violência contra a mulher. Trazer os homens para a discussão de masculinidades não violentas é estratégico. Eu só entendi isso porque o coletivo de mulheres ao qual pertenço é composto não apenas por brasileiras, mas também por mulheres de outros países latino-americanos.

Como Fabíola pontuou muito bem, as mulheres querem seus companheiros ao lado delas. A antropóloga Mirian Goldenberg, em suas inúmeras pesquisas sobre gênero, traição e envelhecimento, disse, numa conferência, que as pesquisas de campo mostraram que ter um marido no Brasil é considerado um capital. Por isso, muitas mulheres preferem ter um marido infiel do que perdê-lo. Obviamente sua pesquisa não estava situada nas novas gerações, pois as feministas mais jovens já consideram casar e não ter filhos. A maioria das feministas da geração anterior à minha é casada há mais de trinta anos. Na minha geração, muitas são divorciadas como eu.

Conheci Michele e Juliana no Resenha Jovem, um fórum com mulheres cristãs (e muitos homens também) que elas organizaram na Igreja Batista Betânia para discutir o papel da mulher na sociedade e na igreja. O espaço estava apinhado de gente, vieram cerca de quinhentas pessoas. O evento foi dirigido e promovido para cristãs, mas o público não cristão também estava convidado. Não sabíamos, mas o pastor sênior estava lá, assistindo a tudo.

Nosso pastor é filósofo, teólogo, psicanalista e consultor na Escola Superior de Guerra. Seu engajamento social é muito grande e a igreja tem uma projeção enorme nas redes sociais, com 4 mil assinantes ao redor do mundo. Imagina o poder de influência de um sujeito com essa representatividade global nos escutando sem interromper, sentado ali para aprender? É nessa hora que, se não gerarmos encantamento, não estamos sendo inteligentes.

A Juliana e a Michele trabalharam o ano todo para aquele que seria o primeiro evento declaradamente feminista realizado na igreja. Como feministas jovens não seriam ouvidas na igreja, convidaram mulheres mais velhas para articular o diálogo, sem embates. Fui convidada uma vez que o próprio pastor solicitou minha participação, pois ele já tinha ouvido conferências minhas. Eis aí uma das grandes vantagens de exercer fascínio. Durante uns quinze dias, nos seus sermões, o pastor sênior se referiu ao nosso evento, dizendo que nunca tinha percebido as coisas do jeito que a gente colocou, que tinha aprendido muitas novidades. Agora, pense comigo: um cara que tem o poder que o pastor sênior tem sair encantado com um evento feminista feito numa igreja é um empoderamento feminino que só pode ser alcançado pela parceria com os homens. Esse tipo de ação estratégica tem sido negligenciado por muitas feministas, o que não é bom para as mulheres cristãs. A sedução à qual me refiro é a do poder de encantar a ponto de persuadir.

INCLUSÃO LGBTQI E A FORÇA DAS REDES SOCIAIS

Os protestantes de missão sempre foram contrários aos movimentos libertários de mulheres e à inclusão LGBTQI. Eles endossaram movimentos governamentais de censura sexual e oprimiram homossexuais. Essa é a mentalidade que nutriu lideranças protestantes e evangélicas em nosso país.

Entre as igrejas pentecostais, neopentecostais e protestantes de missão, que acabaram aderindo às tendências pentecostais, o feminismo ainda é bastante recriminado, para não dizer demonizado. É difícil falar de feminismo num espaço em que a subversão de Lilith[5] é considerada tabu.

Eu trabalho com a inclusão LGBTQI no ambiente evangélico há mais de quinze anos e acompanhei a fundação das primeiras "igrejas gays" no Rio de Janeiro, a partir de 2003. Posso afirmar que muito do comportamento preconceituoso da igreja é fruto da falta de informação, ao considerar a orientação LGBTQI uma simples escolha.

As igrejas protestantes, inclusive as pentecostais e neopentecostais, estão repletas de gays e lésbicas. A visibilidade trans é um assunto mais difícil, mas existem pessoas trans no meio evangélico. A personalidade lésbica evangélica mais conhecida hoje no Brasil é a pastora Lanna Holder, de uma igreja inclusiva de linha pentecostal em São Paulo, a Comunidade Cidade de Refúgio, que conta com igrejas-filhas espalhadas pelo país, somando cerca de

3 mil membros. Eles pregam castidade sexual antes do casamento, oficialização civil do matrimônio, valores familiares como em qualquer outra igreja evangélica. A única diferença é que a mesma Bíblia que os religiosos usam para excluí-los é interpretada de modo a fazê-los se sentirem amados e incluídos.

Dessa forma, os textos que promovem a inclusão estão ao lado dos textos usados para a exclusão. Os religiosos nunca tiveram facilidade para lidar com esse assunto, mas quando em 2016, na Parada Gay, ocorreu uma atitude desrespeitosa com símbolos da fé cristã, ficou ainda mais difícil. Então, decidi usar as redes sociais para uma série de aulas semanais gratuitas intituladas "Mais educação para falar de homossexualidade e espiritualidade, por favor". Com isso, a gente acabou atraindo uma enormidade de pessoas interessadas em aprender sobre gênero e espiritualidade, querendo construir um caminho de diálogo e compreensão em torno da questão LGBTQI. Recentemente, resolvi abrir esse canal para discutir, além de feminismo, etnicidade e intolerância religiosa. Entre nossos seguidores, há pastores conservadores, homens e mulheres, gays e héteros, todo tipo de gente. O mais importante para nós é a qualidade da visibilidade que conquistamos e seus efeitos práticos, não a quantidade.

Além da Cidade de Refúgio, existem outras igrejas inclusivas, como a Igreja da Comunidade Metropolitana e a Igreja Cristã Contemporânea, no Rio de Janeiro; a Igreja Todos Iguais e a Comunidade Nova Esperança, em São Paulo; e a Arena Apostólica Church em Curitiba, para dar alguns exemplos.

Tenho aprendido que, quando fazemos algo carregados de amor e preocupados com o lastro de afeto que deixamos para trás, nunca colheremos frutos ruins. Mais uma vez falo da submissão subversiva, sem embates, pelo subsolo, para minar o sistema. Muitos líderes conservadores de igrejas pentecostais saem dos nossos cursos transformados e impactados, preparados para promover o diálogo construtivo sobre a inclusão. Eu lido com o assunto dentro da exegese, então as pessoas percebem que o problema está no modo como os missionários norte-americanos nos ensinaram a interpretar os textos bíblicos, não nas pessoas LGBTQIS. A luta é muito importante, mas, quando ela se manifesta como embate, perde o poder do encantamento e de transformar pessoas.

CONCLUSÃO

Muitas mulheres cristãs não se associam ao feminismo porque têm antipatia pelo formato do discurso. Por isso, ignoram a causa feminista e não vêm para essa luta que é delas também. A luta das mulheres cristãs precisa desconstruir todo um modelo de patriarcado legitimado religiosamente. Não há demérito algum em manifestar nas ruas. Mas, no nosso contexto subversivo até agora, ir às ruas não ajudou. Acredito que a geração da Juliana terá mais progressos aqui do que nós. É necessário explorar essa inteligência estratégica. É exaustivo e exige muito tato, mas o enfrentamento direto não é o melhor caminho para as feministas cristãs.

Jesus tratava as mulheres de uma maneira completamente diferente de como a Igreja católica institucionalizou, copiada depois pelos protestantes e evangélicos. Jesus não era machista, ele andava com as mulheres, se permitia ser visto em público conversando com elas e tratando-as com respeito em qualquer situação. As mulheres foram as primeiras a receber uma missão depois da morte de Jesus. Portanto, resgatar o protagonismo delas no ambiente cristão é recuperar as relações de gênero do próprio Cristo.

É preciso ouvir a voz de mulheres negras cristãs em relação ao aborto, à regulamentação da prostituição, à homossexualidade e à Marcha das Vadias, e acredito que essa voz seja muito diversificada. O ativismo negro evangélico, como o da Fabíola Oliveira, explora o acolhimento e os afetos. Odja ressalta que é preciso juntar as agendas feminista e negra evangélicas, no apoio e no fortalecimento mútuos.

A adesão dos homens evangélicos nos movimentos das mulheres sempre foi baixa, principalmente porque os homens se sentem amedrontados pelo que vem à tona quando se dá voz às mulheres. Devemos pensar numa pastoral feminista para os homens que promova a construção de novos modelos de masculinidade. Quero destacar que o trato da identidade masculina nestes tempos de mudanças é uma questão urgente.

As gerações mais novas são ousadas e corajosas, com outra mentalidade feminista, que eu considero muito relevante. Temo, porém, uma ruptura radical demais com a nossa história cultural. A militância de mulheres na América Latina está muito ligada à questão da violência. Isso tem que ser incansável em nossa luta. Que as novas gerações de feministas prossigam com avanços maiores do que nós.

Lília Dias Marianno, nasceu no Rio de Janeiro e é batista. Escritora e educadora, formou-se em administração, com mestrados nas áreas de teologia bíblica e de ciências da religião. É doutoranda no programa de História das Ciências e das Técnicas e Epistemologia da UFRJ e ativista da Comissão de Justiça Racial e de Gênero, da Aliança Batista Mundial, sediada nos Estados Unidos, para o quinquênio 2015-20.

COLABORADORAS

Fabíola Oliveira
Juliana Baptista
Michele Magalhães

Odja Barros
Priscilla dos Reis Ribeiro
Silvia Nogueira

4

AS VETERANAS OU UM SINAL DE ALERTA SOBRE UMA MEMÓRIA NÃO ESCRITA

COM PÊ MOREIRA

Esta parte não fala da explosão feminista, não fala de internet, não fala de formas jovens de militância. Traz apenas o depoimento de algumas veteranas desta história: mulheres militantes e acadêmicas de um momento vital do feminismo no Brasil, que foi o período de 1975 até a virada do século. Sinaliza uma memória riquíssima ainda só registrada em fragmentos, estudos focais e documentos esparsos. Esta parte é apenas um sinal de alerta. (HBH)

BILA SORJ

Meu primeiro contato com o feminismo foi em Israel, na Universidade de Haifa, onde fui estudar sociologia e história, em 1969. No início dos anos 1970, uma professora feminista, que mais tarde seria membro do parlamento israelense, Marcia Freedman, chegou dos Estados Unidos para dar aula na universidade e resolveu formar um coletivo feminista. Eu fui a duas ou três reuniões e fiquei muito impressionada com o feminismo em si, mas não estava disponível para fazer parte do movimento, pois estava bastante envolvida com a militância socialista. Em 1973, fui para a Inglaterra fazer a pós-graduação. Quando cheguei lá, os debates sobre feminismo já estavam agitando a academia e havia uma produção teórica muito vigorosa. Foi aí que eu dei um mergulho no debate que acontecia entre as feministas socialistas e as radicais, que achavam que a questão da opressão das mulheres não se reduzia a um fenômeno econômico, que todos os homens, não apenas os capitalistas, se beneficiavam da subordinação feminina e que as mulheres deveriam se organizar de maneira autônoma em relação aos partidos e às organizações de esquerda. Boa parte dos conceitos e das perspectivas teóricas mais importantes da segunda onda foram consolidados nesse espaço e nesse momento, nas décadas de 1970 e 1980.

Eu voltei para o Brasil depois de uns anos e ingressei como professora no departamento de sociologia da UFMG. No final dos anos 1970, por volta de 1978, 1979, um grupo de universitárias formou um coletivo feminista em Belo Horizonte, quando duas mulheres de classe média foram assassinadas na cidade. A inconformidade e a rebeldia com a figura jurídica da "legítima defesa da honra", que naquela época servia para inocentar assassinos confessos de namoradas, esposas e companheiras, motivou muitos protestos, missas e debates. Naquelas semanas de mobilização, nos deparamos com uma pichação em um muro no centro de Belo Horizonte: "Quem ama não mata", que acabou se espalhando pelo país e virou a frase-símbolo da luta contra a violência, uma marca do feminismo brasileiro da segunda onda. No grupo, éramos eu, Celina Albano, Paula Monteiro, Conceição Rubinger, Maria Baeza, Aurea Dreifuss, Eliana Stefani, Silvana Coser, Otília Pinheiro, entre outras. Nós organizamos grupos de reflexão feminista e montamos um S.O.S. Violência. A participação nesses grupos de reflexão foi a primeira oportunidade que tive de me enxergar nessa dupla dimensão pessoal/social, íntima/política. Pude pensar na minha vida pessoal, compartilhar com outras mulheres vivências e refletir com elas as origens sociais e políticas do nosso mal-estar no mundo. Foi uma experiência, embora breve, muito marcante, porque até então o feminismo era para mim uma atividade intelectual, uma reflexão acadêmica.

O S.O.S. Violência foi organizado com recursos da Fundação Ford. Alugamos uma sede onde recebíamos mulheres que tinham sofrido violência doméstica e tentávamos, de alguma maneira, encaminhar as questões delas. Nós queríamos trazer essas mulheres para os nossos grupos de reflexão, mas isso foi uma grande frustração. A nossa ideia original era que a mulher vítima de violência doméstica deveria nos procurar, então ela seria primeiro encaminhada para um grupo de reflexão, que discutiria as relações entre a violência que havia sofrido e a dominação masculina. Nós acreditávamos que esse entendimento a protegeria de repetir o mesmo padrão de relação com seus futuros parceiros. Pensávamos que só tirá-las da situação de crise seria suficiente. Mas as mulheres que nos procuravam queriam assistência legal, acesso às instituições públicas. As mulheres agredidas participavam das reuniões, mas logo perguntavam o que, de fato, mais lhes interessava saber: "Onde está o advogado?". Essa foi a primeira vez que eu me dei conta da importância de o feminismo escutar o que outras mulheres, de outros estratos sociais, com diferentes experiências e situações de vida, têm a dizer.

Nosso grupo, enquanto S.O.S., também se inspirava na ideia de uma prática alternativa e autônoma de acolhimento e acompanhamento de mulheres, nos posicionando "de costas para o Estado". Mas com a dura realidade que enfrentávamos no S.O.S., sem condições de montar um serviço alternativo para as vítimas de violência doméstica, nós passamos a reivindicar do Estado a criação de uma Delegacia Especializada de Atendimento à Mulher (DEAM). A primeira foi criada em São Paulo, em 1985, e logo depois veio a primeira de Belo Horizonte.

Na década de 1980, eu vim para o Rio de Janeiro trabalhar no Instituto de Filosofia e Ciências Sociais da UFRJ. Quando cheguei aqui, por volta de 1983, fiquei bastante isolada, porque não tinha relações fortes com o feminismo do Rio de Janeiro. Fui algumas vezes a reuniões do S.O.S. Violência, mas ele também já estava em crise. Aos poucos, fui me integrando em um coletivo liderado pela Danda Prado, que produziu uma revista chamada *Impressões: Feminismo e Cultura*, de 1987 a 1992. A *Impressões* era dirigida a um público amplo e abrigava formas variadas de expressão, como ensaios, poesia, contos, depoimentos e notícias. Pretendia ser um espaço de exercício autônomo de autoconhecimento e de construção do feminino e do feminismo. Sem financiamento e contando apenas com trabalho voluntário, conseguimos produzir três volumes. Discutíamos cada artigo em longas reuniões na casa da Danda, e os volumes tinham a marca de desafiar e perturbar os pressupostos da identidade feminina. O conselho executivo da *Impressões* era formado por mim, Anésia Pacheco e Chaves, Ângela Arruda, Anita Natividade, Cecília Loyola, Danda Prado, Elizabeth Faschner Ribas, Isis Baião, Maria José Lima, Rosana Heringer, Wania Sant'Ana e outras.

A revista publicou entrevistas com Cecília Loyola, crítica de teatro, e Hélène Cixous sobre Clarice Lispector. Tinha artigos de Ana Maria Taborda, diretora de teatro atuante no Movimento para a Descolonização da Expressão, que revê a história das mulheres no teatro brasileiro; de Anésia Pacheco e Chaves, artista plástica, criticando a dicotomia conceitual do tema proposto pela Bienal de São Paulo, "realidade × utopia"; e de Sandra Lidid, crítica literária peruana, sobre a visão machista e patriarcal das mulheres no romance *O amor nos tempos do cólera*, de Gabriel García Márquez. Havia também muitos contos, como "Bibelôs de sangue", de Fernanda Pompeu, segundo lugar no concurso Mulheres Entre Linhas, de 1985; ensaios como o de Lucia Tosi, sobre a história obliterada das mulheres na ciência; poemas de Suzana Vargas e de Lupe Cotrim. A revista também noticiava e relatava os encontros e seminários feministas que ocorriam no país naquele momento. Em 1992, encerramos a produção da revista e o grupo se dispersou.

Desde então, passei a me dedicar aos estudos de gênero. Uma experiência muito marcante para a minha formação acadêmica foi o Concurso de Dotações para Pesquisa sobre Mulheres e Relações de Gênero, realizado pela Fundação Carlos Chagas. Eu participei por mais de uma década da comissão organizadora, que selecionava projetos de pesquisa e concedia bolsas para realizá-los, junto com feministas excelentes, como Cristina Bruschini, Albertina Costa, Celi Pinto, Mary Castro, Heloisa Buarque de Hollanda, Lia Machado, Lourdes Bandeira e Maria

Odila Dias. Enquanto construíamos uma área de pesquisa academicamente sólida, que apoiou mais de uma centena de pesquisadoras, aprendíamos muito entre nós e com as bolsistas. Tivemos bons debates, como quando resolvemos mudar o nome do Programa de Estudos sobre Mulher para Programa de Estudos sobre Mulheres e Relações de Gênero; discutimos temas como a diversificação de métodos de pesquisa diante da prevalência da "pesquisa-ação"; a escassez de demanda de pesquisas sobre masculinidades; a importância dos métodos quantitativos, ainda vistos, naquele momento, com muita desconfiança. O coletivo funcionava como uma "comunidade epistêmica", ou seja, um grupo de pessoas que produzem novas interpretações sobre a realidade e influencia as políticas sociais. Foi uma experiência muito densa, que deu origem a vários seminários, coletâneas e à criação da *Revista Estudos Feministas*, sediada nos seus primeiros oito anos no Rio de Janeiro.

Minhas pesquisas, desde esse momento, sempre partiam de uma questão de fundo: entender como o gênero produz distinções entre aquilo que se considera masculino e feminino e, grosso modo, organiza desigualdades entre homens e mulheres com base nessas distinções. Mais especificamente, minhas pesquisas se situam no cruzamento entre sociologia do trabalho e sociologia da família a partir de uma perspectiva das relações de gênero ou da divisão sexual do trabalho. Nessa área, os estudos de gênero operaram uma revolução, abalaram o "consenso ortodoxo" da sociologia, tanto de natureza marxista como funcionalista. Ao definirmos os afazeres domésticos como trabalho, nós contestamos os limites daquilo que a sociologia considerava como trabalho, ou seja, aquelas atividades feitas para o mercado. Ao introduzir o conceito de relações de poder para entender as dinâmicas familiares, criticou-se a noção da família como uma unidade composta de papéis sociais diferentes e complementares.

Eu foquei meus estudos nas desigualdades de gênero no mercado de trabalho brasileiro, justamente no momento em que ocorrem grandes mudanças estruturais na ordem de gênero. As mulheres aumentaram consideravelmente o seu nível de escolaridade, superando os homens; aumentaram sua participação no mercado de trabalho de maneira consistente, inclusive as mães com filhos dependentes; as taxas de fecundidade declinaram drasticamente, chegando a ficar abaixo do nível de reposição populacional; ampliou-se a diversificação dos arranjos familiares; e, finalmente, ocorreram importantes mudanças culturais, por causa do impacto do feminismo, criando novas expectativas e horizontes para as mulheres. Tentei discutir como, apesar de tantas mudanças estruturais, a inserção das mulheres no mercado de trabalho continuou muito mais afetada pelo tipo de família a qual elas pertencem do que os homens (basta ver a taxa de participação e a qualidade dos empregos, o salário, a jornada de trabalho e a formalização). O achado que melhor expressa o peso diferencial da família para homens e mulheres é que as mulheres que moram sozinhas e não formaram família são as que ganham mais, enquanto os homens com melhor remuneração são, ao contrário, casados e com filhos dependentes.

Diante do quadro de persistência das desigualdades, passei a pesquisar o regime de cuidado com as crianças e demais dependentes em vigor no país, ou, em outros termos, como se regula o modo de reprodução social a partir de instituições como o mercado, o Estado e as famílias. Outra série de estudos que realizei é sobre o desenvolvimento da área de pesquisa sobre gênero no país. Nessa linha, trabalhei com a Maria Luiza Heilborn a partir de uma análise dos estudos de gênero no momento da sua institucionalização no Brasil (1975-95); pesquisei a experiência do Concurso da Fundação Carlos Chagas e, mais recentemente, o desenvolvimento dos estudos de gênero e trabalho no Brasil.

Quando me volto para a minha trajetória e, consequentemente, para o caminho das ciências sociais no Brasil nas últimas décadas, duas coisas chamam a minha atenção. Num nível mais pessoal, eu não sei avaliar se o meu feminismo afetou negativamente a minha relação com o campo científico. Sei, porém, que sempre estive tomada pela angústia e pelo desconforto de ter que explicar qual é o meu lugar no fazer científico e no movimento feminista. Na academia, diziam que uma "socióloga feminista" era uma contradição, pois não seria possível combinar a sociologia com um ponto de vista situado. No movimento feminista, outras ativistas viam com muita desconfiança este lugar de "feministas acadêmicas", julgadas como oportunistas que se aproveitam do movimento social para avançar em carreiras individuais.

O segundo ponto diz respeito a como a institucionalização dos estudos de gênero e feministas na academia brasileira é paradoxal. Por um lado, é uma história de sucesso, com a criação de núcleos de estudos e pesquisa em universidades, grupos de trabalho sobre gênero nos principais congressos das associações científicas, com pelo menos duas revistas muito bem conceituadas pelas agências de fomento, *Revista Estudos Feministas* e *Cadernos Pagu*, com a realização de encontros e seminários muito concorridos, como o Fazendo Gênero. Tudo isso teve grande impacto nas ciências sociais, que já não ignoram mais as diferenças sexuais ou as desigualdades de gênero. Gênero virou um tópico presente em muitos programas de cursos ou de livros-texto de sociologia. Por outro lado, as versões mais críticas do feminismo em relação à sociologia não são debatidas, como a construção do cânone da disciplina. As sociólogas e pensadoras feministas do século XIX, que participavam do mundo científico da época, com contribuições metodologicamente sólidas e reflexões originais sobre as suas sociedades, são solenemente ignoradas pela disciplina.

O meu ativismo hoje tem sido de dedicação a campanhas pela descriminalização do aborto. Junto com um grupo de feministas da minha geração, como Jacqueline Pitanguy, Lena Lavinas, Leila Linhares, Hildete Pereira e Sonia Correia, e uma mais jovem, Débora Thomé, organizamos um abaixo-assinado e fomos a Brasília entregá-lo ao presidente do STF na época, Ricardo Lewandowski. Em 2017, retomamos a campanha, diante da ofensiva de forças conservadoras e religiosas contra casos de aborto já permitidos em lei. Além disso, estou pesquisando o reavivamento do feminismo, sobretudo o feminismo de jovens mulheres no ciberespaço e nas ruas, a partir de 2012, a chamada Primavera Feminista, que me surpreendeu. Poucos anos antes, em um jantar de amigas feministas da minha geração, brincamos que o feminismo estava acabando e que seria um processo natural, quando todas estivéssemos mortas. Imagine só a minha emoção com a explosão de blogs, hashtags e manifestações expondo uma efervescência sem precedentes, com a participação majoritária de jovens, até mesmo adolescentes.

Às vezes fico muito frustrada quando me vejo, depois de quatro décadas, ainda lutando pelos direitos reprodutivos das mulheres. Mas a boa notícia é que continuamos vivas e que as nossas sementes germinaram nesta geração atual de feministas, que se mostra alegre, ousada e muito firme nas suas convicções.

Bila Sorj fez graduação e mestrado em sociologia pela Universidade de Haifa, em Israel, e concluiu o doutorado em sociologia na Universidade de Manchester, onde teve o primeiro contato com o feminismo. Bila é hoje professora titular da UFRJ, no Instituto de Filosofia e Ciências Sociais, onde coordena o Núcleo de Estudos de Sexualidade e Gênero, espaço em que desenvolve pesquisa sobre gênero, trabalho e família.

SUELI CARNEIRO

Minha primeira experiência de racismo aconteceu aos seis anos de idade, na escola — onde, geralmente, a gente tem nossa iniciação na experiência de discriminação. Depois, com o meu pai, aconteceram as primeiras experiências de problemas nas relações de gênero. Como eu sempre fui muito bocuda, um dia ele me disse que eu era folgada daquele jeito porque não tinha encontrado um homem como ele, para me colocar no meu devido lugar. Ao mesmo tempo em que era protetor, generoso, provedor, ele também tinha uma visão horrorosa das mulheres, de que as mulheres existiam em função do homem que tinham ao lado. Além disso, no casamento dos meus pais a violência estava presente, e isso me marcou profundamente. Questões de gênero e raça, que eram teoria para um determinado universo intelectual, acadêmico e político, para mim eram experiências concretas, de vida e de sobrevivência.

Para os meus pais, a minha educação foi um valor inegociável. Fui alfabetizada pela minha mãe antes de entrar na escola. Ela era uma mulher estupidamente inteligente, de uma geração que não costumava concluir o primário; ela tinha primário completo. Fez curso de datilografia, era exímia datilógrafa. Depois se tornou exímia costureira, aí se casou. E meu pai, essa maravilha de macho provedor, poderoso que era, a primeira providência que tomou foi tirá-la do trabalho. Num contexto em que ela já ganhava mais, era mais qualificada do que ele. O patrão dela à época tentou negociar com meu pai o horário que ele considerasse adequado, para combinar com o casamento, com as atividades domésticas. Hipótese alguma. Ela era uma mulher que tinha sonhos, possibilidades, talentos, e tudo isso foi pelo ralo.

O feminismo propriamente dito veio para mim no dia que eu vi a Lélia Gonzalez falar na Biblioteca Municipal de São Paulo, por volta de 1978, e naquele momento eu soube o que tinha que fazer com a minha vida. Antes disso, eu já estava circulando muito dentro do movimento negro, mas só circulando, eu era plateia, audiência, estava aprendendo, conhecendo as pessoas, os territórios negros. Eu já tinha começado a entrar em contato com o movimento negro e com esse debate em 1971, quando descobri que a consciência racial que já trazia da minha família podia se transformar em uma consciência política. Mas o meu engajamento se definiu quando conheci a Lélia; foi quando eu soube qual movimento negro eu queria fazer: um movimento de mulheres negras.

Meu protagonismo no movimento feminista começou um pouco mais tarde, em 1983, com uma provocação de Marta Arruda, uma radialista negra aqui de São Paulo. Nesse ano foi criado o primeiro Conselho Estadual da Condição Feminina de São Paulo, no governo Franco Montoro, liderado pela Eva Blay, e não havia nenhuma mulher negra. A Marta, na época, era uma das raras mulheres negras que tinha um programa de rádio, de uma excelente audiência, e botava a boca no trombone. Quase derrubou o emergente conselho. Ela convocava as mulheres negras a reagir, porque era impensável organizar um conselho da condição das mulheres sem mulheres negras. Não deu outra: ela incendiou a mulherada preta e eu fui uma das convocadas a tomar vergonha na cara e fazer alguma coisa.

Juntamo-nos e criamos o Coletivo das Mulheres Negras de São Paulo. Nele nos articulamos para esse enfrentamento. Foi uma movimentação tão eficaz que a gente conseguiu incluir uma mulher negra e uma suplente negra no Conselho — Thereza Santos, uma mulher negra notabilíssima, atriz, da área de cultura, do Partido Comunista, militante respeitadíssima, e a suplente foi Vera Lúcia Saraiva. Com a entrada das duas no conselho, a gente ficou com o desafio de mostrar por que devia estar lá dentro. Nós tínhamos que definir uma pauta política para as mulheres negras. A Thereza era uma mulher brabíssima, poderosa, potente, muito valorosa, peitava qualquer situação, não tinha grande ou pequeno para ela. Ela dizia que ia lá dar canelada no que precisasse, mas que a gente tinha de segurar por trás. Nós instituímos o tema da mulher negra na agenda de políticas públicas, fizemos o primeiro dossiê das mulheres negras, o primeiro calendário de mulheres negras. O entendimento de que a mulher negra é outra coisa, que precisa ser reconhecida, que exige política pública diferenciada e tem todo um passivo que a sociedade tem que reconhecer e repor reverberou muito fortemente na década de 1980.

Em 1985, a Eva Blay negociou com a editora Nobel a feitura de vários livros com a temática da mulher em comemoração da Década da Mulher, que terminava nesse ano. E a Thereza, com a sua boca grande, disse que faríamos um livro de mulher negra. Ela me deu a ordem, nós organizamos o livro e inauguramos com esse trabalho a questão da especificidade da mulher negra. Nós desagregamos pela primeira vez os dados do Censo. Esse é o primeiro trabalho que traz isso, e eu o fiz na mão, de coração acelerado. Algumas tabulações fiz na unha, porque elas ainda não tinham sido disponibilizadas. Só aceitei botar isso na rua depois que passei pelo Carlos Hasenbalg, uma pessoa em quem eu confiava muito e um intelectual por quem eu tinha muito respeito. Ele leu, aprovou e falou: "Até que você não se saiu tão mal como socióloga". Nesse momento se inaugurou essa linha de pesquisa, de fazer essa desagregação entre negras e brancas, e foi o início de vários outros estudos. Hoje, felizmente, já temos uma profusão de trabalhos nesse sentido, mas aquele foi pioneiro.

Em 1988, quando nós tivemos o Centenário da Abolição, Jacqueline Pitanguy estava no Conselho Nacional dos Direitos da Mulher (CNDM) e me convidou para coordenar as ações do Programa da Mulher Negra. Nesse momento, então, a gente estava com uma comissão de mulheres negras no conselho estadual e uma comissão nacional. No CNDM, no contexto do centenário, a gente fez um evento — com cartazes, vídeos, calendários — que chamou Tribunal Winnie Mandela, um marco que agravou muito nossas dificuldades políticas. A ideia do tribunal era fazer o julgamento simbólico da Lei Áurea, ver no que ela resultou e discutir isso. Nós tínhamos uma agenda vastíssima para o ano inteiro, para discutir todas as dimensões da questão racial e a situação da mulher negra em cada uma, mas o tribunal foi uma coisa gigante. Ele teve expoentes como o Cláudio Mariz de Oliveira, um dos advogados que fizeram o júri simulado; Rodolfo Konder, da Anistia Internacional; nós chamamos todas as personalidades, Lélia Gonzalez, Benedita da Silva, Eliane Potiguara. Foi uma coisa portentosa, mas foi um elemento de muita fricção na relação do conselho com o Estado.

Tudo que não interessava ao governo era que no Centenário da Abolição, em vez de festejos, propuséssemos uma aproximação da situação dos negros brasileiros com a dos negros sul-africanos sob o jugo do apartheid, que era exatamente a nossa intenção. Nós queríamos desmascarar a visão idílica da abolição, bem como demonstrar a farsa da democracia racial, que mantinha os negros em situação de exclusão social, em especial as mulheres negras, cem anos após a abolição. Uma coisa inesquecível desse momento, para mim, foi a dignidade de Jacqueline Pitanguy para sustentar essa posição do conselho e não negociar, não tergiversar. A gente não tem uma palavra equivalente no feminino para hombridade, mas a dignidade e a altivez com que ela conduziu esse processo sem ceder à pressão para inviabilizar aquele Tribunal seriam bem resumidas nessa palavra.

Em 1988, eu e mais nove mulheres — Maria Lúcia da Silva, Edna Roland, Solimar Carneiro, Sônia Maria Pereira Nascimento, Deise Benedito, Eufrosina Tereza de Oliveira, Lúcia Bernardes de Souza, Ana Maria Silva e Elza Maria da Silva — já tínhamos criado o Geledés como ONG. Ele só foi para a rua, porém, depois de 1989, porque até então estávamos todas aqui no Conselho Estadual da Condição Feminina ou vinculadas ao Conselho Nacional dos Direitos da Mulher, onde eu ficava.

A criação do Geledés partiu de uma avaliação de que a gente tinha de fato conseguido pautar o tema da mulher negra, criar espaços que não existiam e levar essa discussão até o nível da política pública, da esfera federal e tudo mais. Mas havia também um processo de cooptação do qual a gente tinha que se libertar rapidamente sob pena de comprometer nossa capacidade de exercer um mandato legítimo de sociedade civil, de cobrar, propor, questionar, monitorar o poder público nas políticas sobre gênero e raça. Havia uma preocupação de voltar para esse lugar de sociedade civil, e para isso a gente precisava se desvencilhar de compromissos com o governo. Então, esse foi o período em que a gente saiu da esfera estadual, saiu da esfera federal e voltou para aquele lugar onde está a nossa força, que é de onde a gente só deve sair eventualmente e em condições muito especiais. E nunca mais voltamos para o Estado, nunca mais nos desvirtuamos. Vamos fazer três décadas mantendo esse compromisso.

Nós formamos uma ONG com um programa muito vasto. Somos uma organização de mulheres negras que surge com a pretensão de fazer um combate intransigente ao racismo, ao sexismo e a todas as demais formas de discriminação e opressão, além da valorização e da promoção de mulheres negras; essa é a missão institucional. Entendendo que gênero e raça dialogam diretamente com uma série de questões da área social, como direitos humanos, educação, saúde, mercado de trabalho. A gente desenvolve projetos específicos para essas áreas, sempre fazendo o recorte do impacto de cada um desses temas sobre a mulher negra. Nós nascemos estruturando a organização em três eixos fundamentais: direitos humanos, saúde e comunicação.

É claro que o povo dos direitos humanos entendeu nosso trabalho como uma provocação. Imagina uma organização de mulheres negras dizer que tem um programa de direitos humanos com o qual pretende afirmar que para nós raça e gênero são os elementos fundamentais para a compreensão das violações dos direitos humanos no Brasil? Tanto insistimos nessa ideia que, ao fim e ao cabo, acabamos ganhando vários prêmios de direitos humanos ao longo da nossa história, pela nossa insistência e justeza da nossa visão acerca da condição do povo negro no Brasil. É só analisar os padrões de violação dos direitos humanos no Brasil para entender que é preciso voltar àquilo que foi instituído pela escravidão.

No Geledés, eu sempre coordenei o programa de direitos humanos. Quando começamos, ele tinha três eixos: Conscientização e Mobilização, S.O.S. Racismo e Formação de Mulheres para a Cidadania, em que está o programa Promotoras Legais Populares (PLP). O PLP é uma tecnologia social de formação de lideranças populares em direitos e cidadania, ou seja, todos aqueles direitos que as pessoas podem acessar sem precisar de um advogado. Como agora eu estou cuidando mais dessa parte de tecnologia, tomo conta do site da organização e do aplicativo PLP 2.0, um projeto que a gente desenvolve em parceria com a ONG Themis — Gênero, Justiça e Direitos Humanos, e que a gente espera que vire política pública.

A ideia do aplicativo é permitir que a promotora legal popular dê suporte para a mulher vítima de violência, utilizando

444

geoposicionamento. É um projeto vencedor na categoria voto popular do I Prêmio Impacto Social Google e um instrumento de utilidade pública, que conecta mulheres em situação de violência que possuem medidas protetivas expedidas pela justiça diretamente à Secretaria de Segurança Pública, ao Poder Judiciário e à rede PLP. Além disso, ele oferece um atendimento mais rápido e imediato em caso de urgência. O aplicativo fortalece a rede de proteção à mulher por meio das tecnologias digital e social, permitindo ainda que qualquer mulher cadastre e acione a sua rede pessoal de proteção.

Eu acredito que a organização do Geledés inspirou a emergência de organizações similares de mulheres negras em nível nacional. Quando nós surgimos, éramos poucas e tivemos visibilidade. Acho que a primeira organização foi o N'Zinga, no Rio de Janeiro, da Lélia Gonzalez, e nós fomos a segunda. Hoje, existem organizações de mulheres negras de Norte a Sul do país. A Marcha das Mulheres Negras explicitou isso.

Tivemos outras marchas do movimento negro, mas essa foi a primeira de mulheres negras e foi enorme. Acho que a Marcha das Mulheres Negras se colocou como uma exigência do processo de crescimento e expansão desse protagonismo das mulheres negras. Ela aconteceu só em Brasília, mas teve tudo: trabalhadoras rurais, ribeirinhas, indígenas, feministas históricas. Era uma marcha de mulheres negras, liderada por mulheres negras, mas que teve participação de diferentes segmentos sociais solidários com a nossa luta. Toda a diversidade de mulheres negras estava lá: quilombola, catadora, tudo o que você imaginar, organizado. As mulheres do samba, as mulheres do candomblé... Tanto é que quem apresentou a marcha foram as mulheres da Boa Morte, as mulheres da Tradição. As jovens estavam lá, as velhas estavam lá, as feministas brancas solidárias estavam lá, as indígenas, os homens negros. Agora, o protagonismo era evidentemente das mulheres negras. Hoje, existe uma articulação nacional de mulheres, de organizações de mulheres negras. Nós fomos subindo no patamar de organização política. Hoje já temos instâncias nacionais, como a articulação nacional da qual fazemos parte.

Esse momento é um revival do feminismo, uma nova apropriação e por múltiplas perspectivas. A internet impulsionou essa coisa, ela potencializou ou deu visibilidade às vozes silenciadas e criou polifonia. Mas eu acho que ela é um instrumento; aqui, a organização se deu pelas forças tradicionais. O que organizou a marcha foram as forças tradicionais do movimento de mulheres negras brasileiras espalhadas por todo o país.

Sueli Carneiro, nascida na região periférica de São Paulo, é doutora em educação, pela USP, filósofa, escritora e ativista antirracista. Foi uma das ativistas do movimento negro responsáveis pela inclusão de mulheres negras no Conselho Estadual da Condição Feminina de São Paulo, na época de sua fundação, em 1983, quando teve início seu engajamento com o feminismo. É fundadora e diretora do Geledés — Instituto da Mulher Negra. Sueli foi também parte do Conselho Nacional dos Direitos da Mulher, no final da década de 1980.

JACQUELINE PITANGUY

Eu estava estudando sociologia no Chile quando o Salvador Allende foi eleito. Ainda me lembro de estar acompanhando na rádio a contagem de votos e depois ir para a rua, para a Alameda Central, já com um misto de medo e alegria. Era uma noite de outubro ou novembro, mas estava frio, então nós fizemos umas fogueiras no chão e as pessoas iam chegando atordoadas porque ele tinha ganhado, já pressentindo que aquela vitória era frágil. Vivíamos momentos de transformação, era uma sensação de que a história era transparente e estava na sua mão. Você podia pegar. Nós tínhamos instrumentos teóricos para conseguir entender os processos, as forças sociais; o socialismo pela via democrática. Era um período incrível para uma pessoa que estudava sociologia e acreditava no socialismo. No início da década de 1970, quando voltei para o Brasil, já grávida da minha primeira filha, eu estava totalmente preocupada com temas marxistas e de estrutura social. A questão da mulher não existia para mim; eu não tinha consciência de que eu era especificamente mulher. Creio que essa era uma característica das pessoas politizadas da nossa geração. Nós estávamos preocupados com política a nível macro.

Eu vinha com experiência de pesquisa no Chile e fui trabalhar na Pontifícia Universidade Católica do Rio de Janeiro (PUC-RJ) como pesquisadora e professora de metodologia. Helena Lewin era a diretora do departamento de sociologia na época. Eles estavam realizando uma pesquisa com a Organização Internacional do Trabalho (OIT) sobre força de trabalho no Brasil, e ela me contratou para ficar responsável por essa pesquisa. Comecei, então, a trabalhar com dados do IBGE e descobri um continente: a desigualdade da mulher na força de trabalho. A minha relação com o feminismo começou, nesse momento, a partir de uma experiência intelectual. Eu não entrei no feminismo por um trauma; a ideia de estudar e ter independência sempre foi um valor muito grande na minha família, tanto que nunca pensei que ser mulher implicasse restrições e subordinação. Até que eu fiz esse estudo. Na pesquisa, lidei com dados estatísticos e percebi que existia uma grande opressão da mulher no mercado de trabalho. Mas, nesse momento, o Brasil estava em plena ditadura e as reflexões acontecendo ao meu redor tinham a ver com democracia, autoritarismo, não com a situação da mulher. Quando essa descoberta aconteceu, para mim, a primeira coisa que senti foi uma grande solidão.

Entre 1973 e 1974, uma pessoa que também dava aula na PUC me apresentou Branca Moreira Alves, Leila Linhares e outras mulheres que já formavam um grupo de discussão e reflexão sobre a mulher. Mariska Ribeiro e outras mulheres depois se integraram também ao grupo e nós começamos com esse pequeno núcleo. Em 1975, quando acontecia o Ano Internacional da Mulher, decidimos criar um evento no Rio de Janeiro para ampliar essa discussão sobre a condição da mulher. Conseguimos o aval da ONU para realizar um evento público — estávamos na ditadura — e organizamos na Associação Brasileira de Imprensa (ABI), pela primeira vez, uma semana de debate sobre a mulher na sociedade brasileira.

Convidamos o Celso Furtado para abrir o debate, porque precisávamos ter o reconhecimento de uma pessoa respeitada intelectualmente, afirmando que aquele tema era importante — e eu me lembro do Celso dizendo que o movimento feminista era o maior movimento de massas do século xx. O seminário foi muito interessante, mas o mais surpreendente foi a quantidade de gente que participou. Quando organizamos esse evento, destapamos a garrafa que estava borbulhando: a questão da mulher já estava presente na sociedade brasileira. Nesse sentido, o evento na ABI foi importante porque foi um detonador para o movimento. Tanto pela criação de estruturas mais institucionais, como o Centro da Mulher Brasileira, quanto pelos grupos e coletivos de mulheres que se formaram.

Creio que o Centro da Mulher Brasileira foi a primeira organização feminista institucional do Brasil. Eu me lembro de estar sentada num sofá de couro na casa da Mariska, com Moema Toscano, Hildete Pereira de Melo, Leila Barsted, Branca Moreira Alves e outras companheiras, redigindo os estatutos do Centro. Nesse mesmo período fui demitida da PUC, quando estava ensinando teoria sociológica. Nessa época, grande parte do corpo docente do Departamento de Sociologia, que já vinha sofrendo a interferência do governo militar, também foi demitida. Comecei, então, a trabalhar em outros lugares até chegar ao CNPq. Concomitantemente, continuei militando no Centro da Mulher Brasileira e sobretudo no Grupo Ceres, formado por Mariska Ribeiro, Branca Moreira Alves, Leila Barsted, Sandra Azerêdo. Malu Heilborn e Comba Marques Porto também participaram durante um tempo desse grupo, que se reunia regularmente na casa de uma ou de outra e que, usando uma forma de organização feminista, constituía um grupo de reflexão, um coletivo, um espaço de troca, de solidariedade e de ação política.

Com o Grupo Ceres, nós conseguimos o apoio da Fundação Carlos Chagas, onde trabalhavam a Albertina Costa e a Carmen Barroso, junto com outras feministas que constituíam um núcleo ou um departamento lá dentro. A Fundação instituiu um concurso de apoio a pesquisas sobre a temática da mulher, e isso nos possibilitou realizar uma pesquisa sobre a identidade social e sexual feminina. Entrevistamos mulheres de diferentes idades e classes sociais sobre o que chamamos de ciclos de vida, começando com a menarca e passando pela relação sexual, a gestação, o parto e a menopausa. Entrevistas profundas, com um roteiro, mas bastante livres. As mulheres falaram sobre essas etapas de suas vidas, seja como experiências vividas ou como marcos simbólicos da identidade da mulher. Foi um material riquíssimo, a partir do qual Branca, Leila, Sandra, Mariska e eu publicamos *Espelho de Vênus: Identidade social e sexual da mulher*. Considero esse livro um marco na medida em que a sexualidade não era ainda uma temática considerada relevante em um cenário de resistência e luta contra a ditadura. Entendíamos que a luta pela redemocratização do país era também uma luta pela democratização das relações interpessoais em todos os níveis, inclusive na sexualidade.

O feminismo avançou como reflexão, produção de conhecimento e ação política no final dos anos 1970 e início dos anos 1980. Os centros de estudos da mulher na academia começaram a ser criados, assim como departamentos da mulher nos sindicatos — inclusive em sindicatos fortes, como o Comando Geral dos Trabalhadores (CGT), e depois a Central Única dos Trabalhadores (CUT), nos movimentos de mulheres rurais. A agenda feminista e de direitos das mulheres passou a ser encampada por várias organizações, inclusive associações profissionais, mulheres advogadas, entre outras. Se hoje estamos vendo uma primavera feminista, não podemos esquecer dessa luta quando o feminismo surgiu, se fertilizou, se afirmou. Passamos a representar uma força política de expressão muito grande. Eu diria que, na arena política daquela década, éramos uma grande força política da sociedade civil, que já comportava outros movimentos sociais — os quais, integrados à luta geral contra a ditadura, reclamavam sua identidade, como o movimento negro.

Em 1979, com a anistia e a volta de exilados políticos da Europa, novas agendas ganharam expressão pública, como o meio ambiente, a demarcação das terras indígenas, as LGBTQIs. Vamos lembrar que no início dos anos 1980 explodiu o HIV/aids nos Estados Unidos e surgiram os primeiros casos no Brasil, e que o HIV trouxe também o estigma e a resistência que fortaleceu e expandiu o movimento gay. As agendas da sociedade civil se diversificaram, ganharam expressão e visibilidade. O movimento pelas Diretas Já aconteceu nesse contexto de maior diversidade dos atores da sociedade civil, quando a esquerda já tinha um discurso mais amplo. Antes, na construção da Frente Ampla contra a ditadura, o grande slogan era "O povo unido jamais será vencido", mas era um povo que não tinha sexo, não tinha cor, não tinha idade, quando muito tinha classe social. Nesse momento, a resistência democrática já comportava uma dimensão identitária maior.

Em 1983, com a eleição para governador e a vitória da oposição em estados como São Paulo, Minas Gerais e Rio de Janeiro, nos quais já existia uma forte presença de grupos feministas, os primeiros conselhos estaduais de direitos da mulher foram criados. Em Minas Gerais, no governo de Tancredo Neves, nasceu o Conselho Estadual da Mulher, e em São Paulo, com Franco Montoro, tivemos o Conselho Estadual da Condição Feminina. Aqui, no Rio de Janeiro, apesar de os grupos feministas serem fortes, o Brizola se elegeu, mas não criou um conselho. Durante o movimento pelas eleições presidenciais, um grupo de mulheres, entre elas Ruth Escobar, Tônia Carrero e outras feministas, como eu e tantas companheiras engajadas na proposição de um órgão federal, foi ao encontro de Tancredo Neves, que seria lançado candidato, para demandar seu compromisso de, caso fosse eleito, criar um ministério para desenvolver políticas públicas de direitos das mulheres. Tancredo assumiu, então, o compromisso de criar o que veio a ser o Conselho Nacional dos Direitos da Mulher (CNDM).

Esse movimento de o feminismo caminhar para dentro do Estado teve outra conquista importante: a criação das Delegacias Especializadas no Atendimento à Mulher (DEAM). Primeiro nasceram os S.O.S., grupos feministas da sociedade civil de atendimento a mulheres vítimas de violência. Depois, veio a necessidade e a percepção de que era necessário institucionalizar esse amparo e levar o atendimento para o Estado. Foi quando surgiu a ideia das delegacias — a primeira é de 1985, em São Paulo.

No início de 1985, eu me lembro de estar trabalhando nos estatutos do que viria a ser o CNDM, com companheiras como a Lucia Arruda, que era deputada estadual pelo PT e exercia um mandato feminista no Rio de Janeiro — ela encampava todas as questões das mulheres, inclusive o aborto. Esse momento era de ebulição e nós estávamos nos articulando para que houvesse uma estrutura no âmbito federal que fosse como um ministério, com orçamento próprio, autonomia, respondendo ao presidente da República e que pudesse desenvolver políticas públicas, legislar, retirar o lixo discriminatório existente nas leis. Já estava em curso o processo de discussão de uma nova Constituição e nós entendemos que também precisávamos de uma agenda.

Com a morte de Tancredo Neves, Sarney assumiu a presidência e era necessário pressioná-lo para que honrasse o compromisso de seu antecessor. Ruth Escobar tinha uma relação mais próxima com Sarney, e, como representantes dos diversos movimentos de mulheres, éramos uma força política, o que pesou para que o conselho saísse do papel. Nós não queríamos que o órgão fosse criado por decreto, queríamos uma lei do Congresso Nacional, o que aconteceu em agosto de 1985. E, o mais importante, com um orçamento independente, votado no Conselho Nacional.

Nesse momento, o feminismo já não era só um movimento cuja narrativa se dava apenas na sociedade civil, ele levou sua agenda para dentro do Estado. Eu diria que a experiência inicial do feminismo ocorreu em um contexto de divórcio entre o Estado e a sociedade civil, quando esta última passou a ter o monopólio do discurso de direitos humanos. Nesse período, a agenda política feminista se expandiu em diferentes espaços: sindicatos, academia, associações profissionais, grupos feministas autônomos, coletivos, imprensa, publicações etc. Com a transição democrática nos anos 1980, as mulheres voltaram seus olhares para o Estado e seu aparato institucional como lugar a ser ocupado. Dessa forma, o feminismo se empenhou na criação de mecanismos institucionais para garantir direitos. Mas não havia unanimidade, o que levou a muitas discussões dentro do movimento.

Algumas não queriam essa relação com o Estado com medo de serem cooptadas; outras não se propunham a participar, mas entendiam e apoiavam a ideia de entrar na estrutura estatal; e tinha um grupo, no qual eu me incluo, que defendia essa ocupação. O Estado naquele momento era poroso, estava se recompondo, e Sarney não tinha muita força, era um negociador. Era um momento oportuno.

O Conselho Nacional tinha um corpo técnico, administrativo e financeiro, um centro de documentação e um conselho deliberativo com muitas mulheres do Rio de Janeiro, que éramos eu, Rose Marie Muraro, Marina Colasanti, Tizuka Yamasaki, Hildete Pereira de Melo, Benedita da Silva e Lélia Gonzalez, que já representava a expressão do movimento de mulheres negras. Nós tínhamos também como conselheiras Ana Montenegro, da Bahia; Maria Betânia Ávila, de Pernambuco, havia uma pessoa do PCdoB, Nair Guedes, e Carmen Barroso e Ruth Cardoso, de São Paulo, entre outras. A Ruth Escobar foi presidente do conselho de agosto a dezembro, mais ou menos, porque ela se candidatou a deputada e teve que sair.

Eu assumi a presidência no início de 1986 por indicação das conselheiras. Morava no Rio de Janeiro com meu marido e meus filhos e disse para Carlos Manuel, meu marido, que eu não duraria mais que seis meses no conselho, pois não era de nenhum partido político e não tinha as costas quentes. Nós ponderamos que não tinha sentido mudar para Brasília, porque ele trabalhava aqui, meus filhos estavam na escola. Eu deixei a família no Rio e fiquei quase quatro anos trabalhando em Brasília, telefonando para saber se tinham feito o dever, vindo para o Rio nos fins de semana, fazendo supermercado nesses dias.

Os anos do conselho marcaram profundamente a minha vida, porque foi um período em que nós efetivamente pudemos promover uma transformação. Éramos um grupo de feministas na década de 1980, em Brasília, uma coisa absolutamente inédita. Tínhamos um grupo de conselheiras independentes e o corpo técnico se organizava em comissões: rural, mulher e trabalho, mulher e legislação, mulher e saúde, mulher negra, cultura e educação, violência, uma comissão de creche. No segundo ano, criamos um setor de comunicação e documentação. Cada uma dessas comissões tinha o seu corpo técnico, formado por mulheres comprometidas com uma agenda feminista, sem ser burocrático. Outra coisa importante para o nosso trabalho era não ter bagagem, era um órgão novo, não devíamos nada a ninguém, não éramos apadrinhadas por ninguém. Foi um período em que sentíamos estar escrevendo a história.

Em 1985, antes das eleições para a Constituição, começamos a falar da necessidade da participação feminina na constituinte. Elaboramos uma campanha pela presença das mulheres no Congresso com dois slogans: "Constituinte sem mulher fica pela metade" e "Constituinte pra valer tem palavra de mulher". Apesar de o Brasil ser vergonhosamente conservador no que se refere à presença da mulher no Legislativo, nesse ano, também em função dessa campanha, a participação feminina dobrou. É claro que não foram eleitas apenas mulheres progressistas e comprometidas com pautas feministas, mas muitas eram e outras foram se comprometendo no caminho — nós as seduzimos, trazendo para o nosso campo. Até 1988, as mulheres eram cidadãs de segunda categoria no Brasil. O homem era o chefe da sociedade conjugal e isso significava tudo — quem fixava o domicílio era o homem, se numa tragédia morressem os dois, era a família paterna que tinha prioridade sobre os filhos etc. Existia, dentro do casamento, uma estrutura de poder claríssima, que estava diretamente ligada à violência. Nos tribunais brasileiros, usava-se com frequência o argumento da legítima defesa da honra para conseguir absolvição ou penalidades mínimas para assassinos confessos de esposas.

Nosso primeiro movimento, então, foi em busca de ter voz, presença e impacto na Constituição. Idealizamos uma estratégia política que se centrava na comissão de legislação e constituinte e na nossa relação muito viva com as mulheres organizadas da sociedade civil. No começo desse processo, pedimos às organizações de mulheres de todo o Brasil, que já eram muitas naquela época, que mandassem para o CNDM as suas propostas para a nova Constituição. No conselho, tínhamos essa comissão que separava o joio do trigo. Isso foi um trabalho pré-Constituição, no qual apontamos as demandas pela mesma lógica que seria aplicada posteriormente. Em 1986, organizamos no Congresso Nacional uma imensa reunião com mulheres de todo o país e redigimos a *Carta das mulheres brasileiras aos constituintes*, que foi aprovada naquela reunião. Depois, trabalhamos com uma comissão de advogadas no sentido de transformar aquelas demandas em propostas jurídicas.

Ao longo dos anos, o CNDM enviou um grande número de emendas para a Constituição, entre substitutivas e constitutivas. Trabalhávamos com a maioria das mulheres eleitas para a Constituição e foi muito importante ter o apoio delas, porque elas apresentavam as demandas que nós mandávamos. Eu ia praticamente todos os dias ao Congresso Nacional. Nós também conseguimos um espaço de televisão gratuito para veicular nossas campanhas, resultado da legitimidade e do trabalho contundente do conselho. Nas campanhas para a TV, por exemplo, projetávamos a imagem de uma família em 1916 com a frase: "A família não é mais a mesma, mas as leis ainda são. Está sendo discutido e votado o capítulo sobre família da Constituição, vamos acessar os nossos representantes". Mulheres de diferentes estados faziam pressão, e funcionava.

Queríamos igualdade de direitos e responsabilidades na família, mas não queríamos que fosse necessário um documento para que a família fosse reconhecida. A Constituição passou, então, a aceitar a família sem a necessidade de uma certidão de casamento, o que abriu precedente para o reconhecimento posterior da união estável — inclusive, acredito que vá abrir também para o casamento homoafetivo.

Outra grande conquista foi no campo da violência contra a mulher. A constituinte tem um parágrafo que diz: "Cabe ao Estado coibir a violência no âmbito das relações familiares". Os direitos humanos se conjugam, via de regra, na relação entre indivíduo e Estado. Se você é preso amanhã e sofre uma violência, é responsabilidade do Estado. No entanto, o que acontece entre indivíduos particulares não era matéria de direitos humanos e, portanto, não era responsabilidade do Estado. Essa frase na Constituição é paradigmática, pois ela diz que cabe, sim, ao Estado responder pelo que acontece no âmbito das relações individuais. O Brasil, portanto, se antecipa na garantia dos direitos humanos na questão da violência doméstica, por conta de uma demanda do movimento de mulheres e do nosso trabalho na constituinte. Essa noção só seria cunhada pela ONU em 1993, na Conferência Internacional de Direitos Humanos, em Viena.

Nós também avançamos em relação aos direitos reprodutivos. Existia naquela época um movimento sanitarista muito forte no Brasil, que trouxe uma mudança paradigmática no conceito de saúde como direito — "Saúde: direito de todos e dever do Estado". O movimento das mulheres apoiou essa ideia e incluiu aí a saúde reprodutiva. A palavra "reprodutiva", na verdade, ainda não era usada, mas era o que estávamos tratando na prática. A nossa Constituição, então, referendou o direito a tomar decisões livres e sem coerção quanto ao número e ao espaçamento de filhos, por exemplo. No caso de benefícios sociais, conseguimos estender a licença-maternidade para quatro meses — antes eram apenas três. No campo, pela primeira vez o direito à titularidade da terra para a mulher foi garantido, independentemente do estado civil. Não conseguimos equiparação de direitos para as empregadas domésticas, mas uma série de direitos e benefícios sociais foram outorgados a essas profissionais. O direito de amamentar foi uma conquista para a população carcerária. Avançamos enormemente com a Constituição de 1988, tanto que 80% das nossas demandas foram atendidas.

Até mesmo a não inclusão de certas questões foram ganhos importantes, pois impedimos retrocessos. Nós conhecíamos aquela Casa como a palma de nossa mão e sabíamos que, se mandássemos uma emenda pela descriminalização e regulamentação do aborto, perderíamos. Já havia um grupo importante pró-vida no Congresso, que tinha apoio internacional, a exemplo das Filipinas, onde a Constituição havia sido mudada para incluir a proteção da vida desde a concepção, impedindo o direito ao abortamento em qualquer circunstância. A estratégia do CNDM era a do caminho do meio: afirmar que o aborto não era matéria constitucional. Para isso, precisávamos de duas propostas, e a posição pró-vida já estava definida. Com os movimentos de mulheres e os grupos feministas do Brasil, começamos a colher assinaturas para a legalização do aborto. Em articulação com o movimento feminista, foram colhidas milhares de assinaturas no Brasil inteiro para apresentar a emenda popular que seria o contraponto, ajudando a nossa proposta de que o aborto não deveria ser matéria constitucional. A questão ficou mesmo de fora da Constituição. Não conseguimos a legalização, mas também não houve a criminalização. Estavam garantidas as duas circunstâncias em que o abortamento era legal: estupro e risco de vida, além de se abrir a possibilidade para outras circunstâncias. Em 1988, a nossa grande vitória também significou o início do desmonte do conselho: começamos a representar uma ameaça.

A licença-maternidade de quatro meses, por exemplo, foi considerada muito negativa pelas centrais empresariais. Um diretor da Fiesp chegou a dizer que nós iríamos falir a indústria brasileira, pois as mulheres representavam 30% da força de trabalho na época. A nossa agenda, inicialmente desprezada como "coisa de mulher", sem importância, começou a ser vista como uma ameaça aos interesses de diversos setores, desde a ampliação de benefícios sociais até a questão dos direitos reprodutivos.

Depois da promulgação da Constituição, o CNDM continuou a mexer com questões relevantes, como a violência no campo e a reforma agrária. O Ministério da Reforma e do Desenvolvimento Agrário já existia e alguns antropólogos ótimos trabalhavam lá, amigos do Rio de Janeiro. Eles fizeram um dossiê que mapeava a violência no campo contra mulheres e crianças, mas o ministério não quis publicar. Então, nos trouxeram o dossiê e perguntaram se o Conselho o publicaria, e nós publicamos. Esse dossiê acarretou uma reação fortíssima do Ministério da Justiça contra o CNDM, que nos acusou de subversivas e de atentarmos contra a soberania nacional, pois havíamos entregado a publicação para a ONU. Apesar das pressões, fizemos um lançamento emocionante do dossiê, com a presença de sindicatos de trabalhadoras rurais e do novo ministro da Reforma e do Desenvolvimento Agrário, Marcos Freire, que apoiou a publicação.

À medida que avançava, o governo de Sarney se tornava cada vez mais conservador e o CNDM tinha virado uma espécie de cisto ali. Duas outras posições assumidas pelo conselho o colocaram na contramão do governo. Em 1988, o Brasil celebrou os cem anos da abolição da escravatura e fizemos a campanha "As mulheres negras ainda lutam pela abolição dos preconceitos: Mulheres negras, cem anos de discriminação, cem anos de afirmação". Nós tínhamos, nesse momento, uma comissão da mulher negra, em que estava Sueli Carneiro, liderança muito importante já naquela época, e como parte dessa campanha nós organizamos um evento com o intuito de chamar atenção para o racismo e o preconceito que existiam — e ainda existem — na nossa sociedade. Primeiro, teríamos uma série de seminários em São Paulo, na Faculdade de Direito do Largo de São Francisco, para discutir a mulher negra na sociedade brasileira — a mulher negra e o mercado de trabalho, a mulher negra e a saúde, a imagem da mulher negra nos meios de comunicação —, depois, teríamos uma peça que Joel Rufino dos Santos escreveu sobre a história de uma mulher negra de 117 anos, e tudo isso culminava com o que chamamos de Tribunal Winnie Mandela, cuja função seria julgar a discriminação e o racismo contra a mulher negra no Brasil. Tratava-se de um tribunal fictício, com advogados de acusação e defesa e um corpo de jurados com integrantes de diversos grupos e organizações, como a Pastoral da Terra, a Anistia Internacional, a Ordem dos Advogados do Brasil, organizações de movimentos de mulheres negras, entre outros.

Nós queríamos trazer a Winnie Mandela para participar do evento, então eu fui até o Itamaraty conversar com o Paulo Tarso Flecha de Lima, que era o secretário-geral da época, a fim de pedir que eles facilitassem o visto para a vinda dela para cá. Saí do prédio do Ministério da Justiça e fui ao Ministério das Relações Exteriores a pé. Cheguei, fui muito bem recebida e contei a nossa ideia. O embaixador Paulo Tarso foi muito solícito, ficou de ver o que poderíamos fazer, beijou minha mão, mandou lembranças à família, e eu voltei para o conselho. Atravessei de volta a pé, já deviam ser umas seis horas da tarde, não tinha quase mais ninguém no conselho. Logo depois Brossard, que era o ministro da justiça, pediu para eu descer imediatamente. Eu fui e, no que eu pisei no gabinete dele, ele começou a gritar, dizendo que eu era uma subversiva de marca maior e que ele me demitiria, que não havia racismo no Brasil. "Como você pode dizer que num país em que Machado de Assis era o presidente da Academia Brasileira de Letras existe racismo?", ele me falou. Aos berros, me proibiu de realizar o evento. Quando eu consegui falar, disse que nós poderíamos conversar outro dia, quando ele estivesse mais calmo, e comecei a sair da sala. Ele se recompôs e disse que poderíamos conversar. Eu disse que não sabia nem o porquê daquela gritaria toda e ele respondeu que eu tinha acabado de ir ao Ministério das Relações Exteriores para falar sobre o Tribunal Winnie Mandela. Ou seja, um segundo depois de ter beijado a minha mão e mandado lembranças calorosas para a minha família, o embaixador Paulo Tarso ligou para comunicar o que "as loucas do Planalto" estavam querendo fazer agora.

Respondi que, quando o presidente pedisse meu cargo, eu o entregaria, mas até lá eu continuava sendo presidente do Conselho Nacional e nós realizaríamos esse evento, até que eu fosse demitida. E fui embora. Nessa época, eu dividia apartamento com Sueli Carneiro, e lembro que cheguei em casa com o coração acelerado, contando para ela o que tinha acontecido, e comecei a tomar as providências necessárias para garantir a realização do evento. No dia seguinte, fizemos uma reunião no conselho e decidimos que levaríamos à frente o seminário e o tribunal. Creio que tocamos em questões nevrálgicas no Brasil, como propriedade rural e violência no campo, aborto e direitos reprodutivos, raça e racismo. O conselho estava adotando posições que não eram as mesmas do governo.

Quando Brossard deixou de ser ministro da justiça e entrou Oscar Dias Correia, aconteceu o primeiro ataque aberto ao conselho. Tenho marcado na memória um encontro com o ministro Dias Correia. Eu estava em uma reunião no CNDM em que discutíamos direitos reprodutivos e ele, que tinha acabado de assumir, mandou me chamar para me "cumprimentar" por nós termos conseguido aprovar 80% das nossas propostas para a Constituição e me comunicar que, portanto, o conselho sofreria um corte de 80% em seu orçamento. Ele assumiu com o mandato de efetivamente acabar com o conselho, de inviabilizar seu funcionamento, porque nós éramos incômodas naquele governo que reagrupava forças conservadoras. Foi um período de resistência. Ainda realizamos um grande evento no Congresso Nacional, chamado Saúde da Mulher: Um Direito a Ser Conquistado, no qual discutimos questões ligadas à mortalidade materna, o direito ao aborto e à contracepção.

As pressões do Ministério da Justiça, que tinham o aval do Planalto, continuaram. Cortaram o nosso orçamento, tentaram interferir nos cargos do conselho, chegaram a cortar o nosso telefone. Como o cargo de presidente do CNDM não era meu, era do movimento feminista, era das mulheres, eu fiz várias consultas para saber até quando deveríamos permanecer lá.

As investidas foram muito pesadas, já não conseguíamos mais trabalhar e, então, chegamos à conclusão de que faríamos uma renúncia coletiva. Todas as conselheiras foram a Brasília, além de outras mulheres do país, e junto com o quadro de funcionárias nós descemos do conselho até o Palácio do Planalto a pé, fazendo aquele símbolo da vagina com as mãos. Tinham colocado cachorros na entrada do Palácio e eu me lembro da Rose Marie Muraro, que já sofria uma perda significativa de visão, tropeçando nos meios-fios e nos cachorros, um cenário bem violento. Entreguei minha carta de renúncia. Eu e todas as conselheiras renunciamos, além de grande parte do corpo técnico — pelo menos todas aquelas que estavam ali numa posição mais política, no sentido de compromisso com a nossa causa. Foi assim que o conselho gloriosamente encerrou, porque tinha que encerrar naquele momento. Continuar representaria ser cooptado por forças conservadoras contrárias à nossa agenda feminista.

Com a nossa renúncia ao CNDM em 1989, eu voltei ao Rio de Janeiro e em 1990 pensei em criar uma ONG. Quando estava no Conselho, eu percebia claramente a força da sociedade civil, que no Brasil teve um papel político muito importante na redemocratização. Então, tive essa ideia de começar uma organização que acumulasse uma experiência tanto de produção de conhecimento, com um certo rigor dado pela academia, quanto o ativismo e a *advocacy*, que significava advogar por nossos direitos estabelecendo alianças, traçando estratégias. Falei com Leila Linhares, que era advogada e atuante na defesa dos direitos das mulheres, e com Helena Bocayuva, que era uma amiga de infância e tinha passado muitos anos no exílio, e nós começamos a Cepia (Cidadania, Estudo, Pesquisa, Informação e Ação). A Helena já deixou a ONG há bastante tempo, mas nós começamos juntas essa experiência de montá-la. Leila e eu estamos juntas desde então, coordenando a organização.

Aqui, nós trabalhamos com algumas linhas, como violência e acesso à justiça; saúde e direitos sexuais e reprodutivos; fortalecimento e empoderamento de mulheres, em que nós temos trabalhado muito com mulheres de baixa renda, de comunidades; temos também uma linha de formação, na qual temos feito um curso de formação internacional em direitos humanos das mulheres que tem recebido pessoas de outros lugares da América Latina e da África; e uma linha recente de trabalho com jovens, com quem fizemos um aplicativo para celular sobre saúde e direitos sexuais e reprodutivos. Acredito que nós somos uma instituição de referência. A primeira reunião para a Lei Maria da Penha, por exemplo, aconteceu aqui na varanda da nossa sede.

Quando a organização começou, um dos primeiros trabalhos que fizemos foi de cunho um pouco mais acadêmico:

Mulheres latino-americanas em dados. Um estudo que comparava a presença da mulher no trabalho, em instâncias diversas de poder, como partidos, diretórios, em toda a América Latina. Depois, fizemos um trabalho sobre indicadores de raça nas estatísticas brasileiras, analisando como o IBGE tratava essa questão nos censos. Nós começamos com esse cunho mais acadêmico, mas de imediato entendemos que era necessário que a Cepia fosse uma organização também voltada para o *advocacy* e buscasse interlocução com outros atores importantes para os direitos das mulheres.

Trabalhamos durante alguns anos com a Academia de Polícia para dar aula de gênero e direitos humanos para os policiais. Trabalhamos também com hospitais, como o Instituto Fernando Magalhães, que era o único que fazia o aborto previsto em lei no Rio de Janeiro, e organizávamos muitos cursos colocando o pessoal de saúde em diálogo com a segurança pública e a justiça, para arejar esses canais de comunicação. Quando conseguimos sensibilizar alguns policiais com relação ao direito à interrupção da gravidez, aumentou significativamente o número de mulheres estupradas que, depois de recorrerem à polícia, foram encaminhadas ao Fernando Magalhães. Esse é um exemplo de ação bem-sucedida com resultado direto.

Existe também um trabalho com o judiciário, no Tribunal de Justiça e na Escola de Magistratura aqui no Rio de Janeiro. A Cepia, principalmente através da Leila, coorganizou, com a juíza Adriana Mello, o primeiro curso de gênero para magistrados. Isso é muito importante porque existem pessoas que são operadoras de direito e não conhecem direitos humanos, não conhecem questões ligadas ao direito das mulheres. É por isso que nós estamos sempre tentando uma interlocução com esses espaços, que fazem diferença. Temos uma interlocução muito grande com a Defensoria Pública, com o Ministério Público (eu já dei aula no MP sobre gênero e sobre direitos humanos).

Atualmente, temos três jovens trabalhando aqui conosco, um rapaz e duas moças. Fizemos um aplicativo gratuito, Partiu Papo Reto, que foi construído com os jovens e tem a linguagem deles, de formação em direitos sexuais e reprodutivos e com um glossário, que preparamos com profissionais de saúde. No aplicativo há um guia com os serviços de saúde do Rio de Janeiro. Ele está sendo muito bem recebido. Nós o apresentamos agora na Fundação Roberto Marinho e parece que eles vão utilizá-lo em seus programas educativos. O aplicativo logo vai incluir também os serviços disponíveis em São Paulo e depois vamos fazer um de Pernambuco. Para nós, é uma alegria saber que esse projeto está rodando o país. Estamos trabalhando também com escolas públicas, levando questões de saúde sexual e reprodutiva, fazendo a apresentação do aplicativo, organizando debates e dinâmicas sobre saúde reprodutiva, direitos reprodutivos e gênero.

A Cepia tem essa característica de estabelecer a interlocução necessária para advogar por nossos direitos. Nós temos uma interlocução com a Secretaria Municipal de Saúde, com os jovens do Rap da Saúde. Estamos no comitê de mortalidade materna do município, que é uma instância do governo. Também estamos trabalhando muito com a questão do zika vírus, que é uma oportunidade, apesar de perversa, de discutir o direito à interrupção da gravidez no Brasil. Eu faço parte da Sala de Situação sobre Zika e Direitos das Mulheres, criada pela ONU Mulheres, junto com o Fundo de População e a Organização Pan-Americana da Saúde. Nesse projeto, a ideia é levar a perspectiva dos direitos reprodutivos das mulheres de interromper a gravidez e pressionar o governo para expandir o acesso à contracepção e à informação, sobretudo para mulheres de baixa renda, adolescentes e no meio rural.

Mesmo com o trabalho que passa a ser mais ativo de interlocução e *advocacy*, continuamos fazendo pesquisa. Entre as últimas que fizemos, uma foi sobre o funcionamento dos serviços que trabalham com homens autores de violência doméstica. A Lei Maria da Penha propõe que as varas de justiça que atendem a lei, que são juizados especiais de violência doméstica, promovam a responsabilização dos homens através de atividades em grupo voltadas para a conscientização. Então, resolvemos estudar especificamente este aspecto da lei, que encontra ainda divergências no movimento feminista: o investimento nos homens. Nós acabamos de fazer também, no processo de construção do aplicativo, uma pesquisa sobre os serviços de atenção aos jovens no Rio de Janeiro para saber qual é a perspectiva deles e o que eles acham que seria um serviço de saúde amigável.

A Cepia existe desde 1990, traz uma bagagem de experiências e se reinventa sempre. Celebramos agora os trinta anos da *Carta das mulheres brasileiras aos constituintes*, como uma memória para o futuro.

Jacqueline Pitanguy, carioca de família progressista mineira, é formada em sociologia e ciência política. Passou pela Universidade de Leuven, na Bélgica, pela Escola de Sociologia da Pontifícia Universidade Católica do Chile e fez seu doutoramento na USP. Foi professora na PUC-RJ durante os anos 1970, momento em que chegou ao feminismo. Jacqueline participou da formação do Centro da Mulher Brasileira e do Conselho Nacional dos Direitos da Mulher, que presidiu por quatro anos. É fundadora e diretora da ONG Cepia (Cidadania, Estudo, Pesquisa, Informação e Ação), localizada no Rio de Janeiro, onde desenvolve principalmente pesquisa e material sobre violência contra a mulher, saúde e direitos sexuais e reprodutivos.

MALU HEILBORN

Venho de uma família em que homens podiam e mulheres, não. Fui obrigada a estudar em um colégio de freiras, de onde minha irmã saiu porque repetiu. Meu irmão não estudava em colégio religioso; mas eu, sim. Um dia, perguntei ao meu pai por que só eu tinha que ficar em colégio religioso, e a resposta veio rápido: porque mulher precisa de moral. Nunca esqueci essa frase. Ela modelou minha existência. Tive uma educação muito rígida mesmo para os anos 1960, e isso me levou para o feminismo. E o feminismo me levou para a antropologia.

Fiquei fixada com a questão de saber o porquê de a condição feminina ser subordinada, secundária; dos atributos do homem serem marcados e os da mulher, não; dos rituais serem mais elaborados para os homens do que para as mulheres. Isso me levou a estudar antropologia, ela podia responder a essas questões.

Dediquei-me ao estudo de gênero — modelo norte-americano de olhar a problemática — o *gender studies*. Na França, existia um conceito importante, de um primeiro grupo de sociólogas, chamado GEDISST (Grupo de Estudo da Divisão Social e Sexual do Trabalho): elas criaram a categoria "*rapports sociaux de sexes*", que vinha de "relações sociais de produção". Trata-se de uma categoria marxista, utilizada por muitos anos. Houve um determinado momento, com o domínio da anglofonia, que elas foram obrigadas a usar "*genre*", mas elas sempre ressaltaram que era possível o emprego de categorias marxistas que marcassem a divisão do trabalho entre os sexos como não natural. Elizabeth Souza Lobo integrou esse grupo. Depois, passamos a usar gênero.

Na década de 1970, uma grande amiga minha, a Maria Helena Darcy de Oliveira (Marhel), cunhada da Rosiska Darcy de Oliveira, me apresentou ao livro *O segundo sexo*, de Simone de Beauvoir. Comecei a ler muitas coisas e fiquei impressionada, mergulhei de cabeça. Fui conhecendo as pessoas no Rio de Janeiro que estavam envolvidas com o feminismo, como a Moema Toscano, que foi minha professora de sociologia na PUC. Comecei a me juntar com essas mulheres e, em 1975, decidimos aproveitar o Ano Internacional da Mulher para organizar, em plena ditadura, a primeira Semana de Discussão do Papel e Lugar da Mulher na Sociedade Brasileira. Nesse momento, o grupo já era formado por mim, Jacqueline Pitanguy, Leila Linhares, Sandra Azerêdo, Marhel, Kati de Almeida Braga, Elice Muneratto.

Naquela época, Kati trabalhava no Serviço Nacional de Teatro e tinha contato com o mundo teatral — Fernanda Montenegro, Bibi Ferreira, Nélida Piñon —, então, através dela conseguimos que essas nobres senhoras participassem do evento. Como não podíamos realizar atividade pública por conta da repressão do Estado, nós obtivemos um salvo-conduto da ONU para fazer essa reunião na Associação Brasileira de Imprensa. Foi um estouro. Muitas pessoas apareceram, gente que eu nunca tinha visto na vida, as nossas convidadas célebres, pessoas que já tinham uma tradição de pensar o feminino. Nesse mesmo ano, formamos o Centro da Mulher Brasileira, que era um centro constituído por pessoas da esquerda, basicamente. Com o Centro, nós tivemos dificuldades em trazer as sindicalistas para perto, porque elas diziam que quem discute aborto, sexualidade e violência contra a mulher eram as mulheres burguesas — essas não eram questões de classe, para elas. Havia uma tensão muito forte entre os grupos. Entre as que vinham do movimento de resistência à ditadura, estavam as mulheres sindicalistas e as que eram designadas burguesas, cujas questões ultrapassavam a luta de classes, incluindo temas ligados aos costumes.

Fiquei uns três anos no Centro da Mulher Brasileira, quando começou a chegar gente exilada e estrangeiras mostrando que feminismo na França e em outros lugares era diferente. Então, formamos o Coletivo de Mulheres Brasileiras. Éramos eu, Lucia Avancini, Bruna Franchetto, Ademildes Fonseca e a uruguaia Susana Rostagnol. O Centro continuou com uma linha mais institucionalizada, Jacqueline e Leila ficaram lá, e nós fomos para um estilo mais cultural, desbundado. Havia o Grupo de Contrainformação, em que escrevíamos artigos ponderando argumentos contrários a cantadas desagradáveis, sobre sexualidade feminina etc. Naquela época, nós também fizemos uns filmes com o Ricardo Arnt, lá na ECO-UFRJ. Foram cinco temas entre aborto, mulher e trabalho, sexualidade e empregadas domésticas. Esses vídeos passaram na TV. Houve um evento chamado Amélia Já Era?!, um show no Teatro João Caetano com todas as músicas da MPB que falavam da situação da mulher, organizado por Mariska Ribeiro.

Nós éramos um grupo de reflexão, em que falávamos das nossas experiências. Era um grupo de autoajuda, para pensarmos as nossas trajetórias a partir de uma lógica de não subordinação da mulher. Fiz isso com mulheres mais velhas do que eu, mães, casadas, com marido, com filhos; eu tinha vinte anos na época. Mais tarde, esse meu grupo de reflexão, que tinha Leila, Mariska, Jacqueline, Branca e Sandra, resolveu realizar uma pesquisa. Isso aconteceu quando a Fundação Ford, seguindo uma lógica de que a modernização do país passava pela modernização das mulheres, disponibilizou uma alta quantia. Nós ganhamos o primeiro desses concursos da Fundação Carlos Chagas, com um projeto de entrevistas com mulheres de diferentes classes sociais e faixas etárias, contando as narrativas de vida delas. Na hora de fazer o livro *Espelho de Vênus*, tornei-me um pouco rebelde, dizia que a gente precisava pegar pessoas proletárias, falar com prostitutas, com mulheres lésbicas. Fiquei responsável por essa parte, mas não participei da redação.

Mais tarde, quando entrei no Museu Nacional e comecei a estudar tópicos ligados ao feminismo, fiz uma coleção com Maria Laura Cavalcanti e Bruna Franchetto, intitulada *Perspectivas antropológicas da mulher*, editada pela Zahar. Fizemos quatro volumes desse projeto, mas foi um fracasso comercial total. O primeiro livro foi lançado em 1981. Escrevemos um artigo chamado "Antropologia e feminismo" e fomos chamadas para um debate no Cebrap, onde apanhamos um tanto. Disseram que nosso artigo olhava mais a antropologia do que o feminismo. Esse foi um momento de debates importantes entre as acadêmicas, sobre mulher e feminismo.

Durante o período de redemocratização, houve outro grande movimento de atuação pelas feministas, que integra o movimento pela formação do SUS (Sistema Único de Saúde), no qual aparece a ideia do PAISM (Programa de Atenção Integral à Saúde da Mulher). O programa mudava completamente a abordagem que antes era apenas materno-infantil — do ponto de vista da reprodução. Trazia uma perspectiva a partir da interferência governamental de mulheres dentro da área da saúde, na concepção do SUS, sendo um programa de atenção integral à saúde da mulher que incluía desde a infância, do início da sexualidade, até a menopausa.

O PAISM foi uma luta de mais de trinta anos, com uma pegada feminista e pessoas feministas já dentro da administração. Na década de 1980, houve não só uma profissionalização das feministas, tivemos também uma maior penetração no Estado. O Conselho Nacional de Direitos da Mulher é um exemplo. Em 1987, fui trabalhar no Conselho Nacional dos Direitos da Mulher, em Brasília, e lá fiquei responsável pela área de violência contra a mulher, onde lidava com prefeitos que queriam, por exemplo, pintar as viaturas das delegacias especializadas de cor-de-rosa. Vinha aquele cara machão e era necessário negociar, educar mesmo. Era um trabalho de articular uma política que fosse nacional, muito mais ligada na dimensão de consultoria, de receber esses caras, falar, visitar — viajei o país inteiro falando sobre violência contra a mulher, dando aula em academia de polícia.

Nesse mesmo ano, aconteceu a constituinte e o Lobby do Batom, que foi um negócio fantástico, e reivindicações das mulheres em relação à Constituição começaram a chover. Ele recolheu milhões de assinaturas para limpar todo o lixo autoritário e misógino da Legislação. Havia coisas como: você não podia ser frentista de posto porque era considerada uma profissão que afetava suas funções reprodutivas. Conseguimos tirar tudo isso que impedia as mulheres de acessar diversos espaços — especialmente a Legislação que impossibilitava que as mulheres trabalhassem em nome da reprodução humana. Havia muitas reivindicações, muitas coisas na área trabalhista, na área do direito, várias ligadas à propriedade da terra, que depois vieram a aparecer no governo Lula. A propriedade ser da mulher no Minha Casa Minha Vida, assim como o dinheiro do Bolsa Família, vem do entendimento de que um terço das famílias é chefiada por mulheres no Brasil e que essas mulheres estão em condição de vulnerabilidade e de desigualdade quando estão em uma relação com um homem, podendo ser expulsas de casa, por exemplo.

É importante lembrar, também, que a existência da ONG CFEMEA em Brasília foi fundamental para as conquistas do feminismo. Ela foi financiada por muitos anos pela Fundação Ford, por agências internacionais holandesas, e fazia acompanhamento das leis em Brasília. Quando projetos são elaborados e aparecem no Congresso, o CFEMEA realiza um acompanhamento diário crítico, um alerta com quadros muito bem formados. Muitos dos avanços promovidos na década de 1980 que se mantiveram foram também por conta do trabalho dessa ONG.

Fizemos muito movimento de rua durante todo esse período de 1970-80. Lembro que em 1975 aconteceu o caso de um diretor do *Jornal do Brasil* que assediou uma secretária. Fomos para a frente da sede do jornal, fizemos uma manifestação com cartazes e ele foi demitido. Fazíamos coisas pequenas, como encontros no sítio da Mary Castro. Brincávamos de bruxas, vestidos, turbantes. Tinha uma coisa muito lúdica que não era possível no Centro da Mulher Brasileira, por exemplo — isso foi no Coletivo de Mulheres. Fazíamos essas manifestações, mas eram vinte pessoas; o movimento não conseguia crescer. Mesmo na marcha pelo aborto, a gente não juntava mais de cem pessoas. Há pouco tempo, uns seis anos atrás, estávamos reunidas e pensando se nós morreríamos como as últimas feministas, porque não conseguíamos inventar modos de trazer público para o movimento. Aí o que nos surpreende? A Marcha das Vadias. A gente não achou que ia renascer, isso é fantástico. É uma satisfação ver o feminismo renascer e acontecer.

Maria Luiza Heilborn é historiadora, formada pela PUC-RJ, onde de certo modo encontrou o feminismo. Mestre e doutora em antropologia social, Malu passou pela pós-graduação do Museu Nacional/UFRJ e pelo pós-doutorado do Institut National d'Études Démographiques, na França. Fez parte, na década de 1970, do Centro da Mulher Brasileira e do Coletivo de Mulheres Brasileiras e, na década de 1980, integrou o corpo do Conselho Nacional dos Direitos da Mulher. Professora associada do Instituto de Medicina Social da UERJ, Malu é hoje também coordenadora do Programa em Gênero, Sexualidade e Saúde do IMS.

SCHUMA SCHUMAHER

Começo fazendo um breve histórico do feminismo brasileiro, que ainda é relativamente desconhecido e ajuda a situar melhor a nossa conversa.

O feminismo brasileiro passou por várias "ondas", considerando seu início no final do século XIX, quando, de forma organizada ou individual, inúmeras mulheres se rebelaram contra a tragédia da escravidão, lutaram pelo direito ao trabalho sem a autorização do marido, pelo acesso ao ensino de qualidade, pelo direito de frequentar universidades e de votar e serem votadas. A chamada segunda onda teve início nos anos 1970 num momento de crise da democracia brasileira. Além de lutar pela igualdade, pela valorização do trabalho da mulher, pelo direito ao prazer, contra a violência sexual, as mulheres também lutaram contra a ditadura militar. Esse novo feminismo estava apoiado, principalmente, nas ideias da escritora francesa Simone de Beauvoir, em seu livro *O segundo sexo*, publicado em 1949. A passagem para a terceira onda, nas últimas décadas do século XX, foi recheada de muitas críticas e polêmicas — especialmente pelas mulheres negras, que questionavam o discurso da mulher universal, considerando-o excludente, uma vez que as opressões atingem de maneira diferenciada as mulheres. Foi nessa década que se esquentaram o debate e as tensões sobre a incorporação da questão racial na agenda feminista, sobre o conceito de gênero e seu binarismo e sobre a institucionalização do feminismo com o surgimento de várias ONGs e a implantação de mecanismos de políticas para as mulheres na estrutura do Estado. Foi também nesse período que o movimento feminista teve sua agenda ampliada em virtude do ciclo de conferências promovido pelas Nações Unidas (Eco-92, Conferência Internacional de Direitos Humanos, 1993, População e Desenvolvimento, 1994 e a IV Conferência Mundial sobre a Mulher, 1995).

Meu encontro com o feminismo aconteceu um ano antes do I Congresso da Mulher Paulista, em março de 1979. Já carregava comigo há muitos anos uma espécie de incômodo sobre o meu lugar na sociedade, mas não sabia traduzi-lo, não sabia que nome dar a esse "mal-estar".

Do interior paulista, desembarquei em São Paulo, em 1971, para buscar trabalho e continuar os estudos. Sem engajamento político, sem referências, a convivência era com o grupo de amigos da minha cidade que também tinha vindo para a capital em busca de dias melhores. Logo comecei a me interessar pela agenda política, por leituras nas quais as mulheres tivessem protagonismos, por movimentos sociais contestatórios ao regime militar.

Nesse tempo conheci a carioca Regina Rocha, que, recém--chegada ao Centro da Mulher Brasileira, me falou de feminismo e na primeira oportunidade me levou para uma reunião de um grupo de reflexão de mulheres do Rio de Janeiro. O Centro tinha uma metodologia para evitar desníveis de informação: as novatas passavam por um grupo de reflexão para irem acompanhando aquelas que já vinham debatendo e refletindo há mais tempo. Era uma metodologia interessante de acolher as pessoas.

Na primeira reunião do Centro que participei no Rio de Janeiro, a discussão era sobre um filme que estava em cartaz e eu já tinha visto. Fiquei encantada com as interpretações que ouvi e com muitas coisas que abordavam, pois eram diferentes do olhar que eu tinha naquele momento, ainda pouco sensível para as questões de gênero, para compreender como se estruturavam as relações de poder. Elas discutiam também o tema do abuso nas autoescolas, da necessidade de haver instrutoras mulheres, porque eram muitas as denúncias de abuso sexual por parte dos instrutores. Depois desse encontro, percebi que era aquilo que eu estava procurando: mulheres que defendiam o direito de dizer sim ou não, mulheres que defendiam o direito de existir com dignidade, sem opressão.

Descobri depois que em São Paulo também havia o Centro da Mulher Brasileira. Foi difícil achar onde estava localizado, porque estávamos em plena ditadura e as coisas não eram tão públicas assim, mas consegui o endereço e bati lá. A porta da reunião estava fechada e, quando abriram, elas todas trocavam olhares, não sabiam quem eu era e muito menos o que estava fazendo ali. Eu me apresentei e foi assim que cheguei ao Centro da Mulher Brasileira em São Paulo, que era independente do Centro fluminense, só o mesmo nome e objetivos comuns. No Centro de São Paulo, a maioria das integrantes tinham uma ligação forte com o Partidão (no caso, um partido político clandestino), que exercia certa influência nas prioridades das nossas agendas e defendia primeiro a chamada luta geral e depois a luta pela emancipação das mulheres.

Cheguei quando o feminismo paulista estava no auge, quando estavam começando os primeiros Congressos da Mulher Paulista, que juntavam aproximadamente 3 mil mulheres. Fazíamos o congresso anualmente, no mês de março, para definir coletivamente quais eram as nossas prioridades naquele ano. Não tínhamos nenhuma relação com o Estado, eram iniciativas da sociedade civil. Além de muitos debates, embates, aconteciam coisas chamativas, quase engraçadas. Nos Encontros da Mulher Paulista, a gente organizava creches para que as mães pudessem participar e eram os homens que tomavam conta das crianças. Eram os chamados homens sensíveis.

Foi em um desses congressos que surgiu a proposta de que a questão da violência contra a mulher, que ganhava as páginas dos jornais naquele momento, precisava ser enfrentada coletivamente, não mais por uma organização ou por indivíduos. E assim formamos um grupo de trabalho (GT) com representação das várias organizações feministas que existiam em São Paulo naquela época. Entre as várias propostas que o GT levantou, estava a de criar um espaço para ouvir as mulheres vítimas de violência. Não bastava elas irem às delegacias. Os policiais e delegados mandavam-nas voltar para casa, se embelezar, ficar cheirosas, fazer comida e cuidar melhor dos maridos. Sabíamos que a solução não estava somente na denúncia policial. Era o momento em que a sociedade brasileira discutia polemicamente o assassinato da Ângela Diniz pelo Doca Street. Então, surgiu a estratégia de ter um espaço de escuta em que as representantes do GT e suas parcerias teriam que se dedicar. O resultado foi o lançamento, em 10 de outubro de 1980, do primeiro S.O.S. Mulher do Brasil — o antigo "GT contra a violência" passou a ser um espaço de atendimento às mulheres em situação de violência. O lançamento dessa estratégia recebeu tanto espaço na mídia, tanta contundência nos debates, que ganhamos autonomia. Todas saímos dos nossos grupos de origem e fomos fazer parte do S.O.S. Mulher. O espaço, num primeiro momento, foi cedido pelo MDB de São Paulo, que era presidido, na região de Pinheiros, pelo Fernando Moraes. Atendíamos uma vez por semana e aos sábados. Depois, alugamos uma casa própria e atendíamos diariamente, todas as tardes e todas as noites.

Esse era o tempo em que o feminismo era financiado pelas próprias feministas. Tínhamos um carnê e todas pagávamos mensalidade. Esse dinheiro financiou a sede do S.O.S. Mulher. Faziam parte do grupo também umas quinze ou vinte advogadas voluntárias, que cediam seu tempo para as mulheres que chegavam ao S.O.S. Algumas ficavam lá duas horas por dia, outras, um dia por semana. Éramos ao todo oitenta ou cem mulheres, e cada uma de nós tinha seus plantões. Quando houve a morte da Eliana de Grammont, organizamos uma grande ocupação das ruas, com cartazes, palavras de ordem etc. Essa ocupação mobilizou muita gente. Houve até um especial na TV Globo chamado *Quem Ama Não Mata*, baseado no slogan cunhado pelas mineiras, que foram as primeiras a pichar os muros com a frase.

Nessa segunda onda, o feminismo foi para as ruas com força total. Lutávamos pela volta da democracia, por creches, por salários iguais, por questões relativas ao trabalho doméstico. Nos anos 1980, a questão do corpo chegou afinal ao movimento feminista. Começamos a pautar como prioridade a questão da violência contra a mulher e a descriminalização do aborto. O movimento feminista crescia por todo o país e ganhava novas adeptas. Pernambuco, Bahia, São Paulo, Rio de Janeiro, Rio Grande do Sul, Pará, Ceará, Paraíba, Rio Grande do Norte, Amapá, em todos esses estados foram nascendo grupos, ONGS, associações.

Muitas eram as feministas atuantes desse período: Maria Betânia Ávila, Luiza Bairros, Cristina Buarque, Katia Melo, Angela Freitas, Alzira Nogueira, Concita Maia, Dulce Acioly, Sonia Correa, Ana Alice Costa, Ana Fonseca, Silvia Cantanhede, no nordeste; aqui no Rio de Janeiro tinha Malu Heilborn, Mariska Ribeiro, Danda Prado, Zezé de Lima, Jurema Batista, Eliane Potiguara, Hildete Pereira de Melo, Jacqueline Pitanguy, Leila Linhares, Rosália Lemos, Branca Moreira Alves, Comba Marques Porto, Lélia Gonzalez, Joselina da Silva, Angela Borba. Em São Paulo tinha Eva Blay, Ruth Cardoso, Marta Suplicy, Ruth Escobar, Silvia Pimentel, Florisa Verucci, Irede Cardoso, Edna Roland, Vera Soares, Sueli Carneiro, Beth Vargas, Beth Lobo, Nilza Iraci, Teresa Santos, Alzira Rufino, Miriam Botassi, Raquel Moreno, Regina Stela Moreira Pires, Albertina Costa, Fúlvia Rosemberg, Maria Malta Campos, Jacira Melo. Em Minas Gerais: Bila Sorj, Celina Albano, Conceição Rubinger, Benilda Paiva. No Sul, Clair

Castilhos, Conceição Lopes, Denise Dora, Nelma Oliveira, Marcia Soares e tantas outras que estou esquecendo agora.

As grandes manifestações feministas dos anos 1980 eram arrojadas e criativas. Às vezes elas eram temáticas e as mulheres iam vestidas como donas de casa, como estátua da liberdade, como empregadas domésticas, polemizando sobre a dupla jornada e denunciando as desigualdades. Até espetáculo teatral o feminismo produzia, como a *Missa Fêmea*. Ela foi criada por Maria Lúcia Vidal, junto com outras ativistas, com o intuito de contribuir para o debate sobre várias questões, como a relação com o corpo, a autonomia, os direitos das mulheres e a tentativa de influência da religião sobre os corpos das mulheres. Naquela época, não tínhamos ainda essa força intervencionista das Igrejas evangélicas, mas a Igreja católica era muito palpiteira e repressora e, como ela foi muito próxima da esquerda no contexto da ditadura, os conflitos existiam, e para enfrentá-los as ativistas continuavam denunciando o papel opressor da Igreja. Nas comemorações do Oito de Março, as feministas promoviam apresentações em cima dos caminhões, dramatização com conteúdos sobre nossos direitos, missa encenada às avessas, e nós usávamos alguns ritos da liturgia de maneira crítica.

Em geral, para manter acesa a chama do feminismo e suas atividades, organizávamos festas para arrecadar recursos, rifas, contribuição voluntária das militantes. Era preciso muita criatividade para manter o movimento atuante. Eu me lembro de uma festa que organizamos em São Paulo, chamada "O sexo dos anjos", na qual vendíamos ingressos, camisetas, adesivos, bebidas e bugigangas para angariar dinheiro que usávamos para pagar o aluguel da sede do S.O.S. Mulher.

O feminismo dos anos 1970 e 1980 foi arrojado, não saiu das ruas. As mulheres ocupavam as avenidas e praças, onde gritavam por liberdade, em todos os sentidos. Gritávamos por democracia em casa, na cama e na política. Era o grande grito das mulheres latino-americanas, feito com uma irreverência muito grande.

No início da abertura política, começou a se propagar um debate sobre a criação de um organismo responsável pela implementação de políticas para as mulheres no âmbito do Estado. Já existia o Conselho Estadual da Condição Feminina em São Paulo e o Conselho Estadual da Mulher em Minas Gerais e, mais tarde, criou-se um Conselho também no Rio de Janeiro. A proposta geral naquela hora era criar um Conselho Nacional dos Direitos da Mulher. As feministas pensaram diferentes estratégias para sensibilizar o futuro presidente, Tancredo Neves. O encontro foi organizado pela Ruth Escobar, que conseguiu marcar um almoço no palácio da Liberdade com ele e mais quarenta mulheres. No mesmo avião, foram Tônia Carrero, Fernanda Montenegro, Lélia Gonzalez, Tizuka Yamasaki, Maria Conceição Tavares, Benedita da Silva, entre outras. O almoço foi bem-sucedido e saímos com a promessa de que, chegando a Brasília, Tancredo acataria essa reivindicação das feministas brasileiras. Como sabemos, ele não chegou ao Palácio da Alvorada como presidente, mas, como essa promessa foi anunciada publicamente, o vice, José Sarney, logo que assumiu o cargo prometeu fazer valer os compromissos de Tancredo. Com isso, passamos a fazer parte de uma comissão de trabalho provisória para assessorar o pessoal do Congresso e do Senado, porque não queríamos um organismo criado por decreto, e sim um organismo criado por Projeto de Lei.

Elaboramos a proposta e ela foi encaminhada pelas lideranças do partido e aprovada por unanimidade, com muita verba e com estrutura. Chamava Conselho, mas, na verdade, era quase um miniministério. Então, em 1985, eu fui a Brasília com a Ruth Escobar para fazer parte da gestão do Conselho Nacional dos Direitos da Mulher, e muitas feministas vieram conosco. Éramos muito cuidadosas, especialmente com o novo papel que estávamos assumindo. Deixávamos de ser um movimento social para ser parte da estrutura de governo, e esses papéis não podiam ser confundidos. Dialogávamos agora com movimentos sociais na condição de gestoras de Estado.

Os quatro anos de atuação do Conselho provocaram um salto muito importante na implementação das políticas públicas para as mulheres no Brasil. É claro que foi muito difícil botar tudo em prática. Mas foi assim que as delegacias de mulheres foram nascendo e crescendo em todo o país. Nós tivemos que lidar com políticas de segurança e para isso organizamos um programa de formação das delegadas, para que o atendimento fosse humanizado, específico. Não bastava ter uma delegacia de mulher se o atendimento fosse o mesmo, se não houvesse compreensão das razões estruturais da violência contra as mulheres. Isso foi um dos trabalhos mais interessantes realizados pelo Conselho Nacional naqueles quatro anos.

Nós atuamos em várias áreas: na constituinte, na saúde, no mercado de trabalho, na educação infantil. Por exemplo, foi durante o tempo do Conselho que a creche deixou de ser um direito da mulher e passou a ser da criança. É nessa época que começaram as discussões sobre a paternidade.

Eu renunciei ao Conselho em 1989, por conta do esvaziamento político e dos grandes cortes de verbas que sofremos com a chegada do novo ministro, Oscar Dias Correia, conservador e nada solidário às reivindicações das mulheres. Meses depois, todas renunciaram por razões parecidas. Em vez de voltar para São Paulo, que era a minha casa, resolvi ficar um ano no Rio de Janeiro. Fui trabalhar na Fundação do Cinema Brasileiro e, como eu já conhecia o movimento feminista carioca, me integrei rapidamente.

Na década de 1990, fui para a REDEH (Rede de Desenvolvimento Humano). A REDEH foi criada em 1990 como uma organização ecofeminista, com Thais Corral, Solange Dacach, Ana Reis, Giselle Garcia e eu, que cheguei em 1991. Inicialmente, era um grupo de rua, um bando de loucas feministas e não formalizadas. Faziam manifestações públicas, críticas, intervenções dentro da SBPC (Sociedade Brasileira para o Progresso da Ciência) e por toda parte onde pudessem passar o nosso recado. O grupo inicialmente se intitulava O Bando e tinha também artistas como Lucélia Santos e Bia Saldanha.

Com a iminência da Eco-92 no Brasil, feministas do mundo inteiro começaram a procurar algumas ativistas conhecidas no país para propor a mobilização das mulheres no evento. Foi assim que a REDEH se formalizou como ONG, para receber recursos de fontes internacionais e preparar uma grade atividade na Eco-92. Thais Corral, que é até hoje uma das coordenadoras da REDEH, iniciou os contatos no Brasil e no exterior e a proposta foi muito bem recebida. Assim, foi criado o comitê internacional responsável por organizar o Planeta Fêmea, o maior espaço ocupado no Aterro do Flamengo, em 1992. Nós tivemos grandes painéis de debate, manifestações artísticas, performances de expressão corporal, rodas de conversa organizadas por mulheres indígenas, mulheres negras, mulheres brancas, enfim, uma grande diversidade de mulheres do mundo inteiro ali, juntas. Tinha o sagrado e o profano. Como parte do Fórum Paralelo dos Movimentos Sociais, o Planeta Fêmea chegou a receber 5 mil pessoas por dia. Foi uma ação tão forte das feministas no Rio de Janeiro que a Agenda Geral da Eco-92 tem um capítulo especial sobre a Agenda 21 das mulheres.

Quando a REDEH nasceu, tinha um foco muito forte no ecofeminismo. Hoje, atuamos em duas áreas prioritárias: uma ambiental, coordenada pela Thais Corral, na qual não trabalham só mulheres, e a área dos direitos humanos, que eu coordeno, que tem 90% do foco voltado para as mulheres e o restante, de forma mais abrangente, para crianças e adolescentes. A educação também é central para nós. Trabalhamos com a formação de professores nas questões racial, étnica, ambiental, de gênero e sexualidade. Trabalhamos também com a rede pública e em quilombos e produzimos um vasto material didático com essas temáticas.

Nos últimos tempos, estamos dedicadas ao enfrentamento da violência contra a mulher, à formação e à sensibilização de professores. O projeto chama-se "Quem ama abraça, fazendo escola" e já passou por mais de oitocentas cidades. Em cada uma delas, estabelecemos parcerias com o poder público local, especialmente as Secretarias de Educação. É um projeto voltado para a sociedade, especialmente para a comunidade escolar: professores, pais e crianças. No governo Dilma, tínhamos o apoio da Secretaria Nacional de Políticas para as Mulheres e do Instituto Avon. A campanha produziu um kit educativo, composto por manual para o professor, gibi para os alunos e DVDs produzidos com o apoio de muitos artistas. São ferramentas fundamentais para sensibilizar os alunos e trazer a realidade da violência doméstica e familiar contra as mulheres para um espaço onde possam se sentir acolhidos, respeitados e acompanhados, vencendo a sensação de solidão, perda e culpa que esse fenômeno tão grave traz.

Além da campanha, eu coordeno, desde 1997, o projeto Mulher 500 Anos Atrás dos Panos, que nasceu para contestar as comemorações dos quinhentos anos da chegada dos europeus ao Brasil, cuja proposta deixava, mais uma vez, as mulheres fora da história. A ideia, portanto, era tirar as mulheres dos pés de página e dar-lhes visibilidade, pois também ajudaram a construir o Brasil. Fizemos um grande projeto, com pelo menos vinte subprojetos. O primeiro foi o livro *Dicionário mulheres do Brasil*, depois *Mulheres negras do Brasil* e, mais recentemente, *Mulheres no poder*. Outro subprojeto é Brasil de Ponta a Ponta, que conta a história de cada estado brasileiro com a preocupação de incluir a ação das mulheres. Já fizemos o estado do Rio de Janeiro, intitulado *Um rio de mulheres*, e Alagoas, que chama *Gogó de emas*. Fizemos ainda o *Tem mulher na jogada*, sobre a participação das mulheres no esporte. Fizemos as biografias de Lélia Gonzalez e Nísia Floresta, com exposição e filme. Talvez sejamos, hoje, o espaço que reúne a maior quantidade de informação sobre a participação de mulheres nos mais diversos setores da atividade cultural, social, esportiva e política do Brasil.

Na virada do século surgiram várias ONGs feministas, novas cidadanias, muitos partidos políticos e um governo comprometido com a implementação de políticas públicas voltadas para as mulheres. Renovada e em crescimento acentuado, a movimentação feminista de agora é um pouco diferente da que vivemos no século passado. Naquela época, as organizações e os coletivos feministas costumavam convocar e produzir atividades conjuntas, com visibilidade para quem estava envolvido no processo e suas parcerias. Hoje, influenciado pela globalização, o feminismo jovem tem usado as redes sociais como ferramenta importante de denúncias e de mobilização, e me parece que, quanto menos aparelhado for, menos estruturado, com convocação alternativa e sem dono, maior é o sucesso. Independentemente das trajetórias, das idades, o feminismo segue forte, cada vez mais plural, mais colorido, revigorado e acreditando que a revolução ou será feminista ou não será.

Schuma Schumaher, nascida no interior de São Paulo, é pedagoga, escritora e ativista feminista. Seu encontro com o feminismo aconteceu no final dos anos 1970, nos primeiros Congressos da Mulher Paulista, em São Paulo. Schuma fez parte do Centro da Mulher Brasileira de São Paulo, onde também foi uma das fundadoras do S.O.S. Mulher, um dos primeiros espaços de atendimento à mulher vítima de violência do país. Fez parte da gestão do Conselho Nacional dos Direitos da Mulher na metade final da década de 1980 e integrou o grupo de mulheres que tinham acabado de formar a REDEH (Rede de Desenvolvimento Humano), no início dos anos 1990, ONG que coordena até hoje. É integrante da AMB (Articulação de Mulheres Brasileiras).

MARIA BETÂNIA ÁVILA

Eu fiz sociologia no final dos anos 1960, e os primeiros interesses pelo feminismo vieram das leituras e da aflição que nos tomava a todas naquela época, mas eu não tinha muito entendimento do que aquilo significava. No começo dos anos 1970, me mudei para a França. Fui estudar, mas fui também por causa da situação política. Não fui exilada, fui autoexilada, não pertencia a nenhuma organização política, mas era uma pessoa bastante mobilizada politicamente contra o que estava acontecendo no país. Quando terminei a faculdade, a vida ficou muito difícil em todos os sentidos, vários amigos e amigas foram embora do país e eu resolvi ir também. Fiz uma aplicação para o Iedes (Institut d'Étude du Développement Économique et Social), da Universidade Paris I Panthéon-Sorbonne, e fui embora, sem bolsa de estudo, sem nada, arriscar. Era um instituto que recebia muitos estudantes latino-americanos, talvez sobretudo naquela época, e tinha também muitos estudantes da África. Era um lugar muito receptivo e muito politizado.

Comecei a me relacionar com outras pessoas do Brasil que estavam lá, como Sônia Calió e Regina Carvalho, que foi uma das articuladoras do Círculo de Mulheres Brasileiras em Paris, juntamente com Sandra Macedo. Entrei para o Círculo naquela época, um grupo de fato já feminista, e foi em Paris que comecei minha militância propriamente dita, no começo dos anos 1970. O Círculo, para mim, foi uma descoberta que me mudou radicalmente.

Nesse momento, comecei a ligar a sociologia ao feminismo, e isso acabou definindo toda a minha vida profissional.

A organização do Círculo começou em 1975, mas o que a gente tem nos documentos e nas memórias de cada uma é que ele foi consolidado publicamente em janeiro de 1976. Foi redigida e tornada pública uma *Carta política*, que era uma referência para fazer parte do Círculo e o colocava como movimento feminista revolucionário. Afirmava também que a partir daquele momento estava fundada a organização de mulheres feministas no exterior e que faziam parte da resistência. O Círculo desde o início estabeleceu uma ligação com o Brasil. Além disso, também se relacionava com as feministas francesas e outras latino-americanas que igualmente estavam no exílio em Paris. O Círculo funcionava como um espaço de reflexão, de ação e debate políticos. Nós estudávamos muito ali, era um lugar de muita efervescência, consumíamos toda aquela literatura nova que saía das movimentações e elaborações feministas, de autoras como Sheila Rowbotham, Juliet Mitchell, Evelyn Reed, Elena Belotti, além de Simone de Beauvoir e outras históricas, como Flora Tristan, Clara Zetkin e Alexandra Kollontai.

Tínhamos os grupos de reflexão no Círculo, onde fazíamos a relação entre as nossas vivências, socializações e trajetórias com uma discussão mais intelectual e teórica, o que era próprio do método feminista daquele momento. Você socializava coisas da sua experiência de vida que considerava comuns à vida das mulheres. Existia uma forte discussão no feminismo francês sobre o trabalho doméstico e sobre a divisão das tarefas domésticas e a inserção das mulheres no mercado de trabalho, o que levou, depois, à formulação do conceito de divisão sexual do trabalho. O conceito de patriarcado também era um tema importante do debate, junto da questão da sexualidade e da autonomia política, a dupla militância e a autonomia em relação ao corpo. É desse período o slogan que atravessou o mundo pelo Ocidente, "Nosso corpo nos pertence", e gerou muita polêmica, inclusive na esquerda.

A discussão sobre violência sexual e violência doméstica não aparecia tão explicitamente como aparece hoje. Mas, por exemplo, aconteceu uma discussão sobre uma brasileira que sofreu violência sexual, um estupro, quando viajava de carona em algum país da Europa. Naquela época, era muito comum que estudantes, e as pessoas no geral, viajassem de carona pela Europa. Ela chegou ao Círculo e o problema foi socializado, e isso trouxe uma imensa discussão sobre a questão. Houve uma mobilização enorme e as francesas do movimento feminista se juntaram às brasileiras. O movimento de mulheres francesas foi extremamente solidário naquele momento. Esse episódio causou não só uma movimentação política, mas também de solidariedade pessoal e afetiva com a companheira que sofreu a violência sexual. O cara, que era um executivo belga, foi identificado e processado. Essa situação trouxe uma discussão pontual sobre violência sexual, mas a violência sexual e doméstica ainda não tinha a relevância que tem na luta feminista. Eram os anos 1970, o feminismo ainda estava trazendo certas questões à tona.

O Círculo também se dividia por campos temáticos, e havia um ligado à sexualidade e à reprodução. Aconteciam discussões muito extensas sobre a questão reprodutiva, o direito das mulheres de engravidar ou não, as críticas aos métodos de contracepção e ao poder médico. Esses também foram anos de grandes manifestações pela legalização do aborto na França e por outras questões, e nós estávamos presentes. Em 1975, o aborto foi legalizado na França, mas as manifestações continuaram, cobrando a implementação da lei e sua legitimação. O aborto era uma questão candente naquele momento e um tema muito debatido no Círculo. Tínhamos também um subgrupo sobre trabalho e outro encarregado da relação com o feminismo nascente no Brasil, com os grupos que estavam se organizando aqui, como o Nós Mulheres e o Brasil Mulher, que produziam a imprensa feminista.

Havia contato com grupos feministas do Rio de Janeiro, de São Paulo e com um de Recife, que se chamava Ação Mulher, criado em 1978 por mulheres vindas de movimentos políticos, muitas do movimento de anistia, que se juntaram e decidiram criar um grupo feminista. Logo no começo de sua atuação, esse grupo fez um artigo sobre aborto para um jornal alternativo de esquerda da época que causou polêmica aqui no Brasil, a ponto de essas mulheres entrarem em contato com o Círculo de Mulheres Brasileiras em Paris e pedirem que mandássemos uma carta de apoio. Então, através do Círculo, conheci o Ação Mulher e, quando voltei para o Recife, em janeiro de 1980, procurei imediatamente esse grupo e me engajei. Era um grupo feminista muito radical, muito ativo, e dele surgiram outros grupos, como o sos Corpo e a Casa da Mulher do Nordeste. Todas as mulheres da minha geração que estavam envolvidas com o feminismo em Recife vieram do Ação Mulher.

Nesse grupo, conheci algumas companheiras feministas que, como eu, estavam com vontade de construir uma organização também de militância, mas que tinha três outros objetivos principais: fazer o que a gente chama hoje de educação popular feminista; criar uma instituição de pesquisa a partir do movimento; e construir uma biblioteca feminista, para termos um lugar onde as mulheres pudessem encontrar literatura sobre o feminismo, que não existia naquela época aqui. Apesar desses objetivos muito claros, a gente começou formalmente o sos Corpo por outro caminho.

Quando começamos a movimentação que nos levou ao sos, existia um imenso programa não oficial, mas totalmente subsidiado e apoiado pelo governo, de controle de natalidade no Brasil. A pílula anticoncepcional era um método amplamente utilizado e o número de esterilizações começava a crescer.

Nesse momento, montamos uma peça chamada *Vida de mulher*, com várias mulheres: Sonia Corrêa, Angela Freitas, Gigi Bandler, Luiza Vasconcelos, Vânia Maia e eu. Era uma peça de teatro escrita e encenada por nós, dividida em vários atos: sobre trabalho e salário igualitários, aborto, violência. Eram quatro ou cinco atos, em que o último era uma conversa de mulheres se organizando e convocando outras para se organizarem também. Apresentamos essa peça primeiro em todos os bairros de Recife, em especial nos bairros da periferia, porque queríamos trabalhar com as mulheres dos setores populares. Já trabalhávamos com mulheres de classe média, militávamos juntas, mas queríamos expandir o feminismo, romper as fronteiras de classe. A peça ficou tão conhecida que nós fizemos apresentações em um evento de feministas organizado no Rio de Janeiro e fomos a um festival de mulheres das artes em São Paulo. Foi maravilhoso.

O contato com mulheres que nós tivemos através da peça e os problemas que chegavam para nós fizeram com que tomássemos a decisão de escrever uma cartilha chamada *Corpo de mulher*. Era uma cartilha que falava do funcionamento do corpo, com dicas sobre ervas que ajudavam a resolver problemas ginecológicos, sobre doenças sexualmente transmissíveis. Ela foi muito importante, porque, quando nós chegávamos com a peça, as mulheres queriam que voltássemos lá, queriam conversar com a gente, os problemas eram muitos. Nós descobrimos, nos bairros, um controle de natalidade que era absolutamente destruidor para o corpo dessas mulheres. Naquela época, distribuíam-se pílulas anticoncepcionais numas cartelas cinza que não tinham nem a composição das pílulas. As mulheres só falavam de enxaquecas, dores, varizes, era um terror. Paralelamente, começava o processo violento das esterilizações, muitas compulsórias, junto com as cesarianas, com alto risco para a vida das mulheres. Nós vimos que existia de fato uma situação emergencial e que o corpo das mulheres estava no centro.

Começamos a discutir com outros estados e percebemos que aquilo estava destruindo fisicamente as mulheres. Não estávamos lidando só com a dominação, a opressão, de maneira ideológica. Existia algo concretamente incidindo sobre os nossos corpos. Era uma questão de classe gritante também, porque as mulheres trabalhadoras, das comunidades, dos bairros populares, eram o alvo principal desse controle da natalidade, submetidas a uma contraconcepção ao custo de sua saúde física e mental. E, como mostrou e denunciou o movimento de mulheres negras, a questão também era racial. Em 1981, nós lançamos um debate público aqui em Pernambuco que teve ressonância nacional, e começamos o SOS Corpo. Primeiro chamamos SOS Corpo — Grupo de Saúde da Mulher. Depois, houve uma institucionalização maior do grupo.

Em quatro ou cinco anos, tínhamos um instituto de pesquisa, de educação popular feminista e uma superbiblioteca feminista, que atendia não só Recife, mas o Nordeste inteiro — era o centro mais completo de literatura feminista em todas as áreas. Durante alguns anos, até tivemos atendimentos de escuta de mulheres, como acontecia em outros SOS, no que dizia respeito a acolhimento em relação a questões reprodutivas. O centro do nosso trabalho era fortalecer os movimentos de mulheres e feministas e produzir conhecimento a partir do feminismo. Passamos, então, a nos chamar SOS Corpo — Instituto Feminista para Democracia. Não abandonamos o "SOS Corpo", porque ele identificava o grupo. Em 1984, por exemplo, houve um grande encontro internacional no momento em que se construíam os direitos reprodutivos como conceito, e nós estávamos lá como SOS Corpo. Tínhamos uma relação nacional com o movimento feminista, mas o SOS sempre foi muito ligado também ao movimento internacional de mulheres. Não tínhamos mais como tirar esse nome, porque era uma marca da nossa institucionalidade. Apesar de abordarmos outras questões, como o trabalho e a violência, nós ainda lidávamos com o corpo, com os direitos reprodutivos e sexuais. Então, mudamos o segundo nome, mas mantivemos o primeiro.

Outra área de atuação da nossa organização é o trabalho remunerado e não remunerado, o trabalho organizado e o precarizado. Nós temos, desde o começo, uma relação muito forte com a organização das trabalhadoras domésticas, de parceria política, apoio e subsídio de pesquisas. Nos dedicamos aos movimentos de trabalhadoras rurais e às mulheres organizadas dos bairros populares daqui, atuando em conjunto e dando apoio às organizações delas. Em 2016, por exemplo, com as epidemias de chikungunya, dengue e zika, em que o estado de Pernambuco foi um dos mais atingidos, tivemos um momento muito importante de luta por políticas públicas, denúncias e produção de análises críticas voltadas para a saúde das mulheres. Isso porque a zika representa um perigo para as grávidas e a chikungunya tem sintomas violentos que permanecem por muito tempo, sobretudo nas mulheres. Então, nós nos articulamos nas questões de saúde também, como de trabalho e de violência, sempre juntas e apoiando os movimentos, na pesquisa e na educação popular feminista e na luta por democracia.

Nós temos também um site, <www.soscorpo.org.br>. Fazemos muitos cursos de formação presencial e à distância. Somos engajadas como militantes feministas e participamos de articulações feministas, do Fórum de Mulheres de Pernambuco, da Articulação de Mulheres Brasileiras, e de uma articulação latino-americana, a Articulación Feminista Marcosur, que olha para e atua no mundo a partir do sul. A biblioteca perdeu um pouco o sentido, porque a produção feminista não é a mesma dos anos 1980 e 1990; hoje ela não para de crescer. Então, nós não temos recursos para manter a biblioteca atualizada. Além disso, hoje as pessoas lidam muito mais com a bibliografia on-line. Nós não nos desfizemos totalmente da biblioteca, preservamos as obras clássicas, sobretudo dos anos 1970 e 1980, e muitos jornais e revistas que assinávamos naqueles anos. Agora estamos com o CFEMEA de Brasília e a Cunhã da Paraíba com uma plataforma on-line, chamada Universidade Livre Feminista. Integramos também um grupo chamado Grupo de Reflexão Feminista sobre o Mundo do Trabalho Produtivo e Reprodutivo, em parceria com a Secretaria Nacional da Mulher Trabalhadora da CUT, do qual fazem parte outras organizações feministas e acadêmicas, e fazemos parte do GT "Feminismos, resistencias y procesos emancipatorios", do Clacso (Conselho Latino-Americano de Ciências Sociais).

Maria Betânia Ávila, alagoana, é graduada em ciências sociais pela Universidade Católica de Pernambuco, com especialização em sociologia do desenvolvimento pela Universidade de Paris I e doutorado em sociologia pela Universidade Federal de Pernambuco. Seu engajamento político e pessoal com o feminismo começou no Círculo de Mulheres Brasileiras em Paris, no início dos anos 1970. Fez parte do grupo feminista Ação Mulher, de Recife, no início de 1980, e em 1981 foi uma das fundadoras do SOS Corpo — Instituto Feminista para Democracia, instituição da qual faz parte até hoje como pesquisadora e ativista.

BRANCA MOREIRA ALVES

Eu casei em 1961, antes de fazer 21 anos, porque tinha medo de ficar solteirona. Não tinha nenhuma ideia que eu podia ser outra coisa na vida que não mãe e esposa devotada. Durante toda a década de 1960, tentei ser exatamente isso: tive duas filhas, cuidava da casa, mas sempre com essa angústia famosa da Betty Friedan, do mal que não tem nome; e, como não tinha nome, eu não sabia que mal era esse. Resolvi voltar para a faculdade em 1968. Fui fazer história na Santa Úrsula, com a ideia de que eu ia me ilustrar para ser uma *hostess* melhor. Fiz o vestibular em fevereiro e, durante o exame, alguns estudantes distribuíram panfletos contra a invasão da República Dominicana pelos Estados Unidos — que eu olhei e joguei fora, pensando que política não era coisa nem para estudantes nem para mulheres. Hoje, digo que sou filha desse "ano que nunca acabou", como escreveu Zuenir Ventura.

Em março, houve a morte do estudante Edson Luís, e a coisa começou a ferver. Houve o encontro de estudantes em Ibiúna, e uma colega da faculdade estava entre os presos. De repente, me dei conta de que a repressão tinha chegado perto. Antes, tinham sido operários, camponeses, parecia uma coisa longínqua, e eu não refletia sobre isso, embora meu próprio irmão, que era deputado, tivesse escrito o livro *Torturas e torturados*. Comecei, então, a ler essas coisas, uma literatura sobre a ditadura. Lembro-me de ir a uma passeata com ele contra um acordo que eu nem sabia o que era, o acordo MEC/Usaid. Como meu irmão estava lá, eu fui. Já em junho, fui na passeata dos 100 mil, conscientizada, e daí não parei mais. Fui na dos 30 mil, em 1968. Em 1969, fiz parte do grupo de mães de presos políticos e traduzia as denúncias de torturas para o inglês, enviadas para fora do Brasil. Essas mães brasileiras foram pioneiras antes mesmo das argentinas. Reuniam-se a princípio no Colégio Sion, em volta de uma mesa, fazendo alguma costura para disfarçar se chegasse a polícia — mãe é tão sagrada neste país que nunca tiveram problemas, que eu saiba. Ou talvez a polícia política não se desse conta. Afinal, eram mulheres, mães, senhoras discretas. Não levantavam suspeitas e, no entanto, estavam elas e nós, da rede de informação, fazendo algo considerado supersubversivo e pelo qual muitos foram torturados e alguns mortos, como Rubens Paiva e Vladimir Herzog.

Sempre digo que sou filha de 1968.

Em 1970, o meu marido foi fazer mestrado em planejamento urbano em Berkeley, na Califórnia. Fui com ele e, nesse momento, a minha coisa era a ditadura, não tinha ainda nenhuma visão sobre a mulher nessa história. Lá, a gente conheceu o Fred Goff, que dirigia o North America Congress on Latin America (Nacla). Quem nos apresentou ao Fred foi o Claudius Ceccon, que estava autoexilado em Genebra e naquela ocasião fazia articulações nos Estados Unidos com movimentos como o Nacla, para reforçar a luta internacional contra a ditadura. Fred nos ofereceu fazer, em Berkeley, o mesmo jornal produzido na França pelos exilados: *Front Brésilien d'Information*. Ele nos daria o escritório onde produzia uma newsletter e nos ensinaria a fazer a publicação. Assim começou o *Brazilian Information Front*, financiado por professores norte-americanos brasilianistas, como Thomas Skidmore e Stanley Stein.

Na mesma época, alguns estudantes brasileiros que cursavam pós-graduação em Berkeley, entre eles meu marido, formaram um grupo de estudos sobre a realidade brasileira. Esse grupo não tinha nenhuma mulher que fosse estudante, além de mim. Todas estavam ali para acompanhar os maridos e ninguém falava nada; estávamos sempre mudas nas reuniões, mesmo eu, que tinha me transferido para a Universidade da Califórnia, Berkeley, e agora cursava história lá. Um ano depois, recebi uma carta da Danda Prado, que fazia parte de um grupo de mulheres brasileiras feministas em Paris, me perguntando o que eu achava do feminismo. Eu tinha estudado os movimentos sociais da América Latina, movimentos de camponeses e trabalhadores, a história do socialismo europeu, seguia a resistência brasileira, mas nesse momento percebi que não achava nada do feminismo, e isso foi um choque para mim. Foi como um "estalo de Vieira", porque naquele minuto tudo se enquadrou e eu me vi como mulher, filha, mãe, irmã. Naquele momento eu entendi tudo.

Lembro de ir tomar banho e passar a mão pelo meu corpo, impressionada por ter de repente entendido que ser mulher era algo importante, que não era simplesmente uma condição que eu tinha de aceitar. Liguei para minha amiga Maria Malta Campos, que morava embaixo de mim, em Berkeley, e nós decidimos organizar um grupo com as mulheres dos estudantes brasileiros para conversar e trocar experiências. Daquelas mulheres mudas do grupo de estudos, já na primeira reunião uma contou que tinha sido estuprada pelo tio, outra que tinha deixado a cidade pequena onde morava porque saiu com um rapaz que era o mais cobiçado da cidade, eles conversaram muito e, quando ele a deixou em casa, disse que ela não podia ser tão inteligente, senão não arranjava marido — e nesse momento ela resolveu ir para São Paulo. Esse foi nosso primeiro grupo de reflexão.

Quando voltei ao Rio de Janeiro, fui fazer o mestrado no Iuperj e conheci a Leila Linhares e a Ana Clara Torres Ribeiro.

Nós fizemos um grupo de estudo com a minha mãe e umas amigas dela. Isso não deu certo, éramos duas gerações diferentes e acabamos organizando um grupo só com a gente. Conheci a Jacqueline Pitanguy em 1974, em um desses grupos de reflexão, e, em 1975, nós do grupo — Jacqueline, Leila, Mariska Ribeiro e algumas meninas da PUC, Kati de Almeida Braga, Maria Helena Darcy de Oliveira e Malu Heilborn, entre outras — resolvemos organizar um evento para o Ano Internacional da Mulher. Conseguimos o apoio da ONU e o espaço da ABI para fazer uma semana sobre a realidade da mulher brasileira. O encontro foi superimportante, considerado o pontapé para a segunda onda do feminismo no Brasil. Como fruto desse encontro, foi criado no Rio de Janeiro o Centro da Mulher Brasileira, que organizou diversos eventos na década de 1970.

O primeiro evento contra assédio sexual de que eu me lembro foi organizado pelo Centro da Mulher Brasileira em um caso que ocorreu no *Jornal do Brasil*. Um diretor do jornal passou a mão em uma recepcionista, ela reclamou e foi despedida. Nós fizemos uma manifestação na esquina do *Jornal do Brasil* e eles mandaram esse fulano ser representante em Paris, para tirá-lo daqui. Só que, com a nossa ligação com a Danda Prado, em Paris, quando ele chegou, a mulherada estava esperando por ele com cartazes no aeroporto. Não sei o que foi feito com ele depois, nem lembro do nome, mas nós reagimos.

Também fizemos um movimento no segundo julgamento do Doca Street, em Cabo Frio, e passamos a noite acampadas em frente ao Fórum no julgamento em que ele foi condenado. Passamos a usar o slogan "Quem ama não mata". Outro slogan, "Nosso corpo nos pertence", marcava nossa diferença com a Igreja, porque levantava a questão dos direitos reprodutivos e do aborto. A Igreja era nossa aliada na luta contra a ditadura, mas aí estava traçado o limite. Organizamos encontros feministas, passeatas e eventos, como os primeiros atos para marcar o Dia Internacional da Mulher, até então ignorado pela mídia. Com o processo de abertura assinalado pela primeira eleição para governadores, em 1982, nós montamos no Rio de Janeiro um grupo chamado Alerta Feminista para as Eleições e organizamos uma série de demandas a serem assumidas pelos candidatos. Nesse ano, foram eleitos os governadores que montaram os Conselhos da Condição Feminina: Franco Montoro (SP) e Tancredo Neves (MG).

Por volta de 1983, fizemos uma passeata com a Dina Sfat à frente, com um cartaz em defesa do aborto. A imagem estampou a capa da *Veja*. Depois, veio a campanha para a constituinte, e a coisa pegou fogo. O Conselho Nacional dos Direitos da Mulher, sob a presidência de Jacqueline Pitanguy, foi fundamental, porque acompanhava as discussões nas comissões. A gente, do lado de fora, sem internet, não sabia o que estava acontecendo no processo da nova Constituição, então era o Conselho que avisava quando e quais comissões aconteceriam. Eu me lembro de que uma das comissões era para decidir sobre o aumento da licença-maternidade, e nós fizemos uma passeata no centro da cidade, em que simulávamos nascimentos. Eram nascimentos de mulheres adultas mesmo: passávamos por baixo das pernas umas das outras; enquanto a que estava de pé fingia estar em trabalho de parto, e a que passava por baixo nascia. Eu me recordo de que estava em pé, de saia, perto do Terminal Menezes Côrtes, com uma menina saindo de baixo de mim, e passou um rapaz, que devia ser estudante ou advogado, olhando para aquela situação. Perguntei se ele tinha mamado, e ele respondeu que sim; perguntei se tinha gostado, e ele mais uma vez disse que sim; então eu disse que ele tinha que ser a favor da licença-maternidade de quatro meses. E era assim, a gente confrontava as pessoas que estavam passando para ir ao Fórum. Éramos muito doidas e íamos inventando essas ações na hora.

Em 1988, a gente fez a *Missa Fêmea*, que era uma apresentação do texto da missa no feminino, com música, e no final fazíamos o sinal da vagina com a mão. Quem organizou foi uma psicóloga feminista que fazia psicodrama, Maria Lúcia Vidal. Nós tínhamos palco e tudo, era um teatro no meio da rua, no Largo da Carioca, no Oito de Março. Na rádio, no dia seguinte, o cardeal quase que excomungou a gente, dizendo que era um pecado, um sacrilégio. Meu pai dizia que nós não podíamos fazer aquelas coisas, que era palhaçada. As nossas passeatas eram mesmo uma palhaçada, fazíamos teatro, íamos fantasiadas e havia repercussão, saía nos jornais. O humor é uma forma de fazer política. Teve uma vez em que a Carmen da Silva, escritora e articulista da revista *Claudia*, foi de rainha do lar, com uma faixa e uma coroa, e ia andando benzendo todo mundo com sabão em pó dentro de um balde. A Leila Linhares foi de mãe enlouquecida, metade da cabeça de rolinho a outra metade penteada, com um avental pregado com lembretes como: "Costurar o botão da camisa do marido", "Comprar arroz", "Encapar os cadernos do colégio", e ia se abanando com uma frigideira, dizendo que umas malucas tinham passado na casa dela e a tinham levado para a passeata, que ela tinha deixado o feijão no fogão. A Hildete Pereira de Melo e a Jacqueline Pitanguy foram vestidas de debutantes, a Rosiska Darcy de Oliveira e a Mariska Ribeiro com uniformes de normalistas, a Comba Marques Porto de "a outra", com um cartaz: "Nunca sábados, domingos e feriados". Eu fui de senhora recatada, com um vestido de lã preto de manga comprida cheio de florezinhas estampadas, uns óculos que eu nem usava, um tricô que eu nem sei fazer, e ao meu lado ia a cineasta Celia Resende, vestida de puta. Nós duas tínhamos um cartaz que dizia: "As duas faces da mulher".

Em outro Oito de Março, saí vestida de príncipe, com uma boina azul e uma pluma na cabeça, e a Santinha — Maria do Espírito Santo Cardoso dos Santos — foi de princesa. Segurávamos dois cartazes, o meu dizia: "Procuro princesa para lavar, cozinhar e amar", e o da Santinha: "Não sei se sou princesa ou escrava".

Já na década de 1990, fui convidada pelo Unifem (Fundo de Desenvolvimento das Nações Unidas para a Mulher) para chefiar o escritório Brasil-Cone Sul, aberto em Brasília, em 1992. O convite original foi para abrir um escritório nacional, mas, embora fosse meu trabalho dos sonhos, o salário seria o mesmo que eu recebia como promotora de justiça e tive que recusar, pois teria que morar em Brasília e as despesas seriam grandes demais. Assim, recebi três meses depois um telefonema de Nova York dizendo que um escritório internacional tinha sido criado: Brasil-Chile-Argentina-Uruguai-Paraguai, já com um salário melhor. Pedi exoneração do Ministério Público e me tornei diretora regional do Unifem Brasil-Cone Sul, onde fiquei de 1992 a 2003. Nunca me arrependi da escolha.

Tive a sorte de trabalhar na década das grandes conferências da ONU: em junho de 1992, foi a Eco-92, no Rio de Janeiro; em 1993, a Conferência Internacional de Direitos Humanos, em Viena; em 1994, a de População, no Cairo; em 1995, a das Mulheres, em Beijing; e, em 1996, a do Habitat, em Istambul. As agências tinham o mandato de trabalhar juntas na preparação e na participação nas conferências. Por isso, o papel do Unifem, uma agência pequena, foi fortalecido, porque elas eram obrigadas a dar destaque aos temas de gênero, tornando nossa agência imprescindível. Outra coisa que foi fortuita na minha gestão foi que os cinco países que o escritório cobria estavam saindo de ditaduras, vivendo um momento de reformulação política e de produção da nova estrutura jurídica democrática. Eu, como já era uma feminista velha, conhecia a turma da América Latina dos encontros latino-americanos de mulheres, e tinha pessoas e ONGs de confiança nesses países que eu sabia que podiam levar projetos feministas. Eu pude, com o Unifem, apoiar esse momento histórico, com financiamento e com interligação entre movimentos e governos. Na verdade, a participação do Unifem e do movimento de mulheres internacional nas conferências foi muito importante. A resolução da ONU sobre essas conferências foi de que todas as agências tinham que incluir o tema de gênero e direitos da mulher. A participação do Unifem e do movimento internacional de mulheres foi fundamental para que os nossos direitos fossem garantidos.

Branca Moreira Alves, graduada em história, ciências políticas e direito, encontrou o feminismo quando foi concluir sua graduação em história na Universidade da Califórnia, Berkeley. De volta ao Rio de Janeiro, ingressou no Instituto Universitário de Pesquisas do Rio de Janeiro, onde arguiu a dissertação de mestrado em ciências políticas publicada como *Ideologia e feminismo: A luta da mulher pelo voto no Brasil.* Foi uma das organizadoras da semana de debates sobre a mulher na sociedade brasileira, em 1975, considerada o pontapé inicial do movimento feminista no Brasil. Foi a primeira presidente do Conselho Estadual dos Direitos da Mulher do Rio de Janeiro e chefiou o primeiro escritório do Unifem para o Cone Sul.

NOTAS

INTRODUÇÃO: O GRIFO É MEU [pp. 11 a 19]

1   *Por Elise*. Rio de Janeiro: Cobogó, 2012, p. 8.

2   Centros Populares de Cultura, que, no período pré-1964, buscaram promover através do teatro, do cinema, da música, das artes e da literatura a conscientização popular em eventos em sindicatos, ligas camponesas, favelas etc.

3   Ver Cynthia Sarti, "Feminismo no Brasil: Uma trajetória particular". *Cadernos de Pesquisa*, n. 64, fev. 1988, pp. 38-47; e Albertina de Oliveira Costa, "É viável o feminismo nos trópicos?". *Cadernos de Pesquisa*, n. 66, ago. 1988, pp. 63-9.

PARTE 1: A NOVA GERAÇÃO POLÍTICA
RUA [pp. 23 a 42]

1   Entrevista com Isabella Dias, estudante secundarista participante da ocupação do Colégio Pedro II, unidade do Realengo, em 2016. *Revista Agulha*, 12 mar. 2017. Disponível em: <https://issuu.com/agulha.cc/docs/agulha__2_online>. Acesso em: 28 jul. 2018.

2   Veja a íntegra da pesquisa do Ibope em: <http://g1.globo.com/brasil/noticia/2013/06/veja-integra-da-pesquisa-do-ibope-sobre-os-manifestantes.html>. Acesso em: 28 jul. 2018.

3   Ivana Bentes, "Hackear, narrar: As novas linguagens do ativismo". Em *Mídia-multidão: Estéticas da comunicação e biopolíticas*. Rio de Janeiro: Mauad, 2015, pp. 52-3.

4   Peter Pál Pelbart, "Anota aí, eu sou ninguém". *Folha de S.Paulo*, 19 jun. 2013. Disponível em: <http://www1.folha.uol.com.br/opiniao/2013/07/1313378-peter-pal-pelbart-anota-ai-eu-sou-ninguem.shtml>. Acesso em: 28 jul. 2018.

5   Luiz Eduardo Soares, *Rio de Janeiro: Histórias de vida e morte*. São Paulo: Companhia das Letras, 2015, pp. 11-2.

6   Comitê Invisível. *Aos nossos amigos: Crise e insurreição*. São Paulo: n-1, 2016, pp. 53-4.

7   Marina Rossi, "As mulheres brasileiras dizem basta". *El País*, 4 nov. 2015. Disponível em: <https://brasil.elpais.com/brasil/2015/11/03/politica/1446573312_949111.html>. Acesso em: 28 jul. 2018.

8   Luciana Araújo, "Mulheres nas ruas, sem medo, contra o racismo e a violência". Negro Belchior, *CartaCapital*, 9 nov. 2015. Disponível em: <http://negrobelchior.cartacapital.com.br/mulheres-nas-ruas-sem-medo-contra-o-racismo-e-a-violencia/>. Acesso em: 28 jul. 2018.

9   Juliana Gonçalves, "Marcha das mulheres negras, a marcha que faz sentido". *CartaCapital*, 16 nov. 2015.

10   Analba Brazão, "AMB na Marcha de Mulheres Negras: Nas ruas para enfrentar o racismo e os retrocessos". Articulação de Mulheres Brasileiras, 17 nov. 2015. Disponível em: <http://articulacaodemulheres.org.br/2015/11/17/amb-na-marcha-de-mulheres-negras-nas-ruas-para-enfrentar-o-racismo-e-os-retrocessos/>. Acesso em: 28 jul. 2018.

11   Comitê Invisível, op. cit., p. 16.

12   Bila Sorj e Carla Gomes, "Corpo, geração e identidade: A Marcha das Vadias no Brasil". *Sociedade e Estado*, Brasília, v. 29, n. 2, maio-ago. 2014. Disponível em: <http://www.scielo.br/scielo.php?script=sci_arttext&pid=S0102-69922014000200007>. Acesso em: 28 jul. 2018.

13   Naara Luna, "Marcha das vadias e a Jornada Mundial da Juventude: Uma performance de protesto pela legalização do aborto". Trabalho apresentado na 29ª Reunião Brasileira de Antropologia, realizada entre os dias 3 e 6 de agosto de 2014, em Natal.

14   Camile Vergara, "Corpo transgressão: A violência traduzida nas performances do Coletivo Coiote, Bloco Livre Reciclato e Black Blocs". *Cardernos de Arte e Antropologia*, v. 4, n. 2, 2015. Disponível em: <http://journals.openedition.org/cadernosaa/970?lang=fr>. Acesso em: 28 jul. 2018.

15   Bila Sorj e Carla Gomes, op. cit.

16   Comitê Invisível, op. cit., p. 18.

17   Abaixo-assinado "Vai ter shortinho, sim", organizado pelas alunas do Colégio Anchieta, de Porto Alegre. *Change.org*, 25 fev. 2016. Disponível em: <https://www.change.org/p/col%C3%A9gio-anchieta-vai-ter-shortinho-sim?recruiter=388087316&utm_source=share_petition&utm_medium=facebook&utm_campaign=share_facebook_responsive&utm_term=mob-xs-share_petition-custom_msg&fb_ref=Default>. Acesso em: 28 jul. 2018.

18   Ivana Bentes, "A última maçã do Paraíso". *Cult*, 24 out. 2016. Disponível em: <https://revistacult.uol.com.br/home/a-ultima-maca-do-paraiso/>. Acesso em: 28 jul. 2018.

19 Os dados foram publicados na matéria "This is What We Learned by Counting the Womens Marches". *Washington Post*, 7 fev. 2017. Disponível em: <https://www.washingtonpost.com/news/monkey-cage/wp/2017/02/07/this-is-what-we-learned-by-counting-the-womens-marches/?utm_term=.3c4b1831faa8>. Acesso em: 28 jul. 2018.

20 "Além do 'faça acontecer': Para um feminismo dos 99% e uma greve internacional militante em 8 de março". Blog Junho, trad. Daniela Mussi, 5 fev. 2017. Disponível em: <http://blogjunho.com.br/alem-do-faca-acontecer-para-uma-feminismo-dos-99-e-uma-greve-internacional-militante-em-8-de-marco/>. Acesso em: 28 jul. 2018.

21 Publicado na página "8M Brasil", no Facebook, 23 fev. 2017.

22 Tory Oliveira, "No 8 de março, mulheres preparam greve global". *CartaCapital*, 8 mar. 2017. Disponível em: <https://www.cartacapital.com.br/sociedade/no-8-de-marco-mulheres-preparam-greve-global>. Acesso em: 28 jul. 2018.

23 Postado dia 9 de março em sua página pessoal do Facebook.

REDE [pp. 43 a 60]

1 Comitê Invisível, op. cit., pp. 135-6.

2 Rio de Janeiro: Zahar, 2013.

3 "Missão Institucional: Geledés". Geledés Instituto da Mulher Negra, 10 abr. 2016. Disponível em: <https://www.geledes.org.br/geledes-missao-institucional/>. Acesso em: 28 jul. 2018.

4 "Hashtag transformação: 82 mil tweets sobre o #PrimeiroAssédio". Think Olga. Disponível em: <https://thinkolga.com/2015/10/26/hashtag-transformacao-82-mil-tweets-sobre-o-primeiroassedio/>. Acesso em: 28 jul. 2018.

5 Luíse Bello, "Uma primavera sem fim". Think Olga, 18 dez. 2015. Disponível em: <http://thinkolga.com/2015/12/18/uma-primavera-sem-fim/>. Acesso em: 28 jul. 2018.

6 Luíse Bello, op. cit.

7 Disponível em: <http://www.ipea.gov.br/portal/images/stories/PDFs/SIPS/140327_sips_violencia_mulheres_antigo.pdf>. Acesso em: 28 jul. 2018.

8 Disponível em: <http://www.ipea.gov.br/portal/index.php?option=com_content&view=article&id=21971>. Acesso em: 28 jul. 2018.

9 Disponível em: <https://noticias.uol.com.br/cotidiano/ultimas-noticias/2016/02/08/em-pesquisa-49-dos-homens-dizem-que-bloco-nao-e-para-mulher-direita.htm>. Acesso em: 28 jul. 2018.

10 Luis Barrucho, "Ex-empregada doméstica lança campanha nas redes sociais para denunciar abusos de patrões". *BBC Brasil*, 21 jul. 2016.

Disponível em: <http://www.bbc.com/portuguese/salasocial-36857963>. Acesso em: 28 jul. 2018.

11 Portal Brasil, "Trabalho doméstico é a ocupação de 5,9 milhões de brasileiras". Governo do Brasil, 17 mar. 2016. Disponível em: <http://www.brasil.gov.br/cidadania-e-justica/2016/03/trabalho-domestico-e-a-ocupacao-de-5-9-milhoes-de-brasileiras>. Acesso em: 28 jul. 2018.

12 Números referentes a 13 de julho de 2017.

13 Disponível em: <https://www.youtube.com/watch?v=IeCFUYGPt8s&t=28s>. Acesso em: 28 jul. 2018.

14 A lista foi publicada pelo site NLUCON. Disponível em: <http://www.nlucon.com/2016/03/conheca-os-canais-no-youtube-comandados.html>. Acesso em: 28 jul. 2018.

15 "Eleições 2016: País elege 7803 vereadoras e 638 prefeitas em primeiro turno". Tribunal Superior Eleitoral, 10 out. 2016. Disponível em: <http://www.tse.jus.br/imprensa/noticias-tse/2016/Outubro/eleicoes--2016-pais-elege-7-803-vereadoras-e-638-prefeitas-em-primeiro-turno>. Acesso em: 28 jul. 2018.

16 Juliana Moraes. "Youtuber negra, Nátaly Neri desabafa: 'A gente se sente muito excluído'". R7, 11 out. 2016. Disponível em: <https://diversao.r7.com/pop/youtuber-negra-nataly-neri-desabafa-a-gente-se--sente-muito-excluido-10072017>. Acesso em: 28 jul. 2018.

17 Camila Eiroa, "Mulheres negras para acompanhar nas redes". *Trip*, 9 ago. 2017. Disponível em: <http://revistatrip.uol.com.br/trip--transformadores/djamila-ribeiro-indica-sete-mulheres-negras-para--acompanhar-nas-redes>. Acesso em: 28 jul. 2018.

POLÍTICA REPRESENTATIVA [pp. 61 a 72]

1 Em: Eva Alterman Blay, *50 anos de feminismo: Argentina, Brasil e Chile — A construção das mulheres como atores políticos e democráticos.* São Paulo: Edusp, 2017.

2 Marcia Tiburi, "Mulheres e poder contra o culto da ignorância machista". *Cult,* n. 222, abr. 2017. Disponível em: <http://revistacult.uol.com.br/home/mulheres-e-poder-contra-o-culto-da-ignorancia--machista/>. Acesso em: 28 jul. 2018.

3 Manuela D'Ávila, "'Ir com Laura a um compromisso é um gesto de resistência': A política é dos homens para homens". #AgoraÉQueSãoElas, 23 mar. 2017. Disponível em: <http://agoraequesaoelas.blogfolha.uol.com.br/2017/03/23/ir-com-laura-a-um--compromisso-e-um-gesto-de-resistencia-a-politica-e-dos-homens--para-homens/>. Acesso em: 28 jul. 2018.

4 Ibid.

5   Marielle Franco, "Eu sou porque nós somos". #AgoraÉQueSãoElas, 22 set. 2016. Disponível em: <http://agoraequesaoelas.blogfolha.uol.com.br/2016/09/22/votenelas-marielle-franco/>. Acesso em: 28 jul. 2018.

6   Marcia Tiburi, op. cit.

7   Marielle Franco, op cit.

8   Talíria Petrone, "Sobre estar vereadora em Niterói e outras coisas mais". #AgoraÉQueSãoElas, 29 nov. 2017. Disponível em: <http://agoraequesaoelas.blogfolha.uol.com.br/2017/11/29/violencia-contra--mulheres-na-politica-taliria-petrone/>. Acesso em: 28 jul. 2018.

9   Isa Penna, "30 dias no parlamento: A experiência de estar vereadora de São Paulo". #AgoraÉQueSãoElas, 12 abr. 2017. Disponível em: <http://agoraequesaoelas.blogfolha.uol.com.br/2017/04/12/30-dias-no--parlamento-a-experiencia-de-estar-vereadora-de-sao-paulo/>. Acesso em: 28 jul. 2018.

10   Estes são dados, em grande parte, do Mapa da Violência 2013.

11   Áurea Carolina e Cida Falabella, "Um mandato coletivo como estratégia de resistência". #AgoraÉQueSãoElas, 7 dez. 2017. Disponível em: <https://agoraequesaoelas.blogfolha.uol.com.br/2017/12/07/violencia-contra-mulheres-na-politica-aurea-e-cida/>. Acesso em: 28 jul. 2018.

PARTE 2: PALAVRA FORTE

NAS ARTES [pp. 75 a 104]

1   Eleonora Fabião, "Performance e teatro: Poéticas e políticas da cena contemporânea". *Revista Sala Preta*, v. 8, 2008, pp. 235-46.

2   Frantz Fanon, *Pele negra, máscaras brancas*. Trad. de Renato da Silveira. Salvador: Edufba, 2008, p. 33.

3   O título é claramente inspirado no projeto *Six minutes*, de Willem Velthoven e Women on Waves, e se refere a uma estatística de 2003 que atesta que a cada seis minutos uma mulher morre em decorrência de aborto clandestino.

4   Susan Sontag, "A imaginação pornográfica", em *A vontade radical*. São Paulo: Companhia das Letras, 1987.

NA POESIA [pp. 105 a 137]

1   Disponível em: <http://mulheresqueescrevem.blogspot.com.br/>. Acesso em: 28 jul. 2018.

2   Disponível em: <https://escamandro.wordpress.com/>. Acesso em: 28 jul. 2018.

3   *Cult*, 24 nov. 2016. Disponível em: <https://revistacult.uol.com.br/home/indiciar-duplamente-o-silencio-mulher-lesbiandade-e-poesia/>. Acesso em: 28 jul. 2018.

4 A performance completa está disponível em: <https://www.youtube.com/watch?v=sameT-Ia618>. Acesso em: 28 jul. 2018.

5 "Coluna ver(te)b(r)al: Entrevista com Luz Ribeiro". Disponível em: <http://blogueirasnegras.org/2016/01/09/coluna-vertebral-entrevista-luz-ribeiro/>. Acesso em: 28 jul. 2018.

NO CINEMA [pp. 138 a 155]

1 "Viola Davis é a primeira negra a vencer Emmy de melhor atriz dramática". *Folha de S.Paulo*, 21 set. 2015. Disponível em: <http://www1.folha.uol.com.br/ilustrada/2015/09/1684279-viola-davis-e-primeira-negra-a-vencer-emmy-de-melhor-atriz-dramatica.shtml>. Acesso em: 28 jul. 2018.

2 Ancine, *Anuário estatístico do cinema brasileiro: 2015*. Disponível em: <https://oca.ancine.gov.br/sites/default/files/cinema/pdf/anuario_2015.pdf>. Acesso em: 28 jul. 2018.

3 As informações e citações creditadas a Anna Muylaert neste capítulo foram retiradas do debate de pré-estreia do filme *Mãe só há uma*, no Cineclube Quase Catálogo, em 19 de julho de 2016. O debate está disponível na íntegra em: <https://youtu.be/_bCMZ36Kx80>. Acesso em: 28 jul. 2018.

4 Ecio Salles (Org.). Rio de Janeiro: Aeroplano, 2012.

5 Referência ao programa "Brasil de Todas as Telas", ação governamental que visa transformar o país em um centro relevante de produção e programação de conteúdos audiovisuais, utilizando recursos do Fundo Setorial do Audiovisual (FSA).

6 A carta "Quem são os realizadores?" na íntegra está disponível em: <http://www.huffpostbrasil.com/yasmin-thayna/quem-sao-os-realizadores_a_21688431/>. Acesso em: 28 jul. 2018.

7 Marcia Rangel Candido et al., "'A Cara do Cinema Nacional': Gênero e cor dos atores, diretores e roteiristas dos filmes brasileiros (2002-2012)". *Textos para discussão do GEMAA*, 2014, n. 6, p. 2.

8 O nome é uma homenagem ao livro *Quase catálogo 1: Realizadoras de cinema no Brasil, 1930-1988* (Heloisa Buarque de Hollanda [Org.]. Rio de Janeiro: CIEC, 1989).

9 Para saber mais sobre o Cineclube Quase Catálogo, ver Érica Sarmet e Marina Cavalcanti Tedesco, "Cineclubismo e mulheres cineastas no estado do Rio de Janeiro: A experiência do Cineclube Quase Catálogo". *Revista Moventes*, Rio de Janeiro, 14 set. 2016. Disponível em: <https://revistamoventes.com/2016/09/14/cineclubismo-e-mulheres-cineastas-no-estado-do-rio-de-janeiro-a-experiencia-do-cineclube-quase-catalogo/>. Acesso em: 28 jul. 2018.

10 Sobre a desigualdade de gênero na direção de fotografia dos anos 1980 até hoje, ver Marina Cavalcanti Tedesco, "Mulheres atrás das câmeras:

A presença feminina na direção de fotografia de longas-metragens ficcionais brasileiros". *Significação*, v. 43, n. 46, 2016, pp. 47-68.

11 Ancine, *Participação feminina na produção audiovisual brasileira* (*2016*). Disponível em: <https://oca.ancine.gov.br/sites/default/files/publicacoes/pdf/participacao_feminina_na_producao_audiovisual_brasileira_2016.pdf>. Acesso em: 28 jul. 2018.

12 A citação foi retirada de uma declaração de Bia Marques para um texto sobre o DAFB, escrito por integrantes do coletivo, para a revista *Filme Cultura*, n. 63, no prelo.

13 Viviane Ferreira, "O assombro que vaza da simples existência". *Geledés*, 5 out. 2017. Disponível em: <https://www.geledes.org.br/o--assombro-que-vaza-da-simples-existencia/>. Acesso em: 28 jul. 2018.

14 A exposição Queermuseu — Cartografias da Diferença na Arte Brasileira, que abordava questões de gênero e diversidade sexual, foi alvo de ataques de grupos religiosos e conservadores, resultando em grande reboliço midiático, o que levou ao seu cancelamento pelo Santander Cultural, instituição onde estava instalada, em Porto Alegre. A exposição foi então abrigada pela Escola de Artes Visuais do Parque Lage, no Rio de Janeiro, através de financiamento coletivo. A campanha on-line teve arrecadação total de 1 milhão de reais, com 1677 colaboradores, tornando-se o maior *crowdfunding* realizado no país.

15 Luiz Carlos Merten, "Laís Bodanzky assume o discurso feminista em 'Como nossos pais', seu longa vencedor de Gramado". *O Estado de S. Paulo*, 20 ago. 2017. Disponível em: <http://cultura.estadao.com.br/noticias/cinema,lais--bodanzky-assume-o-discurso-feminista-em-como-nossos-pais-seu-longa--vencedor-de-gramado,70001957310>. Acesso em: 28 jul. 2018.

NO TEATRO [pp. 156 a 178]

1 Daniele Avila Small, "O lugar da mulher". *Questão de Crítica*, 11 jul. 2017. Disponível em: <http://www.questaodecritica.com.br/2017/07/o-lugar--da-mulher/>. Acesso em: 28 jul. 2018.

2 Grace Passô, *Mata teu pai*. Rio de Janeiro: Cobogó, 2017.

3 Trecho transcrito da entrevista com Grace Passô publicada no canal de YouTube da revista *Cardamomo*, "TREMA!: 'Vaga Carne', um cenário para a voz — Grace Passô". Disponível em <https://www.youtube.com/watch?v=KxCp2A1mqGo>. Acesso em: 28 jul. 2018.

4 "O Brasil é o país que mais mata travestis e transexuais no mundo, diz pesquisa". *G1*, 26 abr. 2017. Disponível em: < http://g1.globo.com/profissao-reporter/noticia/2017/04/brasil-e-o-pais-que-mais-mata--travestis-e-transexuais-no-mundo-diz-pesquisa.html>. Acesso em: 28 jul. 2018.

NA MÚSICA [pp. 179 a 204]

1 Cintia Ferreira, "Entrevista: O universo feminino do Rakta. *Nada Pop*, 30 jun. 2016. Disponível em: <http://nadapop.com.br/entrevista-o--universo-feminino-do-rakta/>. Acesso em: 28 jul. 2018.

2 GG Albuquerque, "O punk expandido e a catarse de Rakta". *Jornal do Comércio*, 17 out. 2016. Disponível em: <http://novo.jc.com.br/canal/cultura/musica/noticia/2016/10/17/o-punk-expandido-e-a-catarse-do--rakta-no-album-iii-256904.php>. Acesso em: 28 jul. 2018.

3 "MC Luana Hansen: Artista, ativista, feminista". *Arte de Mulher*, jan. 2017. Disponível em: <http://artedemulher.com/language/pt/2017/01/rapper-lgbt/>. Acesso em: 28 jul. 2018.

4 "MC Carol fala sobre sua carreira e feminismo para o Portal Famosos Brasil". *Portal Famosos Brasil*, 20 out. 2016. Disponível em: <http://www.portalfamosos.com.br/mc-carol-fala-sobre-sua-carreira-e-feminismo/>. Acesso em: 28 jul. 2018.

5 "Karol Conka fala sobre racismo e empoderamento da mulher negra". *HuffPost Brasil*, 8 mar. 2016. Disponível em: <https://www.huffpostbrasil.com/2016/03/08/karol-conka-fala-sobre-racismo-empoderamento-da--mulher-negra-e_a_21686477/>. Acesso em: 28 jul. 2018.

6 Thiago Baltazar, "Tássia Reis fala sobre feminismo, empoderamento e preconceito racial". *Marie Claire,* 30 jun. 2017. Disponível em: <https://revistamarieclaire.globo.com/Celebridades/noticia/2017/06/tassia-reis--fala-sobre-feminismo-empoderamento-e-preconceito-racial.html>. Acesso em: 28 jul. 2018.

7 Marcela Lucatelli, "Sobre Dissonantes e Wesley Safadão". *Revista LINDA*, 8 mai. 2016. Disponível em: <http://linda.nmelindo.com/2016/05/sobre-dissonantes-e-wesley-safadao/>. Acesso em: 28 jul. 2018.

8 Ver artigo "A voz na canção popular", de Fred Coelho. Objeto Sim, Objeto Não, 23 out. 2014. Disponível em: <http://objetosimobjetonao.blogspot.com.br/2014/10/a-voz-na-cancao-popular-apontamentos-e.html>. Acesso em: 28 jul. 2018.

9 Transcrição de conversa com o podcast Tenho Mais Discos que Amigos!, "#5 Mulheres na música + Entrevista com Juçara Marçal", com apresentação de Rafael Teixeira e debate com Daniel Pandeló Corrêa e Rakky Curvelo. Disponível em: <https://soundcloud.com/podcasttmdqa/podcast-tmdqa-5-mulheres-entrevista-jucara-marcal>. Acesso em: 28 jul. 2018.

10 Vale a pena pesquisar a série de encontros *Nós da Voz*, organizados por Juçara, importante plataforma de pesquisa sobre o protagonismo do improviso com a voz na música contemporânea.

11 Maria Bogado, Bernardo Girauta, Samuel Lobo e Artur Seidel, "Do trabalho aos cantos de trabalho: Entrevista com Juçara Marçal". *Revista Beira*, 22 ago. 2016.

12 Transcrição da fala da artista no evento MAR de Música, 25 ago. 2017, Museu de Arte do Rio. "MAR de Música I — Bate-papo com Linn da Quebrada". Canal Museu de Arte do Rio, 28 nov. 2017. Disponível em: <https://www.youtube.com/watch?v=ma97SzltkRU&t=1257s>. Acesso em: 28 jul. 2018.

13 Transcrição da fala da artista no programa Estúdio ShowLivre, 17 jan. 2017. Disponível em: <https://www.youtube.com/watch?v=X_oQL59VUuo>. Acesso em: 28 jul. 2018.

14 "MC Xuxú: Funkeira, travesti e feminista contra o preconceito". *Revista Fórum*, 20 ago. 2014. Disponível em: <https://www.revistaforum.com.br/2014/08/20/mc-xuxu-funkeira-travesti-e-feminista-contra-o--preconceito/>. Acesso em: 28 jul. 2018.

15 "Travesti e funkeira, Mulher Pepita fala de preconceito e carreira ao G1". *G1*, 20 abr. 2016. Disponível em: <http://g1.globo.com/espirito--santo/musica/noticia/2016/04/travesti-e-funkeira-mulher-pepita-fala--de-preconceito-e-carreira-ao-g1.html>. Acesso em: 28 jul. 2018.

16 "Karina Buhr lança o disco *Selvática* com dois shows em SP". *G1*, 2 out. 2015. Disponível em: <http://g1.globo.com/sao-paulo/musica/noticia/2015/10/karina-buhr-lanca-o-disco-selvatica-com-dois-shows--em-sp.html>. Acesso em: 28 jul. 2018.

17 Para saber mais sobre essa vertente do feminismo, ver: "Xenofeminismo: Uma política pela alienação". Disponível em: <http://www.laboriacuboniks.net/pt/index.html#firstPage>. Acesso em: 28 jul. 2018.

18 Bernardo Oliveira, "Música e ruído no Brasil: Explorando fronteiras sonoras em tempos sombrios". O Cafezinho, 11 mai. 2016. Disponível em: <https://www.ocafezinho.com/2016/05/11/musica-e-ruido-no--brasil-explorando-fronteiras-sonoras-em-tempos-sombrios/>. Acesso em: 28 jul. 2018.

19 GG Albuquerque, "Entrevista com Aline Vieira, Flores Feias e Meia--Vida e ruído". O Volume Morto, 27 mai. 2016. Disponível em: <http://volumemorto.com.br/entrevista-aline-vieira-sobre-o-flores-feias-meia--vida-e-ruido/>. Acesso em: 28 jul. 2018.

20 Maria Carolina Santos, "A experimentação sonora das mulheres". *Continente*, 12 dez. 2017. Disponível em: <http://revistacontinente.com.br/secoes/reportagem/a-experimentacao-sonora-das-mulheres>. Acesso em: 28 jul. 2018.

21 Depoimento retirado do site oficial da artista, disponível em: <http://www.larissaluz.com/territorioconquistado/index.html>. Acesso em: 28 jul. 2018.

22   A cantora faz questão de trazer antes a letra T, que significa travesti e/ou transexual, para a sigla comumente conhecida como LGBT.

23   Fabio Nunes, *"Alice no país que mais mata travestis"*. Hendrixwar, 28 fev. 2018. Disponível em: <https://hendrixwar.wordpress.com/2018/02/28/alice-guel-no-pais-que-mais-mata-travestis/>. Acesso em: 28 jul. 2018.

24   O movimento Mães de Maio apura e denuncia casos de violência policial no Brasil. Débora decidiu criar o movimento após policiais assassinarem seu filho, o gari Edson Rogério Silva dos Santos, de 29 anos, nas chacinas promovidas pela polícia, nas quais mais de quinhentas pessoas morreram após os ataques do Primeiro Comando da Capital (PCC) em São Paulo, em maio de 2006.

25   Amanda Cavalcanti, "Os múltiplos femininos de Carla Boregas". Filhas do Fogo, 26 nov. 2016. Disponível em: <http://filhasdofogo.tumblr.com/post/153687053451/carla-boregas>. Acesso em: 28 jul. 2018.

26   Bernardo Oliveira, op. cit.

27   GG Albuquerque, "Bella cantando sobre os ossos". O Volume Morto, 24 jan. 2016. Disponível em: <http://volumemorto.com.br/entrevista--bella-cantando-sobre-os-ossos/>. Acesso em: 28 jul. 2018.

28   Amanda Cavalcanti, "Dekmantel, Dissonantes e a violência do silêncio das mulheres na música experimental". Blog do Novas Frequências, 2 nov. 2016. Disponível em: <http://www.novasfrequencias.com/2016/2016/11/02/dekmantel-dissonantes-e--a-violencia-do-silencio-das-mulheres-na-musica-experimental/>. Acesso em: 28 jul. 2018.

29   Para mais informações, ver: "Lugar de mulher é no palco: 10 iniciativas que colocam elas nos holofotes". Isecta, 7 mar. 2017. Disponível em: <https://www.insectashoes.com/blog/lugar-de--mulher-e-no-palco-10-iniciativas-que-colocam-elas-nos-holofotes>. Acesso em: 28 jul. 2018.

30   "O Empoderadas do Samba leva o feminismo negro às rodas de SP". *Geledés*, 27. out. 2016. Disponível em: <https://www.geledes.org.br/o-empoderadas-do-samba-leva-feminismo-negro-as-rodas-de-samba--de-sp/>. Acesso em: 28 jul. 2018.

31   Rafael Gonzaga, "A rapper Yzalú vai transformar toda treta em bossa". *Revista TPM*, 29 fev. 2016. Disponível em: <https://revistatrip.uol.com.br/tpm/rapper-yzalu-machismo-racismo-preconceito-com--deficientes>. Acesso em: 28 jul. 2018.

32   Isabelle Simões, "Charlotte Matou um Cara: Punk, feminismo e lançamento do disco". Delirium Nerd, 19 abr. 2017. Disponível em: <http://deliriumnerd.com/2017/04/19/charlotte-matou-um-cara/>. Acesso em: 28 jul. 2018.

NA ACADEMIA [pp. 205 a 238]

1   *III Plano Nacional de Políticas para as Mulheres*. Brasília: Secretaria de Políticas para as Mulheres, 2013, p. 27. Para uma análise da questão, ver Maria Eulina Pessoa de Carvalho, Glória Rabay e Adenilda Bertoldo Alves de Morais, "Pensar o currículo da educação superior da perspectiva da equidade e da transversalidade de gênero e do empoderamento das mulheres: Uma breve introdução". *Espaço do Currículo*, v. 5, n. 2, maio-ago. 2013, pp. 317-27.

2   Tatiana Roque e Oiara Bonilla, "Entrevista com Isabelle Stengers e Vinciane Despret". *Revista DR*, ed. 1, 2015.

3   Tatiana Roque e Oiara Bonilla, op. cit.

4   Nana Queiroz, "Não é só o gênero que é construído, o sexo biológico também". *AzMina*, 2 maio 2016. Disponível em: <http://azmina.com.br/2016/05/nao-e-so-o-genero-que-e-socialmente-construido-o-sexo--biologico-tambem>. Acesso em: 28 jul. 2018.

5   "Um manifesto para os cyborgs: Ciência, tecnologia e feminismo socialista na década de 80", em Heloisa Buarque de Hollanda (Org.), *Tendências e impasses, o feminismo como crítica da cultura*. Rio de Janeiro: Rocco, 1994.

6   *The Feminist Standpoint Theory Reader: Intellectual and Political Controversies*. Londres: Routledge, 2004.

7   Boaventura de Sousa Santos e Maria Paula Meneses (Orgs.), *Epistemologias do Sul*. São Paulo: Cortez, 2010.

8   Walter Mignolo, *Histórias locais. Projetos globais: Colonialidade, saberes subalternos e pensamento liminar*. Belo Horizonte: Ed. da UFMG, 2013, p. 419.

9   Texto disponível na revista *Tabula Rasa*, Bogotá, n. 9, pp. 73-101, jul.-dez., 2008. Disponível em: <http://www.revistatabularasa.org/numero-9/05lugones.pdf>. Acesso em: 28 jul. 2018.

10   *Revista Estudos Feministas*, Florianópolis, v. 22, n. 3, set.-dez. 2014. Disponível em: <https://periodicos.ufsc.br/index.php/ref/article/view/36755/28577 >. Acesso em: 28 jul. 2018.

11   *Revista Estudos Feministas*, v. 8, n. 1, 2000.

12   Sara Elton Panamby, *Perenidades, porosidades e penetrações: [Trans]versalidades pela carne: Pedregulhos pornográficos e ajuntamentos gózmicos para pesar: Eu não sabia que sangrava até o dia em que jorrei*, Rio de Janeiro, UFRJ, 2017, tese de doutorado.

PARTE 3: OS FEMINISMOS DA DIFERENÇA
FALO EU, PROFESSORA, 79 ANOS, MULHER,
BRANCA E CISGÊNERO [pp. 241 a 251]

1   Brooklyn: Verso Books, 2006.

2 Dez. 1991-fev. 1992, pp. 5-32.

3 Matheus Moreira e Tatiana Dias, "O que é 'lugar de fala' e como ele é aplicado no debate público". *Nexo*, 15 jan. 2017. Disponível em: <https://www.nexojornal.com.br/expresso/2017/01/15/O-que-%C3%A9--%E2%80%98lugar-de-fala%E2%80%99-e-como-ele-%C3%A9-aplicado--no-debate-p%C3%BAblico>. Acesso em: 28 jul. 2018.

FEMINISMO NEGRO [pp. 252 a 300]

1 Sojourner Truth, "E não sou uma mulher?". Trad. de Osmundo Pinto. Disponível em: <https://www.geledes.org.br/e-nao-sou-uma-mulher--sojourner-truth/>. Acesso em: 28 jul. 2018.

2 Neusa Santos Souza, "Contra o racismo: Com muito orgulho e amor". *Correio da Baixada*, 13 maio 2008.

3 Citado em Alê Alves, "Angela Davis: 'Quando a mulher negra se movimenta, toda a estrutura da sociedade se movimenta com ela'". *El País Brasil*, 28 jul. 2017. Disponível em: <https://brasil.elpais.com/brasil/2017/07/27/politica/1501114503_610956.html>. Acesso em: 28 jul. 2018.

4 Os dois parágrafos fazem parte do texto "Meu Lacre é Poder", escrito por Stephanie Ribeiro para o site da revista *TPM*, 25 jul. 2017. Disponível em: <http://revistatrip.uol.com.br/tpm/stephanie-ribeiro--escreve-sobre-geracao-tombamento-e-afrofuturismo>. Acesso em: 28 jul. 2018.

5 "Angela Davis on Racism, Feminism and Beyoncé". *East London Lines*, 2 dez. 2014. Disponível em: <http://www.eastlondonlines.co.uk/2014/12/angela-davis-discusses-racism-beyonce-and-feminism/>. Acesso em: 28 jul. 2018.

6 Djamila Ribeiro, ativista, filósofa e mãe, é uma das mais destacadas feministas hoje no Brasil, referência para gerações de mulheres negras.

FEMINISMO INDÍGENA [pp. 301 a 324]

1 Sônia Guajajara, "Nós não somos as guardiãs da natureza, somos a natureza". #AgoraÉQueSãoElas, *Folha de S.Paulo*. Disponível em: <http://agoraequesaoelas.blogfolha.uol.com.br/2017/09/19/sonia--guajajara-nos-nao-somos-guardias-da-natureza-somos-a-natureza/>. Acesso em: 28 jul. 2018.

2 Conselho Indigenista Missionário (Cimi), "Relatório: Violência contra os povos indígenas no Brasil — Dados de 2015". Disponível em: <https://www.cimi.org.br/pub/relatorio/Relatorio-violencia-contra--povos-indigenas_2015-Cimi.pdf>. Acesso em: 28 jul. 2018.

3 Ana Beatriz Rosa, "Por que a violência contra mulheres indígenas é tão difícil de ser combatida no Brasil". *HuffPost Brasil*, 25 nov. 2016. Disponível em: <https://www.huffpostbrasil.com/2016/11/25/por-que--a-violencia-contra-mulheres-indigenas-e-tao-dificil-de-s_a_21700429/>. Acesso em: 28 jul. 2018.

4 Citado por Claudia de Lima Costa e Eliana Ávila, em "Gloria Anzaldúa, a consciência mestiça e o 'feminismo da diferença'".

5 Sandra Benites é do Mato Grosso do Sul, da aldeia Porto Lindo, no município de Japorã. Ela se identifica como guarani nhandeva. É professora e mestranda em antropologia pela UFRJ-Museu Nacional.

6 Liderança espiritual Guarani M'Biá, que guiou o povo para o Espírito Santo na busca pelos territórios sagrados guarani.

FEMINISMO ASIÁTICO [pp. 325 a 342]

1 Juily Manghirmalani, citada em Nana Soares, "Você já ouviu falar de feminismo asiático?". *O Estado de S. Paulo*, 30 mar. 2017. Disponível em: <http://emais.estadao.com.br/blogs/nana-soares/voce-ja-ouviu--falar-de-feminismo-asiatico/>. Acesso em: 28 jul. 2018.

TRANSFEMINISMO [pp. 343 a 378]

1 Disponível em: <http://eminism.org/readings/pdfrdg/tfmanifesto.pdf>. Acesso em: 28 jul. 2018. Várias traduções para o português estão disponíveis na rede.

2 Maria Clementina Pereira da Cunha, "Loucura, gênero feminino: As mulheres do Juquery na São Paulo do início do século XX". *Revista Brasileira de História*, São Paulo, v. 9, n. 18, ago.-set. 1989.

3 Mulher trans e negra, professora do Instituto Federal do Rio de Janeiro, é doutora e autora do primeiro livro sobre o transfeminismo no Brasil, *Transfeminismo: Teorias e práticas*, Rio de Janeiro: Metanoia, 2014.

FEMINISMO LÉSBICO [pp. 379 a 399]

1 Adrienne Rich, "The Meaning of Our Love for Women Is What We Constantly Have to Expand". Em: *On Lies, Secrets and Silence: Selected Prose 1966-1978*, Nova York: Out & Out Books, 1977, p. 321. No texto em questão, Rich falava especificamente do contexto norte--americano, mas acredito que o paralelo seja válido para pensarmos o Brasil contemporâneo e a importância das lésbicas para o movimento feminista.

2 Recentemente, coletivos feministas formados exclusivamente por mulheres passaram a se autodenominar "coletivas", como forma de combater o machismo na linguagem. No texto, utilizam-se as duas formas.

3   Recomendo as leituras da tese de Patrícia Lessa, *Lesbianas em movimento: A criação de subjetividades — Brasil, 1979-2006* (Brasília, UnB, tese de doutorado, 2007); da dissertação *Entre armários e caixas postais: Escritas de si, correspondências e constituição de redes na imprensa lésbica brasileira*, de Carolina Maia (Rio de Janeiro, UFRJ, dissertação de mestrado, 2017); do artigo "Procura-se sapatão: Histórias invisibilizadas do movimento lesbofeminista brasileiro", de Suane Felippe Soares (*Anais do 18º REDOR*, UFRPE, 24-27 nov. 2014, pp. 1439-51), além dos textos publicados por Tânia Navarro--Swain na *Labyrs: Études féministes/Estudos feministas*, revista on-line multidisciplinar, internacional e multilíngue editada desde 2002.

4   Gilberta Santos Costa e Jussara Carneiro Soares, "Movimento lésbico e Movimento feminista no Brasil: Recuperando encontros e desencontros". *Labrys: Études féministes/Estudos feministas*, jul.-dez. 2011-jan.-jul. 2012.

5   Segundo Gilberta Santos Costa e Jussara Carneiro Soares, para o lesbofeminismo latino-americano e caribenho, autodenominado lesbofeminismo radical, a institucionalização do feminismo levou a uma ausência de crítica ao heterossexismo e à perda de autonomia do movimento lésbico. Para maior aprofundamento nos encontros e tensões entre o feminismo e a lesbianidade, tanto no campo epistêmico como na política, no contexto brasileiro, ver Gilberta Santos Costa e Jussara Carneiro Soares, op. cit. p. 24.

6   Poderíamos dizer que esse momento vai aproximadamente de meados dos anos 2000 até 2015. Para Patrícia Lessa, entretanto, "os três momentos são móveis, transitam, não têm uma data inaugural, mas servem como ponto de referência para pensar que o movimento lesbiano não é uniforme, uníssono ou mesmo estagnado". Op. cit., p. 230.

7   Suane Felippe Soares, op. cit., p. 1444.

8   Autora do livro *Por um constitucionalismo difuso: Cidadãos, movimentos sociais e o significado da Constituição* (Salvador: Juspodivm, 2016), cujo terceiro capítulo aborda como o movimento LGBTQI contribui para mudar o entendimento de igualdade no Brasil.

9   Monique Wittig, *The Lesbian Body*. Trad. do francês por David Le Vay. Nova York: CEU, 1975, p. 9.

10 "Heterossexualidade compulsória e a existência lésbica". *Bagoas: Estudos gays — Gênero e sexualidades*, UFRN, v. 11, n. 17, 2017. Disponível em: <https://periodicos.ufrn.br/bagoas/article/view/2309/1742>. Acesso em: 28 jul. 2018.

11 *Recife Independente*, disponível em: <http://recifeindependente.com.br/>. Acesso em: 28 jul. 2018.

12 O nome da coletiva homenageia Luana Barbosa, mulher negra, lésbica, pobre, de 34 anos que, em abril de 2016, foi assassinada por policiais militares. Os policiais pararam sua moto sob "suspeita de roubo" quando ela levava seu filho para um curso. Recusando-se a ser revistada por homens e exigindo a presença de uma policial mulher, Luana foi brutalmente espancada e faleceu cinco dias depois. O caso foi arquivado pela Justiça Militar.

13 Termo utilizado para descrever a discriminação contra pessoas bissexuais.

14 Discriminação contra um indivíduo ou grupo de pessoas com base na idade.

15 Em *The Straight Mind and Other Essays*. Boston: Beacon, 1992 [1980]. Uma tradução para o português está disponível em: <http://mulheresrebeldes.blogspot.com.br/2010/07/sempre-viva-wittig.html>. Acesso em: 28 jul. 2018.

16 Agradeço à pesquisadora Barbara Gomes Pires pelas trocas e contribuições nestas reflexões. Sugiro a leitura do livro *Problemas de gênero: Feminismo e subversão da identidade*, em que Butler contrapõe o pensamento de Wittig com o de Luce Irigaray; e "When Lesbians Were Not Women" (*Labrys: Études féministes/Estudos feministas*, set. 2003, disponível em: <https://www.labrys.net.br/special/special/delauretis.htm>; acesso em: 28 jul. 2018), artigo em que Teresa de Lauretis retoma o pensamento de Wittig e o expande a partir do conceito "sujeito excêntrico".

17 Monique Wittig, op. cit.

18 Discurso proferido no New York Lesbian Pride Rally de 1977 e publicado no livro *On Lies, Secrets and Silence: Selected Prose 1966-1978*. Nova York: Out & Out Books, 1977, p. 321. Trad. de Thamires Zabotto. Disponível em: <https://medium.com/@tammuzs/tradução-de--the-meaning-of-our-love-for-women-is-what-we-have-constantly-to--expand-discurso-de-14bce8d4427b>. Acesso em: 28 jul. 2018.

FEMINISMO PROTESTANTE [pp. 400 a 428]

1 Para um aprofundamento maior sobre o tema, ver Lília Dias Marianno, "Diversidade de gênero *versus* intolerância religiosa: O conflito sob as lentes da lógica e da antropologia hiperdialética". Programa de Pós-Graduação em História das Ciências e das Técnicas e Epistemologia, UFRJ, jul. 2017. Disponível em: <http://www.academia.edu/36839323/Diversidade_de_g%C3%AAnero_e_o_pensamento_evang%C3%A9lico_brasileiro_An%C3%A1lise_dos_conflitos_pela_%C3%B3tica_da_Antropologia_Hiperdial%C3%A9tica>. Acesso em: 28 jul. 2018.

2 Para mais informações sobre o CDD: <http://catolicas.org.br/institucional-2/historico/> . Acesso em: 28 jul. 2018.

3 Vale a pena acompanhar o mapeamento feito pelo Projeto Redomas e pela articuladora Angelica Tostes: <https://projetoredomas.wordpress.com/>; <https://angeliquisses.wordpress.com/teologia-feminista/>. Acesso em: 28 jul. 2018.

4 Lucy Rocha, "40% das mulheres que sofrem algum tipo de violência doméstica são evangélicas, diz pesquisa". Disponível em: <https://www.contioutra.com/40-das-mulheres-que-sofrem-violencia--domestica-sao-evangelicas-diz-pesquisa/>. Acesso em: 28 jul. 2018.

5 Lilith, na mitologia judaica, é a primeira mulher criada por Deus, junto com Adão. Após se rebelar contra a subordinação da mulher ao homem, Lilith saiu do Jardim do Éden e originou uma descendência rebelde, que provocou males à humanidade.

CRÉDITOS DAS IMAGENS

pp. 21, 73: Claudia Ferreira
p. 239: Matheus Thierry
p. 429: Anibal Philot/ Agência O Globo